1933.

1933.

—

Der Weg in die Diktatur in Herne und Wanne-Eickel

Ralf Piorr

◄◄ Losung der KPD an einem Kamin der
Zeche Friedrich der Große, 1932

*Die Chronik 1933 ist ein Projekt der
DGB-Geschichtswerkstatt.*

Gestaltung
reitzen, Patrick Oltean

Korrektur
Ulrich Objartel, Kai Wiedermann

Druck
bloemeke druck, Herne

*adhoc Verlag
Ralf Piorr & Kai Wiedermann*
www.adhoc-verlag.de

1. Auflage November 2020
© adhoc Verlag, Herne 2020

ISBN 978-3-9814087-6-8
Die deutsche Bibliothek
verzeichnet dieses Buch unter
http://dnb.ddd.de

Vorwort

Wer das Begriffspaar „nationalsozialistische Machtergreifung" in die Internet-Suchmaschine Google eintippt, bekommt mit einem Klick 447.000 Treffer. Tausendfach ist beschrieben worden, was sich im Januar 1933 und in den Monaten danach in Deutschland abgespielt hat. Wir alle haben eine Vorstellung davon, wie es gewesen sein muss, eine totale Herrschaft zu errichten. Wir alle haben darüber gelesen oder gehört, vornehmlich im Geschichtsunterricht.

Die Chronik 1933 zeigt den Aufstieg und die Etablierung des Nationalsozialismus vor fast 90 Jahren in zwei Städten im Revier, mittelgroß mit starker Anhängerschaft der KPD. Wir lesen, was auf der Straße geschah, in den Vierteln, in Vereinen, Kirchengemeinden und im Rathaus. Die Beiträge sind nicht immer distanziert, doch aus verschiedenen Perspektiven wird beschrieben, was öffentlich ist: Propaganda, Terror, die Verfolgung der politischen Gegner und selbst die Einrichtung der Konzentrationslager.

Ralf Piorr und das Rechercheteam rund um die DGB-Geschichtswerkstatt liefern mit diesem Buch historische Basisarbeit und setzen damit Maßstäbe für die lokalgeschichtliche Forschung. Anhand einer Vielzahl bisher nicht rezipierter Quellen wird das entscheidende Jahr der deutschen Geschichte aufgearbeitet. Wir erfahren etwas, was wir vorher nicht wussten. Und wir sehen etwas, was wir vorher noch nie gesehen haben. Das Vergangene wird uns quasi noch einmal vor die Haustür gestellt.

Der Zeitzeuge Sebastian Haffner hat das Jahr der nationalsozialistischen Machtaneignung einmal aus seiner Sicht beschrieben: „Erst Furchterregung durch wüste Drohungen, dann schwere, aber hinter den Drohungen doch etwas zurückbleibende Terrormaßnahmen, und danach allmählicher Übergang zu einer Beinahe-Normalität, aber ohne völligen Verzicht auf ein wenig Hintergrund-Terror." Diese Mischung aus Terror und Alltag findet sich auch in der Chronik für Herne und Wanne-Eickel wieder. Die Zusammenhänge zwischen nationaler Geschichte, den lokalen Auswirkungen und den persönlichen Konsequenzen für die Handelnden liefern dabei eine spannende Textstruktur. Wer hat was auf welcher Grundlage beschlossen und ausgeführt. Wie liefen Propaganda und Terror von „oben" hinunter ins Lokale.

Mit der vierten und fünften Generation nach dem Holocaust verschwindet die unmittelbare Verbindung zur Zeit des Nationalsozialismus immer mehr. Umso wichtiger werden neue Beiträge zur Erinnerungskultur. Wer die tagebuchartigen Einträge in der Chronik 1933 sorgfältig liest, wird danach mit einem anderen Blick durch die Stadt gehen. Die geschichtliche Erzählung schärft so unsere Perspektive, historisches Lernen als aktiven bewusstseinsbildenden Prozess zu gestalten.

Kai Wiedermann

◄ Fackelzug der NSDAP durch die Bahnhofstraße
am Abend des 6. März 1933

Essenträger.

Das Gesicht des Ruhr-Landes   *Mittagspause*

Prolog

—

Zwei Bergarbeiterstädte am Ende der Weltwirtschaftskrise

Foto von Heinrich Hauser von seinem Cabriolet der Nationalen Automobil AG auf der Stadtgrenze von Herne und Wanne-Eickel, Herbst 1928

◀◀ „Das Gesicht des Ruhr-Landes", Bildkunst-Verlag Poppe, Essen. Die in den 1930er Jahren gedruckte Postkarten-Serie transportierte als eines der ersten Massenprodukte ein geschlossenes und identitätsstiftendes Bild der Industrieregion. Die Motive der Fotokarten entstammten dem 1928 erschienenen Bildband „Gigant an der Ruhr".

„Die Silhouette der Zeche: Der Eisenturm mit den großen Rädern, die sich drehen mit flimmernden Speichen. Die spitzigen Zacken der Abraumberge. Die Seilbahnen mit den kleinen Kippwagen, die langsam über den Himmel wandern.
Das Gesicht der Siedlung: Grau in Grau mit den Farbstreifen bunter Wäsche über dem gepunkteten Untergrund der Kohlstrünke in den Schrebergärten.
Die Wolken aus schwarzgelbem, weißem Rauch, die unaufhörlich aus den Schloten wachsen, drohend, geballt, ganz körperlich.
Die dunklen Kolonnen der Menschen, die zur Arbeit gehen.
Die dunklen Kolonnen der Menschen, die von der Arbeit kommen.
Die endlosen Leichenzüge.
Die Fußballplätze, gestreift mit Lattenzäunen, auf denen mit gestreiften Jacken die Jugend der Arbeiter durcheinanderrennt."[1]

Das Zitat stammt aus einer der bekanntesten Reportagen über das alte Ruhrgebiet: Heinrich Hausers „Schwarzes Revier", 1930 als Buch erschienen. Für seine Recherche ist der Fotojournalist Ende der 1920er Jahre mit dem Auto kreuz und quer durch das Revier gefahren und seine Beschreibungen geben eindrucksvoll die damalige Lebensrealität an Ruhr und Emscher wieder. Hauser hat sich auch in Herne und Wanne-Eickel aufgehalten, aber im Text werden die Städte nicht genannt. Man war halt nicht Thyssen, Krupp oder Hoesch, kein Gigant an der Ruhr, sondern nur kohlenschwarzer Durchschnitt – und doch prototypisch für das Revier.

Herne und Wanne-Eickel waren Bergarbeiterdörfer, die sich im industriellen Ballungsraum zu Städten mit fast 100.000 Einwohnern entwickelt hatten. Beide Kommunen waren durch ein schwaches urbanes Zentrum und starke Stadtteile geprägt, in denen rund um die jeweiligen Schachtanlagen ein sozio-kulturelles System mit Dienstleistungsunternehmen, Kneipen, Geschäften und Vereinen existierte. Nachdem im Juli 1925 die französischen Besatzungstruppen das Ruhrgebiet verlassen hatten, begann der verspätete Startschuss in die Goldenen Zwanziger. Viele Unternehmen investierten in die Erweiterung der Fabrikationsstätten und in die Modernisierung der technischen Anlagen. Auf den

1 Heinrich Hauser: Schwarzes Revier. Neuauflage herausgegeben von Barbara Weidle, Bonn 2010, S. 17.

Zechen wurde die Mechanisierung vorangetrieben. Es setzte ein Bauboom ein, der das Bild der Städte an Rhein und Ruhr veränderte. Gewichtige expressionistische Bauten wie das Verlagshaus Koethers & Röttsches (Bebelstraße, 1926-28), die Stadtsparkasse mit Wohnhäusern (Hauptstraße, 1926-29) und das Paketpost- und Telegrafenamt Wanne-Eickel (Wanner Straße, 1932) standen für den Wunsch nach Fortschritt.[2] In Fragen der Stadtplanung bemühte man sich, den baulichen Wildwuchs der Anfangsjahre zu reparieren. In Herne wurde das Behördenviertel mit dem Polizei- und dem Sparkassengebäude vervollständigt und das Sommerbad an der Bergstraße eröffnet.[3]

In den Spitzen der Verwaltungen war man sich der städtebaulichen Defizite bewusst. Im Vorwort des ersten repräsentativen Bildbandes über die Stadt Herne sah sich Oberbürgermeister Kurt Täger genötigt, einen Mangel an Eleganz einzuräumen: „Mitten im Kohlenrevier zwischen Ruhr und Emscher gelegen, in einer Gegend, die durch die Entwicklung der Kohlen- und Eisenindustrie an Naturschönheit viel eingebüßt hat, ist die Stadt Herne ein Gemeinwesen, das an äußeren Reizen nur wenig zu bieten hat, zumal im hiesigen Gebiet jahrzehntelang ausschließlich der Gedanke der Entwicklung der Wirtschaft führend und bestimmend gewesen ist. Das wenig Schöne, das noch geblieben ist, sucht der hiesige Einwohner mit desto größerem Eifer auf, um sich daran zu erfreuen."[4]

Das Leben im Ruhrkohlen-Bezirk veränderte sich. Es entstand eine milieuübergreifende Freizeitkultur, an der durch die Arbeitszeitverkürzungen und eine neue Sozialgesetzgebung auch Arbeiter partizipieren konnten. Der Fußball, aktiv und als Zuschauersport, boomte genauso wie die Leidenschaft für den Brieftaubensport, die Kleingartenanlagen oder das Trabrennen. Das Kino etablierte sich als massenkulturelles Phänomen. Und seit 1930 wurde im Tonfilm gesprochen und gesungen. In Musicals, Operetten- und Revuefilmen kamen die neuen technischen Möglichkeiten am besten zur Geltung. Filme wie „Der Kongress tanzt" (1930) und „Die drei von der Tankstelle" (1930) mit Heinz Rühmann, der seine Kindheit in Wanne-Eickel verbracht hatte, in einer Hauptrolle, wurden zu Kassenschlagern.[5] In den Kinos bekamen die Zuschauer für ihr Eintrittsgeld die UFA-Wochenschau, kurze Vorfilme und den Hauptfilm zu sehen. Die meisten Lichtspielhäuser waren mit einer Bühne ausgestattet, so dass Theater-und Konzertveranstaltungen stattfinden konnten. Gerade für Herne eine Notwendigkeit, da die Stadt keine eigene Bühne besaß.

2   Christoph Rauhut/Niels Lehmann: Fragments of Metropolis Rhein & Ruhr. Das expressionistische Erbe an Rhein und Ruhr, München 2016, S. VIIIf.

3   Vgl. dazu: Helga Reiners: Herne 1928-1933. Auf dem Wege zur Großstadt. Ein kommunalhistorischer Rückblick, Herne 1953

4   Herne i. W. Bearbeitet von Regierungsbaumeister Heinrich Knöll, 2. Auflage, Berlin 1928, S. 7.

5   „In dieser Zeit der Massenarbeitslosigkeit, der Straßenkämpfe und der Regierungskrisen entsteht in Deutschland kaum ein Film, in dem nicht gesungen, musiziert und getanzt wird. So wird das Ende der Weimarer Republik mit einem Höhepunkt der Komödienproduktionen in den Kinos begleitet", resümiert die für das deutsche Filmerbe zuständige Friedrich-Wilhelm-Murnau-Stiftung. (www.murnau-stiftung.de)

Zwei Bergarbeiterstädte | Prolog

Ansichten des Industrieviers: Wanne-Eickel im Sommer 1936 mit dem Rangierbahnhof inklusive Wasserturm und den Anlagen der Zeche Shamrock 3/4

Das Radio wurde zum ersten elektronischen Massenmedium und diente dazu, die Bevölkerung zu informieren und zu unterhalten. Das unbestrittene Leitmedium waren jedoch die Tageszeitungen. Die Rotationsmaschinen wurden schneller, der Vertrieb mit Autos und Eisenbahn nahm an Tempo zu und der sich entwickelnde Fotojournalismus sorgte für eine erhöhte Attraktivität. Die breit gefächerte Presselandschaft spiegelte die politische Zerrissenheit der Zeit wider. Welches Blatt man las, sagte viel über die eigene Haltung aus.[6] Allein in Herne und Wanne-Eickel erschienen sieben Tageszeitungen: für die katholische Bevölkerung der „Herner Anzeiger" und die „Wanne-Eickeler Volkszeitung", aus dem protestantisch national-liberalen Milieu kommend die „Herner Zeitung", die „Wanne-Eickeler Zeitung" und der „Wanne-Eickeler Stadtanzeiger", die sozialdemokratische „Herner Volkszeitung" und der polnisch-sprachige „Naród". Dazu kamen überregionale Zeitungen mit regelmäßigen Lokalberichten wie die nationalsozialistische „Rote Erde" oder die kommunistische „Rote Fahne".

6   Georg Mölich, Medien und Massenkultur, in: Regina Göschl/Julia Paulus (Hg.): Weimar im Westen. Republik der Gegensätze, Münster 2019, S. 72ff.

Bei allen Wahlen von 1928 bis 1932 war die KPD stets als stärkste Kraft hervorgegangen. Mit den desaströsen

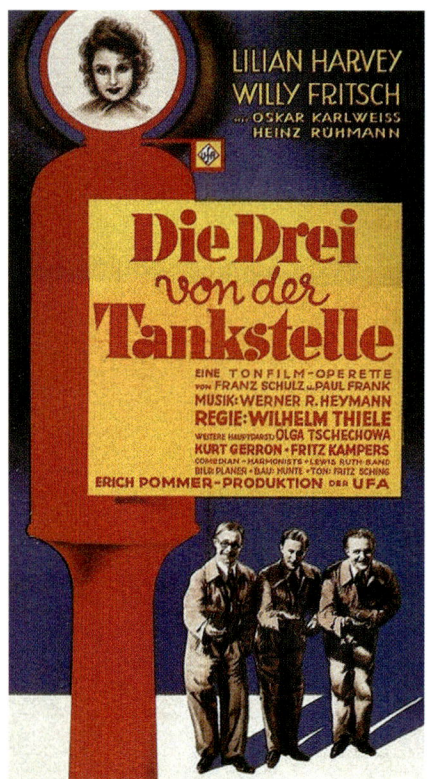

LILIAN HARVEY
WILLY FRITSCH
... OSKAR KARLWEISS
HEINZ RÜHMANN

Die Drei
von der
Tankstelle

EINE TONFILM-OPERETTE
von FRANZ SCHULZ und PAUL FRANK
MUSIK: WERNER R. HEYMANN
REGIE: WILHELM THIELE
WEITERE HAUPTDARST: OLGA TSCHECHOWA
KURT GERRON · FRITZ KAMPERS
COMEDIAN · HARMONISTS · LEWIS RUTH-BAND
BILD PLANEN · BAU: HUNTE · TON: FRITZ SCHIS
ERICH POMMER-PRODUKTION DER UFA

„Der schwungvolle Film erfand durch den virtuosen Umgang mit Erzählung, Tanz und integrierter Musik eine damals neue filmische Form. Er ließ die kleine Handlung mit Liedern besingen, die äußerst populär wurden und den Erfolg des Films mitbegründeten", urteilt das „Lexikon des internationalen Films".

Auswirkungen der Weltwirtschaftskrise ab 1929 setzte eine politische Radikalisierung ein. Immer mehr Wähler orientierten sich zu Parteien, die das demokratische System der Republik ablehnten oder sogar bekämpften. Bis 1930 hatte die NSDAP weder in Herne noch in Wanne mehr als 100 Mitglieder. In Folge der Weltwirtschaftskrise stiegen die Zahlen jedoch auf 500 bis 600 bis Mitte 1932 an. Die Wähler und Parteimitglieder einte die Ablehnung des Weimarer Systems, viele der Hauptakteure waren als junge Soldaten von den Fronterfahrungen des Ersten Weltkriegs geprägt worden. Die Nationalsozialisten wurden insbesondere in Frontstellung zum vorwärts drängenden Kommunismus als rechte Alternative zu Unentschlossenheit und Chaos akzeptabler. Vor allem Anhänger aus dem Mittelstand hatten die Erwartung, dass die Partei der Mittelschicht zu neuer wirtschaftlicher Prosperität verhelfen und ihr soziales Ansehen in einem autoritären Staat wiederherstellen werde. Die NSDAP lag im Ruhrgebiet zwar beständig unter dem Reichsschnitt, aber 1931/32 war aus der belächelten völkischen Splittergruppe eine massenwirksame Großpartei geworden, die mit ihrer Sturmabteilung (SA) auf der Bahnhof- und der Hindenburgstraße durch häufige Aufmärsche und Kundgebungen präsent war.[7]

In den Stadtverordnetenversammlungen stellten die KPD und das katholischen Zentrum jeweils die stärkste Fraktion. Das kommunale Leben wurde von einem Bündnis des Zentrums, der SPD und den kleinen bürgerlichen Parteien bzw. Wahlvereinigungen bestimmt. Die NSDAP spielte vor 1933 im kommunalpolitischen Leben keine bedeutende Rolle, da mit Reichsbahnassistent August Buchholz und Lehrer Albert Meister in Herne nur zwei und mit Bergmann Bernhard Bleckmann in Wanne-Eickel sogar nur einer ihrer Vertreter im Stadtparlament saß.

7   Barbara Dorn/Michael Zimmermann: Bewährungsprobe. Herne und Wanne-Eickel 1933-1945. Alltag, Widerstand, Verfolgung unter dem Nationalsozialismus, Bochum 1987, S. 47f.

Postkarte des S.A. Sturm 23A, Ortsgruppe Herne-Mitte, um 1932

Reichstagswahlen 1928 – 1932

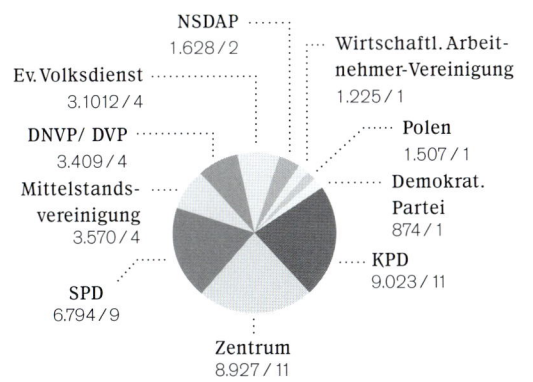

NSDAP
1.628 / 2

Ev. Volksdienst
3.1012 / 4

DNVP/ DVP
3.409 / 4

Mittelstands-
vereinigung
3.570 / 4

SPD
6.794 / 9

Zentrum
8.927 / 11

Wirtschaftl. Arbeit-
nehmer-Vereinigung
1.225 / 1

Polen
1.507 / 1

Demokrat.
Partei
874 / 1

KPD
9.023 / 11

Stadtverordnetenwahl Herne am 17.11.1929
Stimmen und Sitze (48)

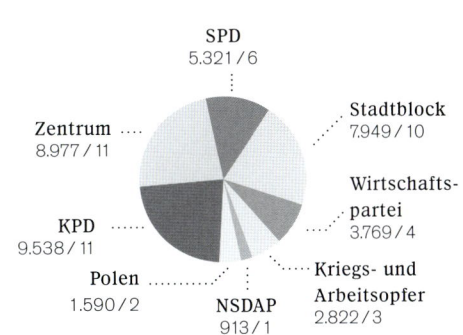

SPD
5.321 / 6

Zentrum
8.977 / 11

KPD
9.538 / 11

Polen
1.590 / 2

NSDAP
913 / 1

Stadtblock
7.949 / 10

Wirtschafts-
partei
3.769 / 4

Kriegs- und
Arbeitsopfer
2.822 / 3

Stadtverordnetenwahl Wanne-Eickel am 17.11.1929
Stimmen und Sitze (48)

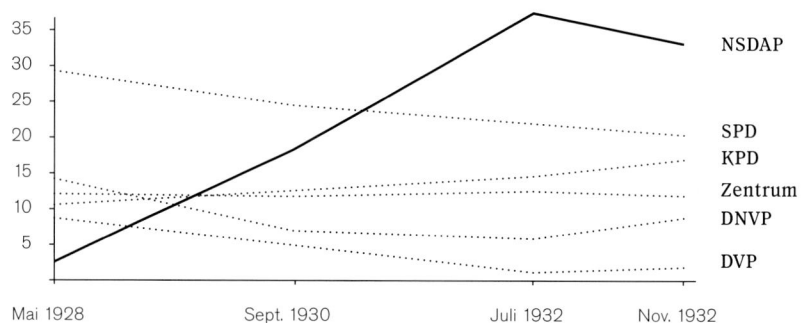

NSDAP

SPD
KPD
Zentrum
DNVP

DVP

Mai 1928   Sept. 1930   Juli 1932   Nov. 1932

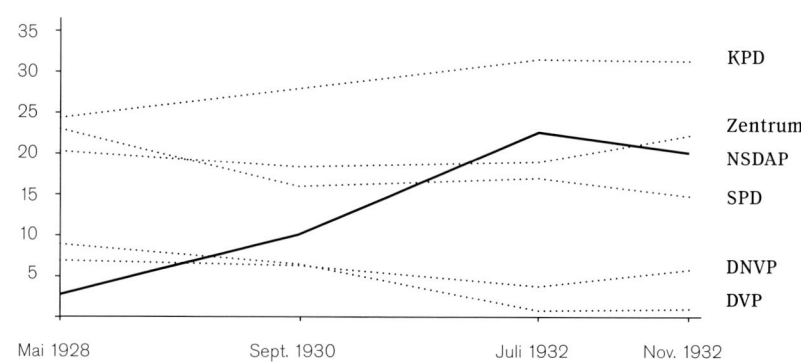

KPD

Zentrum
NSDAP

SPD

DNVP
DVP

Mai 1928   Sept. 1930   Juli 1932   Nov. 1932

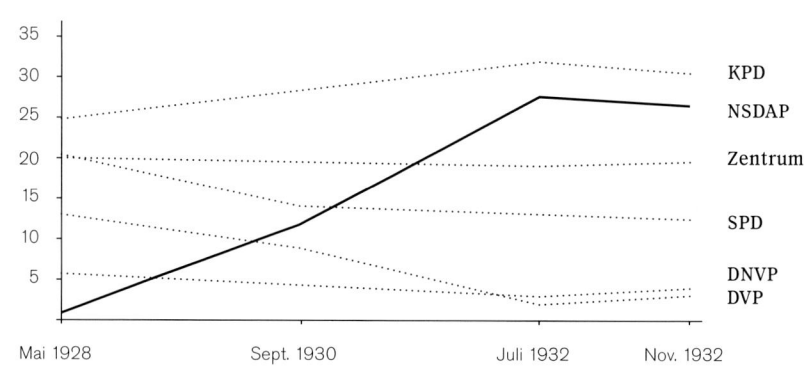

KPD

NSDAP

Zentrum

SPD

DNVP
DVP

Mai 1928   Sept. 1930   Juli 1932   Nov. 1932

Auswirkungen der Weltwirtschaftskrise

Der Zusammenbruch der New Yorker Börse Ende Oktober 1929 und die anschließende Weltwirtschaftskrise trafen die vielfach mit amerikanischen Krediten arbeitenden Unternehmen im Revier vehement. Besonders betroffen waren die Hauptwirtschaftszweige Bergbau und Stahlindustrie. Die Folgen waren Unternehmenszusammenbrüche und Massenentlassungen. Herne und Wanne-Eickel lagen an der Spitze der notleidenden Gemeinden. Zu jedem Erwerbslosen kamen noch die Familienangehörigen, die Unterstützungsleistungen in Anspruch nehmen mussten. So lebten im Mai 1932 44.421 Herner (44,9 Prozent der Bevölkerung) von öffentlichen Zuwendungen.

Auch wenn die Lebenshaltungskosten gesunken waren, konnten die täglichen Bedürfnisse einer vierköpfigen Familie damit nur schwer gedeckt werden. Es reichte knapp für Brot und Kartoffeln, nur selten für Butter und Malzkaffee. Aufgrund des mangelnden Absatzes wuchsen die Kohleberge auf den Halden, während viele Arbeiterfamilien ihre Wohnungen nicht beheizen konnten. Die arbeitslosen Bergleute erhielten keine Deputatkohle mehr. Man behalf sich mit Kohlenschlamm, einem Abfallprodukt der Zechen, der viel Qualm und wenig Wärme erzeugte. Es war verboten, die Schlammkohlenhalden zu betreten. Aufgrund der Not in den kalten Wintertagen machte man es trotzdem. In den

Bergarbeiterfamilien suchen auf einer Schlackenhalde nach Schlammkohle als Brennstoffe für den Winter, Oktober 1931

frühen Morgenstunden des 10. November 1932 wurden bei einem Einbruch einer Halde auf der Zeche Unser Fritz fünf Menschen von der herabfallenden Schlammkohle lebendig begraben. Drei von ihnen starben.[8] Not und Elend waren allgegenwärtig. Schnaps wurde selbst gebrannt und Tabak geschmuggelt, jeden Tag kam es zu Fahrraddiebstählen, selbst Kaninchenställe und Taubenschläge waren nicht sicher. Allein 1932 wurden 397 Familien, die aufgrund von Arbeitslosigkeit und Kurzarbeit die Miete nicht länger bezahlen konnten, per Zwangsräumung auf die Straße gesetzt.[9]

Die Folgen für den Konsum waren unausweichlich. Insbesondere die Textil-, Schuh- und Möbelbranche bekamen die gesunkene Kaufkraft der Bevölkerung zu spüren. So kam es zwischen 1930 und 1932 in Herne zu 99 Konkursen und 46 Vergleichsverfahren. Gerade im mittelständischen Einzelhandel fanden sich zahlreiche Akteure, die sich den Antisemitismus der Nationalsozialisten zu Eigen machten und ihn gegen die „jüdische" Geschäftskonkurrenz wendeten. Es verwundert daher nicht, dass die NSDAP bei den Wahlen im Jahr 1932 besonders in der Stadtmitte, wo eher Geschäftsleute und das mittelständische Bürgertum wohnten, die meisten Stimmengewinne erzielen konnte.

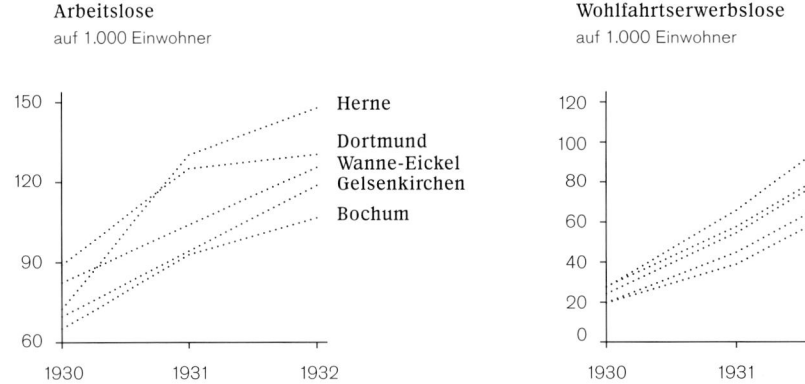

Durch den drastischen Anstieg der Arbeitslosigkeit befanden sich die kommunalen Finanzen in einem desolaten Zustand. Die allein von den Städten getragenen Ausgaben für die Wohlfahrtserwerbslosen lagen vielerorts höher als die gesamten Steuereinnahmen. Die Folge waren drastische Kürzungen der Wohlfahrts-, Verwaltungs- und Schulausgaben. So verzichtete die Stadt Herne seit 1930 auf alle eigenen kulturellen Veranstaltungen. In Wanne wurde neun Monate lang keine Stadtverordnetensitzung durchgeführt, weil „aus Mangel an Mitteln die Durchführung irgendwelcher Aufgaben, zu denen die Zustimmung des Stadtverordnetenkollegiums eingeholt

8   Wanne-Eickeler Volkszeitung,
     11. November 1932
9   Reiners, Herne 1928-1933, S. 30ff.

werden müsse, nicht möglich war", wie Oberbürgermeister Kiwit erklärte.[10] Im Juli 1932 beschlossen Vertreter von elf Städten des Industriegebiets eine Noteingabe nach Berlin, in der sie dringend eine „Ruhrhilfe" zur Abwendung des hereinbrechenden Chaos forderten. Die Initiative ging von der Gemeinde aus, die als notleidendste galt: Herne.

Die wirtschaftliche Tristesse hatte ihre sozialpsychologischen Folgen. Resignation und Verbitterung waren weit verbreitet. „Viele saßen nur noch am Kanal oder in ihren Gärten, haben von morgens bis abends gezockt und sich einen geschickert", erzählte ein Bergmann aus Wanne-Eickel über den Alltag der Arbeitslosen. Bei anderen wuchs die Distanz gegenüber den Institutionen der Weimarer Republik – egal ob es sich um die Stempelstellen der Arbeitsämter oder um die Stadtverordnetenversammlung handelte. Schon im Winter 1930/31 schien es in Herne um die ausreichende Versorgung der Wohlfahrtsempfänger mit Kartoffeln und Kohlen schlecht bestellt zu sein. Als sich die Stadtverordnetensitzung mit diesem Thema beschäftigte, musste das Rathaus von der Polizei gesichert werden. Bis auf das Hauptportal wurden alle Türen geschlossen, um das Eindringen der demonstrierenden Erwerbslosen zu verhindern, die sich auf dem Rathausplatz versammelt hatten. Dieses Szenario wiederholte sich 1932 mehr oder weniger bei jeder Sitzung – auch in Wanne-Eickel.

In einem Interview in den 1980er Jahren schilderte die 84-jährige Ida Graupner die Lebensumstände in einer Bergarbeiterkolonie in Zeiten der Wirtschaftskrise. Sie lebte damals mit ihrem Mann in der Pluto-Kolonie in Röhlinghausen, berüchtigt als „polnischer Querschlag", weil viele Bewohner aus Ostpreußen oder Polen stammten. „Am Tag gab es dreimal Kartoffeln. Abends gab es immer Bratkartoffeln oder Pellkartoffeln. Trotzdem, es reichte hinten und vorne nicht. In der Not mussten wir ruhig sein. Mein Mann war bei den Freidenkern und ich war in der Roten Hilfe. Hilfe hatten wir alle nötig, aber bei manchen war wirklich Elend. Da, wo der Olle gesoffen hat und die Blagen nichts zu essen bekamen, wo die Frauen von ihren Männern Schläge bekamen, da bin ich überall hingegangen und hab mit den Leuten gesprochen und auch etwas mitgebracht. Ich ging immer zu den Geschäftsleuten und hab da, sagen wir mal, ‚gebettelt'. Ich habe ihnen gesagt, dass es für eine gute Sache ist und manchmal mit der Revolution gedroht. Manche hatten dann Angst, denn wenn wir demonstrierten, dann waren die Straßen voll von Menschen und die vielen roten Fahnen. (…) Die Arbeitslosen ließen bei den Kaufleuten und Krämern anschreiben. ‚Bis Stempelgeld gibt', sagten sie. Aber dann konnten sie nicht alles bezahlen. Weil es durch die Notverordnungen immer weniger Geld gab. Dann blieb immer eine Latte stehen. Manche Geschäfteleute haben sich dann geweigert, weiter auf Pump zu geben."[11]

10 Art. „Und es tagen unsere Stadtväter wieder", Wanne-Eickeler Volkszeitung, 4. März 1932
11 Interview mit Ida Graupner, in: Werner Krüger: Wanne-Eickel zum Beispiel. Berichte aus dem Arbeiterwiderstand in einer Stadt des Ruhrgebiets (unveröffentlichtes Manuskript), Herne, o. Dat., S. 8ff.

Am 1. Januar 1931 wurde die Gas-Verarbeitungs-Gesellschaft (Gaveg) stillgelegt. 290 Arbeiter und 14 Angestellte verloren Arbeit und Verdienst. Einige der Arbeiter posierten für ein Abschiedsfoto.

Roter Frontkämpferbund mit Schalmeien-Kapelle am Herner Bahnhof, um 1930

Bastionen der Arbeiterbewegung

In Bergarbeiterkolonien wie in Holthausen, Sodingen, Unser Fritz und Röhlinghausen war das alltägliche Leben durch die Organisationen der Arbeiterbewegung geprägt: Schalmeienkapellen, Freidenker, Esperanto-Bund, Rote Hilfe, Arbeitersportvereine, Kinderfreunde-Bewegung und Genossenschaftswesen boten ein geschlossenes proletarisches Milieu.[12] Wie sich 1933 zeigen sollte, war die empfundene Stärke und Unverwundbarkeit eine Illusion. Der Zusammenhalt der Arbeiterbewegung hatte durch die politische Zersplitterung von innen heraus tiefgreifende Risse erhalten, die durch die Folgen der Weltwirtschaftskrise noch verstärkt wurden. In der SPD waren überwiegend qualifizierte Arbeiter, kleine und mittlere Angestellte und in Betrieben und Stadtteilen etablierte Teile der Arbeiterschaft organisiert, während die Kommunisten zum Sammelbecken der Unzufriedenen, Arbeitslosen und Entwurzelten wurden.[13]

Die KPD interpretierte Wirtschaftskrise und Massenarbeitslosigkeit als Vorzeichen einer kommenden proletarischen Revolution. Aufgabe der selbsternannten Berufsrevolutionäre war es, die Widersprüche des Systems zu verschärfen und die Industriearbeiterschaft für den revolutionären Kampf zu mobilisieren. Hinzu kam die unselige „Sozialfaschismustheorie" der KPD-Führung, die die Sozialdemokraten und die Gewerkschaften im revolutionären Verbalradikalismus als „Steigbügelhalter des Faschismus" diffamierten. Für die Kommunisten galt die Weimarer Demokratie als nicht verteidigungswert, während die SPD auf ihrem defensiv-legalistischen Kurs zur Erhaltung der demokratischen Institutionen verharrte. Was sich wie ein theoretischer Diskurs anhörte, hatte vor Ort fatale Folgen. So kämpften die Kommunisten nicht nur gegen die „braune Bewegung" sondern auch gegen die Sozialdemokratie, die phasenweise sogar als der Hauptgegner angesehen wurde. Schlägereien zwischen Rotfrontkämpferbund und Reichsbannerleuten waren keine Seltenheit, wie am 1. Oktober 1931 anlässlich der Auszahlung der Wohlfahrtsunterstützung im Kolpinghaus Wanne-Eickel, auch wenn sie nicht das Ausmaß der Straßenkämpfe zwischen Kommunisten und Nationalsozialisten erreichten.[14] Durch die ideologische Blindheit der KPD wurde die Spaltung der Arbeiterbewegung weiter zementiert, was

12 Die katholische Wanne-Eickeler Volkszeitung stellte bei einem Bericht über einen Vorfall in der Glückauf-Straße, der Kolonie der Zeche Pluto, fest: „Es scheint so, als wenn in den Kolonien nur die KPD etwas zu sagen hätte." Wanne-Eickeler Volkszeitung, 4. März 1932
13 Stefan Goch, Wandlung des politischen Systems im Ruhrgebiet, in: Michael Farrenkopf/Stefan Goch u.a. (Hg.): Die Stadt der Städte. Das Ruhrgebiet und seine Umbrüche., Essen 2019, S. 315f.
14 Wanne-Eickeler Volkszeitung, 2. Oktober 1931. Das „Reichsbanner Schwarz-Rot-Gold" wurde 1924 von SPD, Zentrum und DDP gegründet und war ein politischer Wehrverband zur Verteidigung der Republik. Der Gruß lautete „Freiheit" mit geballter erhobener Faust. Zu Beginn der 1930er Jahre gehörten dem Verband hauptsächlich Sozialdemokraten an.

für den Untergang der Weimarer Republik und die Errichtung der nationalsozialistischen Diktatur von erheblicher Bedeutung war.[15]

Die Arbeit in den Parlamenten und der Kampf auf der Straße waren für die Kommunisten zwei Seiten einer Medaille. Auf dem Höhepunkt der Weltwirtschaftskrise wurden die Stadtverordnetensitzungen von der starken KPD-Fraktion mit Dringlichkeitsanträgen geflutet. So forderte man am 31. Mai 1932 von der Herner Stadtverwaltung:

— Die Rücknahme der auf Anordnung der Regierung angekündigten Kürzung der Unterstützungssätze für Wohlfahrtserwerbslose;
— Die Zuweisung von drei Zentner Kohle pro Monat als Hausbrand während der Sommermonate für die Unterstützungsempfänger;
— Einen kostenlosen halben Liter Milch pro Tag für alle Kinder von Erwerbslosen bis zum vierten Lebensjahr;
— Freie Schullernmittel für die Kinder von Erwerbslosen;
— Kostenlose Freigabe des Sommerbades für die Erwerbslosen und ihre Familienangehörigen;
— Die Verhinderung der Zwangsräumungen der Wohnungen von den ohne eigenes Verschulden zahlungsunfähig gewordenen Familien und Verhaftung gewalttätiger Hausbesitzer, die sich nicht fügen wollen;
— Senkung des Preises für Gas- und Strombezug um 50 Prozent und keine Grundgebühr oder Zählermiete für Unterstützungsempfänger.

Ohne Zweifeln drückten die Anträge die Not vieler Familien aus, trotzdem war das Agieren der KPD nur Propaganda. Alle Anträge wurden zwar mit der Unterstützung anderer Parteien, die sich bei diesen brennenden sozialen Fragen keine Blöße geben wollten, angenommen, nur war schon während der Diskussion allen Beteiligten klar, dass nicht eine einzige Forderung umgesetzt werden konnte. Die Stadt war schlichtweg pleite. Es war, wie der Herner Anzeiger resümierte, „viel Lärm um nichts".[17]

Als einen Tag später die gekürzte Wohlfahrtsunterstützung ausbezahlt werden sollte, bildete sich auf dem Rathausplatz unter kommunistischer Führung eine „Blitz-Demonstration" von etwa 1.000 Menschen. Polizeibeamte, die den Platz räumen sollten,

15 Michael Clarke, Wirtschaftskrise und nationalsozialistische Machtergreifung in Herne und Wanne-Eickel 1929-1933, in: Braßel, Frank/ Clarke, Michael/ Objartel-Balliet, Cornelia (Hg.): „Nichts ist so schön wie...". Geschichte und Geschichten aus Herne und Wanne-Eickel, Essen 1991, S. 180f.
16 Art. „Der Schrei der Not im Stadtparlament", Herner Anzeiger, 1. Juni 1932
17 Ebd. Die polarisierende Politik der Kommunisten führte auch zu einer persönlichen Entsolidarisierung. Als die KPD-Mitglieder ab Februar 1933 von der Polizei und der SA brutal verfolgt wurden, fanden sich vor Ort kaum Zeichen der Solidarität aus den Reihen der Sozialdemokratie oder des Zentrums. Allerdings ist der Verlust der helfenden Solidarität der Mitbürger ein generelles Phänomen in der Zeit des ungezügelten SA-Terrors 1933.

Aushang der kommunistischen Tageszeitung „Ruhr-Echo" in Herne, 1932

wurden angegriffen. Es kam zum Schlagstockeinsatz und zu tumultartigen Szenen. Zehn Demonstranten und zwei Polizisten wurden verletzt.

Leo Reiners, der Schriftleiter des katholischen Herner Anzeigers, analysierte die Politik der KPD mit einem Gespür für die Zeichen der Zeit: „Wir haben eine kommunalpolitisch erregte Woche hinter uns. Den Kommunisten war die Unterstützungskürzung Wasser auf ihre demagogische Mühle. Offen fordern sie zum Kampf auf: ,Jeden Tag auf die Straße!' heißt die Parole. ,Organisiert in jeder Stunde Hungermärsche. Zieht jeden Tag auf das Wohlfahrtsamt und fordert Lebensmittelscheine und Bekleidung. Keiner zahle mehr Gas- und Lichtrechnungen! Dass ihr keine Miete mehr zahlen könnt, ist selbstverständlich.' So redet man den Erwerbslosen ein und hofft auf diese Weise, noch mehr Unruhe schaffen zu können. Wo aber dann schließlich die Gelder für die Unterstützung herkommen sollen, wenn alles drunter und drüber geht, das ist ihnen gleich. Gerade dann glauben sie nämlich ihre Stunde gekommen. Hütet euch vor solchen Demagogen. Sie werden die Diktatur des Proletariats nicht erreichen, je eher innere Unruhen ausbrechen, je eher wird der Faschismus seine Diktatur aufrichten."[18]

18 Herner Anzeiger, 4. Juni 1932

Der Sommer der Gewalt

Wenige Wochen vor der Reichstagswahl am 31. Juli 1932 verschärften sich die politischen Spannungen. Anlass war die Aufhebung des Uniform- und SA-Verbots durch die neue Reichsregierung unter Franz von Papen am 14. Juni 1932. Das Verbot war nur zwei Monate zuvor von der Regierung Brüning „zur Sicherung der Staatsautorität" durchgesetzt worden und sollte den Aktionsradius der NS-Kampfverbände eindämmen. Es war abzusehen, dass die SA die Aufhebung des Verbots zu öffentlichkeitswirksamen Aktionen nutzen würde. In ganz Preußen kam es zu Überfällen und Straßenschlachten. Die spürbare Eskalation der Gewalt ging zu einem wesentlichen Teil auf die SA zurück. Im Revier tauchten die braunen Marschkolonnen auch in den roten Bergarbeiterkolonien auf, um die eigene Stärke zu demonstrieren und den politischen Gegner einzuschüchtern. Wiederholt kam es dabei zu blutigen Zusammenstößen zwischen Kommunisten und Nationalsozialisten.

In Herne wurde am 16. Juni 1932 der KPD-Stadtverordnete Otto Kuhn beim Verlassen des kommunistischen Parteibüros in der Neustraße 49 überfallen und durch Messerstiche verletzt, so dass er ins Krankenhaus eingeliefert werden musste. In Wanne kam es auf der Hindenburg- und Ebertstraße zu mehrstündigen schweren Auseinandersetzungen. Im gesamten Präsidialbezirk Bochum wurden blutige Überfälle gemeldet. Die Vergeltungsaktionen der Kommunisten

Plakat der Eisernen Front, April 1932

und des Reichsbanners folgten auf den Fuß. Tagelang wurden die Straßen zum Tummelplatz der uniformierten Kampfverbände, mehrmals kam es zu Schusswechseln. In Wanne patrouillierten an einem Samstagabend 18 uniformierte Nationalsozialisten mit einer Autodroschke durch die Straßen der Stadt. Von den auf dem Trittbrett stehenden SA-Männern wurden dabei mehrere Schüsse abgegeben. Erst die Polizei, die mit mehreren Überfallwagen und berittenen Schutzleuten vor Ort war, machte dem martialischen Auftritt ein Ende. Der Höhepunkt der lokalen Auseinandersetzungen war eine Straßenschlacht am 26. Juni 1932 auf der Bruchstraße in Herne-Holthausen. Robert Brauner, der spätere Oberbürgermeister (1951-1974) erinnerte sich später an die Geschehnisse: „Bei dieser Straßenschlacht, die sich über Stunden hinzog, gab es auf beiden Seiten zahlreiche Verletzte. Erst in den Abendstunden konnte die Polizei die Ordnung in etwa wiederherstellen. Zu dieser Zeit hatten die Kampfverbände fast in allen Stadtteilen Stützpunkte und Unterkünfte eingerichtet. Ständige Wachen lagen in Alarmbereitschaft, um gegebenenfalls schnell einsatzbereit zu sein. Die geschilderten Ereignisse hatten die Bevölkerung in erheblichem Maße in Erregung versetzt. Ruhe und Ordnung waren erheblich gestört. Es hatte des Öfteren eine nicht zu unterschätzende Bürgerkriegsstimmung geherrscht."[19]

Obwohl nun die Kämpfe um den öffentlichen Raum härter geführt wurden als in den Jahren zuvor, blieben es doch Terrainkämpfe; es ging noch nicht um die physische Vernichtung des Gegners. Der häufige Gebrauch von Schusswaffen besaß eher einen symbolischen Charakter und sollte die eigene Stärke unterstreichen und den Gegner beeindrucken. Aber spätestens nach dem „Altonaer Blutsonntag" mit 18 Toten und 68 Verletzten am 17. Juli 1932 wurden jedem kritischen Beobachter klar, dass es bisher nur der Zufall verhindert hatte, dass es in Herne und Wanne-Eickel nicht zu Todesopfern gekommen war.[20] Nach einer Übersicht des preußischen Innenministeriums hatte 1932 die Zahl der Opfer politischer Gewalt mit 155 Toten einen neues Höchstmaß erreicht – dies waren genauso viele wie für den Zeitraum von 1929 bis 1931 angegeben wurden. Die meisten Opfer entfielen auf Berlin und das Ruhrgebiet.[21]

19 Antwort Robert Brauners auf eine Anfrage von Dr. Alfred Bruns, Landesarchivdirektor, vom 14. Juni 1977, ohne Seitenzahl. Nachlass Robert Brauner, Stadtarchiv Herne.

20 Die Frage, ob es in Herne oder Wanne-Eickel während der politischen Auseinandersetzungen des Jahres 1932 Tote gegeben hat, ist nicht geklärt. Ein früherer KPD-Betriebsrat der Zeche Julia erzählte: „1932, nach oder bei den November-Wahlen, wo die Nazis einen schweren Rückschlag erlitten, da haben sie den Fahnenträger unserer Partei erschossen. Vier SA-Männer sind in seine Wohnung an der Dorneburg eingedrungen und haben ihn niedergeknallt. Einfach abgeknallt. Mein lieber Scholli, da war hier was los. Die Partei hat das Begräbnis ausgerichtet. Da kamen Tausende von Menschen zur Beerdigung. Auf dem Marsch zum Friedhof: Trommelwirbel, rote Fahnen, Schalmeien. Der Friedhof fasste gart nicht die Menschenmassen. Ein Genosse hat die Trauerrede gehalten, da blieb kein Auge trocken vor Wut auf die Nazis." Interview August Domnik, in: Krüger, Wanne-Eickel zum Beispiel, S. 44.

21 Von den Opfern gehörten 55 der NSDAP, 54 der KPD und 12 dem Reichsbanner an. 34 Opfer konnten keiner Partei zugerechnet werden. Vgl. dazu: Dirk Schumann: Politische Gewalt in der Weimarer Republik 1918-1933. Kampf um die Straße und Furcht vor dem Bürgerkrieg, Essen 2001, S. 320ff.

Verhaftung von kommunistischen Demonstranten durch die Polizei in den Straßen Berlins, Juni 1932

In den Ruhrgebietsstädten scheiterte der Versuch der SA, den öffentlichen Raum zu dominieren. Die Arbeiterbewegung hatte ihr Revier verteidigt. „In Herne haben die Nazis inzwischen erfreulicherweise eingesehen, dass ihnen dieser Geist des Regierens mit Faust und Peitsche doch schlecht bekommt, und dass es besser ist, weniger aufreizend aufzutreten und sich mehr zurückzuhalten. Die Folge war denn auch, dass die letzten Tage hier bedeutend ruhiger verliefen", kommentierte der Herner Anzeiger.[22] Obwohl sich eine Form der Alltagsnormalität wieder einstellte, machten die unruhigen Wochen des Sommers 1932 eine tiefe gesellschaftliche Spaltung deutlich. Die Bürgerkriegsatmosphäre und die permanent kursierenden Gerüchte über einen möglichen Putsch von rechts oder links ließen gerade im Mittelstand und im Bürgertum die Akzeptanz für eine autoritäre Lösung stärker werden, die Deutschland aus dem Chaos führen sollte. Zudem zerlegte sich die Demokratie selbst durch die inflationäre Inanspruchnahme des Notverordnungsrechts des Reichspräsidenten und der Ausschaltung des Parlaments. Unter den Präsidialkabinetten der Reichskanzler Brüning, von Papen und Schleicher wurde die demokratische Republik Schritt für Schritt in ein Notstandsregime umgeformt und die Öffentlichkeit immer stärker an den Gedanken diktatorischer Lösungen gewöhnt.[23]

22 Herner Anzeiger, 25. Juni 1932
23 Eberhard Kolb: Die Weimarer Republik, München 1993, S. 135ff.

Der Sommer der Gewalt | Prolog

Aus den Reichstagswahlen am 31. Juli 1932 ging die NSDAP mit reichsweit 37,4 Prozent der abgegebenen Stimmen als stärkste politische Kraft hervor. Das Ergebnis im Revier stellte sich dem allgemeinen Trend entgegen, denn hier verzeichnete die KPD starke Gewinne. Aus Protest gegen die grassierende Armut und die reaktionäre Regierung von Papen hatte die Industriearbeiterschaft kommunistisch gewählt. Da die Reichstagswahl keine regierungsfähige Mehrheit gebracht hatte, musste bereits im November 1932 erneut gewählt werden. Überraschend erlitt die NSDAP erhebliche Stimmenverluste und schlingerte in eine Krise. Etliche Beobachter spekulierten, dass die Hitler-Bewegung nunmehr ihren Zenit überschritten habe. So unrealistisch schien die Prognose nicht, die die sozialdemokratische Zeitung „Vorwärts" am 6. Dezember 1932 veröffentlichte: „Es wird für alle Zeit das geschichtliche Verdienst der Sozialdemokratie bleiben, den deutschen Faschismus so lange von der Macht ferngehalten zu haben, bis sein Abstieg in der Volksgunst begann. Dieser Abstieg wird kaum weniger schnell erfolgen, als sich der Aufstieg vollzogen hat."[24]

Mit dem Nachlassen des politischen Extremismus und den ersten Anzeichen einer wirtschaftlichen Erholung schien Ende 1932 der Höhepunkt der politischen und wirtschaftlichen Krise überschritten. In der Sylvester-Ausgabe bilanziert der Herner Anzeiger unter der hoffnungsvollen Überschrift „Brachte das Jahr 1932 die Wende?" die gesamtgesellschaftliche Situation: „Die Jahre 1930 und 1931 waren Jahre fortgesetzter steigender Not, unaufhörlicher Entlassungen und Stilllegungen; Jahre ständigen Anschwellens des Erwerbslosenheeres, wachsender Wohlfahrtslasten für die Stadt, stetig schwindende Kaufkraft, absteigender Lebenshaltung. Und das Jahr 1932? Es hat im Anfang ganz im Zeichen dieser Schreckensentwicklung gestanden. Aber dann? Ist die in den letzten Monaten verkündete Erreichung der Talsohle und der Beginn eines Wiederaufstiegs wirklich Wahrheit? (…) Wenn dann die innenpolitische Entspannung anhält und die Arbeitsbeschaffungsprogramme sich auswirken, so wird uns das Jahr 1933 das weitere Absinken der Unterstützungszahlen beim Arbeitsamt und beim Fürsorgeamt bringen. Das Jahr 1932 ist dann wirklich das Jahr der Wende geworden."[25]

24 Ebd., S. 140.
25 Herner Anzeiger, 31. Dezember 1932

Erwerbslose in Herne, um 1932

CHRONIK

—

1933

Editorische Anmerkungen

Die vorliegende Chronik ist eine vielstimmige Collage von sozialen, kulturellen, wirtschaftlichen und politischen Geschehnissen des Jahres 1933, ein Nebeneinander von Ereignissen und persönlichen Lebenswegen. Um die Direktheit des Nachlesens zu erhalten, werden Passagen aus zeitgenössischen Quellen zitiert, ohne in jedem Fall durch Anführungszeichen oder die Verwendung des Konjunktivs eine grammatikalische Distanz zum Dargestellten zu signalisieren. Der „Sound der Zeit" sollte möglichst direkt wiedergegeben werden. Dem Herausgeber ist durchaus bewusst, dass die Sprache des Nationalsozialismus hochgradig kontaminiert ist. Im Laufe des Jahres 1933 dominierten der Begriff der „nationalen Erhebung" und später die Terminologie der „nationalsozialistischen Revolution" den öffentlichen Diskurs. Bei Begriffen wie „Schutzhaft" ist der Euphemismus offensichtlich, aber selbst unscheinbar wirkende Wörter wie „Gleichschaltung" verbergen eine nationalsozialistische Selbstdarstellung. Die NS-Propaganda benutzte häufig Termini aus der Technik in sachfremden Zusammenhängen, um die eigene Modernität zu unterstreichen.

Vergleicht man die Duden-Auflagen vor 1933 mit der von 1934, so zeigt sich, dass bereits 180 NS-Vokabeln (wie Arbeitsfront, Arbeitslager, aufnorden, Deutscher Gruß, Deutsches Jungvolk) ihren Weg in das Standardwerk gefunden hatten.[1] Von den Nationalsozialisten ist Sprache als politisches Instrument perfektioniert worden. Der in der Chronik als Zeitzeuge zitierte Literaturwissenschaftler Victor Klemperer veröffentlichte schon 1947 mit „LTI – Notizbuch eines Philologen" eine Analyse der nationalsozialistischen Ausdrucksweise.[2] Seine These lautete, dass es weniger einzelne Wörter oder Reden waren, die den größten Eindruck in der Bevölkerung hinterließen, sondern vielmehr die stereotypen Wiederholungen des ganzen Wortschwalls. Ansätzen dieser Suggestion müssen sich die Leserinnen und Leser stellen.

Die Grundlage der in zeitlicher Reihenfolge dargestellten Ereignisse sind die lokalen Tageszeitungen. In einer Diktatur sind diese nur bedingt aussagefähig. Spätestens ab Juli 1933 diktierte das Propagandaministerium die großen Inhalte. Journalisten stellten keine Fragen mehr, sondern erhielten Befehle. (Selbst-)Zensur war an der Tagesordnung. Nach internen Anweisungen von Joseph Goebbels wurden der Presse nicht nur die Themen vorgegeben, sondern ebenso der Sprachgebrauch. Auf den Lokalseiten blieben gewisse Freiräume länger bestehen, aber auch hier wurden die Beschränkungen ab Herbst 1933 restriktiver. So wurde fortan jeder Bericht über Veranstaltungen der NSDAP und ihrer Unterorganisationen mit Superlativen geschmückt, während Ereignisse, die nicht zur herrschenden Aufbruchsstimmung passten, wie die nach wie vor vorhandenen Feier-

1   Cornelia Schmitz-Berning: Sprache und Sprachlenkung im Nationalsozialismus, unter: www.bpb.de/politik/grundfragen/sprache-und-politik/42752/sprache-zur-ns-zeit (abgerufen am 1. Juli 2020)
2   Victor Klemperer: LTI – Notizbuch eines Philologen, Leipzig 1980

◄ Die SA mit einem „wilden Boykott" vor einem jüdischen Geschäft in der Bahnhofstraße, 28./29. März 1933

schichten auf den Zechen oder die konkrete Zahl der Arbeitslosen, durften hingegen nicht mehr gemeldet werden. Für den Zeitungsleser entwickelte sich die hohe Kunst, zwischen den Zeilen zu lesen.

Das Leben unter der NS-Herrschaft war gleichzeitig außergewöhnlich und banal. Während die Nationalsozialisten die Demokratie abschafften und den totalitären Ein-Parteien-Staat errichteten, wurde weiter Fußball gespielt, getanzt, ins Kino gegangen, geliebt, gearbeitet und gefaulenzt. Wir betrachten die NS-Zeit zwangsläufig mit dem Wissen um die Zerstörungen des Zweiten Weltkriegs und das Verbrechen der Shoah. Die Menschen im Jahr 1933 hatten dieses Wissen noch nicht.

Die zwölf Jahre des Dritten Reichs gehören zu den am besten erforschten Abschnitten der neueren deutschen Geschichte. Auf lokaler Ebene ist dagegen kaum etwas bekannt. Der vorliegende Band zeigt, wie schnell in den zwei Bergarbeiterstädten die „Machtübernahme" erfolgte und wie öffentlich und rigoros der Terror vor allem gegen die im Revier besonders starke Arbeiterbewegung war. Dabei konnten viele Geschichten nur angerissen werden. Zumindest für einige der Hauptakteure geben die biographischen Skizzen im Anhang Auskunft darüber, was mit ihnen nach 1933 geschah. Ihre Namen sind durch Fettdruck hervorgehoben. Zur besseren Lesbarkeit wurde innerhalb der Chronik weitgehend auf Quellenbelege verzichtet.

Mit der nunmehr vierten oder fünften Generation nach 1945 verschwindet die unmittelbare generationelle Verbindung zu NS-Zeit, Zweitem Weltkrieg und Shoah. An ihrer statt ist eine Erinnerungskultur getreten, die im besten Fall ein aktiver Teil unseres normativen Selbstverständnisses geworden ist. Die historische Recherche impliziert ein Nachdenken über die Opfer, Täter, Mitläufer und Zuschauer. Besonders verstörend ist, dass viele gar nicht gezwungen wurden, sondern sich freiwillig in den Reigen der Ja-Sager einreihten. Eine Diktatur macht Menschen nicht nur zu Lügnern, sondern auch zu Komplizen. Hierfür liefert die Lokalgeschichte zahlreiche Beispiele.

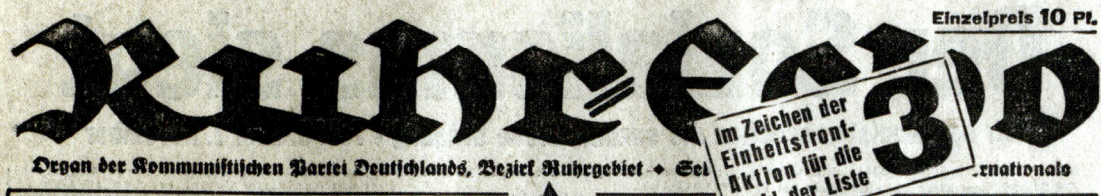

Einzelpreis 10 Pf.

Ruhr-Echo

Organ der Kommunistischen Partei Deutschlands, Bezirk Ruhrgebiet ◆ Sei … rnationale

Mitteilungsblatt der revolutionären Gewerkschaftsverbände, des KJVD, der Arbeitersportvereine, der „Roten Hilfe", der „Internationalen Arbeiter Hilfe", des Kampfbundes gegen Faschismus, des Bundes der Freunde der Sowjetunion, des Betriebsräte Ausschuß des Ruhrgebiet, der „Ifa"

Redaktion und Hauptgeschäftsstelle: Essen, Rottstraße 18, Fernsprecher 201 04 und 311 73. Geschäftsstellen: Gelsenkirchen, Steinmetzstraße 36, Fernsprecher: 277 60. — Buer, Fernsprecher Nebenstelle Horst: 302 30. — Bochum, Roonstraße 81, Fernsprecher 637 91.

Für Arbeit Brot u. Freiheit

Mitteilungsblatt des „Inte… …deutscher Mieter der Siedlungs- und Neubaumieter, des Reichsbauernbundes, … …rer prolet. Schulpolitik, des Bundes prolet. Schriftsteller, des Bezirks Ausschuß der … …, der Arbeitsgemeinschaft sozialpolitischer Organisationen „Arso"

Das „Ruhr-Echo" erscheint täglich (außer Sonntag) — Redaktion und Expedition: Essen, Rottstraße 18. — Telegramm-Adresse: Ruhr-Echo. Postscheckkonto: Essen Nummer 22 970. Verbreitungsgebiet: Essen, Gelsenkirchen, Buer, Bochum und Umgebung

Nr. 228 | Samstag, den 5. November 1932 | 14. Jahrgang

Im Zeichen der Einheitsfront-Aktion für die Wahl der Liste 3

15 Jahre siegreiche Sowjetmacht!

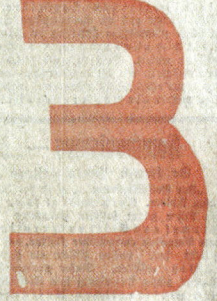

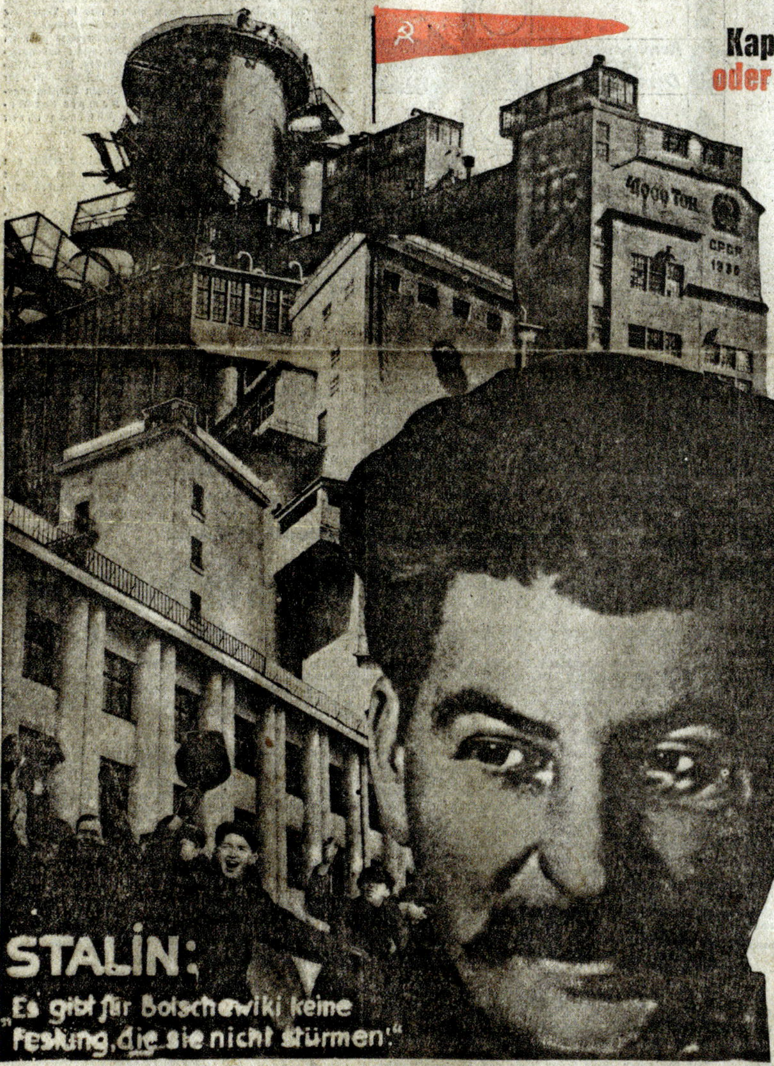
STALIN:
„Es gibt für Bolschewiki keine Festung, die sie nicht stürmen!"

Kapitalistischer Niedergang oder sozialistischer Aufstieg?

In Deutschland mehr als 7 Millionen Erwerbslose

In der Sowjetunion kein einziger Erwerbsloser mehr

In Deutschland: Krise und weiterer Absturz der Produktion

In der Sowjetunion: keine Krise und ständige Produktionssteigerung

In Deutschland: Lohn- und Unterstützungsabbau, faschistische Entrechtung

In der Sowjetunion: Lohnerhöhungen, Arbeitermacht und Sozialismus

Lenins Ruf an euch:

„Die Macht in die Hände der Arbeiterklasse - das ist der einzige Ausweg."

Kämpft mit der Kommunistischen Partei für Brot u. Arbeit, für Arbeitermacht und Sozialismus! Verteidigt die Sowjetunion! Wählt Kommunisten, Liste 3

Nr. 298 Jahrgang 2 Preis 15 Pfg.

Samstag, 31. Dezember 1932.

Rote Erde

Bochumer Nationalzeitung — **Beobachter für Hagen und das Sauerland** — **Dortmunder Nationalanzeiger**

Verlags- u. Hauptschriftleitung: Bochum, Kaiser-Wilhelm-Straße 7 I. (Sam.-Nr. 666 04). — Postscheckkonto Dortmund (Nr. 28 771). Geschäftsst.: Dortmund, Hansastr. 4 (Tel. 382 19). Hagen, Badstraße 12 (Telephon 246 00). — Postort Bochum.

Herausgeber: Josef Wagner, M. d. R.
Amtliche Tageszeitung des Gaues Westfalen-Süd der NSDAP.

Bezugspreis: halbmonatlich 1.— RM zuzügl. 15 Pfg. Bestellgeld; monatlich 2.— RM zuzügl. 30 Pfg. Bestellgeld bei täglicher Lieferung außer an Sonn- und Feiertagen. Postbezug 2,80 RM zuzügl. Bestellgeld. Bei Ausfall infolge höherer Gewalt, Betriebsstörung Streik oder Aussperrung Streik oder kein Anspruch auf Nachlieferung. Anzeigenpreis: für 1 mm Höhe in Spalte 12 Pfg. Familienanzeigen, Stellengesuche 8 Pfg. Reklamezeile 40 Pfg. Rabatt nach Tarif.

Parole für 1933:

Das Reich muß uns doch werden

Jahreswende — Schicksalswende!

Aus winterlicher Nacht hebt sich ein neues Jahr. Silvesterglocken läuten es ein, und augenblicktrunkene Menschen jubeln ihm zu und wissen doch wohl kaum warum. Hoffnung, auf die Mittagshöhe gelangt, neu erblühen auf die Mittagssonne in der Straße einer zu frühen Sonne. Und sie wiederholt sich das alte und doch immer neues Lied in der Geschichte der Menschheit, trotzdem es doch nichts anderes war, als daß die Zahl wechselte.

Nichts anderes? Doch! An dieser Jahreswende brauchen wir nicht nur, wie vor all den vorhergehenden, seit den großen Zusammenbruche aller deutschen Hoffnungen, zurückzublicken auf Scherben, wir brauchen nicht mehr allein auszublicken in eine Zukunft, die grau in grau, ohne sichtbare Anhöhe aus Besserung vor uns liegt. Über allem Elend der verflossenen zwölf Monate, über allem Versagen der augenblicklich noch amtierenden Leiter der deutschen Geschichte, über allem Wissen von zahllosen verpaßten Gelegenheiten, im Verlauf der amtlichen deutschen Politik, über aller Erinnerung an blutigsten Terror und letzte verzweifelte Anstrengungen der Vertreter längst dem Untergang bestimmter Weltanschauungen liegt für uns die strahlende Gewißheit eines siegreichen Durchbruches des Nationalsozialismus.

Gewiß, dieses vergangene Jahr verlangte von unseren Kämpfern Opfer über Opfer. Unter dem marxistischen Regime der ersten Hälfte des Jahres 1932 verbluteten zahllose brave S.A., S.S. und H.J.-Kameraden; aber auch unter dem Walten der Regierungen der sogenannten nationalen Konzentration verspürten wir kein Nachlassen des roten Terrors, und wenn eine Tatsache aus der letzten Hälfte 1932 hervorsticht, dann die, daß Sondergerichte Hunderte unserer Kameraden in die Gefängnisse des Staates brachten, daß man immer noch den Abwehrkampf vaterlandstreuer Männer auf die gleiche Stufe stellt mit dem Wüten der Soldknechte Moskaus. Darüber vermag uns auch dem System abgerungene Amnestie nicht hinwegzutäuschen.

Wenn wir aber sonst zur Jahreswende nichts als als die Erbe der Vergangenheit mit hinüberschleppten in eine dunkle Zukunft, wenn sonst hinter der Silvesternacht nichts anderes als die Fragen der Not, das Gesicht des Schmach, des Bruderhaß und das Bewußtsein, daß eine verfehlte Politik weiterhin fortgesetzt werden und neue Opfer ohne Sinn von deutschen Volksgenossen fordern würde, so wissen wir an dieser Jahreswende voller Zuversicht im anderen: Um das kommende Reich des nationalen Sozialismus im Jahre 1933!

Gewiß, noch hat sich äußerlich kaum etwas geändert. An Stelle der Vertreter des Volkszorns masanter Systeme haben sich andere die Macht angemaßt, und die Früchte ihrer Tätigkeit unterscheiden sich in nichts von denen, die dem Wirken der schwarzroten Bruderschaft entsprossen. Aber darüber hinaus wuchs wie eine Lawine die Bewegung Adolf Hitlers äußerlich zum Teil, innerlich an Kraft! Und wer noch künstlich versucht was in der Macht, die ihr dennoch eines Tages reife Frucht in den Schoß fallen muß, weil nichts anderes als das Na-

tionalsozialismus überhaupt in der Lage ist, die deutsche Nation vor dem völligen Untergang im Elend und im Bolschewismus zu retten.

Deutschland ist erwacht im Zeichen unserer Freiheitsfahnen! Deutschland wird sein, weil wir für unser Vaterland kämpfen! Diesen Glauben und den Willen, hierfür alles zu geben, was ein Mensch zu geben vermag, den nehmen wir mit hinüber in das Jahr 1933, kämpferwillen und Idealen auch fördernd.

In diesem Sinne begrüßen wir National-

sozialisten das neue Jahr 1933, das Jahr des Dritten Reiches! Das ist unser letztes Wort in dem Jahr, der Klang der Silvesterglocken wird uns darum zum Klange der Siegesglocken, die die neue Freiheit einläuten Allen Nationalsozialisten, allen, die ihre herzlichen Wünsche und Liebe erfüllen, zum Standarten des Dritten Reiches gesetzt haben, rufen wir darum als Neujahrsgruß zu:

Heil, und laßt die Fahnen schwingen
Denn der Kampf wird uns gelingen.
Ist er auch gar heiß und schwer.

Diese Schmachzeit wird vergehen.

Unser Reich, es muß erstehen,
Und wenn die Welt voll Teufel wär'!

Sturmriemen herunter!

Dr. Pl. Die ewig Gestrigen, die Verzichter, an denen die Not eines flüssigen und arbeitsamen Volkes fruchtlos vorüberging, werden heute im ernsten lärmender Tollheit festtrunken das alte Jahr zu Grabe tragen. Sie werden sich dann schamlos "Glück" wünschen, worunter sie Geld und Befriedigung äußerer Wünsche und Liebe verstehen.

Einem solchen knallenden und alkoholseligen Silvester und Neujahrsrummel als das junge Deutschland fern. So weit es der Feier einem insgemeinen Jahresende überhaupt Bedeutung beimessen kann, so ist einem Tage ernster Besinnung und Stählung für einen neuen Kampf. Das junge Deutschland wird heute bei der von der Bürgerjournalistik, gefühlvoll, aufgemachten Fröhlichkeit nicht zu finden sein. Manch einer, der ein paar Pfennige vom der Stempelkasse übrig behielt, wird vielleicht noch einen Becher heben, aber nicht auf ein glückliches neues Jahr, sondern im Vollgefühl des Glückes, Kämpfer Adolf Hitlers, Soldat der deutschen Revolution auch innerem Jahre sein zu dürfen. Millionen von Deutschen, die ein fluchwürdiges System enterbte und entrechtete, werden dabei die Faust ballen. Aber trotzige dennoch! wird die geschäftige Silvesterei der Bürgerlichkeit von 1918 übertönen.

Das nationalsozialistische Deutschland, das für ein besseres Zukunft unseres gequälten Vaterlandes ringt, opfert und blutet und das heute die deutsche Geschichte macht, blickt an dieser Jahreswende nicht rückwärts, sondern geradeaus. Wir Kämpfer Hitlers finden im Mittelpunkt dessen, was die derzeitige Politik zu nennen pflegt. Wir haben in vergangenen Jahre den kleinen Gestirn und Feinden einer deutschen Wiedergeburt bewiesen, daß der Glaube Berge versetzen kann. Wir haben durch Führer und Idee Deutschland einen neuen Glauben gegeben. Wir haben am Entstehen eines neuen deutschen Menschen gearbeitet, der nichts für sich aber alles für Deutschland will.

Wir sehen stolz es, daß wir das geschafft haben. Wir schaffen es auch in neuen Jahre. Denn die Entscheidung ist so gut wie gefallen. Mag sei denen noch so den Krämerhorizont über die Butterfrage oder die Verfassungsreform nicht hinausreicht und bei an irgend welchen hinterwäldlerischen Wahlresultaten den Auf- und Niederbruch einer Weltanschauung bemessen zu können glauben.

Die alten Novembergewalten sind trotz raffinierteschlechter "nationaler" Tarnung gescheitert. Gegen die Hilflosigkeit des Generals-Kabinettes rennt die Empörung des Schaffens der Faust und der Stirn an. Klärung und Vereinigung wird und muß das neue Jahr bringen. Und die neue ekelerregende Lügen- und Hetzhochte journalistischen Untermenschentums wird nicht hindern können, daß ein neues Blatt in der deutschen Geschichte aufgeschlagen wird.

Mit klarem Auge und fester Hand sehen wir einem neuen Kampfjahr entgegen. Wir fühlten uns niemals und fühlen uns heute nicht als Mitglieder einer Partei, sondern als Träger einer großen weltgeschichtlichen Mission. Wir sind stolz auf unsere Ausschließlichkeit. Wir sind

---

Dem Ziele entgegen!

Nationalsozialisten im Gau Westfalen-Süd!

Ein neues Jahr rauscht heran. Was hinter uns liegt, hat insofern nur Sinn und Wert, als Taten, Leistungen und Tatsachen in die Gegenwart und Zukunft hineinreichen. So haben wir mutig dem neuen, schweren Schicksalsjahr ins Auge. Unser Tun und Lassen wird nur einem Ziele dienen:

Deutschland muß unter Adolf Hitlers Führung und Fahnen nationalsozialistisch und frei werden!

Wo immer wir das Schicksal hinstellt, zwei Begriffe leuchten uns voran in schwerster Sturmesnacht: Pflichterfüllung und Treue.

Kameraden im Gau! Die Zeit soll uns gerüstet finden! Das sei mein Neujahrsgruß an Euch alle.

NSDAP Gau Westfalen-Süd
Wagner — Gauleiter

Sonntag, 01. Januar

[HER/WAN] In der Neujahrsnacht kommt es in Herne und Wanne-Eickel zu blutigen Schlägereien. Oftmals ist neben Alkohol politischer Zwist Anlass für die Raufereien. Die gewaltsamste Auseinandersetzung findet in der Zechensiedlung von Pluto und Unser Fritz statt, wo sich um Mitternacht etwa 100 KPD-Mitglieder versammeln und unter Absingen der Internationalen und „Rotfront"-Rufen durch die Straßen ziehen. Etwa gegen 0.30 Uhr trifft der Zug vor dem Haus Vinckestraße 8 (heute: Rökenstraße) ein, in dem der stadtbekannte SA-Mann Friedrich Karpa wohnt. Ihm wird gedroht, Fensterscheiben klirren. Zwei herbeigerufene Polizeibeamte von der Wache Wanne-Nord werden in der Nähe der Georgestraße von anderen Kommunisten abgefangen und tätlich angegriffen. Aus den Fenstern der umliegenden Häuser werden Büchsen, Töpfe und sonstige Gegenstände auf die Polizisten geworfen. Die Beamten greifen zum Schlagstock und geben mit ihren Schusswaffen 13 scharfe Schüsse ab. Ein Angreifer wird durch einen Bauchschuss verletzt, die Polizisten erleiden leichte Blessuren. Dienstrad und ein Tschako werden ihnen entwendet. Das eintreffende Überfallkommando der Polizei beendet die Tumulte und die anliegenden Häuser werden nach den Ausrüstungsgegenständen durchsucht. Allerdings erfolglos. Die Bergleute Adolf Tamma und Otto Rogalla und der Elektriker Gustav Kern, alle Mitglieder der KPD, werden verhaftet und nach ihrer Vernehmung wieder entlassen. Unter veränderten politischen Vorzeichen stehen sie vier Monate später wegen „aufrührerischer Kommunistenexzesse" vor der Großen Strafkammer in Bochum. Tamma wird als Rädelsführer zu einem Jahr Zuchthaus, Rogalla und Kern jeweils zu einem Monat Gefängnis verurteilt.

Dienstag, 03. Januar

[HER/WAN] Die KPD reagiert als erste Partei auf das nicht mehr gültige Demonstrationsverbot. Jeweils angeführt von einer Schalmeien-Kapelle finden Protestmärsche gegen das Kabinett des Reichskanzlers Kurt von Schleicher statt. Unter den Demonstranten sieht man die schwarzen Hemden der Antifaschistischen Aktion, einer von der KPD gegründeten „Einheitsfront aller Werktätigen gegen den Faschismus". In Herne werden etwa 1.800 und in Wanne über 3.000 Teilnehmer geschätzt.

[HER] Die Zeche Mont Cenis nimmt den neuen leistungsstarken Ostschacht (Schacht 4) in Betrieb. Die Rettung der Schachtanlage, der vor zwei Jahren die Stilllegung drohte, ist in erster Linie das Verdienst des Bergassessors Dr. H. Meier, der mit personellen und technischen Umwälzungen und Sanierungsarbeiten die Anlage wieder rentabel gemacht hat. „Jedes Kind in Sodingen weiß, welcher Wind seit der Amtsübernahme des neuen Direktors auf der Zeche Mont Cenis weht", schreibt der HA.

[WAN] Die Kohlenzüge der Zeche Wilhelm weisen an ihrem Bestimmungs-ort regelmäßig Mindergewicht auf. Daraufhin lässt die Reichsbahnverwaltung die Züge während des Transports von der Bahnpolizei überwachen. Es stellt sich heraus, dass die Züge gleich nach dem Verlassen des Zechenbahnhofs zwischen Thies- und Wilhelmstraße von „Kohlensuchern" bestiegen werden. In diesem Abschnitt weist das Geleis eine starke Steigung auf, sodass Züge mit großer Last nur sehr langsam vorwärts kommen. Den Bahnpolizisten gelang es nun, sechs Personen, die bereits die Waggons erklettert hatten und nun Kohle-stücke abwerfen wollten, zu verhaften. Weitere Kohlensucher wurden durch die von den Polizisten abgegebenen Schreckschüsse verjagt.

Donnerstag, 05. Januar

[HER/WAN] Die Weltwirtschaftskrise lässt die Filmindustrie nicht unberührt. Produktionsfirmen gehen Bankrott, Gehälter werden gekürzt, Kino-Paläste ge-schlossen. In den USA machen aufgrund der sinkenden Kaufkraft rund 5.000 der insgesamt 16.000 Kinos dicht. Die Wanne-Eickeler Zeitung (WEZ) orakelt in ihrem Kulturteil über „Das Ende von Hollywood".

Kinos in Herne und Wanne-Eickel 1933

Herne	Capitol, ab 1935 Lichtburg, Bahnhofstr. 15 Gloria-Palast, vormals Palast-Theater, Bahnhofstr. 30 Schauburg, Bahnhofstr. 72
Sodingen	Alhambra, Mont-Cenis-Str. 297
Wanne	Astoria, Hindenburgstr. 312 City-Theater, am 10. März 1933 unter diesem Namen eröffnet, vorher Biophon-Theater, Hindenburgstr. 232 Corso, Hindenburgstr. 35 Kammerspiele, Hindenburgstr. 189 Lichtburg, vorher Thalia (1911) und Modernes Theater (1927), Hindenburgstr. 256
Eickel	Schauburg, 1912 als Garthmannscher Saal das erste Kom-munale Kino des Deutschen Reiches, später Capitol (1931), Herzogstr. 21
Röhlinghausen	Apollo, vormals „Germania Lichtspiele", Plutostr. 113

Von Marlene Dietrich bis Greta Garbo: Kinoanzeigen aus Herner und Wanne-Eickeler Zeitungen, 1.–2. KW 1933

Chronik | 06.01.1933

Die Schauburg und das Schokoladen- und ▶
Tee-Geschäft von Alfred Bongardt, um 1928

Greta Garbo
John Gilbert
ANNA KARENINA
Nach dem Roman von Graf Leo Tolstoi
KAKAO, PRALINEN
SCHAUBURG

Freitag 06. Januar

[HER/CAS] Die katastrophalen Auswirkungen der Wirtschaftskrise haben auch die Straßenbahn Herne Castrop-Rauxel (HCR) getroffen. Bei gleichbleibendem Verkehrsbetrieb hat das Betriebsjahr 1932 gegenüber 1928 einen Rückgang an beförderten Personen um 51,8 Prozent und einen Rückgang der Fahreinnahmen um 55 Prozent gebracht. Werbemaßnahmen wie die Ermäßigung des Fahrpreises auf zehn Pfennig pro Teilstrecke hatten die Fahrgastzahlen nicht erhöht. Wer kein Geld hat, geht halt zu Fuß oder steigt aufs Fahrrad. Manchmal auch aufs fremde - Fahrraddiebstähle gehören zur Tagesordnung.

	1928	1929	1930	1931	1932
Fahrgäste	2.562.000	2.529.000	1.971.000	1.492.000	1.233.000
Vgl. Vorjahr	+ 19%	- 0,9%	- 22,3%	- 24,3%	- 17,3%

[HER] Der 33-jährige Hauer Emil S. gerät im Untertagebetrieb einer hiesigen Schachtanlage unter hereinbrechendes Gestein. Mit schweren Kopfverletzungen und Brüchen wird er geborgen und ins Bergmannsheil gebracht, wo er seinen Verletzungen erliegt. Er hinterlässt eine Frau, zwei Kinder sowie eine kranke Mutter.

Werbeanzeigen für Veranstaltungen in Herne, 1. KW 1933

Sonntag 08. Januar

[HER] Das Heimatmuseum stellt auf vielfachen Wunsch die Schmetterlings-sammlung wieder aus, die zeitweise zurückgezogen war. Im alten Amtsgericht-gebäude an der Bahnhofstraße werden neben heimischen Faltern auch bemer-kenswerte ausländische, insbesondere tropische Arten gezeigt.

[ALLGE] Auf den Fußballplätzen bewegt ein Thema die Gemüter: Wann kommt der Berufsfußball? Die bereits seit Jahren geführte Diskussion drängt auf eine Entscheidung. Constantin Jersch, der Vorsitzende des Westdeutschen Spiel-Verbandes (WSV), kündigt an, dass sein Verband mit oder ohne den Deutschen Fußball-Bund (DFB) den Berufsfußball im Frühjahr einführen werde. Damit soll das grassierende Phänomen des verkappten Berufsspielertums in geregelte Bahnen gelenkt und die Unterscheidung von „Professionals" und Amateuren, die von der Kommerzialisierung freizuhalten sind, besser vollzogen werden. Je-der ambitionierte Verein arbeitet mit versteckten Zuwendungen und „schwarzen Kassen"; insbesondere die Spieler aus dem Arbeitermilieu sind angesichts der Massenarbeitslosigkeit auf Handgelder oder ein kostenloses warmes Essen im Vereinslokal angewiesen. Während die Verbandsoffiziellen bei den bürgerlichen Klubs eher ein Auge zudrücken, werden die Vergehen bei den „Proleten- und Polackenvereinen" besonders hartnäckig verfolgt. So ist die SpVgg. Röhlinghau-sen schon 1930, genauso wie nahezu die komplette erste Elf des FC Schalke 04, wegen erhöhter Spielerbezüge und sonstiger Vergünstigungen von den Ver-bandsgremien gesperrt worden.

[HER] Die NSDAP veranstaltet einen groß angekündigten Demonstrations-marsch auf der Bahnhofstraße. „Man zählte, trotz der Teilnahme aus der ganzen Umgegend, nur etwas über 900 Mann. Die fast rein nationalsozialistische Flott-mannbelegschaft war dabei allein mit 180 Mann und ihrer großen Musikkapelle vertreten. Auf dem Rathausplatz sprach im Fackelschein Landtagsabgeordne-ter Albert Meister, der seine Stimme im lippischen Wahlkampf heiser geredet hatte. Wie er sagte, hatte er dort mit dem ‚Führer', Adolf Hitler, in zwei großen Versammlungen gesprochen", polemisiert **Leo Reiners**, der Schriftleiter des HA. Am Ende des Artikels prognostiziert er: „Wie wir hören, ist es während des Um-zuges der Nationalsozialisten nirgendwo zu Zwischenfällen gekommen. Dafür sorgte nicht nur das schlechte Wetter, sondern auch die sehr stark vertretene Schutzpolizei. Es ist aber auch ein Zeichen dafür, dass sich die politischen Lei-denschaften beruhigt haben und die nationalsozialistische Wichtigtuerei nicht mehr ernst genommen wird."

Montag 09. Januar

[HER/WAN] Oberbürgermeister Täger legt kraft Ermächtigung des Regierungspräsidenten in Arnsberg den Fehlbetrag für das Haushaltsjahr 1932 mit 6,42 Millionen Mark fest. Der Betrag des Haushaltsdefizits ist damit genauso hoch wie die Fehlbeträge aus den Jahren 1928 bis 1931 zusammen. Das Arbeitsamt stellt der hilfsbedürftigen Bevölkerung Verbilligungsscheine für vier Pfund Fleischwaren sowie für monatlich zwei Zentner Brennstoff zur Verfügung. Es gibt aber auch Anzeichen dafür, dass der Tiefpunkt der Wirtschaftskrise durchschritten ist. Der Freiwillige Arbeitsdienst hat mit 18 Maßnahmen 560 Dienstwillige erfasst. Es sind Arbeiten an den Sportplätzen an der Ludwigstraße und des SC Westfalia, Kulturarbeiten im Gysenberg und der Abbruch des Decla-Theaters. Die Zahl der Arbeitslosen sank von 17.000 im Dezember 1932 auf 15.000 im Januar 1933. Die für den Winter typische Flaute ist also ausgeblieben.

[Anmerk.: Der **Freiwillige Arbeitsdienst (FAD)** *war ein 1931 eingeführtes öffentlich gefördertes Beschäftigungsprogramm. Junge, arbeitslose Menschen sollten sich freiwillig in einem Arbeitslager zusammenfinden, um für eine befristete Zeit einer für die Allgemeinheit nützlichen Tätigkeit nachzugehen. Darüber hinaus gab die Tätigkeit auch den Betroffenen das Gefühl, gebraucht zu werden. Die Trupps des Arbeitsdienstes waren oft nach politischen Gruppierungen eingeteilt. Das NS-Regime intensivierte als Teilantwort auf die Wirtschaftskrise die staatliche Arbeitsbeschaffung. Ab März 1933 wurde die Landhilfe eingeführt, die arbeitslose Jugendliche als Helfer aufs Land verfrachtete, und große Notstandsarbeiten wie der Bau der Autobahnen und die Verbreiterung des Dortmund-Ems-Kanals initiiert. Innerhalb eines Jahres verfünffachte sich so die Zahl der Notstandsarbeiter, die aus der Arbeitslosenstatistik fielen. Der Arbeitsdienst entwickelte sich zu einem Instrument der bewussten Erziehung zur „Volksgemeinschaft". Ab Juni 1935 wurde der Reichsarbeitsdienst für junge Deutsche beiderlei Geschlechts verpflichtend eingeführt.]*

Dienstag 10. Januar

[WAN] Der St. Raphaels-Verein, der „Verein zum Schutz Katholischer Auswanderer" mit Sitz in Hamburg, wirbt für die Emigration nach Brasilien. Angesichts der schwierigen Wirtschaftslage in der Heimat würden sich zu Beginn des neuen Jahres tausende junger Menschen Gedanken über Arbeit, Existenz und Zukunft machen. In den letzten Jahren sei in Santa Catharina eine neue deutsche Kolonie entstanden. Die Berichte der Auswanderer würden überwiegend positiv klingen, obwohl man im Urwald auf viele in Deutschland selbstverständliche Genüsse verzichten müsse. „Billiges und fruchtbares Land sind die Vorteile, die opferreiche Arbeit in hügeligem Gelände der Nachteil", so der Referent.

Samstag 14. Januar

[HER] Im Evangelischen Vereinshaus in der Schulstraße findet ein Deutscher Abend der Hitler-Jugend statt. Um den Betrieb des Vereinshauses in den Krisenzeiten der Weimarer Republik rentabel zu gestalten, hatte die Kreuzkirchen-Gemeinde dem Hausvater gestattet, „vaterländische Verbände" aufzunehmen. Fortan war das Haus der zentrale Treffpunkt für völkische und nationale Verbände vom paramilitärischen „Stahlhelm, Bund der Frontsoldaten" bis zur NSDAP.

Montag 16. Januar

[HER] Der Beginn des Inventurverkaufs verspricht laut HA: Noch nie war es so billig! In der Bahnhofstraße herrscht ein Betrieb, „wie ihn Herne noch nicht erlebte."

Mittwoch 18. Januar

[HER] Im Untertagebetrieb der Zeche Shamrock 1/2 geraten der Hauer Leuschner aus Holsterhausen und der Hauer Schrader aus Herne unter Fließkohle. Während es den Rettungsmannschaften gelingt, den verschütteten Schrader schwerverletzt zu bergen, kann Leuschner nach stundenlanger Arbeit nur tot geborgen werden. Er hinterlässt Frau und zwei Kinder.

Freitag 20. Januar

[HER] **Alfred Bongardt** meldet für sein 1919 eröffnetes Schokoladen- und Kaffeegeschäft in der Bahnhofstraße Konkurs an. In den 1920er Jahren hatte sich der Frontkämpfer des Ersten Weltkriegs für die Mittelstandspartei engagiert, bis er 1930 der NSDAP beitrat. Sofort spielte er auf lokaler Ebene eine größere Rolle. Bereits nach neun Monaten wurde er zum Kreispropagandaleiter ernannt. Als Gauredner bedient er die gängigen antisemitischen Vorurteile und agitiert gegen die jüdischen Kaufhäuser und Unternehmen, die den deutschen Einzelhandel in den Ruin treiben würden.

Samstag 21. Januar

Der aus Wanne-Eickel stammende Kabarettist Fred Endrikat hat sich auf den Kleinkunstbühnen einen Namen gemacht: sowohl als Texter für andere als auch mit seinem Soloprogramm. In der sozialdemokratischen Satirezeitschrift „Der wahre Jacob" veröffentlicht er ein Spottgedicht auf Adolf Hitler.

Die Vogelscheuche

Ein Bauer hatte auf seinem Feld
eine Vogelscheuche aufgestellt.
Sie trug ein schokoladenbraunes Hemd,
dito Mütze, statt Kopf, oben drauf geklemmt.

Die Hemdärmel wehten im Sturmgebraus
die Mütze auf der Stange sah schauerlich aus.
So wirkte das harmlose Lattengestell
wie ein Bösewicht, ein ganz wüster Gesell.

Die Häslein und Rehe entflohen vor Schreck,
beäugten das Monstrum aus ihrem Versteck.
Entsetzt flog zum Walde die Vogelschar,
sie nannten das Ding da die „braune Gefahr".
Sogar die Raben, die schon manches gewohnt,
krächzten etwas verschüchtert ihr „Rot Front".

Sie alle bestaunten den braunen Wicht,
der stand auf dem Felde und rührte sich nicht
in drohender Pose als wilder Mann.
Ganz vorsichtig schlichen die Tiere heran.
Bald merkten sie, dass alles ohne Gefahr,
dass der braune Mann nur ein Popanz war.

Die Häslein und Rehe tanzten einen Reigen vor Freude
und sangen das Löns-Lied „Grün ist die Heide".
Die Vöglein sangen einen Freudenchoral
im Verein mit den Raben „Na dann wolln wir noch mal".

Eine Vogelscheuche wirkt nur ganz kurze Zeit,
dann fällt sie anheim der Lächerlichkeit.

Montag 23. Januar

[RUHR] Der Sozialdemokratische Pressedienst berichtet: „Im Ruhrgebiet mehren sich die Grippe-Erkrankungen in erschreckendem Maße. In Wanne-Eickel und Herne fehlen in den Volksschulklassen 25 bis 40 Prozent der Kinder. Sehr stark ist auch Dortmund von der Grippe betroffen: Sämtliche Krankenhäuser der Stadt sind überfüllt. Außerdem macht sich im Verkehrswesen der Ausfall an Straßenbahnpersonal unangenehm bemerkbar."

Dienstag 24. Januar

[ALLGE] Eine neue Polizeiordnung setzt fest, dass Teppichklopfen nur werktags von 8 bis 12 Uhr und von 16 bis 18 Uhr gestattet ist. Musizieren in den Wohnungen ist von 22 bis 8 Uhr verboten, das Entleeren von Abortgruben nur von 23 bis 6 Uhr erlaubt.

[WAN] Drei maskierte Männer überfallen die Filiale der Konsumanstalt Shamrock 3/4 an der Dorneburger Straße. Mit vorgezogenen Waffen erbeuten sie etwa 50 Reichsmark. Die Täter können in Folge der Dunkelheit und den wenig belebten Straßen in dem angrenzenden freien Gelände unbekannt entkommen.

Mittwoch 25. Januar 1933

[HER/WAN] Zum ersten Mal seit 1929 ist der Kanal wieder zugefroren. Die Eisdecke weist stellenweise eine Dicke von 15 Zentimeter auf, so dass ein reger Eislaufbetrieb herrscht. Bei Kälte und Sonnenschein steigert sich die Zahl der Schaulustigen und Eiskunstläufer am Kanal zu einem regelrechten Massenbetrieb. Hingegen nehmen Grippe-Erkrankungen und Lungenentzündungen weiter bedenklich zu.

Nazi.. wo bist du?

Inventur=Verkauf!

Meine Herrschaften, was ist denn los mit den Nazis?!

Erst wollten sie den Marxismus umbringen und die Sozialdemokratie vernichten!
Dann sollte Hitler Reichspräsident und Reichskanzler werden!
Dann sollten alle froh und glücklich sein!
Dann sollte das „Dritte Reich" kommen!

Dann, dann, dann?? Nanu, was tut sich da? Was wird denn nun?!

Wo steckt denn eigentlich der „Große Adolf"?!

„Er" frühstückt bei Herrn von Papen.
„Er" frühstückt bei Herrn von Schroeder,
dem Mitinhaber der jüdischen Bankfirmen.

„Brechung der Zinsknechtschaft??!" O bewahre.

„Er" will **Geld** haben von den **Kapitalisten,** damit will er wohl „**Sozialismus**" machen.

S.-A.-Mann, merkste was? — du kannst weiter betteln.

Mal herhören bitte: **Wie sagte der „Führer" damals:**

 „Ich persönlich gebe ihnen die Garantie, daß das Jahr 1932 das Jahr sein wird, wo wir die Macht übernehmen. Ich garantiere persönlich, daß das Jahr 1932 unser nationalsozialistisches Reich bringen wird!"

Au weh, sagen die Wähler, wieder mal betrogen und belogen.

Da haben sie nun **352 Naziabgeordnete** in den Reichs- und Landtag gewählt.

Was tun diese für ihre Wähler?!

Nazi . . . . . wo bist du?!

Beim Kuhhandel sind die Führer. Der Ausverkauf hat begonnen.

Die Nazipartei soll an die Freiherren und Barone verschachert werden.

Die Nazibonzen werden sich bei diesem Geschäft gut bezahlte Pöstchen und Ämter verschaffen.

Aus! Trotz Lippe-Detmold: Nazi=Ausverkauf!

Und die Eiserne Front marschiert fest und unerschüttert!

Freiheit!

Verantwortlich: Hugo Eberle, Görlitz — Druck: Arbeiterdruckerei Görlitz

Plakat der Eisernen Front (SPD), Januar 1933. Im Text wird auf den Inventurverkauf und die Landtagswahl in Lippe vom 15. Januar 1933 angespielt. Die eigentlich völlig unbedeutende Wahl wurde von den Nationalsozialisten mit einer regelrechten Propagandaschlacht als „Durchbruchswahlkampf" zur Macht in Deutschland inszeniert. Hitler selbst hielt 17 Reden in elf Tagen. Auch der Herner Landtagsabgeordnete Albert Meister wurde mehrfach als Redner eingesetzt. Die NSDAP wurde mit 39,6 % der Stimmen zur stärksten politischen Kraft.

Freitag 27. Januar

[HER/WAN] Aufgrund der grassierenden Grippe-Epidemie werden in Herne alle 24 Volksschulen, das Oberlyzeum und die Berufsschule für acht Tage geschlossen. Otto-Hermann Michel, Rektor der bekenntnisfreien Schule, bekommt folgendes Entschuldigungsschreiben: „Sind Sie wohl so freundlich und sagen Herrn Lehrer Ring auch Bescheid, dass mein Sohn Herbert auch nicht kommen kann. Bei mir hat die ganze Familie Grippe, nur ich bin so etwas auf dem Damm. Habe auch gelegen, das bleibt ja alles nicht aus bei dieser Lebenslage, kein Unterzeug, keine Schuhe, dann zum Schluss noch die Magenfrage, Herr Rektor, Sie werden mich wohl verstehen. Also bitte um Entschuldigung." In Wanne muss die Stadtbücherei aufgrund des krankheitsbedingten Personalmangels ihre Türen schließen.

Werbeanzeigen, 3.–4. KW 1933

Montag 30. Januar

[HER] Am Mittag geht die Nachricht von der Ernennung Adolf Hitlers zum Reichskanzler wie ein Lauffeuer durch die Stadt. Vor dem Zeitungsaushang der sozialdemokratischen Herner Volkszeitung diskutiert man das Ereignis. Dabei brechen abermals die Streitigkeiten zwischen Sozialdemokraten und Kommunisten auf. Am Nachmittag und am Abend rufen Kommunisten auf der Bahnhofstraße lebhafte Straßentumulte hervor. Der verstärkte Streifendienst der Schutzpolizei drängt die Demonstranten unter Einsatz von Gummiknüppeln in die Seitenstraßen ab. Der einsetzende Regen zerstreut den Rest.

Eine Abendveranstaltung der NSDAP bekommt durch die Ereignisse in Berlin eine weit größere Bedeutung. Der Raum im Saalbau Strickmann ist überfüllt. Gegen 21.30 Uhr setzt sich ein Propagandazug durch die Shamrockstraße zum Rathausplatz in Bewegung. An der Spitze marschiert das Blasorchester der Nationalsozialistischen Betriebszellenorganisation (NSBO) der Flottmannwerke. Auf dem Rathausplatz versammeln sich etwa 1.000 Menschen – Teilnehmer, Schaulustige und am Rande auch Nazi-Gegner. Die lokale Parteiführung tritt nicht auf. Die Ansprache wird vom Referenten der Saalveranstaltung, dem Parteiredner Husing aus Bochum, gehalten. Mit diesem schicksalsschweren Tag seien der Marxismus und die SPD niedergerungen, erklärt er und prophezeit: „Die Macht, die wir jetzt errungen haben, werden wir nie wieder abgeben."

Dienstag 31. Januar

[HER] Sozialdemokraten, Kommunisten und Gewerkschaften demonstrieren auf der Bahnhofstraße gegen die Regierung Hitler. Abends kommt es an Zeitungsverkaufsstellen und an der Bahnhofsbuchhandlung zu erheblichen Ausschreitungen. Junge Kommunisten versuchen, den Verkauf der Zeitungen mit den Regierungsnachrichten zu verhindern. Zahlreiche Reibereien zwischen Demonstranten, Käufern, Bedienungspersonal und Sympathisanten der nationalen Parteien sind die Folge. Es kommt zu Schlägereien auf der Bahnhof-, der Moltke- und der Friedrichstraße.

[WAN] Am Abend formiert sich die NSDAP auf dem Wanner Marktplatz zu einem Fackelzug durch die Stadt. Schon während des Aufmarsches der einzelnen Abteilungen kommt es zu Pöbeleien und Wortgefechten mit politischen Gegnern, die den Bürgersteig besetzt halten. Als der Fackelzug die Hindenburgstraße erreicht, bildet sich eine etwa 1.000 Mann starke Gegendemonstration der Kommunisten, die von der Polizei in die Nebenstraßen abgedrängt wird. In Höhe der Moltkestraße kommt es entlang der Sperrketten zu Rangeleien, Pflastersteine fliegen durch die Luft, aus einem Haus wird auf die Polizei geschossen. Diese reagiert mit Schreckschüssen und mit scharfer Munition. Fünf Personen erleiden Durchschüsse und werden in das St. Anna-Hospital eingeliefert. Einer der Verletzten war der damals 12-jährige Karl Cieslak. Jahrzehnte später erzählt er: „Ich wohnte auf der Unser-Fritz-Straße. Ich komme aus einer politisch sehr aktiven Familie, meine Mutter war Stadträtin für die KPD. Also wusste ich, dass am Abend in Wanne auf der Hauptstraße etwas los ist. Dort herrschte dann ein großes Gedrängel. Die Nazis marschierten in ihren Uniformen auf, eine große Menschenmenge aus Antifaschisten und bloßen Zuschauern umgab sie. Auf der Höhe der Claudiusstraße, die damals Moltkestraße hieß, sperrte dann so ein großer Mannschaftswagen der Polizei die Hauptstraße für uns Gegendemonstranten. Zusätzlich drängte uns noch die berittene Polizei, die mit langen Gummiknüppeln nicht gerade zimperlich war, in die Seitenstraßen. Plötzlich ertönten Schüsse. Ich lief in die Moltkestraße und als ich schon ein ganzes Stück weg war, traf mich von hinten ein Schuss in die Hüfte. Vor den Türen der Mineralwasserfirma Thüner brach ich zusammen. Die Leute zogen mich schnell ins Haus, später brachte man mich ins Krankenhaus." Drei Monate später wird der Schachthauer Friedrich Butzikowski als Rädelsführer des kommunistischen Gegenzuges zu drei Jahren Zuchthaus wegen schweren Landfriedensbruchs und Vergehens gegen das Schusswaffengesetz verurteilt. Er soll dazu aufgefordert haben, die Polizeikette zu durchbrechen und selbst von einer Schusswaffe Gebrauch gemacht haben. Mehrere Polizisten hatten Butzikowski identifiziert und ihn am Abend des 31. Januar in einer Gaststätte festgenommen.

KPD-Parole an einer Grundstücksmauer in Herne, Dezember 1932

Mittwoch 01. Februar

[ALLGE] Wegen der erheblichen Unruhen in der Nacht von Dienstag auf Mittwoch verbietet der für Herne und Wanne-Eickel zuständige Polizeipräsident in Bochum bis auf weiteres sämtliche Demonstrationen und Versammlungen der KPD unter freiem Himmel. Ferner wird das „Ruhr-Echo", die auflagenstärkste kommunistische Zeitung in der Weimarer Republik mit Geschäftssitz in Essen, für die Dauer von vier Wochen verboten. Die Begründung lautet, dass die Zeitung „den politischen Generalstreik zwecks Vorbereitung eines gewaltsamen Umsturzes fordern und in der Errichtung einer sozialistischen Arbeiter- und Bauernrepublik ihr Endziel sehen" würde. Das „Ruhr-Echo" erscheint mit Lokalteilen für verschiedene Ruhrgebietsstädte. Nach Bekanntwerden des Erlasses kontrolliert in Herne die Polizei das Büro der KPD nach verbotenen Zeitungen. Die Durchsuchung verläuft ergebnislos.

Auf Drängen des Reichskanzlers Adolf Hitler ordnet Reichspräsident Paul von Hindenburg die Auflösung des Reichstages und Neuwahlen für den 5. März 1933 an. Hitler und die NSDAP versprechen sich einen Einbruch in das Lager der Arbeiterparteien und die absolute Mehrheit. Demonstrativ richtet sich der Wahlkampf der NSDAP unter der Parole „Kampf gegen den Marxismus" gegen die Linksparteien.

[HER] Auf der Flottmannstraße lauern einige Kommunisten Arbeitern der Flottmannwerke auf, die als Funktionäre der NSDAP bekannt sind. Im Verlauf der Schlägerei wird der Schlosser Franz D. so schwer verletzt, dass er sich ins Krankenhaus begeben muss.

[WAN] Die bürgerkriegsähnliche Atmosphäre in Wanne-Eickel verschärft sich weiter. Auf der Ebertstraße wird in den frühen Morgenstunden gegen 6.15 Uhr eine Gruppe von SA-Leuten beschossen. Der SA-Scharführer Bernhard Schlothan (19) erhält einen Halssteckschuss und wird sofort ins St. Anna-Hospital eingeliefert. Bei ihm besteht Lebensgefahr. Die Schüsse kamen aus der Küche des invaliden Bergmanns Wilhelm Krause in der Ebertstraße 10, der als aktives Mitglied der KPD bekannt ist. In seiner Wohnung wird das „Ruhr-Echo", das mit einem Auto aus Essen angeliefert wird, an die Austräger verteilt. Die Polizei nimmt den Bergmann fest. Im Juni 1933 kommt es vor dem Schwurgericht in Bochum zur Verhandlung. Krause gibt an, in Notwehr geschossen zu haben, da die Nationalsozialisten an seiner Haustür gewesen seien und unter Drohworten Einlass verlangt hätten. Bereits einen Tag zuvor sei es dort zu einem Überfall gekommen. Ein maskierter Mann habe den Wagen des „Ruhr-Echos" aufgelauert und die Zeitungen gestohlen. Vor Gericht werden nur SA-Männer als Zeugen verhört. Nach deren Aussagen hätten sie an diesem Morgen keine Aktion vorgehabt, sondern seien nach einer Nachtwache auf dem Nachhauseweg gewesen. Keiner habe eine Waffe bei sich gehabt. Deswegen habe man sich zurückgezogen, als die Schüsse fielen. Polizei-Oberwachtmeister Schramm referiert die Ermittlungsergebnisse: Die vier Schüsse seien nur aus der parterre liegenden Küche des Bergmanns Krause gekommen. Da man unterschiedliche Patronenhülsen sichergestellt habe, geht man davon aus, dass sich dort mehrere Personen befunden haben. Krause wird wegen Mordversuchs zu zweieinhalb Jahren Zuchthaus verurteilt. Bei der Strafe bleibt der Landgerichtsrat unter dem vom Staatsanwalt geforderten Strafmaß von vier Jahren. Als strafmildernd für Wilhelm Krause bewertete er, dass dieser nicht vorbestraft sei, sich im Kriege gut geführt habe und wohl angesichts der Ereignisse am Tag zuvor, „als dicke Luft in Wanne-Eickel herrschte", angespannt war. Vier Jahre später, am 10. März 1936, stirbt Bernhard Schlothan an den Folgen des Steckschusses. Er wird von den Nationalsozialisten zum „Blutzeugen der Bewegung im Gau Westfalen" stilisiert und mit großem Bombast („Mahnmal für alle Zeiten") beigesetzt. 1940 erhält Wanne-Eickel eine Bernhard-Schlothan-Straße, die nach dem Krieg im Rahmen der Entnazifizierung in Bachstraße umbenannt wird. Wilhelm Krause verlässt 1936 nach seiner Entlassung aus dem Gefängnis Deutschland und wird Sanitäter der XI. Internationalen Brigade im spanischen Bürgerkrieg. Er wird am 11. März 1938 bei Kämpfen um die Stadt Azaila getötet.

Morgens gegen 7.45 Uhr dringen etwa 20 Nationalsozialisten gewaltsam in die Geschäftsräume der „Freien Presse" in der Hindenburgstraße 220 ein und verlangen die Herausgabe der aktuellen Zeitung, um sie zu vernichten. Durch die Belegschaft werden die Eindringlinge schließlich unverrichteter Dinge aus den Räumen gedrängt. Daraufhin geben die SA-Leute von draußen mehrere Pistolenschüsse auf die Geschäftsräume ab. Verletzt wird niemand. Die „Freie Presse" ist das in Bochum erscheinende Organ der Sozialdemokraten in Wanne-Eickel. Die Redaktion liefert Nachrichten für mehrere sozialdemokratische Tageszeitungen im Ruhrgebiet.

[BERLIN/WAN] Fred Endrikat hat ein Engagement im Berliner Kabarett „Die Katakombe". Er erlebt die Atmosphäre in der Reichshauptstadt nach Hitlers Ernennung zum Reichskanzler hautnah mit. In einem Brief an Freunde schreibt der Kabarettist: „Aber es hat sich außerdem noch manch interessantes zugetragen: dass Adolf nun am Ruder sitzt, werdet ihr dort wohl schon inzwischen erfahren haben. Das war ein ganz toller Betrieb, ungefähr so wie im Jahre 14, als es losging. Aber man merkt doch sofort, dass Adolf der richtige Mann ist, denn es ist sofort wärmer geworden und die Tage werden auch schon länger."

Donnerstag 02. Februar

[WAN] Nach den Unruhen der letzten Tage verläuft der Tag ohne Demonstrationen. Kleine Ansammlungen werden von der Polizei, die mit „dem Sturmriemen unter dem Kinn" ihren Dienst versieht, aufgelöst. Vereinzelt werden Personen mit dem Ruf „Hände hoch" gestoppt und nach Waffen durchsucht.

[HER/WAN/CAS] Am 31. Januar 1933 verzeichnet der Arbeitsamtsbezirk Herne, der die Städte Herne, Wanne-Eickel und Castrop-Rauxel umfasst, 33.900 Arbeitssuchende, davon sind 30.500 männlich und 3.400 weiblich. Die berufliche Gliederung des Arbeitslosenheeres teilt sich wie folgt auf: 36 Prozent der Arbeitssuchenden stammen aus dem Bergbau, 19 Prozent sind Ungelernte, zehn Prozent kommen aus dem Metall- und jeweils sechs Prozent aus dem Baugewerbe und der Hauswirtschaft (hier 62 Prozent aller weiblichen Arbeitssuchenden). Die dramatische Situation auf dem Arbeitsmarkt wird besonders deutlich, wenn man den Steinkohlebergbau betrachtet. Verzeichnete man im Januar 1930 noch 34.902 direkt im Bergbau Beschäftigte, so sind es Januar 1933 nur 17.800 – ein Rückgang von 49 Prozent. Die Folgen der Massenarbeitslosigkeit sind soziales Elend und drastisch verschuldete Kommunen, da immer mehr Arbeitslose zu Wohlfahrtsempfängern der Gemeinde werden.

Freitag 03. Februar

[HER] Der Aktionsausschuss der Herner Winterhilfe erklärt, dass im Februar für 1.212 Mark die Milchspeisung aller 303 Volksschulklassen durchgeführt werden soll. Ferner wurden bereits im Januar 250 Paar Schuhe an bedürftige Schulkinder verteilt. Weitere Finanzmittel werden dem Caritasverband, der Arbeiterwohlfahrt, dem Vaterländischen Frauenverein und der Israelischen Wohlfahrtspflege für soziale Zwecke zur Verfügung gestellt.

[WAN] Auf der Hindenburgstraße kommt es vor der Geschäftsstelle der „Westfälischen Landeszeitung – Rote Erde" zu einem Menschenauflauf. Der Bergmann P., stadtbekanntes Mitglied der „Roten Hilfe", ruft vor den Räumlichkeiten der NSDAP-Zeitung mehrmals laut „Rotfront". Als der Geschäftsführer der „Roten Erde" den Bergmann dazu auffordert, mit den provozierenden Rufen aufzuhören und weiterzugehen, stürzt sich dieser auf ihn und versucht, in die Geschäftsstelle einzudringen. Ein Polizist sorgt schließlich für Ruhe. Es kommt zur Anzeige gegen den Bergmann, der später wegen Körperverletzung zu einem Monat Gefängnis verurteilt wird.

Samstag 04. Februar

[BO/HER/WAN] Auf Grundlage von Informationen der Politischen Nachrichten-sammelstelle des Reichsministeriums des Innern, einer Behörde, die mit der Beobachtung republikfeindlicher Bestrebungen beauftragt ist, verfasst der Bochumer Polizeipräsident Stanislaus Grass einen Bericht zur Reaktion der KPD auf die Ernennung der Regierung Hitler-Papen. Im Schreiben heißt es: „Von der KPD ist zum schärfsten Widerstand, zum Generalstreik, aufgerufen worden. Die ganze Bewegung solle deshalb mobilisiert werden. Gleichzeitig wird an die Durchführung der Reorganisation aller Ortsgruppen erinnert. Es ist beabsichtigt, auch in der Roten Hilfe [der KPD-nahen Hilfsorganisation für politische Gefangene] die Fünferkassierung einzuführen. Daraus ergibt sich, dass auch hier die Umstellung auf die Illegalität in Angriff genommen worden ist. Durch die Fünferkassierung wird die Führung von Mitgliedslisten, die im Falle der Beschlagnahme durch die Polizei für den Weiterbestand der Organisation gefährlich werden können, überflüssig."

[HER] Die NSDAP, die nationalkonservative DNVP und der Stahlhelm veranstalten einen Fackelzug „zu Ehren des Reichspräsidenten und der neuen nationalen Regierung", an dem etwa 1000, fast ausschließlich uniformierte Personen teilnehmen. Der Zug wird von einem massiven Polizeiaufgebot begleitet. Von einem Überfallwagen aus werden mit einem starken Scheinwerfer die Häuser und Straßen abgeleuchtet, um Störungen vonseiten der KPD zu unterbinden. An verschiedenen Stellen gruppieren sich zahlreiche Kommunisten, die nach dem Vorbeimarsch des Fackelzuges die Internationale anstimmen und Parolen gegen die „faschistische Diktatur" rufen. Die Ansammlungen werden von der Polizei auseinandergetrieben. Zu Tätlichkeiten kommt es nicht. Auf dem Rathausplatz beschwören Albert Trumpetter aus Hagen, Gauredner der NSDAP, und Studienassessor Flume aus Dortmund, der Vertreter der DNVP, die Einigung der nationalen Kräfte: „Mit Hitler, Hugenberg und Seldte haben sich drei Männer die Hand gereicht, die niemand aus dem Sattel heben wird." Allerdings bemängelte selbst die ansonsten stramm national ausgerichtete Herner Zeitung (HZ), dass das „Gesamtbild des Aufmarsches etwas zu leiden" hatte. Einerseits waren wegen des starken Regens kaum Zuschauer erschienen, andererseits waren aus wirtschaftlichen Gründen im Vorfeld nur sehr wenige Fackeln verteilt worden.

Sonntag 05. Februar

[BO] Gegen 0.15 Uhr wird in Bochum-Gerthe Paul Paßmann durch fünf Pistolenschüsse in Bauch, Lunge und Kopf tödlich verletzt. Der SA-Mann befand sich ohne Begleitung auf dem Nachhauseweg. Die katholische Wanne-Eickeler Volkszeitung (WEVZ) beschreibt den Vorgang nach den polizeilichen Angaben als politisch motivierte Gewalttat: „Als Paßmann sich in Höhe des Hauses Dietrich-Benking-Straße 22 befand, kamen ihm vier oder fünf Personen entgegen. Nachdem eine dieser Personen gerufen hatte: ‚Nazi, verzieh dich!‘ und nachdem auch noch die Rufe ‚Zurück‘ und ‚Hände hoch‘ gefallen waren, umkreisten sie den Paßmann in weiterem Abstande. Dann wurde geschossen. Paßmann wehrte sich, indem er alle acht Patronen aus seiner Pistole, die er mit sich führte, abschoss. Insgesamt wurden etwa 20 Schüsse abgegeben. Von mehreren Kugeln getroffen sank er in die Knie und brach langsam zusammen. Als er um Hilfe rief, begab sich der eine der Täter zu ihm hin und machte sich an seiner Jacke zu schaffen. Während die anderen Personen sich entfernten, gab der zuletzt erwähnte Täter auf den am Boden liegenden Paßmann noch einen Schuss ab, der seinen Schädel durchbohrte und seinen sofortigen Tod herbeiführte. Danach lief der Täter schnellen Schrittes den anderen nach." Im Laufe der Ermittlungen werden auch Verdächtige in Sodingen und Constantin verhört und zahlreiche Personen verhaftet. Mit Zunahme des Einflusses der Nazis auf die Polizeiarbeit beginnt die SA selbst „Ermittlungen" durchzuführen. Schlägertrupps werden durch Wohnungen geschickt, missliebige oder verdächtige Personen verhaftet und im „Blutkeller" der Hegel-Schule in Gerthe misshandelt. Mit Gewalt versucht man, Geständnisse zu erpressen. Fünf Kommunisten und ein jüdischer Mitbürger erleiden bei den Folterungen so schwere Verletzungen, dass sie sterben. Die polizeilichen Ermittlungen im Fall Paßmann werden aufgrund mangelnder Hinweise eingestellt. Später tauchen hartnäckige Gerüchte auf, dass es sich um einen Fememord gehandelt haben könnte.

[HER] Gegen zwei Uhr nachts schießt ein SA-Mann mit einer Pistole auf den Arbeiter Willy Bohne und den Bergmann August Gäschke. Die beiden Mitglieder des Reichsbanners „Schwarz-Rot-Gold" werden an den Armen verletzt. In der Gaststätte Biermann wird ihnen Erste Hilfe zuteil, dann werden sie ins Marienhospital gebracht. Der Schütze wurde erkannt und angezeigt. Dem Reichsbanner gehörten hauptsächlich Sozialdemokraten an. Der Gruß lautete „Freiheit" mit geballter erhobener Faust. Als Schutztruppe stand der Verband in direkter Frontstellung zur SA.

Montag 06. Februar

[WAN] Auf der Hindenburgstraße ist das Ladenschild des Textilgeschäfts von Lina Levy zertrümmert worden. Die Polizei nimmt den Vorfall auf. Es ist der erste gewaltsame Übergriff auf ein jüdisches Geschäft in Wanne-Eickel nach der Machtübernahme.

[BO/HER/WAN] Im Ruhrrevier treten Werber auf, die arbeitslose Bergleute für die Arbeit in den sibirischen Kohlenbergwerken rund um die Stadt Nowosibirsk gewinnen wollen. Sie versprechen große Verdienstmöglichkeiten und hervorragende Unterkünfte. Die Auswanderer-Beratungsstelle in Köln warnt jedoch eindringlich. Die Zusagen seine überhöht. Allein im Oktober und November 1932 hätten sich über 600 Bergleute verleiten lassen, nach Sibirien auszuwandern. Bei den meisten, so die Beratungsstelle, habe spätestens auf der Arbeitsstelle in Sibirien die Ernüchterung eingesetzt.

[HER] Der Rektor der bekenntnisfreien Schule Otto-Hermann Michel hält in seiner Schulchronik folgendes Ereignis fest: „Am 6.2.33 gegen Abend ist ein Trupp Nationalsozialisten durch die Mont-Cenis-Straße gezogen. Ein Junge aus meiner Klasse, Herbert Römer, hat sie ausgeschimpft. U. a. hat er gerufen: ‚Ihr Nazis mit den beschissenen Hosen!' Daraufhin ist er fortgelaufen. Mehrere Nationalsozialisten haben sich auf das an der Straße befindliche, aber völlig unbeteiligte Mädchen Bertha Meier gestürzt und es blutig geschlagen."

Die politische Stimmung in der Stadt ist weiter angespannt. Aus einem SA-Trupp aus Gerthe, der sich auf dem Weg zum Nordfriedhof zur Beerdigung des verstorbenen SA-Mannes Flück aus Baukau befindet, springen auf der Bahnhofstraße einige Männer heraus und verprügeln einen Kommunisten, der ein Parteiabzeichen trägt. Außerdem werden zwei Mitglieder des Reichsbanners bedrängt und ihnen werden ihre Abzeichen entrissen. Augenzeugen versichern, dass sich die Männer gegenüber dem SA-Trupp nicht provozierend verhalten haben. Nach der Beerdigung kommt es zu einer Straßenschlägerei zwischen SA-Leuten und einer Gruppe von Kommunisten. Am Nachmittag wird der politisch rechtsstehende Hermann P. auf der Bochumer Straße von einer Gruppe linksstehender Burschen vom Fahrrad geholt und verprügelt. Der Überfallene wird mit erheblichen Verletzungen zum Arzt gebracht. In der Nacht kommt es am Gertrudenplatz zu einer wilden Schießerei zwischen Kommunisten und Nationalsozialisten. Niemand wird verletzt.

Herner Echo

Organ der Kommunisten von H e r n e ! Erscheint täglich.Aufl.5 000.
Herne den 6.Februar 1933.

Landtagsauflösung verhindert!

Berlin den 4.Februar 1933. (Eigener Drahtbericht) Der Auflösungsantrag
der Nazioten im preußischen Landtag wurde mit den Stimmen der Kommunis=
ten abgelehnt.

Wer
Hindenburg
wählt
schlägt
Hitler

Am 10.April
1932 schrieb die S.P.D. ihre Wahl=
plakate mit folgenden Losungen,
damit die Wähler die Stimme dem
Urgroßvater Hindenburg geben sol=
ten,angeblich war das der Garnat
gegen den Faschismus.

Die S.P.D. heulte damals und
machte ein groß Geschrei darüber,
daß die Kommunistische=Partei ih=
ren eigenen Kandidaten aufstellte.
Wir als Kommunisten sagten schon
damals der S.P.D. und ihren Anhän=
gern:Der Hindenburg ist derselbe
Faschist und Lakei der Burgeoisie
wie der Hitler,aber sie wollten
dies nicht glauben.

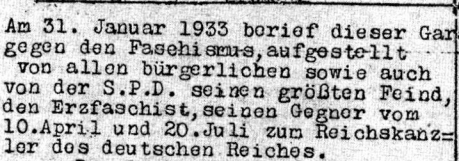

Wer
Hinden
wählt
Hitler

Am 31. Januar 1933 berief dieser Garnat
gegen den Faschismus,aufgestellt
von allen bürgerlichen sowie auch
von der S.P.D. seinen größten Feind,
den Erzfaschist,seinen Gegner vom
10.April und 20.Juli zum Reichskanz=
ler des deutschen Reiches.

Damals nannte man die Wahl
Hindenburgs das kleinere Übel,heu=
te tolleriert man Adolf ebenfalls
wieder als kleineres Übel. Heute
wagt man ebenfalls so wenig gegen
den Feind der Arbeiter anzugehen wie
1914 beim großen Völkermorden.Es wird
nicht mehr lange dauern und die Füh=
rer der S.P.D. werden offen zum Fa=
schismus überlaufen,genau wie in Italien.

Hektografierte Zeitung der KPD-Herne, 06.02.1933

Dienstag 07. Februar

Anzeige WEZ, 07.02.1933

[HER] An der Ecke Bahnhof- und Schaeferstraße kommt es zu Auseinandersetzungen zwischen Nationalsozialisten und Kommunisten. Ein Polizeibeamter schreitet ein und stellt einen Gummiknüppel sicher. Am späten Abend befindet sich der Werkschlosser Eberhard P. auf dem Heimweg von einem Kegelabend. Auf der Cranger Straße wird er von mehreren unbekannten Männern in hellbraunen Hosen überfallen. Er wird durch Tritte in den Unterleib und an den Kopf verletzt und muss ins Krankenhaus gebracht werden. Nach eigenen Aussagen ist P. parteilos. Etwa zur gleichen Zeit kommt es zu einer Schlägerei zwischen SA-Leuten und einer Gruppe Kommunisten unweit der Kanalbrücke an der Feldstraße.

Donnerstag 09. Februar

Anzeige auf der Titelseite der RE, 09.02.1933

[HER] Vor dem Evangelischen Vereinshaus an der Schulstraße stehen etwa 50 uniformierte SA-Leute, die an der Beerdigung eines SA-Scharführers in Hiltrop teilnehmen wollten. Zur gleichen Zeit kehrt ein 25 Mann starker Trupp von sozialdemokratischen Arbeitsfreiwilligen, deren Arbeitslager auf der Schulstraße ist, singend von ihrer Arbeitsstelle im Gysenberg heim. Aus unbekannten Gründen stürzen sich die SA-Leute auf den Trupp. Die Arbeitsfreiwilligen fliehen und suchen in den naheliegenden Häusern und Hinterhöfen Schutz. Nach späteren Zeugenaussagen waren die Verfolger mit Pistolen und Gummiknüppeln bewaffnet.

Freitag 10. Februar

[HER] Die Verwaltung der Harpener Bergbau AG ordnet für die Belegschaft der Zeche Julia eine Feierschicht an.

*[Anmerk.: Als **Feierschichten** werden kurzfristig ausgefallene Schichten in Folge eines wirtschaftlichen Engpasses bezeichnet, für die es keine Entschädigung gab. Auf dem Höhepunkt der Weltwirtschaftskrise 1932 waren mehr als die Hälfte der Herner Bergarbeiter arbeitslos. Diejenigen, die ihre Arbeitsstelle noch hatten, büßten durch Feierschichten und Kurzarbeit so viel ihres Lohnes ein, dass manche von ihnen kaum mehr als die erwerbslosen Kumpel mit nach Hause brachten, die Arbeitslosengeld oder Arbeitslosenhilfe erhielten.]*

Der Rundfunk als modernes Massenmedium: Rundfunkprogramm aus dem HA, 10.02.1933

[HER/WAN] Ab 20.30 Uhr wird der Wahlkampf-Auftakt der NSDAP im Berliner Sportpalast mit Reichskanzler Hitler als Hauptredner über alle deutschen Rundfunkanstalten ausgestrahlt. Ein Novum, denn es ist die erste landesweite Übertragung einer Parteikundgebung überhaupt. Auch die Gaststätten Nordmann in Herne-Mitte und Oelmann an der Dorstener Straße übertragen die Veranstaltung in ihren Räumlichkeiten. Am Tag darauf titelt die nationalsozialistische Tageszeitung „Rote Erde" (RE): „Millionen hörten den Führer am Rundfunk".

*[Anmerk.: Die NSDAP hatte den Wert des modernen Massenmediums **Rundfunk als Propaganda-Instrument** früh erkannt. Schon am Abend der Machtübernahme übertrugen die Rundfunkanstalten den inszenierten Fackelzug von SA, SS und Stahlhelm durch das Brandenburger Tor. Die landesweite Übertragung der Sportpalast-Kundgebung war ein weiterer Erfolg bei der Nutzung des Radios zu Propagandazwecken. Um eine reibungslose Sendung zu gewährleisten, waren mehrere missliebige Angestellte des Berliner Rundfunks kurzfristig entlassen worden.]*

Samstag 11. Februar

[HER] Im Stadtgebiet kommt es weiter zu gewaltsamen Auseinandersetzungen zwischen Kommunisten und Nationalsozialisten. Die NSDAP und das Wahlbündnis „Kampffront Schwarz-Weiß-Rot" – ein Zusammenschluss der DNVP und des Stahlhelms – veranstalten einen Fackelzug durch die Stadtteile Sodingen, Börnig und Holthausen. Der Marsch endet auf dem Hindenburgplatz in Sodingen. In seiner Rede propagiert der NSDAP-Landtagsabgeordnete Albert Meister den Kampf gegen den Marxismus als nationale Aufgabe. „Wir wollen nichts für uns, sondern alles für Deutschland." Die vollkommen auf die nationale Bewegung eingeschwenkte Herner Zeitung (HZ) berichtet: „Auch blieben die Schmährufe und Anwürfe anderer Parteien gänzlich aus. Sodingen erlebte einen Aufmarsch, wie er seit langen Jahren nicht mehr stattgefunden hat. Neben der alten ruhmesbedeckten Flagge Schwarz-Weiß-Rot wehten die Zeichen Hitlers – ein imponierendes Bild des neuen politischen Zusammenschlusses." Nach dem 30. Januar 1933 war es eine Strategie der NSDAP, Propagandamärsche besonders in den Arbeiterstadtteilen des Reviers durchzuführen, die als kommunistische Hochburgen galten. Ganz bewusst wollte man dort „die Straße behaupten". Oder wie es in der RE heißt: „Wir werden im Übrigen schon dafür sorgen, dass dem Treiben der roten Banditen besonders in Sodingen und in Holthausen Einhalt geboten wird."

[WAN] Der Wanne-Eickeler Stadtanzeiger (WESA) meldet für den Januar 160 Todesfälle in der Stadt, deutlich mehr als in vergleichbaren Monaten zuvor. Die Zeitung bringt dies in den Zusammenhang mit der grassierenden Grippewelle.

Sonntag 12. Februar

[HER] Der beliebte Ruhrkaplan Carl Klinkhammer aus Essen hält im überfüllten katholischen Gesellenhaus an der Neustraße eine Rede gegen Bolschewismus, Nationalismus und Kapitalismus. Er führt aus, dass der „Nationalismus nur patriotischer Gevatter des internationalen Rüstungskapitalismus" sei und warnt vor einem neuen Krieg. Mit deutlichen Worten wendet er sich gegen das „Hirngespinst der Nation" und das „heilsversprechende Dritte Reich". Sein Bekenntnis gipfelt in den Worten: „Das Christuskreuz muss an die Stelle des Hakenkreuzes und der Bethlehem-Stern an Stelle des Sowjetsternes stehen. Dann kämpfen wir siegreich für den Weltenkönig Jesus Christus."

Dienstag 14. Februar

[HER] In der Nacht werden die Fensterscheiben der Wohnung des kommunistischen Stadtverordneten Wilhelm Steinhörster in der Behrensstraße 1c mit Steinen eingeschmissen. Die Täter können unerkannt fliehen.

[ALLGE/HER] In der Regierung Hitler hat Hermann Göring das Amt eines Reichsministers ohne Geschäftsbereich. In dieser Funktion wird er zum kommissarischen preußischen Innenminister ernannt und ist damit oberster Dienstherr der gesamten preußischen Polizei. Sofort nach seinem Amtsantritt lässt er alle Polizisten auf ihre politische Gesinnung hin überprüfen, um danach unbequeme oder regimefeindliche Amtsinhaber zu versetzen oder in den Ruhestand zu schicken. Im Rahmen dieser politischen „Säuberung" wird der für Herne und Wanne-Eickel zuständige Polizeipräsident Stanislaus Grass, Mitglied der Zentrumspartei, abgesetzt. „Die große Säge, die von Herrn Göring augenblicklich gegen alles wütet, was republikanisch ist, hat auch unseren Polizeipräsidenten in Bochum getroffen. Gerade seine Entfernung vom Amte ist ein klarer Akt reiner politischer Machtausnutzung, für die das empörte Zentrumsvolk von Bochum, Herne, Wanne-Eickel usw. am 5. März die Antwort erteilen wird", empört sich der HA. Ebenfalls vom Dienst suspendiert wird der Herner Polizei-Oberwachtmeister Martin Börner. Als Kreisleiter des Reichsbanners des Bochumer, Herner und Wittener Bezirks wird Börner von den nationalen Gruppierungen seit Jahren heftig angefeindet. Im Juli 1932 war er bei einer illegalen öffentlichen Zusammenkunft des Reichsbanners verhaftet und von einem Sondergericht wegen des Verstoßes gegen das Demonstrationsverbot zu einer Geldstrafe verurteilt worden.

Anzeige RE, 14.02.1933

Die Musikkapelle der NSBO der Flottmann-Werke war das erste NSBO-Orchester in ganz Deutschland. Der Spielmannszug wurde auf Initiative von Otto Heinrich Flottmann gegründet und trat als wichtiges Propagandainstrument bei zahlreichen Aufmärschen und Veranstaltungen der NSDAP auf. 1934 wird die Musikkapelle zur Ehrenkapelle der NSDAP im Gau Westfalen-Süd ernannt.

Mittwoch 15. Februar

[ALLGE] Der Westdeutsche Rundfunk teilt mit: Auf Anordnung der Reichsregierung wird am 17. Februar aus der Westfalenhalle in Dortmund und am 19. Februar aus der Messehalle in Köln jeweils von 20 bis 21.30 Uhr eine Rede des Reichskanzlers Hitler mit vorhergehendem Stimmungsbericht von Dr. Joseph Goebbels übertragen. Die im Programm für diese Zeit vorgesehenen Sendungen fallen aus.

Tägliche Anzeige auf der Titelseite der RE, 7. KW 1933

[HER] Die NSDAP eröffnet ihren Wahlkampf im evangelischen Vereinsheim. Das Blasorchester der Flottmann-Werke leitet die Veranstaltung ein. Zu Beginn des Abends referiert Frau Direktor Uhlmann (Bochum) über die Judenfrage und über die Stellung der Frau zur nationalsozialistischen Politik. Anschließend ergreift **Albert Meister** das Wort und geht auf die Personalveränderungen innerhalb der preußischen Polizei ein. Erst die „Säuberung der Verwaltung von allen marxistischen Elementen" würde die Gewähr für die erfolgreiche Aufbauarbeit am deutschen Staat bieten. Insbesondere rechnet er mit den „marxistischen Bonzen und Oberbonzen" ab, die es sich in der Herner Stadtverwaltung bequem gemacht hätten. „Wir haben nun einmal eine andere Ansicht von Sauberkeit und Beamtentum", wird er von der RE zitiert.

Donnerstag 16. Februar

[HER] Der neu gegründete „Nationalsozialistische Kampfbund für den gewerblichen Mittelstand" führt in der Gaststätte Nordmann am Steinweg in Alt-Herne und im Lokal Dörlöchter in der Vinckestraße Werbeveranstaltungen durch. Die Organisation hat die Aufgabe, die vom wirtschaftlichen Ruin bedrohten kleinen Einzelhändler und Handwerker an die NSDAP heranzuführen und belebt die traditionellen mittelständischen Ressentiments gegen Warenhäuser, Filialgeschäfte, Konsumvereine und Kapitalgeschäfte. Der extreme Nationalismus des Kampfbundes gebärdet sich antiliberal, antidemokratisch und antisemitisch. Als Führer des Kampfbundes tritt **Alfred Bongardt** auf. Der Kreispropagandaleiter der NSDAP fordert den „deutschen Sozialismus, die Gemeinschaft der blutsmäßig verbundenen Volksgenossen ohne Unterschied von Herkunft und Stand".

Freitag 17. Februar

[ALLGE] Ein Runderlass des kommissarischen preußischen Innenministers Göring weist die Polizeibeamten an, zu den nationalen Verbänden – SA, SS und Stahlhelm – „das beste Einvernehmen" herzustellen. Es sei künftig nichts gegen die Teilnahme von Polizeibeamten in Uniform an Veranstaltungen von Verbänden und Parteien einzuwenden, die hinter „der Regierung der nationalen Erhebung" stehen. Weiter heißt es in dem Erlass: „Dafür ist das Treiben staatsfeindlicher Organisationen mit den schärfsten Mitteln entgegenzutreten. Gegen kommunistische Terrorakte und Überfälle ist mit aller Strenge vorzugehen und, wenn nötig, rücksichtslos von der Waffe Gebrauch zu machen. Polizeibeamte, die in Ausübung dieser Pflichten von der Schusswaffe Gebrauch machen, werden ohne Rücksicht auf die Folgen des Schusswaffengebrauchs von mir gedeckt; wer hingegen in falscher Rücksichtnahme versagt, hat dienststrafrechtliche Folgen zu gewärtigen."

*[Anmerk.: Die **preußische Polizei** stellte einen nicht zu unterschätzenden innenpolitischen Machtfaktor dar. In den ersten Wochen nach seiner Amtsübernahme als preußischer Innenminister propagierte Hermann Göring die durchgreifende „politische Säuberung" des Polizeiapparates von „unzuverlässigen Elementen", weil man sich der Loyalität der Polizei nicht sicher war. Tatsächlich wurden jedoch nur wenige Beamte entlassen. Einerseits konnte insbesondere beim Aufbau der Geheimen Staatspolizei (Gestapo), die aus der Preußischen Politischen Polizei entstand, auf fachliche Eignung und Ausbildung nicht verzichtet werden, andererseits bewies die „überwältigende Mehrheit der Polizeibeamten bereitwillig ihre ideologische Anpassungsfähigkeit an die nationalsozialistischen Machthaber, um dafür im Amt belassen zu werden", so die Historikerin Gabriele Lotfi, die sich am Geschichtsort Villa ten Hompel in Münster mit der Polizei in der NS-Zeit beschäftigt hat. In der dortigen Ausstellung zur Polizeigeschichte heißt es resümierend: „Wer sich mit Verwaltungs- und Polizeigeschichte im 20. Jahrhundert auseinandersetzt, stößt auf weit mehr Kontinuitäten als Brüche behördlichen Handelns – nicht nur in der Außenpräsentation und Selbstsicht, sondern auch in den Bereichen Ausbildung, Militarisierung und männerbündische Gemeinschaft."]*

[HER] In der evangelischen Volksschule La-Roche-Straße findet die monatliche Konferenz des Kollegiums statt. Laut Protokoll werden folgende Punkte erörtert: „die Fütterung der Vögel und die Arbeiten, die die Oberstufe darüber schreiben soll; das Anhalten der Schüler zu einer geraden Körperhaltung beim Schreiben; der Ausfall des Spielenachmittages und die Klassenverteilung für das nächste Schuljahr."

Anzeigen zu Karnevalsveranstaltungen in Herne und Wanne-Eickel, 7. KW 1933

Sonntag 19. Februar

[HER] Die Stadt steht ganz im Zeichen der politischen Machtdemonstrationen. Ab 14.30 Uhr marschieren sämtliche Organisationen des NSDAP-Kreises Herne und die gesamte SA-Standarte Bochum durch die Innenstadt. Nur etwas später findet der Aufmarsch der Eisernen Front auf dem Alten Markt statt. Aufgrund der Demonstrationen von rechts und links ist die Polizeipräsenz massiv verstärkt worden, Sanitäter aller politischen Richtungen stehen bereit. Beide Demonstrationszüge werden von zahlreichen Polizisten flankiert, die teilweise mit Karabiner und Maschinenpistolen ausgerüstet sind. Bis auf kleinere Wortgefechte und Reibereien bleibt es ruhig. Die Eiserne Front ist im Dezember 1931 als Kampforganisation zur Verteidigung der Weimarer Republik gegen die extreme Rechte gegründet worden. Dem Zusammenschluss gehören die SPD, das Reichsbanner Schwarz-Rot-Gold, die Gewerkschaften und der Arbeiter Turn- und Sportbund an.

[WAN] Erneut wird die sozialdemokratische „Freie Presse" überfallen. In der Nacht zum Montag dringen mehrere SA-Männer in die Geschäfts- und Redaktionsräume ein und zertrümmern die Schreibmaschinen und die Telefonanlage. Durch den Lärm aufgeweckte Anwohner sehen, wie die uniformierten Täter im Dunkel der Nacht verschwinden.

Dienstag 21. Februar

[REVIER] Das kommunistische „Ruhr-Echo" wird für eine weitere Woche verboten. Faktisch wird die Tageszeitung überhaupt nicht mehr erscheinen, da die KPD nach dem Reichstagsbrand in die Illegalität abgedrängt wird.

Mittwoch 22. Februar

[HER] Aufgrund der miserablen Finanzsituation genehmigt der Regierungspräsident in Arnsberg keinen weiteren Ankauf von Brennstoff durch die Stadt. Da die Beheizung der Schulen so nicht mehr gewährleistet werden kann, muss mit sofortiger Wirkung der Unterricht am Realgymnasium und am Oberlyzeum eingestellt werden. Die Situation erscheint absurd: Während in unmittelbarer Nähe auf den Halden der Zechen Millionen Tonnen von Kohle lagern, ist die Stadt aus Geldmangel nicht mehr in der Lage, notwendigen Brennstoff zu kaufen.

[ALLGE] Der kommissarische Innenminister Preußens, Hermann Göring, ordnet per Erlass an, dass wegen „zunehmender Ausschreitungen von linksradikaler, insbesondere kommunistischer Seite" Angehörige der SS, der SA oder des Stahlhelms als Hilfspolizisten eingesetzt werden können. Die Einheiten sollen politische Versammlungen schützen, werden darüber hinaus aber „auch in anderen Fällen zum Schutz der durch staatsfeindliche Umtriebe gefährdeten öffentlichen Sicherheit" eingesetzt.

[Anmerk.: Um die Schlagkraft der Polizei im Kampf gegen Kommunisten und Sozialdemokraten zu erhöhen, setzten die Nationalsozialisten aus den eigenen Reihen **Hilfspolizisten** *ein. In Preußen umfassten sie zuletzt etwa 50.000 Mann. Sie versahen ihren Dienst in der Uniform ihres Verbandes (SA, SS, Stahlhelm) mit einer weißen Armbinde mit der Aufschrift „Hilfspolizei" und einem Behördenstempel darauf. Sie waren in Überfallkommandos beteiligt sowie an Hausdurchsuchungen und Verhaftungen und spielten eine zentrale Rolle bei der terroristischen Ausschaltung des politischen Gegners. Ihr Vorgehen war schwer kalkulierbar. In etlichen Fällen wurde bei der Verhaftung körperliche Gewalt eingesetzt. Manche der Inhaftierten wurden nur wenige Stunden, manche Tage oder Wochen festgehalten. Andere wurden für Monate in provisorische Schutzhaftlager verschleppt. Die gefürchteten Prügelkeller wurden von Hilfspolizisten und SA-Stürmen betrieben ohne große personelle Unterscheidung. Die Hilfspolizei wurde im August 1933 aufgelöst.]*

Die 4. Klasse der Volksschule Crange, 1932

Donnerstag 23. Februar

[HER] Der HA druckt die Stellungnahme der Fuldaer Bischofskonferenz zu den bevorstehenden Wahlen ab. Darin erklären die Vertreter der Diözesen: „Hütet euch vor Agitatoren und Parteien, die des Vertrauens des katholischen Volkes nicht würdig sind. Schöpft eure Belehrung aus den bewährten katholischen Blättern." Am Abend wird die Kundgebung der katholischen Jugend im großen Saal des Gesellenhauses laut HA zu einem Bekenntnis zur Volksgemeinschaft, zur Sammlung und Einigkeit, „aber auch zu einer leidenschaftlichen Absage an alles Unrecht, alle Unfreiheit, alle Ungleichheit und allen Massenrausch." Insbesondere die Dehnung des Rechts und der rücksichtslose Machtmissbrauch der nationalen Regierung werden angemahnt. Darüber hinaus kritisiert Josef Wabnitz, der Präfekt des Jungmännervereins der Bonifatius-Pfarrei, die „Vergötterung der Person Hitlers" und den Missbrauch des Namens Gottes zu politischen Zwecken.

Freitag 24. Februar

[HER] Bis auf weiteres schließen die katholischen Volksschulen Bismarckstraße, Am Grünen Weg und Gräffstraße sowie die evangelischen Volksschulen Breddestraße und Kronprinzenstraße wegen Kohlenmangels.

Samstag 25. Februar

[HER] Die Stadtverwaltung darf Heizmaterial für öffentliche Gebäude beschaffen, so dass der Unterricht an den höheren Schulen und Volksschulen ab heute, zehn Uhr, wieder aufgenommen wird.

Die Herner Spitzenkandidaten für die anstehende Reichstags- und Landtagswahl sind: bei der NSDAP Bergmann Friedrich Wessel (Reichstag) und Lehrer **Albert Meister** (Landtag), bei der SPD **Berta Schulz** (Reich) und Beigeordneter a.D. **Karl Hölkeskamp** (Land), bei der KPD Gemeindearbeiter Ewald Kaiser (Reich und Land), für die Kampffront Schwarz-Weiß-Rot Bauunternehmer Ewald Hüls (Reich und Land) und für die Polen-Liste Redakteur Marian Kwiatkowski (Land). Berta Schulz ist überregional die profilierteste Politikerin der Stadt. Die ehemalige Wäscherin und Plätterin ist seit 1920 Reichstagsabgeordnete und seit 1924 Stadtverordnete in Herne. Überdies ist sie Vorsitzende der AWO in Herne und im Unterbezirk Bochum.

In der Nacht ziehen Kommunisten über die Ludwigstraße und schreiben mit Farbe politische Parolen auf die Hauswände. Dabei werden sie von einer Gruppe von SA-Männern überrascht – es kommt zu einer Schlägerei.

Sonntag 26. Februar

[HER] Am Nachmittag dringen SA-Männer in die Wohnung eines bekannten Sozialdemokraten in Baukau ein. Während der Mann abwesend ist, wehrt sich seine Ehefrau gegen die Eindringlinge und wird mehrmals mit einem Gummiknüppel geschlagen. Als die Polizei eintrifft, sind die Täter bereits geflüchtet.

Montag 27. Februar

[ALLGE] Per Anordnung des Preußischen Kultusministeriums sollen die weltlichen Schulen jahrgangsweise aufgelöst werden, Einschulungen dürfen nicht mehr vorgenommen werden. Der HA empört sich darüber, dass schon ab Ostern „Schulneulinge gottloser Eltern den konfessionellen Schulen" zugeführt werden. Noch schlimmer sei es, dass in Folge der Rückversetzungen „religionslose Lehrer" – ohne Rücksicht darauf, ob sie „Kirchenfeinde, Religionsspötter oder auch nur religiös gleichgültig" geworden seien – wieder katholische Kinder unterrichten sollen. Diese „unchristliche Maßnahme" der NSDAP und der „christlich-national-konservativen Staatsführung" zeige, dass nur das Zentrum die wahren Interessen der Katholiken vertrete.

[Anmerk.: 1920 wurde in Herne die erste **bekenntnisfreie, weltliche Schule** *in Deutschland gegründet. Der Unterricht wurde auf nicht-konfessioneller Grundlage erteilt. Weltliche Schulen galten als Errungenschaften der Arbeiterbewegung und Experimentierfelder einer modernen Pädagogik. In Herne gab es die bekenntnisfreien Volksschulen Constantin, Mont-Cenis und Forellstraße und in Wanne-Eickel die Diesterweg-, Fichte- und Pestalozzi-Schule.*

[HER] Am späten Abend wird die Nachricht vom Brand des Reichstages in Berlin bekannt. Das von den Nationalsozialisten gestreute Gerücht von einem versuchten Aufstand der KPD macht die Runde. In der Nacht stürmt ein Überfallkommando der Polizei die Wohnung von **Viktor Reuter** auf der Castroper Straße und durchkämmt sie bis zur Waschküche. Reuter ist als politischer Leiter der KPD, Stadtverordneter und Abgeordneter im Landtag stadtbekannt. Da er zuvor von Freunden gewarnt wurde, verbringt er die Nacht nicht zu Hause. Seine Frau Gertrud erzählt später: „Das Überfallkommando blieb Stunden in der Wohnung. Einem von ihnen fiel ein Bild an der Wand auf. Ob das mein Vater sei, fragte er. Nein, erwiderte ich, das ist Lenin, der Führer der Weltrevolution." Ebenfalls in der Nacht versucht ein Trupp Nationalsozialisten, in die Wohnung des kommunistischen Erwerbslosenführers Müller im alten Versorgungshaus einzudringen. Durch den Lärm aufgeweckte Nachbarn können die Eindringlinge vertreiben.

Dienstag 28. Februar

[ALLGE] Reichspräsident Paul von Hindenburg unterzeichnet die „Verordnung zum Schutz von Volk und Staat", die mit der „Abwehr kommunistischer staatsgefährdender Gewaltakte" begründet wird. Der als „Reichstagsbrandverordnung" bekannte Maßnahmenkatalog tritt sofort in Kraft und setzt wesentliche Grundrechte der Weimarer Verfassung außer Kraft. Dazu gehören die Aufhebung oder Einschränkung persönlicher Freiheitsrechte wie des Rechts auf freie Meinungsäußerung, die Pressefreiheit, Einschränkungen des Versammlungsrechtes sowie erweiterte Zugriffsrechte bei Hausdurchsuchungen, Beschlagnahmungen und Festnahmen. Der „Vorwärts" und weitere sozialdemokratische Lokalzeitungen werden bis auf weiteres verboten.

*[Anmerk.: Der 30. Januar 1933 als offizielles Datum der „Machtergreifung" markierte für die Gewalt auf der Straße eine weitaus schwächere Zäsur als die **Notverordnung vom 28. Februar 1933**. Sie deklarierte den Ausnahmezustand, der bis 1945 nicht mehr aufgehoben wurde. Es begann der ungehemmte Terror. Skrupellos wurden regelrechte Rachefeldzüge initiiert und eine Vielzahl „offener Rechnungen" beglichen. Im ganzen Reich wurden mehr als 10.000 Kommunisten verhaftet. Mittel dafür war die „Schutzhaft", die die Verhaftung politischer Gegner ohne gerichtliche Kontrolle erlaubte. Die **Schutzhaft** war bereits in der Verfassung der Weimarer Republik als eine Haftform unter geminderten Rechten und verschärften Bedingungen veran-*

kert. Allerdings ermöglichte die Notverordnung nunmehr eine systematische Bekämpfung politischer und angeblich staatsfeindlicher Gegner; die Inhaftierten verloren jegliche Rechte. Allein auf polizeiliche Anweisung konnten Personen beliebig lang festgehalten werden. Haftprüfungen oder allgemeine richterliche Kontrollen waren nicht vorgesehen. So öffneten sich Tür und Tor für willkürliche Maßnahmen von Polizei, Hilfspolizei, SA, SS und später auch der Geheimen Staatspolizei.]

[BO/HER/WAN] Auf den Straßen in Herne und Wanne-Eickel treten erstmals durch weiße Binden als „Hilfspolizisten" gekennzeichnete SA-, SS- und Stahlhelm-Männer in Aktion. Aufgrund zentraler Anweisung werden im Polizeipräsidialbezirk Bochum, zu dem Herne gehört, zahlreiche Durchsuchungen bei führenden Funktionären der KPD vorgenommen. Diverses Material wird beschlagnahmt, 31 Personen werden verhaftet. Auf der Bahnhofstraße wird der KPD-Stadtverordnete **Otto Kuhn** überfallen und zusammengeschlagen. Er trägt schwere Kopfverletzungen und einen Unterkieferbruch davon. Kuhn wird ebenso wie der KPD-Stadtverordnete Heinrich Unger in Schutzhaft genommen. Beide werden am nächsten Tag wieder entlassen. Auf der Mont-Cenis-Straße wird der KPD-Stadtverordnete Ernst Radeke überfallen und ebenfalls in Schutzhaft genommen. Anhänger der Eisernen Font, die in Sodingen Flugblätter und Zeitungen verteilen, werden verhaftet, später jedoch wieder freigelassen.

Mittwoch 01. März

Viktor und Gertrud Reuter in ihrer Wohnung, um 1930

[HER] Zum ersten Mal sieht man auf der Bahnhofstraße einen Überfallwagen der Polizei, der angefüllt mit SA-Leuten durch die Stadt fährt. Auf der Straße wird **Viktor Reuter** (KPD) erkannt und verhaftet. Der Polizeipräsident in Bochum ordnet seine Schutzhaft bis zum 1. Juni 1933 an. Die Begründung lautet wie bei allen KPD-Mitgliedern: „Weil Sie der vorbereitenden Handlung zum Hochverrat verdächtig sind."

Ewald Kaiser, von 1926 bis 1933 Beschäftigter bei der Müllabfuhr, Betriebsrat, seit 1932 Landtagsabgeordneter der KPD und Kandidat für den Reichstag, flieht aus seiner Wohnung in der Auguststraße 37. Er taucht unter, um sich der Verhaftung zu entziehen. Ins Visier der Politischen Polizei rückt nun seine Frau Sophie Kaiser, die seit den 1920er Jahren Stadtverordnete der KPD ist. Gemeinsam mit ihrer Mutter, Sophie Mende, beteiligt sie sich an der illegalen Arbeit. Im Laufe der nächsten Monate kommt es zu 28 Wohnungsdurchsuchungen, aber stets muss die Polizei ohne belastendes Material abziehen.

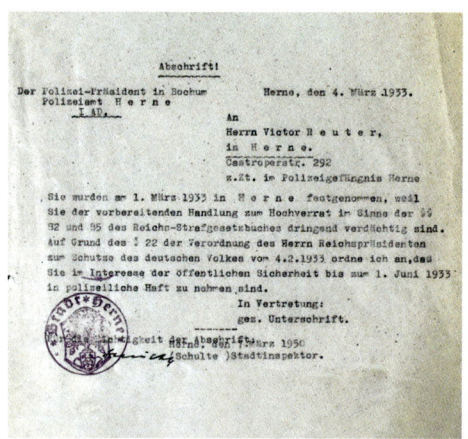

Bescheinigung für Viktor Reuter über seine
Schutzhaft im Polizeigefängnis Herne, 04.03.1933

Anzeige HZ, 01.03.1933

Am Nachmittag findet auf dem Werksplatz von Flottmann eine Feier der Nationalsozialistischen Betriebszellenorganisation statt. Im Mittelpunkt steht das Hissen einer Hakenkreuzfahne auf einem 70 Meter hohen Schornstein des Werkes und zweier Fahnen zu beiden Seiten des Werksportals. Im Anschluss spricht der Leiter des Werkes, Direktor Dr. Müller. Er lobt die neue Regierung unter der Führung von Adolf Hitler und führt aus, dass „die Arbeiterschaft und die Industrie den Glauben an das Wiedererstarken Deutschlands" zurückgewonnen haben.

Wiederholt wird Sodingen zum Aufmarschgebiet der NSDAP. Voran marschiert das Musikkorps der Schutzpolizei des Präsidiums Bochum, das zum ersten Mal an einem NS-Propagandamarsch teilnimmt. Der Fackelzug endet am Hindenburgplatz. Die Abschlussrede hält Emil Stürtz, der stellvertretende Leiter des Gaus Westfalen-Süd und Mitglied des Reichstags. Mit markigen Worten schildert er die von der KPD beabsichtigten „Terrorakte" und die Bedeutung der „Reichstagsbrandverordnung".

[WAN] Gegen 14.30 Uhr versuchen mehrere Personen, in die an der Ecke Dorstener- und Recklinghauserstraße gelegene Trinkhalle einzubrechen. Als sie sich am Fensterladen zu schaffen machen, bemerken sie zwei in der Trinkhalle befindliche Männer. Ein Einbrecher gibt daraufhin einen Pistolenschuss ab, der durch die Tür den Arbeiter Emil B. trifft. Die Täter können unerkannt entkommen. Emil B. muss mit einer Oberschenkelverletzung ins St. Anna-Hospital eingeliefert werden.

Etwa gegen 18 Uhr kommt es in der Bochumer Straße zu einer Auseinandersetzung zwischen Sozialdemokraten und Nationalsozialisten, in deren Verlauf aufeinander geschossen wird. Es wird niemand verletzt. Die Polizei nimmt Ermittlungen auf. In der Nacht ziehen Mitglieder der KPD durch Karl- und Emscherstraße und schreiben Parolen an die Häuserfronten. Wiederum fallen Schüsse. Ein Überfallkommando der Polizei sorgt für Ruhe, es gibt keine Festnahmen.

Wahlplakate der KPD in Herne, November 1932

Geschäftsstelle der „Kampffront Schwarz-Weiß-Rot" in der Bahnhofstraße, März 1933

Donnerstag 02. März

[HER] Von Feierschichten auf den Zechen Shamrock und Mont Cenis sind 1700 Arbeiter betroffen. Es ist die elfte Feierschicht im Jahr 1933.

Der HA übt scharfe Kritik an der „Umwandlung der Polizei". Seitdem die NSDAP und andere Rechtsgruppen an der Macht seien, werde ein starker Druck auf die dem Zentrum und der SPD zugehörigen Beamten ausgeübt, aus ihren demokratischen Parteien auszutreten. Die neuen Machthaber „setzen Deutschland mit ihren Parteizielen gleich und fordern daher auch von der Polizei, dass sie sich ganz auf diesen Boden stellt, der ein ausgesprochener Parteiboden ist, weil man alle diejenigen, die diesen Parteien nicht angehören, als nicht zum wahren Deutschland gehörig anerkennt. (…) Es wird auf Zetteln, die den Beamten auf den Tisch gelegt wurden, verlangt, dass sich jeder bis zum 5. März einer nationalen Bewegung anzuschließen habe. Andernfalls habe er die Folgen zu tragen."

Auf der Kirchhoffstraße wird ein Anwohner von etwa 20 SA-Männern verprügelt. Er hatte mehrmals lautstark „Heil Moskau" und „Rotfront" gerufen. In Sodingen werden durch SA-Männer Flugblätter der Eisernen Front beschlagnahmt.

[BO/CAS/HER/WAN] In Bochum stellt sich der neue Polizeipräsident, Konrad Sarrazin, ein deutschnationaler Stadtrat aus Kassel, der Presse. Die Anzahl der Journalisten ist so groß wie nie zuvor. Sarrazin pocht in seiner Antrittsrede auf den nationalen Staat und auf die Staatsraison. Die Staatsgewalt habe die Zügel ganz fest in der Hand. „Wir sind Herr der Lage und werden sie beherrschen", sagt er und macht damit deutlich, dass er kompromisslos für die Indienstnahme der Polizei für das neue Regime steht. Auf Nachfragen zur Pressefreiheit und zur Rolle der Hilfspolizei ergreift der in brauner Uniform erschienene Redakteur der „Roten Erde" das Wort: „Ich begreife nicht, dass die Vertreter des abgewirtschafteten Systems hier aus einem unangebrachten Geltungsbedürfnis heraus Fragen erörtern, die völlig überflüssig sind. Diese Herren müssen endlich lernen, dass sie den Mund zu halten haben." Als sich der größte Teil der übrigen Pressevertreter über eine solche anmaßende Sprache eines Kollegen und seine berufsethische Auffassung der Pressefreiheit mokieren, zieht es der neue Polizeipräsident vor, die Pressekonferenz ohne Erklärung zu schließen. Die HZ schlussfolgert, „dass wir in dem neuen Polizeipräsidenten eine feste, willensstarke Persönlichkeit gewonnen haben, die sicherlich Gewähr bieten kann für eine straffe Führung der Polizeigeschäfte und für gute Organisation der im Industriegebiet besonders komplizierten polizeitechnischen Dinge."

[WAN] Am Ende der Mittagsschicht verunglückt auf der Zeche Königsgrube der Bergmann Karl Böhm aus der Friedastraße in Röhlinghausen tödlich. Der 30-jährige Hauer wird bei der Arbeit von herabfallendem Gestein im Genick getroffen und sinkt tot auf die Schrämmaschine.

Freitag 03. März

[ALLGE/HER/WAN] Mit der Begründung geplante Terrorakte zu verhindern, werden in Preußen zahlreiche kommunistische Funktionäre in Haft genommen. In Herne gehören dazu der erheblich verletzte Otto Kuhn und das Magistratsmitglied Wilhelm Blum. Über ein Dutzend Kommunisten sind im Polizeigefängnis inhaftiert. Auf der Straße geht der Terror der Nationalsozialisten weiter. SA-Männer dringen gewaltsam in Wohnungen ein, aus deren Fenster Fahnen der Eisernen Front hängen. Die Wohnungsinhaber werden gezwungen, die legale Fahne zu entfernen. In Schaufensterauslagen auf der Wanner Hindenburgstraße werden Wahlplakate der Arbeiterparteien abgerissen und in Zeitungsgeschäftsstellen unliebsame Tageszeitungen beschlagnahmt. Willkürlich werden Passanten von als Hilfspolizisten gekennzeichneten SA-Leuten angehalten und nach Waffen durchsucht. Offiziell lässt Hermann Göring verlautbaren, dass jeder „Gesetzesübertreter", unabhängig davon, zu welcher Partei und Organisation er gehöre, zur Rechenschaft gezogen werde. Der HA titelt daraufhin: „Darauf haben wir schon lange gewartet! Ungesetzlichkeiten sind auch Nazis nicht gestattet." Görings Erklärung ist ein Beispiel dafür, dass die NSDAP während der Stabilisierung ihrer Herrschaft in einem gewissen Umfang darum bemüht war, die Fiktion der Legalität und eines nationalen Rechtsstaates aufrechtzuerhalten. Der Zeitungskommentar ist entweder ironisch zu werten oder ein Indiz dafür, dass die bürgerliche katholische Mitte noch Hoffnung auf ein Mindestmaß an Rechtsstaatlichkeit hatte.

Samstag 04. März

[HER] Die Bahnhofstraße zeigt den ganzen Tag über ein ungewöhnlich lebhaftes Treiben, dem man eine gewisse Nervosität anmerkt. Am Nachmittag veranstaltet die NSDAP nochmals einen Propagandamarsch durch die Innenstadt. Hierbei sieht man zum ersten Mal SS-Hilfspolizei in schwarzer Uniform mit Karabiner und Seitengewehr. Neben einem enormen Aufgebot von Schutz- und Hilfspolizei folgt dem Zug ein Panzerauto, dessen Sirenenpfeifen schrill in den Ohren klingt. Die letzten Wahlkundgebungen der NSDAP verlaufen ohne nennenswerte Störungen. Öffentliche Veranstaltungen der Sozialdemokraten oder des Zentrums gibt es nicht mehr, die KPD ist bereits in den Untergrund abgedrängt worden.

Die polnische Zeitung „Naród" (Volk), deren Druckerei und Verlag sich in der Bahnhofstraße 76/78 befindet, wird für acht Tage verboten. Sie wird herausgegeben vom Verleger Marian Kwiatkowski, der auf der „Polen-Liste" für den Landtag kandidiert. In den folgenden Tagen kommt es zu Durchsuchungen der Verlagsräume und den Büros polnischer Vereine.

[Anmerk.: In geringer Auflage erscheint der Naród während der NS-Zeit weiter. Am 1. September 1939, dem Tag des Überfalls der deutschen Wehrmacht auf Polen, werden der Betrieb der Zeitung und die Druckerei geschlossen. Marian Kwiatkowski wird am 11. September 1939 von der Gestapo verhaftet. Er kommt ins KZ Sachsenhausen, wo er am 4. Dezember 1941 im Krankenrevier stirbt. Nach der Einäscherung in Oranienburg wird seine Urne 1942 auf dem Herner Südfriedhof beigesetzt.]

Anzeige WEZ, 04.03.1933

[WAN] Am Abend marschieren die nationalen Verbände durch Wanne-Eickel: die blaue Schutzpolizei, die braunen SA-Trupps, die schwarze SS und der Stahlhelm in feldgrauen Uniformen. Die Marschkolonne wird von mit Karabinern bewaffneten Hilfspolizisten flankiert. An den Straßen und vielen Häusern wehen schwarzweiß-rote und Hakenkreuzfahnen. Bei der Kundgebung in der Stadthalle spricht der NSDAP-Kreisleiter **Willi Bönnebruch-Althoff** und schlägt den großen Bogen von den Frontsoldaten des Ersten Weltkriegs über den „Tag der größten Erniedrigung", den 9. November 1918, bis hin zur „Schicksalswende", dem Aufbruch des neuen Deutschlands unter der Führung Adolf Hitlers. Im Anschluss hört die Versammlung über Radio und Lautsprecher die von allen Rundfunkanstalten übertragene Rede Hitlers aus Königsberg.

Sonntag 05. März

[HER/WAN] Am Tag der Reichstagswahlen beherrschen Hakenkreuz- und schwarzweiß-rote Fahnen die Innenstädte. Die sonst üblichen Embleme der Arbeiterbewegung sind bereits im Vorfeld mit Gewalt zurückgedrängt worden. „Freundliches, mildes Wetter, Sonnenschein. Nationalsozialisten und Deutschnationale waren mit großem Aufwand in diese Schlacht gezogen. Von den Linken – Sozialdemokraten und Kommunisten – merkte man diesmal überhaupt nichts. Zu Zusammenstößen ist es in Wanne-Eickel glücklicherweise nicht gekommen", registriert die WEVZ. Das Resümee des HA scheint gerade in Beurteilung eines „demokratischen" Wahlkampfes deutlicher: „Alle haben es gefühlt, dass es um Entscheidungen von größter Tragweite ging. Deshalb wurde auch bis zum letzten Augenblick für die Wahlpropaganda gearbeitet. Allerdings weniger von den Linksparteien, denen man fast jede Möglichkeit zur Werbung durch die Staatsmacht genommen hatte, umso mehr aber von den beiden Gruppen der Rechten." Im Wahlkreis Westfalen-Süd wird erneut **Berta Schulz** (SPD) aus Herne in den Reichstag gewählt. Lokale Vertreter im Landtag sind der Lehrer **Albert Meister** (NSDAP) und der Gemeindearbeiter Ewald Kaiser (KPD), der zu diesem Zeitpunkt schon untergetaucht ist.

Reichstagswahl 1933
Wahlkreis Westfalen-Süd

1	Nationalsozialistische Deutsche Arbeiter-Partei (Hitlerbewegung) Hitler — Dr. Frick — Göring — Wagner	1	◯
2	Sozialdemokratische Partei Deutschlands Husemann — Brandes — Henßler — Schulz	2	◯
3	Kommunistische Partei Deutschlands Thälmann — Agas — Oettinghaus — Koska	3	◯
4	Deutsche Zentrumspartei Dr. Brüning — Imbusch — Schmidt — Beder	4	◯
5	Kampffront Schwarz-Weiß-Rot von Papen — Dr. Ende — Werdes — Nüsseler	5	◯
7	Deutsche Volkspartei Winnefeld — Juncke — Foehre — Rathe	7	◯
8	Evangelischer Volksdienst Schmidt — Nippel — Flender — König	8	◯
9	Deutsche Staatspartei Dr. Höpker-Aschoff — Altenhain — Waldeck — Beirich	9	◯
10	Deutsche Bauernpartei Dr. Fehr	10	◯

Wahlzettel zur Reichstagswahl des Wahlkreises Westfalen-Süd, 1933

*[Anmerk.: Bei den **Reichstagswahlen** betrieben die Regierungsparteien NSDAP und Kampffront Schwarz-Weiß-Rot einen mit ungeheurem materiellem Aufwand geführten Wahlkampf, in dem die anderen Parteien systematisch abgedrängt worden waren. Die Wahl fand in einem Klima der Gewalt und Unterdrückung statt. Es gelang der NSDAP, zur stärksten Partei zu werden; die angestrebte absolute Mehrheit erreichte sie aber nicht. Das Zentrum und die SPD konnten ihren früheren Stimmenanteil in etwa halten, die in die Illegalität abgedrängte KPD verzeichnete erhebliche Verluste. Trotz der Unterdrückungsmaßnahmen hatten die Vertreter der Arbeiterbewegung gehofft, man könne der NSDAP eine Wahlniederlage zufügen. Diese Hoffnung erfüllte sich nicht, auch nicht im Ruhrgebiet. Der Wille zum Widerstand gegen den Machtausbau der Nationalsozialisten sank weiter. Diese wiederum interpretierten den Wahlsieg als Plebiszit für „die Erneuerung Deutschlands" und gaben danach jegliche Zurückhaltung auf – sowohl gesetzlich und parlamentarisch als auch „auf der Straße".]*

[HER] Mit einem 4:1-Sieg beim BV Altenessen sichert sich die abstiegsbedrohte Elf von Germania Herne die Zugehörigkeit zur Ruhr-Sonderklasse, Gruppe B. Der SC Westfalia 04 belegt in der Gruppe A einen sicheren Mittelfeldplatz. Beide Mannschaften verbleiben also in der höchsten erreichbaren Spielklasse, haben aber mit der Endrunde um die westdeutsche Meisterschaft nichts zu tun.

Reichtagswahlen vom 05. MÄRZ 1933 (in Prozent)
im Vergleich zur Reichstagswahl vom 06. November 1932

	Reich		Herne		Wanne-Eickel	
Wahlbeteiligung	88,7	(80,6)	92,0	(79,8)	93,3	(84,1)
NSDAP	**43,9**	(33,1)	**29,8**	(20,3)	**35,9**	(26,5)
KPD	12,3	(16,9)	25,5	(31,5)	24,0	(30,6)
Zentrum	11,3	(15,0)	20,0	(22,3)	19,9	(19,6)
SPD	18,3	(20,4)	14,9	(14,9)	11,6	(12,6)
Schwarz-Weiß-Rot[1]	8,0	(8,3)	6,4	(5,2)	5,2	(4,0)
DVP	1,1	(1,9)	0,5	(1,0)	1,9	(3,1)
Ev. Volksdienst[2]	1,0	(1,1)	2,1	(2,4)	1,3	(1,4)
Sonstige	4,1	(2,3)	0,2	(2,4)	0,2	(2,2)

1 Die Deutschnationale Volkspartei (DNVP) trat 1933 als „Kampffront Schwarz-Weiß-Rot" an.
2 auch Christlich-Soziale Volksdienst (CSVD)

Montag 06. März

Hissung der Hakenkreuz- und der Reichsflagge auf dem Turm des Herner Rathauses, 6. März 1933

[WAN] In den frühesten Morgenstunden dringen zum dritten Mal innerhalb eines Monats Nationalsozialisten in die Redaktionsräume der „Freien Presse" ein. Sie zertrümmern sämtliche Schreibtische und Möbel und zerreißen Zeitungen, Akten und Manuskripte, die anschließend in den Hof geschmissen werden. Aufgrund des Verbots sozialdemokratischer Zeitungen hatte die Redaktion bereits die Arbeit eingestellt.

[HER/WAN] Am Morgen verschaffen sich SA-Männer widerrechtlich Zutritt ins Rathaus und hissen auf dem Turm die Hakenkreuzfahne. Dasselbe geschieht etwas später durch eine Anordnung des Stahlhelms mit der alten Reichsflagge Schwarz-Weiß-Rot. Oberbürgermeister Täger beauftragt die Polizei, für die Entfernung der Flaggen zu sorgen, was am Widerstand der bewaffneten SA scheitert. Gegen Mittag wird die Hakenkreuzfahne auch auf dem Polizeiamtsgebäude aufgezogen. In Wanne-Eickel hissen SA-Männer Hakenkreuzfahnen auf dem Rathaus, der Post und anderen öffentlichen Gebäuden. Es ist unklar, von wem diese Anordnung gekommen ist.

[Anmerk.: Das Hissen der Hakenkreuzfahne auf dem Rathaus gegen den Protest des amtierenden Oberbürgermeisters war die erste Machtprobe zwischen Magistrat und NSDAP nach der Reichstagswahl. Es war kein Einzelphänomen, sondern entsprach einer Typologie der **Machtergreifung auf kommunaler Ebene***: Dabei gingen gezielte juristische Übergriffe mit nackter*

Gewalt einher und Angriffe gegen unliebsame Amtsinhaber wurden mit vermeintlichen Unkorrektheiten gespickt. Dort, wo es gelang, leitende Kommunalbeamte zum Rücktritt zu zwingen, stieß die örtliche Parteiprominenz über das Instrument der kommissarischen Besetzung in die Schlüsselpositionen. In der öffentlichen Agitation ergab sich eine wirksame Mischung aus Terrorakten, persönlichem Druck und Jubelfeiern. Während das eigenmächtige Vorgehen der SA von der Polizei toleriert wurde, ermöglichten die Kundgebungen und Fackelzüge wiederum den Bürgern eine Identifizierung mit dem selbst erklärten nationalen Aufschwung.]

[HER] Der HA druckt die Erklärung des Centralvereins deutscher Staatsbürger jüdischen Glaubens zur polizeilichen Durchsuchung der Berliner Geschäftsräume ab: „Aus der grundsätzlichen Einstellung des Centralvereins, die ihm die unbeirrte Pflege der deutsch-vaterländischen Gesinnung und die kraftvolle Verteidigung der jüdischen Religion gegen jegliche Angriffe zur Pflicht macht, ergibt sich die Unmöglichkeit jeder Verbindung mit kommunistischen Zielen. Wir weisen jede Behauptung eines wie immer gearteten Zusammenhanges mit jeder staats- und religionsfeindlichen Bewegung voll Entrüstung zurück."

Am Nachmittag veranstaltet die NSBO-Flottmann-Werke einen Propaganda-Umzug zum Haus von **Otto Heinrich Flottmann** in der Flottmannstraße 92. Der Generaldirektor hatte seinen Angestellten und Arbeitern für diesen Tag Urlaub erteilt, damit man „den großen nationalen Wahlsieg" gebührend würdigen könne. Anschließend marschiert der Zug mit Kapelle zum Neumarkt, wo man die Verehrung für den Fabrikherrn dankbar zum Ausdruck bringt und ein Hoch auf das deutsche Vaterland anstimmt.

Am Abend veranstaltet die NSDAP einen Fackelzug mit einer Abschlusskundgebung auf dem Rathausplatz. Auf dem Rathausturm flattert im Lichte des Scheinwerfers eines Überfallwagens der Polizei die Hakenkreuzfahne. **Albert Meister** kündigt an, dass sein zukünftiges Wirkungsfeld nicht in Berlin, sondern im Herner Rathaus läge. Sein Ziel sei es, in der Kommunalverwaltung „aufzuräumen". Nach der Kundgebung schließt sich der Landtagsabgeordnete einer Feier der NS-Betriebszelle der Flottmann-Werke im Restaurant Hirdes an. In seiner Festrede bezeichnet er die Betriebszellen als „eines der stärksten Bollwerke" der NSDAP. Es sei mit Erfolg gelungen, in die marxistische und kommunistische Arbeiterfront einzubrechen und der Arbeiterschaft die Lehre des Nationalsozialismus vertraut zu machen. Am Ende dankt Meister ausdrücklich den sich wiederholt „selbstlos in den Dienst der nationalsozialistischen Sache" stellenden Musikern des Spielmannszuges der Flottmann-Werke. Nach den Reden „hält ein Tänzchen die Teilnehmer noch einige Stunden fröhlich zusammen", berichtet die gut gelaunte HZ.

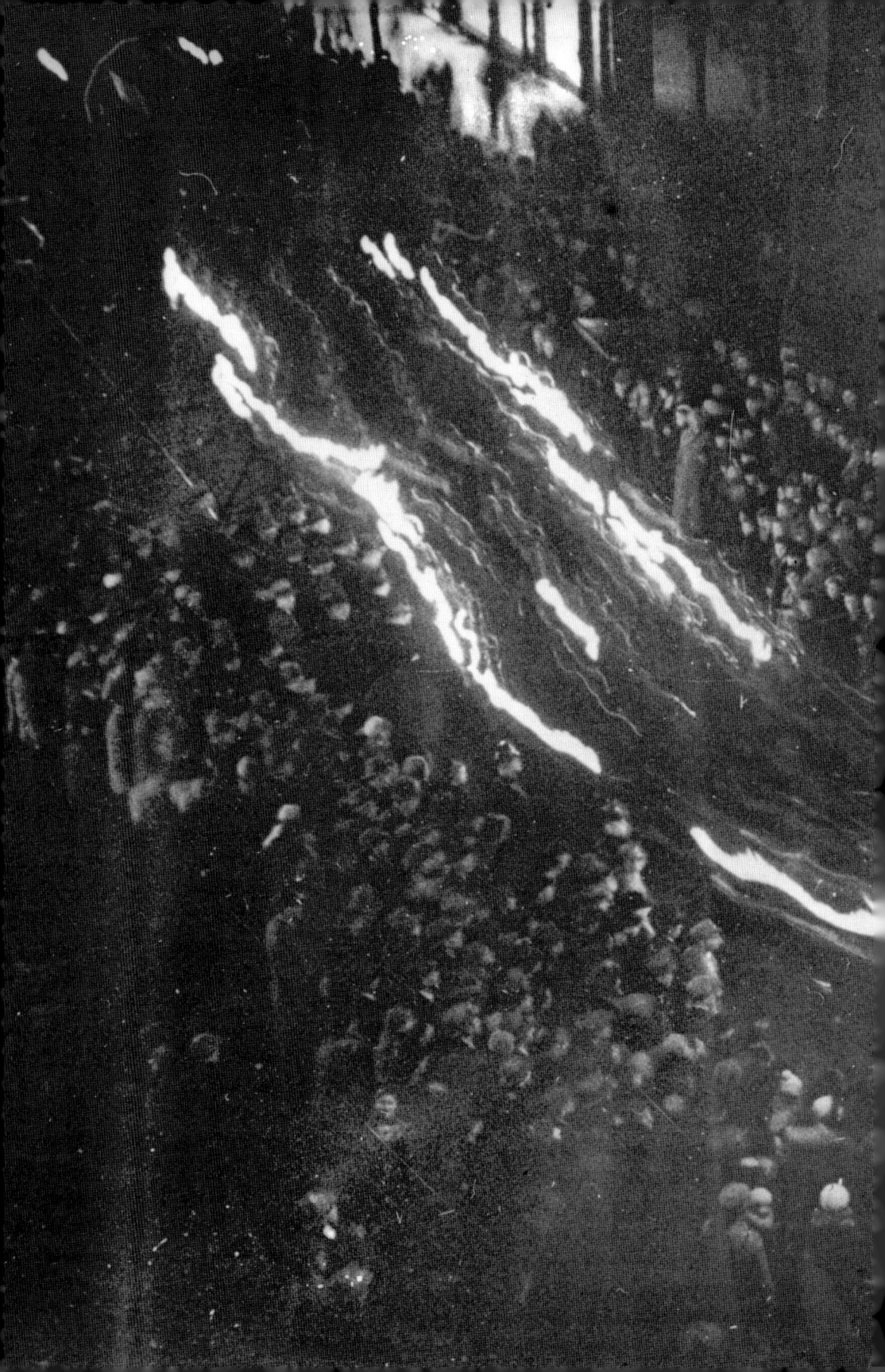

Dienstag 07. März

[HER] In einer Mitteilung erklärt das Presseamt der Stadt Herne, dass das Hissen der Flagge auf dem Rathausturm eine „widerrechtliche" Aktion sei, die auf keiner Anordnung des preußischen Innenministers Göring beruhe. Auf die Durchsetzung der Anordnung von OB Täger, die Flaggen zu entfernen, wurde nur deshalb verzichtet, weil „bei einem weiteren Durchgreifen mit Hilfe bewaffneter Polizeikräfte die Gefahr bestand, dass die Folgen des Versuches, den Widerstand zu brechen, in keinem Verhältnis stehen würden zu den Folgen des Zustandes, der zu beseitigen war." Die Stadt warte nun eine Entscheidung des Innenministeriums zur allgemeingültigen Regelung der Flaggenfrage ab. Während dessen wird das Flaggenhissen fortgesetzt. Auch auf dem Bahnhofsgebäude, dem Arbeitsamt und dem Amtsgericht werden Hakenkreuzfahnen gehisst.

Der Polizeibeamte Erich Krause quittiert aus Gewissensgründen seinen Dienst bei der Herner Wache. Für ihn sind die Unrechtsmaßnahmen der Nationalsozialisten, die mit der Unterstützung der Polizei erfolgen, nicht mit seinem Verständnis des Polizeidienstes zu vereinbaren.

[RUHR] In den Städten des Industriegebiets kommt es zu Demonstrationen der SA vor Warenhäusern und jüdischen Geschäften. In Sprechchören und mit Spruchbändern wird deren Boykott gefordert. Es kommt daraufhin zu größeren Menschenansammlungen, so dass die meisten Geschäftsinhaber ihre Geschäfte schließen. Die Polizei duldet das Vorgehen der SA und erklärt, es handle sich nur um eine „zeitliche begrenzte Protestaktion".

Mittwoch 08. März

[ALLGE] Aufgrund der „geschichtlichen Wende", die der überwältigende Wahlerfolg der nationalen Front für Deutschland bedeutet, erteilt der Kommissar des Reiches für das preußische Ministerium für Wissenschaft, Kunst und Volksbildung, Bernhard Rust (NSDAP), für alle ihm unterstehenden Schulen schulfrei.

[HER] Im Schaufenster der Firma Boldt & Köper an der oberen Bahnhofstraße stellt der Maler **Wilhelm Imhof** zwei große Gemälde aus, die Ausschnitte aus einem nationalsozialistischen Fackelzug zeigen. „Mit eisernen Mienen sieht man die Kolonnen der SA im Schein lodernder Fackeln marschieren, begrüßt von der die Straßen umsäumenden Menschenmenge. Meisterhaft hat es der Maler verstanden, die eiserne Entschlossenheit und Kampfesfreude der braunen Bataillone hervortreten zu lassen. Man glaubt unwillkürlich die Heilrufe zu hören, die den Marschierenden von allen Seiten entgegen hallen", schreibt die RE begeistert. Ergänzend wird eine Radierung des Konterfeis Adolf Hitlers gezeigt. Imhof, der seit 1921 am Gymnasium als Kunsterzieher tätig ist, genießt als

Wilhelm Imhof, um 1928

einziger akademisch gebildeter Künstler der Stadt hohes Ansehen in der Bevölkerung. Bekannt wurde der 30-Jährige durch seine Landschafts- und Industriebilder, in denen bereits in den 1920er Jahren der brennende Geist vibrierte, um den sich die deutsche Jugend scharte, so ein zeitgenössischer Kommentar.

Der HA berichtet: „Am Dienstag wurden einige Fensterscheiben an der Synagoge in der Schaeferstraße böswillig zertrümmert. Als Täter kommen einige junge Burschen in Frage. Wer kann über dieselben nähere Angaben machen. Mitteilungen, die auf Wunsch vertraulich behandelt werden, an die Kriminalpolizei erbeten." Am Abend marschiert die NSDAP durch die Innenstadt. „In endlosen Zügen geht es unter den Heilrufen der Bevölkerung durch die Straßen", schreibt die RE.

[WAN] Auf dem Gelände einer abgetragenen Berghalde der Zeche Pluto-Wilhelm ist ein geschlossenes Lager des Freiwilligen Arbeitsdienstes entstanden, indem sich zurzeit 30 junge Männer befinden. Morgens werden sie in der früheren Waschkaue auf Pluto-Thies ausgerüstet und marschieren dann zur Arbeitsstelle auf dem Gelände der Schachtanlage Wilhelm, wo das von Schutt überlagerte Gelände östliche der Hafenbahn in Gartenland umgewandelt wird. Demnächst soll das Lager auf 150 Mann erweitert werden. Betreiber des Arbeitslagers ist das Deutsche Institut für technische Arbeitsschulung (DINTA) in Düsseldorf. Die notwendigen Arbeitsgeräte werden von der Firma Heitkamp zur Verfügung gestellt.

[WESTF/BO/HER] In der Bochumer Bürgergesellschaft findet auf Einladung des Westdeutschen Spiel-Verbandes (WSV) ein Treffen der Vereinsvertreter der Fußballgaue Bochum und Herne statt, um eine Aussprache über das Problem des Berufsfußballs zu halten. Der WSV-Vorsitzende Constantin Jersch führt aus, dass schon seit geraumer Zeit von den Vereinen bewusst gegen die Amateurbestimmungen verstoßen werde. So sei es nur eine Frage der Sittlichkeit, eine scharfe Trennung zwischen Amateuren und Professionals zu fordern, denn wer wolle glauben, dass etwa die süddeutschen Vereine zum reinen Amateurismus zurückzuführen sind. Der WSV werde diesen Schritt notfalls allein gehen, wenn der DFB nicht die Kraft dazu aufbringe. In der anschließenden Aussprache sind sich die Vereinsvertreter darüber einig, dass der Trennungsstrich gezogen werden müsse.

Donnerstag 09. März

[ALLGE] Der Polizeipräsident in Bochum erklärt aufgrund des §1 der Preußischen Verordnung zum Schutz von Volk und Staat vom 28. Februar 1933 das Zeigen von marxistischen Fahnen auf und an öffentlichen Plätzen, Straßen und Wegen für verboten.

[HER] Auf weiteren Gebäuden der Stadt wie dem Finanzamt, dem Postamt und dem Bergrevier werden Hakenkreuzfahnen geflaggt. Am Nachmittag bringt eine Gruppe von Schülern die Fahne der NSDAP auch auf der oberen Plattform des Realgymnasiums an.

Morgens postieren sich SA-Leute in der Bahnhofstraße vor den Geschäften von Woolworth und der EPA („Einheitspreis AG", ein Tochter-Unternehmen von Karstadt, das als Discount-Warenhaus im Billigsegment angesiedelt war). Um Tumulte zu vermeiden, schließen die Geschäfte. Nachdem der SA-Trupp abgezogen ist, öffnen sie ihre Türen wieder für die Kundschaft. Am Nachmittag wiederholt sich der Vorgang. SA-Männer stehen mit einem Transparent „Deutsche kauft nur in deutschen Geschäften" vor jüdischen Geschäften in der Bahnhofstraße. Erneut schließen EPA, Woolworth, Hauser, Witzmann und weitere Geschäfte. Die Boykottaktionen werden maßgeblich von **Alfred Bongardt** und dem „Kampfbund für den gewerblichen Mittelstand" initiiert, während andere Parteistellen offiziell nichts davon gewusst haben wollen. Tags darauf kommentiert **Leo Reiners** im HA: „All diese Vorgänge vollzogen sich, wie wir erfahren, gegen den Willen der örtlichen Parteiführer. Die Polizei schritt nicht ein, um nicht die Unruhe zu vermehren. Die NSDAP hat in mehreren Gauen bereits die erforderlichen Schritte gegen dieses eigenmächtige und ungesetzliche Vorgehen unternommen." Reiners Vertrauen in eine Form der bürgerlichen Ordnung ist trügerisch. Die Zersplitterung von Machtbefugnissen und Kompetenzen gehört zum Politikstil des Nationalsozialismus. Gerade in den ersten Monaten der Herrschaftssicherung führen die konkurrierenden Vorschläge und Initiativen dazu, dass sich oftmals die radikaleren Maßnahmen durchsetzen. So werden die Aktionen gegen jüdische Geschäfte nicht gestoppt, wie es der Kommentar nahelegt, sondern münden im staatlich sanktionierten Boykott-Tag vom 1. April 1933.

Freitag 10. März

[HER] In seinem Leitartikel im HA wendet sich **Leo Reiners** mit deutlichen Worten gegen die Umtriebe der SA und ruft bei den Kommunalwahlen zur Wahl des Zentrums auf: „Die Hakenkreuzfahne weht über dem Rathaus! Unter Missbrauch ihrer Macht hat eine Minderheit, die noch keine 30 Prozent der Herner Wählerschaft umfasst, damit kundtun wollen, dass sie auch das Rathaus beherrschen

Leo Reiners, Schriftleiter des Herner Anzeigers, um 1936

will. Am nächsten Sonntag soll darüber die Entscheidung mit dem Stimmzettel gefällt werden. Umso notwendiger ist es, sich darüber klar zu werden, um was es geht. Es ist das Wesen des Rathauses, dass es der ganzen Gemeinde dient. Zum Hort des Unfriedens aber wird es, wenn es zu einseitiger Parteiherrschaft missbraucht wird. Soll das Rathaus unter dem Zeichen des Hakenkreuzes stehen? Nein! Es soll der Hort des gemeindlichen Friedens, der Sorge für das Wohl aller Bürger sein. Lasset uns aufpflanzen die Fahne des freien Bürgertums, die Fahne echter Selbstverwaltung. Sorgen wir also am Sonntag dafür, dass nicht das Hakenkreuz die Herrschaft auf dem Rathause antritt. Nur solche Stadtverordnete gehören aufs Rathaus, die sich wirklich als Stadtväter fühlen, ausgerüstet mit dem Willen zu ernsthafter Arbeit, nicht mit dem Willen zur Gewaltherrschaft und Ausschließlichkeitsanspruch."

Im evangelischen Vereinsheim versammelt sich die SA, um die Rede Hermann Görings in Essen, die vom Westdeutschen Rundfunk reichsweit übertragen wird, zu verfolgen. Göring fordert die SA auf, mit dem politischen Gegner abzurechnen: „Die Nation ist erwacht. Jahrelang haben wir dem Volke gesagt: Ihr dürft abrechnen mit den Verrätern, wir stehen zu unserem Wort, und es wird abgerechnet! Wenn wir auch vieles falsch machen, wir werden jedenfalls handeln und die Nerven behalten. Lieber schieße ich ein paarmal zu kurz oder zu weit, aber ich schieße wenigstens. Die nationale Revolution, in der wir stehen, wird vollenden, was am 5. März begonnen wurde." Die Worte Görings, dem als kommissarischen Innenminister Preußens die Polizei und Hilfspolizei unterstehen, werden von der SA als klare Aufforderung zum Handeln verstanden – ohne auf moralische oder gesetzliche Zwänge Rücksicht zu nehmen.

In der Nacht zum Samstag zwischen drei und vier Uhr stürmen SA-Leute und in einigen Fällen das Überfallkommando der Polizei die Wohnungen von bekannten Sozialdemokraten, die in Schutzhaft genommen werden. Es handelt sich um Karl Hölkeskamp, Stadtrat Heinrich Crämer, Gewerkschaftssekretär Karl Zapp, Rechtsanwalt Siegmund Löbenstein und den Kaufmann Julius Romann. Die Aktion findet zeitgleich in mehreren Städten des Reviers statt. So werden in Bochum über 50 Personen verhaftet, unter ihnen der SPD-Reichstagsabgeordnete Fritz Husemann. Die Verhaftungen dienen hauptsächlich der Einschüchterung und der Machtdemonstration, denn die meisten Verhafteten werden am Samstagmorgen wieder entlassen.

[WAN] In den Siedlungen der Zeche Königsgrube, in der Bickerner Kolonie der Pluto-Schächte und in den Arbeiterwohnquartieren in Holsterhausen durchkämmten SA-Trupps, Polizei und Hilfspolizei die Straßenzüge und Wohnungen. „Unter dem Schutz der Polizei wurden die Nazis immer frecher. Sie wagten sich danach in die einzelnen Stadtteile, auch hier nach Holsterhausen. In der Aschebrock-Straße, den langen Wohnblock nannte man ‚Kaserne‘, da wohnten viele vom antifaschistischen Kampfbund. Die Kumpel versperrten den Nazis sofort den Weg, als sie eines Abends mit ihren Fackeln anrückten. Die SA schrie ‚Straße frei!‘ und sofort haben sie in die Menge geschossen. Mein Nachbar hat einen Steckschuss in den Oberschenkel bekommen. So waren die SA-Methoden von Anfang an. Sofort mit Terror. Einen Tag vor dem 1. Mai 1933 sperrte die SA als Hilfspolizei das ganze Viertel ab. Alle waren schwer bewaffnet. Der ‚dicke Noack‘, der Leiter der politischen Polizei, ging mit sechs seiner Trabanten in die Häuser, wo er wusste, dass dort Leute vom Antifaschistischen Kampfbund wohnten. Die er antraf, wurden auf LKWs verladen“, berichtete der Metallarbeiter Erich L. in den 1980er Jahren über den SA- und Polizeiterror in den Arbeitervierteln.

Anzeigen HZ, 10.03.1933

Samstag 11. März

[HER] Der sinkende Absatz der Zeche Mont Cenis führt zur Entlassung von weiteren 400 Bergarbeitern zum Ende des Monats. Der HA schreibt: „Wer gehofft hatte, dass mit dem Anbrechen des Dritten Reiches die Wirtschaftslage sich über Nacht bessern würde, hat eine schwere Enttäuschung erlebt. Der Ruhrbergbau steht augenblicklich in einer so schlechten Beschäftigungslage wie nie zuvor."

Auf dem Hof der bekenntnisfreien Schule wird die Hakenkreuzfahne gehisst. Demonstrativ steht während des Hissens eine Gruppe von 20 SA-Männern auf dem gegenüberliegenden Bürgersteig der Mont-Cenis-Straße und salutiert mit erhobener Hand.

[HER/WAN] Einen Tag vor der Kommunalwahl regiert die NSDAP konkurrenzlos die Straße. Der braune Propagandamarsch startet um 17 Uhr auf dem Alten Markt. Um 18.30 Uhr folgt die Kundgebung auf dem Rathausplatz. Es reden **Karl Nieper, Albert Meister** und **Alfred Bongardt**. Damit ist die lokale Parteispitze komplett vertreten. Um 19.30 Uhr wird die Rede Hitlers über Lautsprecher übertragen. In Wanne findet die NSDAP-Kundgebung im Kurhaus statt. Im überfüllten Saal spricht der Stadtverordnetenkandidat **Willi Bönnebruch-Althoff**. Wie bereits in Reich und Staat aufgeräumt sei, führt er aus, so müsse durch die Stadtverordnetenwahl das Rathaus erobert werden, wo gewisse Parteien und ihre Machthaber sinnlos gewirkt hätten. Auch hier schließt die Veranstaltung mit der Übertragung der Hitler-Rede.

[HER] Bei der Abiturfeier des Oberlyzeums hängt eine große Hakenkreuzfahne im Saal. Eine Lehrerin kommt auf **Helene Elias**, die Mutter der frischgebackenen Abiturientin Gerda Elias, zu und spricht ihr Mut zu: „Machen Sie sich um ihre Tochter keine Sorgen, die kommt schon zurecht im Leben." Gerda Elias will Kinderärztin werden, aber ihre Berufsperspektiven werden durch die Maßnahmen der NS-Regierung zerstört. Nur wenige Wochen später, am 25. April 1933, wird durch das „Gesetz gegen die Überfüllung deutscher Schulen und Hochschulen" klar, dass an deutschen Universitäten jüdische Studenten künftig unerwünscht sind.

[WAN] Gegen 18 Uhr wird das Gewerkschaftshaus vom SA-Sturm 27 besetzt. Der Ausschank von Getränken wird in üblicher Weise aufrechterhalten. Am Sonntagnachmittag veranstaltet die SA im Haus eine kleine Feier und man gibt bekannt, dass das Haus nunmehr den Namen „Horst-Wessel-Haus" tragen werde.

Sonntag 12. März

[HER/WAN] Der Wahlsonntag verläuft ruhig, was vermutlich mit am Vorfrühlings-
wetter liegt. Schon im Vorfeld stand die Bedeutung der Provinziallandtagswahl
in Preußen im Schatten der Reichstagswahl eine Woche zuvor. Die Wahlbeteiligung liegt bei 79,5 Prozent. Damit übersteigt sie zwar die Wahlbeteiligung
der Stadtverordnetenwahl vom 17. November 1929, die bei 72,4 Prozent lag,
liegt aber hinter der Rekordwahlbeteiligung der Reichstagswahl von 92 Prozent
eine Woche zuvor deutlich zurück. Die Wahl findet unter massiver Beeinflussung
durch die NSDAP statt. „Wir möchten zum Schlusse nicht verfehlen, auf die ungeheuren Schwierigkeiten zu verweisen, welche der Wahlpropaganda im Wege
standen", äußert sich die WEVZ zurückhaltend. Die Arbeiterparteien SPD und
KPD können überhaupt nicht mehr in der Öffentlichkeit auftreten.

Sitzverteilung
Herne / 48

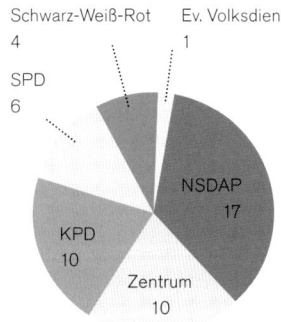

Sitzverteilung
Wanne-Eickel / 48

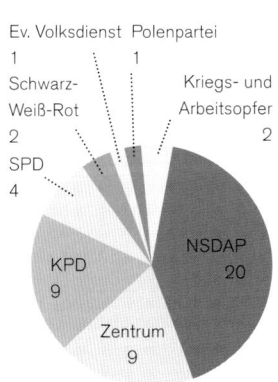

	Herne		Wanne-Eickel	
	Stimmen	Sitze	Stimmen	Sitze
NSDAP	15.865	17	18.243	20
Zentrum	9.978	10	9.116	9
KPD	9.684	10	8.550	9
SPD	6.493	6	4.458	4
Schwarz-Weiß-Rot	3.714	4	2.624	2
Ev. Volksdienst	1.420	1	1.552	1
Polenpartei	629	—	1.042	1
Wirtschafts-vereinigung	445	—	—	
Mittelstands-partei	433	—	—	
Kriegs- und Arbeitsopfer	—		1.860	2
Wahlbe-teiligung	79,5%		81,5%	

Amtliches Wahlergebnis und Liste der Stadtverordneten Herne in: HA, 21.03.1933; Liste
der Stadtverordneten Wanne-Eickel in: WEVZ,
20.03.1933

Liste der gewählten Stadtverordneten in Herne (48)

NSDAP (17)

1. Meister, Albert,
   Lehrer
2. Nieper, Karl,
   Hilfsgelderheber
3. Wessel Friedrich,
   Bergmann
4. Eckey, Karl,
   Installateur
5. Landwehr, Heinrich,
   Gemüsehändler
6. Buchholz, August,
   Reichsbahnassistent
7. Pflüger, Fritz,
   Invalide
8. Lutz Julius,
   Lehrer
9. Arnold, Fritz,
   Bergbauangestellter
10. Ewert, Bernhard,
    Kaufmann
11. Dr. jur. Müller, Alfred,
    Gerichtsreferendar
12. Pott, Wilhelm,
    Elektromeister
13. Bongardt, Alfred,
    Kaufmann
14. Kleine, Heinz,
    Bauführer
15. Gerlach, Hans,
    Schlosser
16. Magnus, Wilhelm,
    Hilfsrottenführer
17. Wilde, Heinrich,
    Bergmann

KPD (10)

1. Kuhn, Otto,
   Schlosser
2. Unger, Heinrich,
   Gemeindearbeiter
3. Reuter, Viktor,
   Arbeiter
4. Eusterhues, Anna,
   Ehefrau
5. Blask, Hermann,
   Bergmann
6. Strötzel, August,
   Bergmann
7. Albrecht, Arthur,
   Bergmann
8. Wenzel, Meta,
   Hausfrau
9. Stawinski, Paul,
   Arbeiter
10. Borowski, Rudolf,
    Bauarbeiter

Zentrum (10)

1. Neilmann, Heinrich,
   Rektor
2. Weil, Anna,
   Studienrätin i. R.
3. Müller, Albert,
   Bergmann
4. Schmülling, Josef,
   Zimmermann
5. Krawinkel, Wilhelm,
   Kaufmann
6. Weiß, Aloys,
   Arbeitersekretär
7. Rottmann, Th. B.,
   Schneidermeister
8. Abent, Bernhard,
   Bergmann
9. Cremer, Wilhelm,
   Berginvalide
10. Lonnemann, Heinrich,
    Buchhändler

SPD (6)

1. Hölkeskamp, Karl,
   Beigeordneter a. D.
2. Vorthmann, August,
   Knappschaftsältester
3. Köthe, Karl,
   Angestellter
4. Junge, Gustel,
   Ehefrau
5. Erdmann, Ludwig,
   Metallarbeiter
6. Leis, Wilhelm,
   Klempner

Kampffront Schwarz-Weiss-Rot (4)

1. Koppenberg, Friedrich,
   Rechtsanwalt
2. Ibing, Heinrich,
   Syndikus
3. Pütsch, Hermann,
   Bergmann
4. Röhrken, Heinrich,
   Oberexpedient

Evangelischer Volksdienst (1)

1. Dr. Eilentrop, Paul,
   Studienrat

Liste der gewählten Stadtverordneten in Wanne-Eickel (48)

NSDAP (20)

1. Bleckmann, Bernhard,
   Bergmann
2. Höfert, Karl,
   Angestellter
3. Dröge, Heinrich,
   Bäckermeister
4. Müller, Franz,
   Bergmann
5. Ernsting, Fritz,
   Buchhändler
6. Appelbaum, Wilhelm,
   Fuhrmann
7. Bönnebruch-Althoff, Willi,
   Kaufmann
8. Darmstädter, Robert,
   Metzgermeister
9. Taschbach, Willy,
   Kranführer
10. Schleipmann, Hans,
    Gastwirt
11. Krüger, Ernst,
    Angestellter
12. Hotze, Martin,
    Bauingenieur
13. Eichenauer, Heinrich,
    Treuhänder
14. Osieck, Alfred,
    Kriegsbeschädigter
15. Groll, Walter, Ingenieur u.
    Gewerbelehrer
16. Bommert, Emil,
    Lagermeister
17. Schlicker, Heinrich,
    Klempnermeister
18. Hensel, Julius,
    Städtischer Arbeiter
19. Garthmann, Erich,
    Dipl. Ingenieur
20. Jansen, Johann,
    Postbeamter

KPD (9)

1. Schulz, Anton,
   Bergmann
2. Danielsmeyer, Heinrich,
   Gemeindearbeiter
3. Albracht, Bernhard,
   Messgehilfe
4. Ortkamp, Johanna,
   Hausfrau
5. Kippenbender, Peter,
   Eisenbahnarbeiter
6. Brader, Fritz,
   Bergmann
7. Heimüller, Heinrich,
   Schreiner
8. Glowinka, Karl,
   Bergmann
9. Przygodda, Hedwig,
   Hausfrau

Zentrum (9)

1. Wigge, Karl,
   Studiendirektor
2. Drewermann, Wilhelm,
   Bergmann
3. Kaufmann, Gerhard,
   Lokführer
4. Mackenbrock, Wilhelm,
   Kaufmann
5. Ansink, Wilhelm,
   Vorzeichner
6. Rodehüser, Katharina,
   Lehrerin
7. Valentin, Josef,
   Kranführer
8. Schlüter, Albert,
   Malermeister
9. Sudhof, Nikolaus,
   Lehrer

SPD (4)

1. Kapala, Mathias,
   Bergmann
2. Hruska, Franz,
   Bergmann
3. Buchholz, Wilhelm,
   Bergmann
4. Peter, Wilhelm,
   Gemeindearbeiter

Kampffront Schwarz-Weiß-Rot (2)

1. Röhlinghaus, Wilhelm,
   Landwirt
2. Fall, Otto,
   Bergmann

Kriegs- und Arbeitsopfer (2)

1. Rimbach, Hermann,
   Bauleiter
2. Kamp, Josef,
   Berginvalide

Deutsche Volkspartei und Christlich-sozialer Volksdienst (1)

1. Schade, Heinrich,
   Tischlermeister

Polenliste (1)

1. Wojtakowski, Teofil,
   Invalide

Montag 13. März

[HER] In den frühen Morgenstunden verschafft sich ein größerer Trupp Nationalsozialisten Zutritt zum sozialdemokratischen Volkshaus und hisst die Hakenkreuzfahne. In der Stadt wird der Erwerbslosenführer der KPD, Müller, verhaftet.

[HER/WAN] Auf dem Westfalia-Sportplatz findet die feierliche Verpflichtung von mehreren Hundert SA- und SS-Leuten zu Hilfspolizeibeamten statt. In Wanne werden etwa 100 Mann der Hilfspolizei im Untergeschoss des Rathauses untergebracht. Die Truppe erhält dort Schlafgelegenheiten und Beköstigung. In den kommenden Wochen wird der Rathauskeller durch die gewaltsamen Verhöre als „Prügelkeller" gefürchtet.

[HER] Am Abend veranstalten die NSDAP und die Kampffront Schwarz-Weiß-Rot unter Beteiligung der Freiwilligen Feuerwehr, den Beamten der Kriminal- und Verwaltungspolizei, der Stadtverwaltung und den NS-Betriebszellen einen Siegeszug durch die Stadt. Einen Tag später gibt die HZ in ihrem Bericht „Schulter an Schulter in das neue Deutschland" jegliche journalistische Distanz auf und propagiert das gewünschte Bild des nationalen Aufbruchs: „Kurz nach 7.30 Uhr hatte der gewaltige Zug – der größte, den Herne je gesehen haben wird – den Rathausplatz erreicht, wo die Marschkolonnen in Reih und Glied aufmarschierten, während die Kapellen abwechselnd Märsche schmetterten. Wie ein wogendes Meer schob sich die begeisterte Bürgerschaft dicht an die Zugteilnehmer heran, zu den 5.000 mehr als 15.000, die den Raum erfüllten, Platz und Straße von Hauswand zu Hauswand restlos bedeckten." Zuerst spricht mit dem Rechtsanwalt Friedrich Koppenberg, dem Führer der Kampffront Schwarz-Weiß-Rot, ein Vertreter des Nationalkonservatismus: „Nun hat sich das nationale Deutschland wiedergefunden. Der stürmenden Jugend und der geeinten nationalen Freiheitsbewegung haben die marxistischen Reihen weichen müssen. Wir, die alten Soldaten des Weltkrieges, erleben diese Zeit als deutsche Ostern, als Tage der Auferstehung." Danach fordert der Landtagsabgeordnete Albert Meister, der Fraktionsführer der NSDAP im neuen Stadtparlament, in seiner Rede den amtierenden Oberbürgermeister Kurt Täger unmissverständlich zum Rücktritt auf. Obendrein kündigt er an, dass man keine „ausländischen" Parteien, gemeint sind damit die Linksparteien KPD und SPD, in der neuen Bürgerschaftsvertretung dulden werde. Als Hauptaufgaben nennt er die „Säuberung im Beamtenkörper" und das Vorgehen gegen die Korruption, denn „alle die, denen in den letzten Jahren das Wohl der Bevölkerung anvertraut gewesen sei, haben nicht im Interesse der Allgemeinheit gearbeitet, sondern nur für ihre schwierigen und korrupten Parteien."

Dienstag 14. März

[HER] Am frühen Morgen um 3.30 Uhr wird Margarete Henkel als Tochter des auf der Zeche Shamrock beschäftigten Elektrikers Josef Henkel und seiner Frau Johanna geboren. Das Kind ist der 100.000 Einwohner der Stadt Herne, die damit in die Reihe der Großstädte aufrückt. Das Ereignis findet aber keine große öffentliche Würdigung. „Wenn wir ruhigere Zeiten hätten, dann hätte die Stadtverwaltung wohl etwas getan, um die denkwürdige Tatsache der Großstadtwerdung Hernes nach außen hin stärker in Erscheinung treten zu lassen. Dann hätte es mindestens im Rundfunk einen Vortrag über ‚Herne, die jüngste deutsche Großstadt' gegeben oder gar ein Hörbild aus der Industriegroßstadt an der Emscher. So aber ist die Nachricht durch die Zeitungen gegangen und damit basta", heißt es im HA.

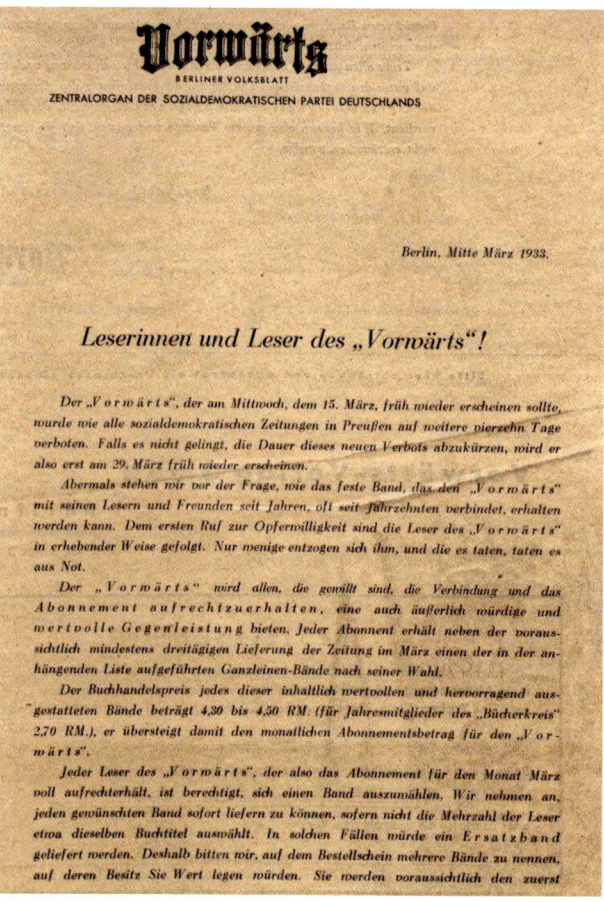

Brief des „Vorwärts" an seine Abonnenten, März 1933

[ALLGE] Das seit dem Reichstagsbrand gültige und an diesem Tag auslaufende Verbot der SPD-Presse in Preußen wird um weitere 14 Tage verlängert. Über die Frage, ob die SPD-Abgeordneten an der Ausübung ihrer Mandate gehindert werden sollen, wird in der Öffentlichkeit gerätselt. Der sozialdemokratische „Vorwärts" wendet sich mit einem Brief an seine Abonnenten und bittet darum, der Zeitung die Treue zu halten. Als Ersatz für die entgangenen Ausgaben bietet man den Leserinnen und Lesern eine Auswahl verschiedener Romane als Treueprämien an. Der Brief ist ein Beispiel für das anfängliche Lavieren der SPD unter dem Machtdruck der NSDAP. Die Partei ist in dieser Zeit, wie der Historiker Joseph Rovan schreibt, „unfähig, den totalitären Charakter des Nazismus in seinem ganzen Ausmaß zu begreifen".

[WAN/RE] In ganz Westfalen gab es bei den vergangenen Stadtverordnetenwahlen nur zwei Städte, bei denen die polnische Liste einen Sitz erlangen konnte: Recklinghausen und Wanne-Eickel. Zum Vergleich: Bei der ersten Gemeinschaftsvertreterwahl 1919 wurden allein in der damaligen Gemeinde Wanne von 42 Gemeindeverordneten 13 Polen gewählt, die damit die stärkste Partei am Ort war.

[HER/WAN] Zu Wochenbeginn fanden am Oberlyzeum (Lyzeum: höhere Schule für Mädchen, heute Gymnasium Wanne) die Abiturprüfungen statt. Alle 27 Oberprimanerinnen erhalten das Zeugnis der Reife, davon zwölf mit der Note „gut". In Herne legte Harry Böhm, der Sohn des Kaufmanns Heinrich Böhm, an der Oberrealschule sein Abitur ab. Allerdings weigern sich zwei Studienräte, sein Reifezeugnis zu unterschreiben. Zum Konflikt werden die schriftlichen Ausführungen des 20-Jährigen zum Prüfungsthema „Ich bin ein Mensch und das heißt Kämpfer sein." Böhm ist in seinem Aufsatz auf die jüdische Geschichte eingegangen und hat sich mit dem Kampf der Juden gegen Antisemitismus und Christentum befasst. Der Fall beschäftigt daraufhin die Instanzen. Aufgrund einer Anordnung des Ministers für Wissenschaft, Kunst und Volksbildung wird Böhm im Juni 1933 das Abitur aberkannt. Ein Jahr später wird die Wiederaberkennung der Hochschulreife aus formalen Gründen als rechtlich nicht zulässig erklärt. Böhm ist zu diesem Zeitpunkt bereits nach Spanien emigriert.

Freitag 17. März

[WAN] Auf der Mozartstraße 5a und auf der Hindenburgstraße 296 betreiben Elias und Emma Nussbaum eine Textil- und Wollwarenhandlung. Elias Nussbaum ist seit 1910 in Wanne, war Freiwilliger im Ersten Weltkrieg und kehrte 1919 aus russischer Kriegsgefangenschaft zurück. Seit den 1920er Jahren ist er auch als Rechtsberater tätig. Für die Nationalsozialisten in Wanne personifiziert er das antisemitische Klischee des polnischen Juden, der nicht nur Geschäfte macht, sondern zudem als Winkeladvokat tätig ist. Seit Wochen wird er täglich mit Telefon- und Briefterror konfrontiert. Unverhohlen wird er bedroht und dazu aufgefordert, Wanne-Eickel und Deutschland sofort zu verlassen.

Samstag 18. März

[RUHR] Interne Berichte der KPD über den Zustand der Partei an Rhein und Ruhr melden übereinstimmend, dass Resignation und Depression nur die „Peripherie" der Partei erreicht hätten, während die Stimmung in den Organisationsgliederungen durchaus kämpferisch wäre.

[HER] Wie in anderen Revierstädten besetzt am Vormittag kurz nach zehn Uhr ein großes Aufgebot von SA das Rathaus und das Sparkassengebäude. Die Nationalsozialisten teilen dem anwesenden OB Täger mit, dass sie die Aufgabe hätten, Maßnahmen gegen mögliche Beseitigungen von Akten zu treffen. Es wird die Vereinbarung getroffen, dass bestimmte Magistratsakten, Anleihe- und Personalakten von einem beiwohnenden Polizeibeamten in ihren Aktenschränken versiegelt werden. Am Mittag rückt die SA ab. In der folgenden Woche wird eine aus NSDAP-Mitgliedern bestehende Kommission eingesetzt, die sich im Finanzsitzungssaal einrichtet und Untersuchungen nach allen Richtungen hin vornimmt; insbesondere aber aufgrund von Denunziationen Finanz- und Personalakten durchforscht.

Am Abend führt die NSBO-Flottmann einen Konzert- und Theaterabend im Saalbau Strickmann durch. Für die Flottmänner wird das im Ruhrgebiet spielende Schauspiel „Die letzte Schicht" von Hans Trautner aufgeführt, in dem „nationalsozialistischen Gedanken dramatisch gestaltet sind. Das Schicksal einer durch politische Leidenschaft zerrissenen Familie, bedingt durch die furchtbaren Auswirkungen einer irrsinnigen Weltwirtschaftskrise, erweckt Teilnahme und schließlich in seiner glücklichen Lösung ehrliche Freude", so die HZ. Besonders gelungen seien die Szenen, in denen sich die nationalsozialistischen Protagonisten auf der Bühne mit kommunistischen „Zwischenrufen" auseinanderzusetzen haben.

Sonntag 19. März

[HER] Richtfest beim SC Westfalia Herne: Für Klubhaus und Umfassungsmauer wurden über 120.000 Ziegelsteine verbraucht. Der Vorsitzende **Hermann Kracht** hebt in seiner Rede den Eifer der Mitglieder und des Freiwilligen Arbeitsdienstes hervor. Das Stadion für 30.000 Zuschauer soll spätestens in einem Jahr fertig werden. „Der Jugend soll es eine vorbildliche Übungsstätte werden, die Bürgerschaft soll mit Stolz an den Herner Sport denken und dem Volke und Vaterlande soll es willensstarken und schaffensfreudigen Nachwuchs liefern", so der Studienrat. Mit dem ambitionierten Projekt will Westfalia seine Rolle als Vorzeigeklub der Stadt unterstreichen.

Montag 20. März

Im Oranienburger Sammellager

In Oranienburg bei Berlin befindet sich seit einiger Zeit ein Sammellager, in dem politische Schutzhäftlinge untergebracht sind. Die Häftlinge machen Arbeitsdienst und betätigen sich auch sportlich. Unser Bild zeigt einen Appell auf dem Hof des Sammellagers.

Bericht über das KZ Oranienburg, RE, 10.04.1933

[ALLGE] Auf einer Pressekonferenz im Münchener Polizeipräsidium verkündet der kommissarische Polizeipräsident und Reichsführer SS Heinrich Himmler: „Am Mittwoch wird in der Nähe von Dachau das erste Konzentrationslager eröffnet. Es hat ein Fassungsvermögen von 5.000 Menschen. Hier werden die gesamten kommunistischen – und soweit notwendig: Reichsbanner- und marxistischen – Funktionäre, die die Sicherheit des Staates gefährden, zusammengezogen." Zeitgleich wird in der Innenstadt von Oranienburg, in der Nähe von Berlin, das erste Konzentrationslager Preußens eingerichtet.

*[Anmerk.: Über die Einrichtung der **Konzentrationslager** wurde genauso öffentlich berichtet wie über die Verhaftung der politischen Gegner. Die Nachrichten sollten den Widerstandswillen der Arbeiterbewegung brechen und gleichzeitig einen Anpassungsdruck auf die politische Mitte ausüben. Ferner machten die Willkürmaßnahmen deutlich, wer jetzt über die politische und polizeiliche Macht verfügte. Das KZ Oranienburg wurde auch regelmäßig zu Propagandazwecken genutzt und Filmaufnahmen aus dem Lager im Rahmen der Wochenschau in rund 5000 Kinos gezeigt. Allerdings wurden in den Veröffentlichungen die Umstände der KZ-Haft beschönigt, denn hinter vorgehaltener Hand wurde der Name Oranienburg bald zum Synonym für grausame Misshandlungen und Folterungen. Vor allem Kommunisten, Sozialdemokraten und Juden wurden in den feuchten Kühlkellern der ehemaligen Brauerei zusammengepfercht. Darüber hinaus existierten bereits eine Reihe von **„wilden Konzentrationslagern"**, unmittelbar nach der Machtergreifung von SS- und SA-Stürmen improvisatorisch eingerichtete Lager, in denen politische oder private Gegner misshandelt und unter Missbrauch der Bestimmungen über Schutzhaft gefangen gehalten wurden. Bis Ende April stieg allein in Preußen die Gesamtzahl der Inhaftierten auf 25.000 an. Bereits im Herbst 1933, nur einige Monate nachdem die ersten Häftlinge in Dachau und Sachsenhausen eingetroffen waren und lange bevor die SS-Lager zu Vernichtungsanstalten wurden, schrieb der Literaturwissenschaftler Victor Klemperer: „Ich glaube, wo künftig das Wort Konzentrationslager fallen wird, da wird man an Hitlerdeutschland denken und nur an Hitlerdeutschland."]*

Der Nationalfeiertag in Herne!

Fahnen heraus!

Von allen öffentlichen und privaten Gebäuden der Stadt Herne flattern heute die Fahnen der nationalen Erhebung zu Ehren des 21. März. Sie grüßen feierlich den neuen deutschen Reichstag, der an einem großen Gedenktage zum ersten Male zusammentritt. Damit wird eine Parallele gezogen zu dem deutschen Geist, der in der ersten Reichstagssitzung im Jahre 1871 unter Bismarck herrschte. Auch heute ist man sich in Potsdam der Verpflichtung bewußt, diesem tiefsten Inhalt des Reichstages gerecht zu werden und in ihm die neue Arbeit am Aufstieg unseres Volkes aufzunehmen.

Wie in allen deutschen Städten, veranstalten auch die Herner nationalen Verbände eine gewaltige Kundgebung mit einem großen Fackelzuge. Heute abend um 20 Uhr marschiert der große Zug vom Rathausvorplatz ab und nimmt seinen Weg durch folgende Straßen: Bebel-, Neu-, Bahnhof-, Schaefer-, Lönsstraße, Goethe-, Bielefer-, Straßburger-, Siepen-, Kronprinzen-, Shamrockstraße, Schul-, Bahnhof-, Bismarckstraße, Goeben-, Roßstraße, Bahnhofsvorplatz, Behrenstraße, Rathausvorplatz.

Um 21.30 Uhr (9.30 Uhr) erfolgt dort eine nationale Kundgebung, in der mehrere Redner die Bedeutung des 21. März 1933 kennzeichnen werden.

Im Fackelzuge marschieren alle Formationen der NSDAP, Kampfring Schwarz-Weiß-Rot, Stahlhelm, die Mitglieder der Deutschnationalen Volkspartei, Kreiskriegerverband Herne einschließlich der Ortsgruppe Sodingen, Kavallerie-Verein, Freiwillige Feuerwehr, Freiwillige Sa-

nitätskolonne vom Roten Kreuz, Deutscher Ostbund, Herner Turn-Club, Rasensportverband Herne mit sämtlichen angeschlossenen Vereinen, und die höheren Schulen. Ferner nehmen teil Mitglieder aller Organisationen in Zivil.

An die gesamte Bevölkerung Hernes ergeht nochmals die dringende Bitte, alle verfügbaren Fahnen herauszuhängen restlos zu beteiligen. Die Feier muß sich als ein einmütiges Bekenntnis aller erweisen, der nationalen Regierung auf dem Wege zum Aufstieg des Deutschen Reiches unbedingt zu folgen.

✳

Die Herner Geschäfte schließen vorübergehend

Der Neue kaufmännische Verein hat beschlossen, heute von 11 bis 3 Uhr und nachmittags 6 Uhr die Geschäfte zu schließen, um den Angestellten Gelegenheit zu geben, mittags die Feierlichkeiten in Berlin im Rundfunk mit anzuhören und abends am Fackelzug teilzunehmen oder ihn sich anzusehen.

Der Verein für Handel und Gewerbe teilt mit, daß er sich dieser Regelung im Interesse der Angestelltenschaft anschließt.

Die städtischen Dienststellen geschlossen

Auf Grund des Beschlusses des Staatsministeriums (R. d. N.) fällt aus Anlaß der

feierlichen Eröffnung des neuen Reichstags der Dienst bei den städtischen Dienststellen einschließlich der Sparkasse am heutigen Dienstag aus. Das Standesamt ist zur Beurkundung von Sterbefällen und Totgeburten von 11 bis 12 Uhr geöffnet.

Verlegung der Müllabfuhr und des Wochenmarktes

Aus Anlaß des Nationalfeiertages werden die Müllabfuhr und der Wochenmarkt vom heutigen Dienstag auf den morgigen Mittwoch verlegt.

Voller Dienst beim Arbeitsamt

Wie amtlich mitgeteilt wird, halten die Arbeitsämter, um die Auszahlungszeiten innezuhalten zu können, heute vollen Dienst ab. Dabei ist nicht beabsichtigt, die Beamten irgendwie zu benachteiligen oder von der Teilnahme an den Veranstaltungen fernzuhalten. Um aber eine Benachteiligung der Unterstützungsempfänger zu vermeiden, läßt sich eine Diensteinstellung nicht durchführen.

✳

Sonntagskarten am Nationalfeiertag

Die Reichsbahn teilt mit: Am 21. März können die ausliegenden Sonntagsrückfahrkarten zu den für Sonn- und Feiertage vorgesehenen Geltungsdauer ausgegeben werden.

Anzeige zum „Tag von Potsdam", HZ, 21.03.1933

[HER/WAN] Auch Herne und Wanne-Eickel haben ihren „Tag von Potsdam". Er beginnt mit Gottesdiensten beider Konfessionen. Gegen Mittag ziehen die Lehrer mit ihren Schulkindern in die großen Säle und Lichtspielhäuser, um die Feierlichkeiten zur Eröffnung des Reichstages in der Kroll-Oper in Berlin über das Radio mitzuerleben. Die Geschäfte werden von elf Uhr bis drei Uhr und ab sechs Uhr geschlossen, um allen die Gelegenheit zu geben, den Festakt aus der Potsdamer Garnisonskirche im Rundfunk mitzuerleben und abends am Fackelzug teilzunehmen. Der Verein für Handel und Gewerbe und der Neue Kaufmännische Verein empfehlen ihren Mitgliedern, ihre „Anteilnahme an diesem nationalen Ereignis" durch Beflaggen der Häuser zu bekunden.

Am Nachmittag marschieren aus allen Wanner Stadtteilen die Kriegerverbände und NSDAP-Formationen zum Eickelplatz, wo Pfarrer **Gotthold Krahn** aus Röhlinghausen einen Feldgottesdienst abhält. Anschließend ziehen die Verbände über die Hauptstraßen zum Rathaus. Dort würdigen **NSDAP-Kreisleiter Bönnebruch-Althoff** und Stahlhelm-Führer Major Willmar (Gelsenkirchen) die nationale Bedeutung des Tags. Die WEZ spricht von einer ungeheuren Menschenmenge, die am Ende der Veranstaltung „Deutschland, Deutschland über alles" singt.

Bürgermeister und Stadt-
kämmerer Hermann Meyer-
hoff, um 1928

In Herne beginnt um 20 Uhr ein Fackelzug durch die Innenstadt. SA und SS gehen voran, es folgen Stahlhelm, HJ, Bergleute mit Grubenlampen, höhere Knabenschule, Oberlyzeum, Reichsbahnbeamte, Postbeamte, Beamte des Rathauses und des Arbeitsamtes, das Rathaus mit dem Magistrat an der Spitze, Feuerwehr, Turnvereine, katholische Jugendvereine mit ihren Bannern und andere. Am Rathaus ergreift als Beauftragter der hiesigen Reichs- und Kommunalbehörden Bürgermeister **Hermann Meyerhoff** das Wort. „Deutsche Männer! Deutsche Frauen! Hoch schlagen unser aller Herzen und sie schlagen nur einen Takt: Deutschland. Ein ungeheurer Aufbruch der Nation ist erfolgt. Die Führer schreiten voran, der Feldmarschall des Weltkrieges, von Hindenburg, und der Führer des jungen Deutschland, Hitler. Wir folgen ihnen und in unseren Herzen brennt das Wort: Deutschland muss leben und wenn wir sterben müssen." Danach schlägt der ehemalige Frontsoldat und NSDAP-Ortsgruppenführer **Karl Nieper** den großen Bogen von den Gefallenen des Ersten Weltkriegs bis hin zur nationalen Revolution. Die Wende sei eingeleitet und die „notwendige Säuberungsarbeit" werde folgen. Die nationalsozialistische Freiheitsbewegung habe den Kampf für die Überwindung der Klassen- und Standesunterschiede und den Kampf um die Seele des deutschen Arbeiters nie aufgegeben, erklärt Nieper.

Der „Tag von Potsdam" macht Eindruck auf die konservativ bürgerlichen Kreise. Hermann Meyerhoffs Forderung nach der „großen deutschen Einheitsfront von heute und morgen" verhallt nicht ungehört, steht er doch als Vertreter der preußischen Beamtentradition und als Mitglied der katholischen Zentrumspartei außerhalb des Nationalsozialismus. Der Verwaltungsmann hat sich seit Beginn seiner Tätigkeit in Herne im September 1927 mit seiner Kompetenz auf allen Gebieten der Kommunalverwaltung überparteilichen Respekt verschafft. Die lokale NSDAP-Spitze will offensichtlich auf seine Fähigkeiten zurückgreifen, so dass Meyerhoff von politischen Anfeindungen gänzlich unbehelligt bleibt. Angesichts der Feierlichkeiten bemüht sich selbst der kritische Leo Reiners im HA um einen merklich anderen Ton: „Fackeln und wieder Fackeln, ein endloses Heer von lodernder Glut, fast eine ganze Stunde dauerte der Vorbeimarsch. Es waren sicherlich 10.000, die da marschierten. Auch unsere Jugend ist gestern Abend mitmarschiert. Sie wollte zeigen, dass sie sich einer nationalen Wende freut, dass sie dabei sein will und nicht bestimmten Ideenkreisen allein das Vorrecht, deutsche Zukunft zu bestimmen, überlassen will. Wenn man uns nur mit bauen lässt, guten Willens sind wir sicherlich. Darum hoffen auch wir, wie der Redner Bürgermeister Meyerhoff, dass der denkwürdige 21. März 1933, nachdem er dem ganzen Volke und der Welt gezeigt hat, dass ein neuer Abschnitt unserer Geschichte begonnen hat, die Parole für die kommende Arbeit aufgestellt hat: das **ganze** Deutschland soll es sein."

*[Anmerk.: Der **Tag von Potsdam** war die von Propagandaminister Joseph Goebbels sorgfältig geplante Eröffnung des neuen Reichstages. Während des Festaktes in der Garnisonskirche erwies Reichskanzler Adolf Hitler dem greisen Reichspräsidenten Paul von Hindenburg demütig seine Reverenz: „Heute, Herr Generalfeldmarschall, lässt Sie die Vorsehung Schirmherr sein über die neue Erhebung unseres Volkes." Dieser öffentliche Akt sollte die Versöhnung der jungen nationalsozialistischen Bewegung mit der alten konservativen Elite und den preußischen Traditionen symbolisieren und Teile des zögernden Bürgertums vereinnahmen. Goebbels selbst bezeichnete die suggestiv emotionale Inszenierung als „Potsdamer Rührkomödie". Viele Zeitgenossen ließen sich durch den seriösen Auftritt Hitlers täuschen.]*

Donnerstag 23. März

[ALLGE/HER] Im Reichstag stimmt die Herner SPD-Reichstagsabgeordnete **Berta Schulz** in namentlicher Abstimmung gegen das von Reichskanzler Adolf Hitler vorgelegte „Gesetz zur Behebung der Not von Volk und Reich" (Ermächtigungsgesetz). **Robert Brauner** erzählte 1986: „Ich habe Frau Schulz unmittelbar nach der Reichstagssitzung gesprochen. Sie kam vollständig aufgelöst wieder. Die Fraktionssitzungen haben noch im abgebrannten Reichstagsgebäude stattfinden können, während die erste Reichstagssitzung in der Kroll-Oper war. Die Abgeordneten mussten nun vom Reichstag zur Kroll-Oper. Auf dem gesamten Weg, die Straßen, die Treppen hinauf, bis in den Theatersaal standen rechts und links SA und SS. Unterwegs sind unsere Abgeordneten von der Bevölkerung angespuckt worden. Die Berliner waren so aufgehetzt worden. Es war ein regelrechtes Spießrutenlaufen. Ringsum im Saal standen SA und SS, die die SPD-Abgeordneten angestarrt haben, um zu sehen, wie sie sich verhalten. Otto Wels hat dann ja die bekannte Erklärung abgegeben, dass die SPD nicht dem Ermächtigungsgesetz zustimmt. Diese Sitzung wurde öffentlich übertragen. Wir in Herne haben sie gehört und wir haben gefiebert. Was wird die SPD tun. Wie wird sie sich verhalten. Frau Schulz berichtete, dass anschließend das Spießrutenlaufen erst richtig losging. Die Frauen hat man ‚nur' angespuckt. Aber die Männer, die wurden in der Kroll-Oper gejagt und zum Teil festgenommen."

*[Anmerk.: Mit dem **Ermächtigungsgesetz** erhielt die NS-Regierung die Befugnis, ohne weitere Zustimmung Gesetze zu erlassen. Durch taktisch bedingte Zusicherungen Hitlers einerseits und den massiven Druck der bewaffneten SA- und SS-Männer im Plenarsaal andererseits bekam der Gesetzesvorschlag die notwendige Zweidrittelmehrheit. Nur die 94 Abgeordneten der SPD (von eigentlich 120, aber ein Teil der Abgeordneten war schon „in Schutzhaft" oder emigriert) stimmen gegen die faktische Selbstentmach-*

tung des Reichstages. Zuvor hatte der SPD-Parteivorsitzende Otto Wels ein eindrucksvolles Bekenntnis zur parlamentarischen Demokratie abgelegt. Die Mandate der KPD waren schon am 8. März aufgrund der Reichstagsbrandverordnung annulliert worden. Das Ermächtigungsgesetz blieb bis 1945 die rechtliche Grundlage des NS-Regimes.]

Kürschners Volkshandbuch Deutscher Reichstag 1933 mit den Auszügen zu Fritz Henßler und Berta Schulz, März 1933

Freitag 24. März

[WAN] Die Drohungen gegen Elias Nussbaum halten weiter an. Erneut wendet er sich an die Polizei, die ihm rät, sich freiwillig in Schutzhaft nehmen zu lassen. In der Nacht werden nach wiederholten telefonischen Einschüchterungen die Firmenschilder zerschlagen.

[HER] Die monatliche Lehrerkonferenz der evangelischen Volksschule La-Roche-Straße beschließt in einer lebhaften Sitzung einen „Aufruf an das deutsche Volk". Im Protokoll heißt es: „In der Besprechung erwähnte Herr Rektor Möller: ‚Dieser Aufruf ist ein Dokument unserer Zeit. In ihm wird mit der Nachkriegszeit gebrochen. Die nationale Bewegung, die durch Deutschland geht, kommt von unten. Ein Mann des Volkes hat sie entfacht und geleitet. Der Kampf gegen Marxismus und Kommunismus beginnt. Neue Symbole wurden dem Volke gegeben: Die Hakenkreuzfahne, die braune Uniform mit ihren Abzeichen'."

[HER/WAN] Der Arbeitsausschuss für die Errichtung eines Ehrenmals für die Gefallenen des Ersten Weltkriegs ruft die Bevölkerung zu einer großen Werbeveranstaltung am 1. und am 2. April auf: „Darum trage jeder nach Kräften sein Scherflein dazu bei, dass auch die Stadt Herne wie andere Städte und selbst kleine Orte unseres Vaterlandes ihr Ehrenmal aufrichten kann." Der Vorschlag, Ehrenmäler für die Gefallenen des Ersten Weltkriegs zu errichten, wurde in Herne und Wanne-Eickel bereits Mitte der 1920er Jahre vorgebracht. Beide Stadtverwaltungen hatten die Anträge aber aufgrund des teils reaktionären Charakters der Kriegervereine jahrelang blockiert. 1933 greift die NSDAP die Initiative in beiden Städten wieder auf, um die nationalkonservativen und soldatischen Kreise politisch stärker an sich zu binden.

[ALLGE/HER] Die erste Stadtverordnetensitzung unter Leitung des OB Kurt Täger wird für den 3. April anberaumt. Zuvor hatte Innenminister Hermann Göring verfügt: „Da die Vertreter der Kommunistischen Partei Deutschlands sämtlich unter Verdacht des Hochverrats stehen, dürfen sie an den Sitzungen der Vertretungskörperschaften nicht teilnehmen." Damit sind die gewählten Vertreter der KPD von dieser Sitzung ausgeschlossen. Im Gegensatz dazu werden die Vertreter der SPD wie im Reichstag und im Landtag zur Stadtverordnetensitzung geladen.

[HER/WAN] Im März finden die von der gesetzlichen Mitbestimmung vorgesehenen Betriebsratswahlen statt. Die Nationalsozialistische Betriebszellenorganisation (NSBO), der politische Stoßtrupp der NSDAP in den Betrieben, hat bisher nur geringe Erfolge aufzuweisen. Bis Ende 1932 war die Zahl der Mitglieder zwar auf 300.000 angewachsen, aber gegenüber den weit über fünf Millionen Mitgliedern der Freien und Christlichen Gewerkschaften ist diese Zahl immer noch marginal. Bei den bereits am 10. März durchgeführten Wahlen auf der Zeche Königsgrube können die Kommunisten ihre starke Mehrheit behaupten. Auf anderen Schachtanlagen werden die Wahlen erst Ende März durchgeführt, was bedeutet: eine um drei Wochen längere Erfahrung mit Ohnmacht gegenüber dem systematischen SA-Terror und den täglichen Festnahmen von Sozialdemokraten und Kommunisten. Zum politischen Stimmungstest der Bergarbeiterschaft gerät die Wahl auf der Zeche Pluto am 30. März 1933. Die Schachtanlage gilt seit Jahren als „rote Hochburg", wie die Kreisleitung der NSDAP in einer Pressemitteilung feststellt. Das Ergebnis ist ambivalent: Einerseits verzeichnen die Listen der Freien Gewerkschaften und der Kommunisten einen massiven Einbruch, andererseits erreicht die NSBO trotz eines großen Propagandaaufwands nicht die gewünschte absolute Mehrheit.

Diese Tendenz lässt sich über alle Betriebe und Schachtanlagen hinweg feststellen, wobei es einige bemerkenswerte Einzelfälle gibt. Bei den Flottmann-Werken erhielt die NSDAP fünf von sieben Sitzen. Der HA spottet: „Die Belegschaft gehört also nicht restlos der NSDAP an." Im Angestelltenrat war nur eine nationalsozialistische Liste aufgestellt, die alle Mandate erhielt. Bei der Maschinenfabrik Beien (Belegschaft 150 Mann) wird nur eine gemeinsame Liste des christlichen und des freien Metallarbeiterverbandes und bei der Schraubenfabrik Dorn (Belegschaft 250 Mann) nur eine freie Liste eingereicht, die beide als gewählt gelten.

Betriebsratswahlen auf der Zeche Königsgrube (10.03.1933)

Revolutionäre Gewerkschafts-Opposition (KPD)	337	(407)
Bergbau Industrieverband (SPD)	195	(297)
Nationalsozialisten	187	(224)
Kampffront Schwarz-Weiß-Rot 157		(keine Liste)
Christlicher Bergarbeiterverband (Zentrum)	83	(165)

In Klammern die Stimmen von 1931.

Ergebnis der Betriebsratswahlen auf Zeche Pluto (30.03.1933)

NSBO (Nationalsozialisten)	428	(4 Sitze)
Christliche Gewerkschaften (Zentrum)	227	(2)
RGO (Kommunisten)	180	(2)
Alter Bergarbeiterverband (SPD)	162	(1)
Hirsch-Duncker (liberal)	27	(-)

Arbeitsamt Herne (Angestelltenrat)

NSDAP	33	(3 Sitze)
Zentralverband der Angestellten	27	(2)
Christliche Liste	7	

Städtische Betriebe Herne (Straßenbahn, Fuhrpark, Gärtnerei)

Freie Gewerkschaften 1	19	(4 Sitze)
Christliche Gewerkschaften	84	(2)
NSDAP	57	(1)
Revolutionäre Gewerks.-Opposition (RGO)	38	(1)

Gesamtergebnis der Betriebsratswahlen auf den Herner Schachtanlagen:

NSBO (Nationalsozialisten)	2029	(16 Sitze)
Alter Bergarbeiter-Verband (SPD)	1638	(15)
Christliche Bergarbeiter (Zentrum)	1181	(9)
RGO (Kommunisten)	1169	(8)
Stahlhelm (national)	156	(1)
Hirsch-Duncker (liberal)	63	(-)

Gesamtergebnis der Betriebsratswahlen in der Herner Metallindustrie:

Deutscher Metallarbeiterverband	712	(25 Sitze)
NSBO (Nationalsozialisten)	260	(13)
Christl. Metallarbeiterverband (Zentrum)	258	(11)
RGO (Kommunisten)	38	(1)
Hirsch-Duncker (liberal)	20	(1)

*[Anmerk.: In der Weimarer Republik gab es eine Vielzahl von parteipolitisch orientierten **Gewerkschaften**. Schon Anfang Februar hatte der sozialdemokratische Allgemeine Deutsche Gewerkschaftsbund (ADGB), der weitaus größte Dachverband, seine politische Neutralität gegenüber dem NS-Regime erklärt. Man hoffte, durch Anpassung das Organisationsgefüge retten zu können, da es seitens der NSDAP Signale zur Zusammenarbeit gab. Bei den Betriebsratswahlen im März 1933 erhielt die NSBO im Schnitt nur ein knappes Drittel der Stimmen. Mit dem Gesetz vom 4. April 1933 über Betriebsvertretungen und wirtschaftliche Vereinigungen werden die Betriebsratswahlen ausgesetzt und die eigenmächtigen Absetzungen freigewerkschaftlicher Betriebsräte, „die im staats- und wirtschaftsfeindlichem Sinne eingestellt sind", legitimiert. Infolgedessen kam es auf nahezu sämtlichen Zechen des Reviers zur Entfernung von Betriebsräten aus ihren Ämtern und zur willkürlichen Ersetzung durch nationale Belegschaftsmitglieder.]*

Samstag 25. März

[HER] Erste Beurlaubungen bei der Stadtverwaltung: Jakob Hilge (Arbeitsamtsdirektor, SPD), Albert Korten (Leiter des Rechnungsamtes) und Adolf Hickfang (Stadtobersekretär). Laut Presse stehen die Beurlaubungen im Zusammenhang mit der seit einigen Tagen andauernden „Durchprüfung der Akten".

[WAN] Unter der Überschrift „Recht so!" berichtet die WEVZ darüber, dass im Stadtteil Röhlinghausen „unter Aufsicht" von SA-Männern Mitglieder der KPD gezwungen wurden, Wahlkampfplakate und Parolen von Häuserwänden und Zäunen zu entfernen.

Sonntag 26. März

[WAN] Die warmen Frühlingstage treiben unzählige Spaziergänger zum Kanal, die ihr erstes Luft- und Sonnenbad nehmen. Es wird gerudert, gefischt und gebadet in den immer noch kühlen Fluten. Auf der Röhlinghauser Straße verunglücken zwei Schwestern schwer, die sich beim Rollschuhlaufen von vorbeifahrenden Autos mitziehen lassen, um mit dem so entstehenden Schwung weiterzufahren. Dabei geraten sie in den Gegenverkehr und werden zu Boden geschleudert. Sie erleiden Verletzungen an Kopf, Armen und Schultern. Die jüngere Schwester muss wegen gefährlicher Augenverletzungen stationär ins Krankenhaus.

Montag 27. März

[ALLGE] Aufgrund der Meldungen über die Verfolgung von Gegnern des Nationalsozialismus und antisemitischer Ausschreitungen protestierten in vielen Städten der USA tausende jüdische und nicht-jüdische US-Bürger gegen die Zustände im Deutschen Reich. Allein am 26. März kamen bei Kundgebungen 1,25 Millionen Menschen zusammen. Ohne einen offiziellen Aufruf verbreitete sich in der amerikanischen Öffentlichkeit eine Boykotthaltung gegenüber deutschen Produkten. Propagandaminister Joseph Goebbels diffamiert die internationale Kritik als „Greuelpropaganda".

[HER] Auf der Schachtanlage Constantin 4/5 werden für alle drei Schichten Feierschichten eingelegt. Von dieser Maßnahme sind 1.500 Arbeiter betroffen. Die Not in der Stadt ist nach wie vor ungeheuer groß. 42.582 Menschen sind auf Gelder aus öffentlichen Mitteln angewiesen. Das Arbeitsamt leistet die Arbeitslosen- und Krisenunterstützung, während sich das Wohlfahrtsamt um die Wohlfahrtserwerbslosen und in der allgemeinen Fürsorge um alle sonstigen Hilfsbedürftigen wie Arme, Sozialrentner und Kriegsopfer kümmert.

Dienstag 28. März

[HER/WAN] SA-Leute postieren sich vor den Eingängen sämtlicher jüdischer Geschäfte: von den Warenhäusern und Einheitspreisgeschäften bis zu den Kleinläden. Kunden, die den Laden betreten, werden fotografiert und beschimpft. Daraufhin schließen die meisten Geschäfte für den Rest des Tages. Die Boykott-Maßnahmen werden vom „Kampfbund für den gewerblichen Mittelstand" koordiniert.

Erstmalig wird die Hilfspolizei im Straßendienst eingesetzt. Jedem Schupo-beamten steht in den Revieren im Außendienst ein mit Schlagstock und Pistole bewaffneter Hilfspolizist bei.

[WAN] Vor der Wohnung von Elias Nussbaum postiert sich um acht Uhr morgens ein SA-Trupp. Der Kaufmann beschwert sich telefonisch bei der Polizei und bei der Kreisleitung der NSDAP über diese unrechtmäßige Drangsalierung. Gegen mittags erhält er einen Anruf, bei dem er unmissverständlich aufgefordert wird, bis zum Abend aus der Stadt zu verschwinden. Des Weiteren habe er deutlich sichtbar ein Schild an seinem Geschäftsgebäude anzubringen und darauf zu erklären, dass er „als Jude polnischer Staatsangehöriger gutwillig Deutschland verlassen habe". Die Familie Nussbaum flüchtet am Abend nach Köln und später nach Frankreich. Die verlassene Wohnung und die Geschäfte werden von SA-Leuten geplündert.

Mittwoch 29. März

[ALLGE/RUHR] „Lügen und Verleumdungen von geradezu haarsträubender Perversität werden über Deutschland losgelassen. Die deutschen Waren, die deutsche Arbeit soll dem internationalen Boykott verfallen", heißt es in einem von der Parteileitung der NSDAP veröffentlichten Aufruf gegen die internationale „Greuelpropaganda". Auch die Frage nach den vermeintlich Schuldigen wird darin deutlich beantwortet: „Denn verantwortlich für diese Lügen und Verleumdungen sind die Juden unter uns. Von ihnen geht diese Kampagne und Lügenhetzte gegen Deutschland aus." Deswegen habe die Parteileitung einem landesweiten „Boykott-Tag" beschlossen: „In jeder Ortsgruppe und Organisationsgliederung der NSDAP sind sofort Aktionskomitees zu bilden, zur praktischen Durchführung des Boykotts jüdischer Geschäfte, jüdischer Waren, jüdischer Ärzte und jüdischer Rechtsanwälte. Die Aktionskomitees haben sofort durch Propaganda und Aufklärung den Boykott zu popularisieren. Grundsatz: Kein Deutscher kauft noch bei einem Juden. Der Boykott setzt schlagartig Samstag, den 1. April, Punkt 10.00 Uhr vormittags ein."

Im Ruhrgebiet finden schon seit einigen Tagen Boykotte gegen jüdische Geschäfte und Personen statt. So wurden in der Nacht zum Mittwoch in Dortmund zahlreiche Schaufensterscheiben von jüdischen Geschäften eingeschlagen. In Bochum, Herne und Wanne-Eickel sorgen SA-Trupps

Werbung als Zeit-Kommentar: Anzeige WEVZ, 29.03.1933

dafür, dass die jüdischen Geschäfte geschlossen bleiben und vor dem Essener Landgericht halten SA-Leute jüdische Rechtsanwälte und Justizangestellte vom Betreten des Gerichtsgebäudes ab.

Im Knappschaftskrankenhaus in Recklinghausen weigern sich Patienten, sich weiter von Dr. Wilhelm Emanuel behandeln zu lassen. Dem Boykott schließen sich sämtliche Assistenzärzte an, die nicht weiter mit ihm in der Röntgenabteilung zusammenarbeiten wollen. Dr. Wilhelm Emanuel ist der 1907 geborene Sohn von Jacob Emanuel, dem ehemaligen Lehrer der jüdischen Volksschule in Herne.

Donnerstag 30. März

[RUHR] Am Vormittag kommt es zu begrenzten „Boykott-Aktionen" in verschiedenen Städten des Ruhrgebiets, aber gegen mittags ziehen die SA-Posten ab. Nachmittags öffnen die jüdischen Geschäfte wieder ihre Türen.

Im Fuhrpark durchsuchen Politische Polizei und Hilfspolizei die Arbeiteraufenthaltsräume. Bei verschiedenen Arbeitern wird belastendes Material gefunden, unter anderem fällt der Polizei eine vollständige Liste der KPD-Mitglieder in die Hände.

[RECKL] Dr. Wilhelm Emanuel wird persönlich bei der Verwaltung der Ruhrknappschaft in Bochum vorstellig und fragt nach, wie er mit dem gegen ihn gerichteten Boykott im Knappschaftskrankenaus Recklinghausen umgehen soll. Bei der Knappschaft erklärt man ihm, er sei vorläufig beurlaubt und solle weitere Weisungen abwarten.

[WAN] Eine Gruppe von jungen Männern überfällt eine sechs Mann starke Kolonne des Freiwilligen Arbeitsdienstes (FAD) vom Lager Schacht 5 der Zeche Unser Fritz im Resser Busch und verprügelt die Arbeitsdienstwilligen. Erst als die Hauptkolonne des FAD das Geschehen bemerkt, flüchten die jungen Männer, die erkannt werden. Laut der Presse wurden die „Rohlinge" als Kommunisten identifiziert und müssen nun mit ihrer Verhaftung rechnen.

Freitag 31. März

[HER/WAN] Die Herner Zeitung kündigt ihren Kampf gegen die „Greuelhetze des Auslandes" an und fordert ihre Leser auf, dem Verlag Anschriften von Freunden und Verwandten „außerhalb der deutschen Grenzen" mitzuteilen. Diesen Adressaten wird dann auf Kosten des Verlages die HZ zugestellt, „um ihnen allen zu zeigen, dass sie in der gemeinsten Weise im Auslande belogen werden."

[RUHR/HER] Politische Häftlinge aus dem Rhein-Ruhr-Gebiet werden vornehmlich in die Emslandlager, eine Gruppe von wilden Konzentrationslagern im Landkreis Emsland, verschleppt. Darunter auch der KPD-Politiker **Otto Kuhn**, einer der ersten KZ-Insassen aus Herne. Süffisant kommentiert die RE: „Der Herner Kommunistenhäuptling Kuhn ist, wie wir von gutunterrichteter Seite hören, vor einigen Tagen zur Leistung wertvoller landwirtschaftlicher Arbeiten in ein Konzentrationslager gebracht worden." Kuhn war von 1924 bis 1933 Stadtverordneter der KPD, zeitweise als Fraktionsvorsitzender, und Betriebsratsvorsitzender der Stadtverwaltung.

[HER] Im öffentlichen Dienst kommt es zu zahlreichen Kündigungen. 19 Angestellte im Rathaus und zwei Angestellte beim Gaswerk, ferner 33 Arbeiter beim Fuhrpark, 16 beim Gaswerk, zwölf beim Straßenbauamt, 15 beim Garten- und Friedhofsamt werden entlassen. Die Kündigungen erfolgen auf Empfehlung des Kontrollausschusses der NSDAP. Die meisten der Gekündigten sind Mitglieder von SPD und KPD. Im Rahmen der Entlassungswelle wird dem Gründer des Heimatmuseums, Karl Brandt, die Kündigung zugestellt. Der Autodidakt, dessen Privatsammlung von archäologischen und historischen Fundstücken der Grundstock für die Sammlung des Heimatmuseums war, hatte 1926/27 der KPD angehört und galt als politisch unzuverlässig. In einem Kommentar positioniert sich der HA für den Verbleib des Museumsverwalters: „Sein Verlust würde unersetzlich sein. Wenn er vor vielen Jahren einmal politisch links stand, so ist er darüber doch längst hinausgewachsen. Gerade eine politische Entwicklung, die das Völkische und Bodenverwurzelte stärker betont wissen will, sollte Leute fördern, die in der Heimatforschung ihre Lebensaufgabe erblicken."

Die Sparkasse der Stadt Herne verweigert die Verlängerung der Mietverträge für das Konfektions- und Manufakturwarengeschäft der Firma Elias & Co. und für die Wohnung des Ehepaares **Max und Helene Elias** im Haus Bahnhofstraße 111. Die Familie war 1912 von Gelsenkirchen nach Herne gezogen, und Max Elias hatte sich eine Existenz als Möbel- und Textilkaufmann aufgebaut. Ende der 1920er Jahre waren 15 bis 20 Personen in der Firma beschäftigt gewesen, allerdings hat die Wirtschaftskrise dem Unternehmen schwer zugesetzt. Die Sparkasse hatte das Haus direkt gegenüber dem Bahnhof im Oktober 1932 vom früheren Besitzer ersteigert und nutzt nun die Gunst der Stunde, die jüdischen Mieter aus dem Haus zu drängen.

Samstag 01. April

[ALLGE] Mit Beginn des neuen Schuljahrs dürfen die weltlichen Schulen keine Lernanfänger mehr aufnehmen. Aus Angst vor Benachteiligungen haben viele Eltern ihre Kinder bereits von den missliebigen Lehranstalten abgemeldet. Das Preußische Kultusministerium teilt mit, dass die „Zurückversetzung von national und religiös unzuverlässigen Lehrkräften von weltlichen Schulen an Bekenntnisschulen nicht erfolgen wird".

[HER] Georg Hermann Nellius tritt seine Stelle als Studienrat an der Oberschule für Jungen an. Gleichzeitig wird er Dirigent und Leiter des städtischen Chores. Die Berufung des zuvor im Sauerland wirkenden und als nationalkonservativ bekannten Musikers war bereits im Herbst 1932 durch OB Täger betrieben worden. Nellius gilt als Anhänger der „Heimatbewegung", deren Ziel die Stärkung der nationalen Identität ist. In seiner programmatischen Leitschrift „Kunst als Grundkraft der Heimatbewegung" stellt er dem „Negerblut" des Jazz die „vitalen Kräfte unverbrauchten Heimatblutes" gegenüber. Zum Abschied des Komponisten aus Neheim stellt die RE fest: Der begnadete Künstler habe „nichts komponiert, in dem nicht irgendwie das Vaterländische, das Deutsche" durchklinge und habe „in der verflossenen Systemzeit stets gegen den Strom der Korruption, der vaterlandslosen Gesinnung, der Lumperei" angeschwommen. Nellius, so das Resümee, war auch ohne Parteimitgliedschaft stets „Nationalsozialist durch und durch."

[HER/WAN] Der HA druckt eine Erklärung von **Moritz Gans** ab, dem Vorsitzenden der Herner Synagogengemeinde. Darin heißt es: „Die deutschen Juden haben mit Entrüstung von der Gräuelpropaganda im Ausland Kenntnis genommen, die von gewissenloser Seite systematisch betrieben wird, um das Ansehen des deutschen Volkes in der Welt herabzuwürdigen. In Übereinstimmung mit allen deutschen Juden weisen auch wir Herner Juden diese lügenhafte Hetzpropaganda mit allem Nachdruck zurück. Wir bitten demgemäß alle Mitglieder unserer Gemeinde, die über geschäftliche oder private Beziehungen zum Auslande verfügen, dazu beizutragen, dass der unverantwortlichen Hetze gegen Deutschland entgegengewirkt wird. Zugleich verwahren wir uns aber entschieden gegen den Vorwurf, dass wir mit den Hetzern gegen Deutschland in irgendeiner Beziehung stehen. Die deutsche Judenheit missbilligt die gegen Deutschland vom Ausland her gerichteten Angriffe ebenso sehr wie jeder andere national denkende deutsche Staatsbürger. Die deutschen Juden haben nur den einen Wunsch, mit ihren deutschen Volksgenossen in Frieden zu leben, um so mit allen Kräften an dem Wiederaufbau unseres deutschen Vaterlandes mitarbeiten zu können." Ein fast gleichlautendes Statement wird von Sally Baum, dem Vorsitzenden der Synagogengemeinde Wanne-Eickel, als Anzeige geschaltet. In einem Kommentar weist der HA auf das vorbildliche Engagement von Herrn Kadden hin, dem Inhaber des Kaufhauses „Gebrüder

Boykott des Geschäfts „Gebrüder Rindskopf", Ecke Bahnhof- und Behrensstraße am 1. April 1933 ▶

Gebr. Rindskopf

K

tsche Waren!

2 Schläger

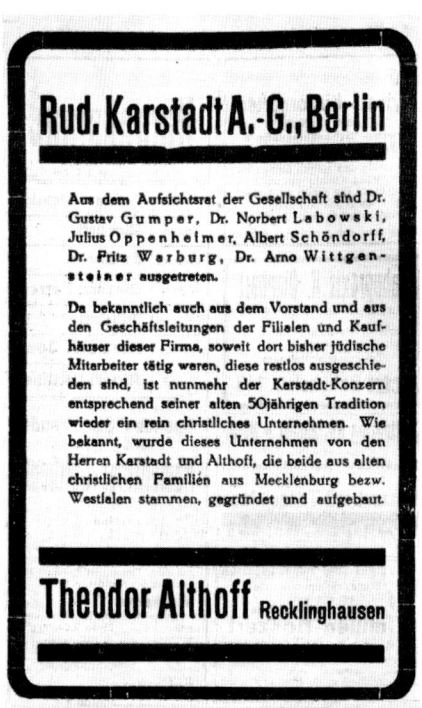

Anzeige des Karstadt-Konzerns zur freiwilligen Arisierung, WESA, 01.04.1933

Kaufmann". Dieser habe Telegramme an Verwandte und Leiter großer Weltfirmen in Nordamerika, Paris, Zürich, Amsterdam, Wien, Prag oder Mailand mit dem Wortlaut gesandt: „Über Deutschland verbreitete Greuelnachrichten total unwahr. Tut alles, um dort zu verbreiten, dass hier Ruhe und Ordnung herrscht."

Der Karstadt-Konzern, zu dem seit 1920 die „Althoff"-Warenhäuser gehören, schaltet eine flächendeckende Anzeige, in der der Konzern seine freiwillige Arisierung mitteilt. Zum 1. April 1933 werden sämtliche jüdischen Angestellten fristlos entlassen, weil sie „keine vollwertigen und gleichberechtigten Staatsbürger" sind und daher auch „keine vollwertigen Mitarbeiter" mehr sein können. Sechs jüdische Aufsichtsratsmitglieder treten zurück, um die Entlassungen nicht billigen zu müssen. Der Karstadt-Konzern ist nunmehr „wieder ein rein christliches Unternehmen".

Die Innenstädte stehen ganz im Zeichen des Boykotts jüdischer Geschäfte. An der Brücke der Bahnhofsunterführung in Herne fordert ein großes Transparent zum Kauf in deutschen Geschäften auf, SA-Posten positionieren sich mit Plakaten vor den Eingängen. Ebenfalls boykottiert werden die Praxen jüdischer Ärzte und die Büros jüdischer Rechtsanwälte.

Zu Rangeleien wie in den Tagen zuvor kommt es aber nicht, da die jüdischen Geschäfte in Erwartung der Aktion den ganzen Tag geschlossen hatten. In Wanne konstatiert der Stadtanzeiger: „Zu Störungen der Ordnung ist es u. W. nach in unserer Stadt nicht gekommen."

Eine bezeichnende Episode spielt sich vor dem Schuhgeschäft von Isaac Nussbaum in der Hindenburgstraße 234 ab. Henriette Springer, die mit ihrem Mann Max das benachbarte Schuhgeschäft Schröer leitet, stellt den SA-Männern eine Leiter zur Verfügung, damit sie die Boykott-Plakate auf die Schaufensterscheiben des Nussbaum'schen Geschäfts kleben können. In erregter Stimmung legt sie sogar selbst Hand an und ruft: „Ich könnte das Judenblut auf der Straße fließen sehen!" Es ist der Beginn eines ungleichen Konkurrenzkampfes, der fünf Jahre später damit endet, dass das mit besten Kontakten zur SA ausgestattete Ehepaar Springer nach der Reichspogromnacht am 9. November 1938 das Schuhgeschäft der Familie Nussbaum weit unter Wert übernimmt. 1951, als es vor dem Landgericht Bochum um die Rückerstattung der Vermögenswerte geht, weist Henriette Springer jegliche Schuld von sich mit einer hanebüchenen Argumentation, was die Geschehnisse am 1. April 1933 betrifft: „Ich bleibe dabei, dass ich mich an den Boykottmaßnahmen nicht beteiligt habe. An jenem Tag kamen zwei junge Leute in Zivil zu mir und baten um eine Leiter. Auf meine Frage, was sie damit wollten, erklärten sie, sie hätten Reparaturen auszuführen. Später sah ich dann, wozu sie in Wirklichkeit benutzt wurde. Daraufhin bin ich raus gegangen, habe die Leiter zurückgefordert und die Leiter angefasst, um sie wegzunehmen."

*[Anmerk.: Offiziell wurde der **„Boykott-Tag"** als Abwehrmaßnahme gegen die angebliche ausländische Gräuelpropaganda deklariert. Hitlers Beweggründe dafür zitiert Joseph Goebbels bereits am 26. März in seinem Tagebuch: „Wir werden gegen die Auslandshetze nur ankommen, wenn wir ihre Urheber oder doch wenigstens Nutznießer, nämlich die in Deutschland lebenden Juden, die bisher unbehelligt blieben, zu packen bekommen. Wir müssen also zu einem groß angelegten Boykott aller jüdischen Geschäfte in Deutschland schreiten." Die zentrale Aktion zielte darauf ab, den wilden Terror der nationalsozialistischen Basis einzufangen und planvolles Handeln zu demonstrieren. Der offizielle Boykott wurde von der NSDAP nach einem Tag beendet. Scharfe Reaktionen aus dem Ausland bis hin zu Boykottdrohungen deutscher Waren ließen negative Konsequenzen für die Wirtschaft und das Ansehen des Regimes befürchten. Die Bevölkerung reagierte nur sehr reserviert auf die Aktionen. Die aus heutiger Sicht inhaltlich merkwürdig anmutenden Erklärungen der Synagogenvorstände des Herner Synagogenvorstandes gehörten zur Abwehrstrategie, die vom „Central-Verein deutscher Staatsbürger jüdischen Glaubens" (CV) vorgegeben wurde. Man versuchte, die Vorwürfe inhaltlich zu entkräften und sich taktisch defensiv zu verhalten. Viele jüdische Menschen waren sicherlich unschlüssig, wie sie auf die Bedrohung reagieren sollten. Aber eins wurde auch deutlich: Aus der Gesellschaft gab es kaum Solidaritätsbekundungen für die jüdischen Mitbürger, die Kirchen versagten zum Beispiel komplett. „Kein Bischof, keine Kirchenleitung, keine Synode wandte sich in den entscheidenden Tagen um den 1. April öffentlich gegen die Verfolgung der Juden in Deutschland, stellt der Historiker Klaus Scholder in seinem Buch „Die Kirchen und das Dritte Reich" fest. Die Verbreitung von „Greuelnachrichten" oder „Greuelpropaganda" blieb ein Strafbestand, der nach der sogenannten Verordnung zur Abwehr heimtückischer Angriffe gegen die NS-Regierung vom 21. März 1933 abgeurteilt wurden. Victor Klemperer notierte am 27. März 1933 in sein Tagebuch: „Die Weltjuden treiben Greuelpropaganda und verbreiten Greuelmärchen, und wenn wir hier im geringsten etwas davon erzählen, was Tag für Tag geschieht, dann treiben eben wir Greuelpropaganda und werden dafür bestraft."]*

Montag 03. April

[HER] Politische Polizei und Hilfspolizei durchsuchen das alte städtische Versorgungshaus an der Wiescherstraße, das als kommunistische Hochburg gilt. Neben Flugblättern werden zwei Pistolen und eine Zündmaschine, die zur Ausführung von Explosionen dienen könnte, beschlagnahmt. Abends wird das Heim der Arbeitersamariter an der Behrensstraße durchsucht. Beide Häuser sind soziale Einrichtungen für alleinstehende alte Männer und Frauen, Kranke und Bedürftige und gefährdete Jugendliche.

Um 16 Uhr beginnt im Rathaus die erste Sitzung der neuen Stadtverordnetenversammlung. Die Fraktion der NSDAP marschiert mit Musik und Fahne in den Sitzungssaal ein, in dem die beiden großen Kaiserbilder, die im Jahr 1918 entfernt worden waren, wieder ihren Platz bekommen haben. Die SPD-Fraktion verzichtet aus Protest auf die Teilnahme, die KPD-Vertreter sind verhaftet oder nicht erschienen. Die Sitzung wird über Lautsprecher auf den Marktplatz übertragen, wo sich etwa 3000 Menschen versammelt haben. Nach der ordnungsgemäßen Konstituierung legt die NSDAP-Fraktion eine Fülle von Dringlichkeitsanträgen vor. Die Verleihung des Ehrenbürgerrechts an Hitler und Hindenburg und die Umbenennung von Straßen werden einstimmig angenommen. Daraufhin folgt ein Misstrauensantrag gegen OB Täger, der während der Begründung des Antrages durch den Stadtverordneten Meister den Sitzungssaal verlässt. Dem Antrag stimmen die NSDAP, die Fraktion Schwarz-Weiß-Rot und der Vertreter des Evangelischen Volksdienstes zu, das Zentrum enthält sich der Stimme mit Ausnahme der Stadtverordneten Aloys Weiß und Anna Weil, die gegen den Antrag stimmen. Zum Abschluss der Sitzung wird das Horst-Wessel-Lied intoniert. Der HA bemerkt mit ironischem Unterton: „Die erste Stadtverordnetenversammlung hat in Form und Willensbildung wirklich eine neue Zeit eingeleitet."

Aufgrund des Dringlichkeitsantrags der NSDAP, der einstimmig angenommen wird, kommt es zu folgenden Straßenumbenennungen:

- Marktplatz mit Teilen der Behrens- und Freiligrathstraße
  in Adolf-Hitler-Platz;
- Huestraße in Schlageterstraße;
- Bebelstraße in Hermann-Göring-Straße
- Fritz-Ebert-Straße in Horst-Wessel-Straße
- Lönsstraße in Hermann-Löns-Straße
- Rathenauplatz in Josef-Wagner-Platz.

Am Ende des Monats werden weitere Umbenennungen beschlossen: die Neustraße in Franz-Seldte-Straße und die Freiheitsstraße in Saarstraße.

Dienstag 04. April

[HER/WAN] Die Stadtverwaltung untersagt der Arbeitersportbewegung die weitere Nutzung von Turnhallen und Sportplätzen. Betroffen davon sind unter anderem die Freie Sportvereinigung Einigkeit 07 Herne mit etwa 300 Mitgliedern und der Fußballverein Freie Spielvereinigung Sodingen. Den dutzend Arbeitersportvereinen in Wanne-Eickel ergeht es nicht anders. Als Friedrich Steffen, ein junger Arbeitersportler des Rudervereins „Vorwärts", vom Dienst heimkehrt, erwarten ihn in seiner Wohnung illustre Gäste. Kriminalsekretär Max Noack, später Gestapo, der Jugendleiter der NSDAP Opitz und zwei SA-Leute nehmen ihn in Empfang. Sie fordern die Herausgabe seines privaten Paddelbootes. „Noack sagte zu mir, wenn ich das Paddelboot nicht sofort herausgäbe, würde ich mitgenommen, durchgehauen und eingesperrt. Er erklärte mir weiter, ich solle mir den schwarzen Arsch und die Rücken der in der Gelsenkirchener Straße Eingesperrten mal ansehen, dann wüsste ich, was die Stunde geschlagen hätte", erzählte Steffen später. Die zum Teil versteckten Boote des Vereins werden beschlagnahmt und der HJ übergeben, das von den Mitgliedern mühsam errichtete Bootshaus zerstört und der Verein schließlich verboten und aufgelöst.

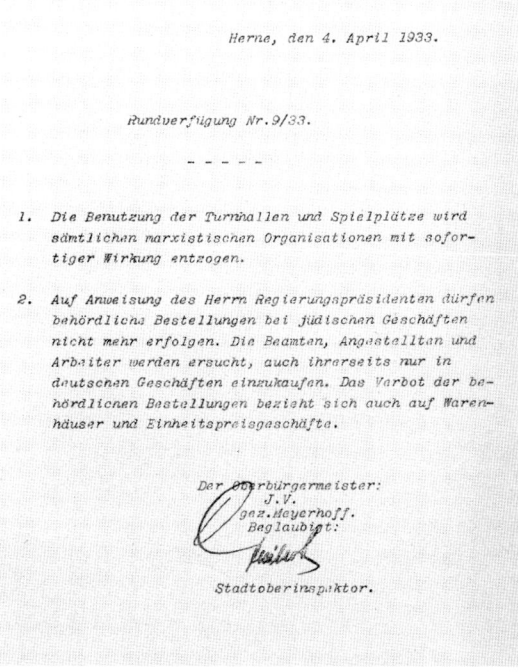

Rundverfügung des Stadtamtes, „in Vertretung" unterzeichnet von Hermann Meyerhoff, 04.04.1933

[HER] Am Montag hatte Albert Meister in der Stadtverordnetensitzung verkündet, dass die NSDAP den früheren Beigeordneten **Karl Hölkeskamp** in Schutzhaft habe nehmen lassen, um ihn vor der Wut der Bevölkerung zu schützen. In ihrer Morgenausgabe berichtet dagegen die RE, dass der Sozialdemokrat auf Veranlassung des NSDAP-Kontrollausschusses wegen Beihilfe zur Urkundenfälschung verhaftet worden sei – also aufgrund eines „rein kriminellen Charakters". Die sich widersprechenden Aussagen werfen ein Licht darauf, wie willkürlich die Beschuldigungen waren. Es geht nur darum, mit den politischen Gegnern abzurechnen. Dabei stellen sich beide Aussagen als verfrüht heraus, denn Hölkeskamp entging am Montagnachmittag seiner Verhaftung.

*[Anmerk.: **Karl Hölkeskamp** gilt als Organisator und Gesicht der SPD. 1913 hatte ihn die Partei als Funktionär nach Herne berufen. Hier leitete er den SPD-Kreisverband, den Bergarbeiterverband und war Mitglied der Stadtverordnetenversammlung. Als besoldeter Beigeordneter des Stadtrates leitete er bis 1931 das Wohlfahrts- und Fürsorgeamt. Die Wohnung der Familie an der Mont-Cenis-Straße ist ein Dreh- und Angelpunkt der sozialdemokratischen Arbeiterbewegung.]*

OB Täger wird auf eigenen Wunsch vom Regierungspräsident in Arnsberg beurlaubt und zum 30. April 1933 in den Ruhestand versetzt. Es ist Täger gelungen, ein entsprechendes ärztliches Attest vorzulegen. Er entgeht damit einer Entlassung aufgrund des Berufsbeamtengesetzes. Der Regierungspräsident in Arnsberg bestellt daraufhin **Albert Meister** zum kommissarischen OB. Der 38-Jährige ist als Reichsredner, Landtagsabgeordneter und Gauinspekteur einer der führenden Propagandisten der NSDAP im Gau Westfalen-Süd.

Albert Meister bei einer Rede vor dem Rathaus, um 1936

*[Anmerk.: Nach seiner Teilnahme am Ersten Weltkrieg kam **Albert Meister** 1919 nach Herne und nahm seinen Dienst als Lehrer an den katholischen Volksschulen an der Kronenstraße und an der Gräffstraße auf. Er gehörte zu jener Generation junger enttäuschter Frontsoldaten, die die Weimarer Republik mitsamt ihrer demokratischen Errungenschaften zutiefst verachteten, sich stattdessen dem Mythos vom nationalen Aufbruch hingaben und in einer völkisch-nationalistischen Diktatur den Ausweg sahen. 1924 wurde er Mitglied der NSDAP (Nr. 16.872) und im Juni 1928 erster Nationalsozialist in der Stadtverordnetenversammlung. Wenn Adolf Hitler im mittleren Ruhrgebiet sprach, fand sich Meister oft an seiner Seite. Er übernahm weitere Aufgaben im Parteiapparat und profilierte sich als Gründer des Ruhrlandverlages Meister & Co. in Bochum, in dem die westfälische Landeszeitung „Rote Erde" erschien, das amtliche Organ der NSDAP im Gau Westfalen-Süd. Meister war ohne Zweifel die treibende nationalsozialistische Kraft in Herne und besaß einen weitgehenden Einfluss.]*

[WAN] Der bisherige Landgerichtsrat Dr. Wilhelm Joseph Franz Wulf aus Bochum wird zum Staatskommissar für Wanne-Eickel ernannt und erhält weitreichende Befugnisse, die praktisch zu einer Entmachtung der Stadtspitze führen. Der neue Staatskommissar war dekorierter Frontkämpfer im Ersten Weltkrieg und ist seit dem 1. März 1933 Mitglied der NSDAP. Seine erste Amtshandlung ist die Ernennung des Kreisleiters der NSDAP, **Willi Bönnebruch-Althoff**, zu seinem Stellvertreter und zum Hilfskommissar zur besonderen Verwendung und für das Wohlfahrtswesen. Zudem werden fünf weitere Hilfskommissare ernannt: Dr. Ferdinand Pronold für das Gesundheitsamt, Wirtschaftstreuhänder Heinrich Eichenauer für das Steuerwesen und die Finanzverwaltung, Diplomingenieur Erich Garthmann für die Arbeitsbeschaffung, Kaufmannsgehilfe Alexi für Personalfragen und der Gewerbeoberlehrer Ingenieur Walther Groll für das Kultur- und das Sportwesen. Die erzwungenen Urlaubsgesuche von OB Wilhelm Kiwit und Bürgermeister Otto Oberdrevermann, beide Angehörige der Zentrumspartei, hat der Regierungspräsident in Arnsberg abgelehnt.

Mittwoch 05. April

[HER] Der Bergbau steckt weiter in der Krise. Auf der Schachtanlage Shamrock muss die 22. Feierschicht des Jahres eingelegt werden. In der Kolonie Constantin werden mehrere Kommunisten verhaftet, die im Verdacht stehen, „zersetzendes Material" zu besitzen. In den Stadtteilen Sodingen und Holthausen führen Polizei und SA Hausdurchsuchungen durch. „Die Straßenzüge Oststraße und Im Knie gehören zu den von den Kommunisten durchseuchten Stadtgebieten", stellt die RE fest. Neben „Zersetzungsschriften" werden rote Fahnen, Musikinstrumente und Ausrüstungsgegenstände verbotener marxistischer Organisationen beschlagnahmt.

Die NSDAP setzt alle gewählten Betriebsräte der Stadtverwaltung ab und ernennt Obersekretär August Milleg zum kommissarischen Betriebsrat über sämtliche städtische Verwaltungsbetriebe. Diese Art der Gleichschaltung findet auch auf der Zeche Mont Cenis und den anderen Schachtanlagen statt.

Unter dem Kommando des Sturmführers Spaltenburg besetzt die SA das Parteihaus der SPD, in dem sich die Parteibüros, der Redaktionsraum der Volkszeitung und eine Buchhandlung befinden. Auch der große Anbau mit den Räumen der Bauarbeitergewerkschaft, der Arbeiterwohlfahrt (AWO) und der Reichsarbeitsgemeinschaft der Kinderfreunde wird besetzt. Anwesende Funktionäre der Organisationen werden in Schutzhaft genommen, andere bekommen die Auflage, sich zweimal täglich beim Polizeirevier zu melden. Luise Strunk, die Tochter des damaligen SPD-Parteisekretärs Heinrich Crämer, beschreibt in ihren Erinnerungen das Kesseltreiben: „Nach der Wahl Hitlers durch den Reichstag ging eine Vernichtungswelle über die Organisationen der Arbeiterbewegung und deren Funktionäre, zunächst illegal, durch die SA los. Die der Arbeiterbewegung gehörenden Gebäude und Büros wurden besetzt und durchsucht. Auch das Parteihaus wurde besetzt und blieb es bis zum 29. April 1933. Man durchsuchte die sich in den Räumen befindlichen Aktenschränke angeblich nach landesverräterischem Material und Waffen. In Wirklichkeit aber nach Mitgliederverzeichnissen der verschiedenen Organisationen. Sehr oft unternahm man diese Aktionen in total betrunkenem Zustand. Nacht für Nacht den ganzen Monat April 1933 hindurch. Die in Privathäusern wohnenden Funktionäre holte man in der Nacht aus ihren Betten, schleppte sie in die SA-Heime, verprügelte und quälte sie und warf sie dann bewusstlos auf die Straße, von wo aus sie, wenn sie Glück hatten, von Angehörigen oder Bekannten nach Hause oder ins Krankenhaus gebracht wurden." Die endgültige Besetzung des Parteihauses erfolgte mit der Auflösung der Gewerkschaften am 2. Mai.

Besetzung des Herner AWO-Hauses durch die SA, 5. April 1933

Donnerstg 06. April

[HER] Der komm. **OB Meister** tritt seinen Dienst an. Er kündigt an, dass er das Rathaus von „Parteibuchbeamten" und den Beamten, die sich in der Vergangenheit etwas „zu Schulden kommen ließen", säubern werde. Ansonsten liege ihm sehr viel an der Mitarbeit der bewährten Dezernenten. Sparsamkeit sei das oberste Gebot. Er habe sofort die Pensionsbezüge des Beigeordneten a. D. Hölkeskamp gesperrt. Auch die Leiterin des Kinderheims in Stapelage, Fräulein Ida Hölkeskamp, wird auf seine Anordnung hin pensioniert. Das städtische Personenauto stillgelegt und verkauft. Neueinstellungen und Beförderungen erfolgen aus Sparsamkeitsgründen nicht mehr. Meister, der erst wenige Tage zuvor als komm. Ministerialrat in das preußische Kultusministerium berufen worden war, gibt seine Ministeriumtätigkeit auf, um sich mit voller Kraft auf seine Arbeit als Oberbürgermeister zu konzentrieren.

Karl Hölkeskamp stellt sich selbst auf dem Polizeiamt und wird in Schutzhaft genommen.

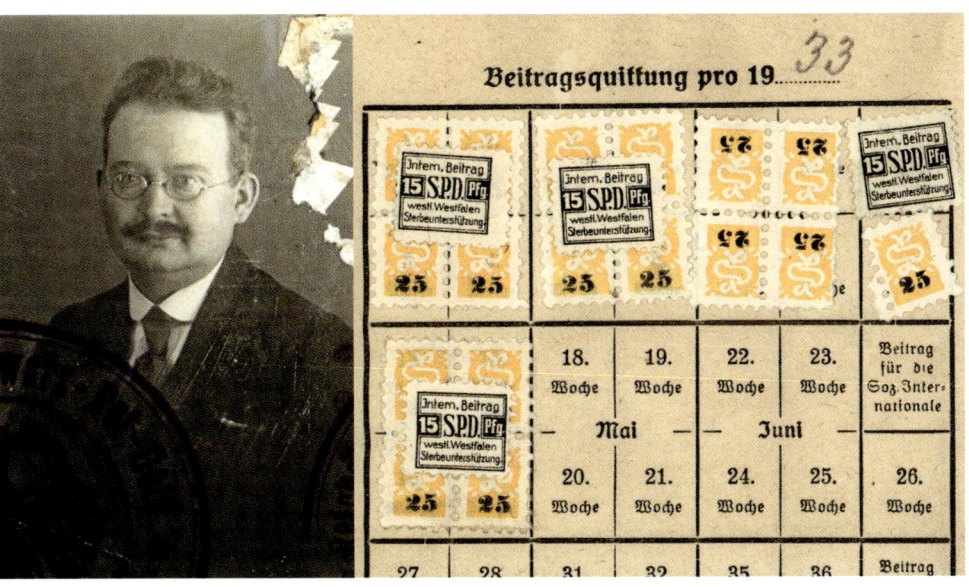

Foto und Beitragsnachweis aus dem Mitgliedsbuch der SPD von Karl Hölkeskamp. Die Zahlungen, quittiert durch die eingeklebten Marken, enden mit der Verhaftung Hölkeskamps im April 1933. Am 22. Juni 1933 wird die SPD verboten.

[ALLGE] Die Reichsregierung verkündet das „Gesetz zur Wiederherstellung des Berufsbeamtentums" (kurz Berufsbeamtengesetz), das dem Staat und der Partei die vollkommene Macht über die Beamtenschaft einräumt. Nach dem Gesetz können „Beamte, die nach ihrer bisherigen politischen Betätigung nicht die Gewähr dafür bieten, dass sie jederzeit rückhaltlos für den nationalen Staat eintreten", in den Ruhestand versetzt oder aus dem Dienst entlassen werden; ebenso wie sogenannte „Parteibuchbeamte", die nach 1918 verbeamtet worden sind, ohne die dafür übliche Vorbildung nachweisen zu können. In dem Gesetzt wird erstmals ein „Arierparagraph" formuliert, der die Beschäftigung von „Nichtariern" im öffentlichen Dienst verbietet. Auf kommunaler Ebene wird das Gesetz ein wichtiges Instrument zur Gleichschaltung des öffentlichen Dienstes und zur Entlassung von Gegnern des NS-Regimes. Es setzt eine Flut von Denunziationen über „unzuverlässige" Beamte ein. Die Verdächtigen müssen in Fragebögen Auskunft über ihre Abstammung und ihre politische Gesinnung geben und werden eingehenden Verhören ausgesetzt.

[Anmerk.: Der Historiker Saul Friedländer schreibt in seinem Standardwerk „Das Dritte Reich und die Juden. Die Jahre der Verfolgung 1933-1939": „Dieses Gesetz zielte in seiner allgemeinsten Intention darauf, die gesamte Regierungsbürokratie umzugestalten, um ihre Loyalität gegenüber dem neuen Regime sicherzustellen. Seine Ausschließungsmaßnahmen, die für mehr als zwei Millionen staatlicher und städtischer Beschäftigte galten, waren gegen die politisch Unzuverlässigen, hauptsächlich Kommunisten und andere Gegner der Nationalsozialisten, und gegen Juden gerichtet."

Anzeige HA, 07.04.1933

[HER] Der „NS-Kampfbund für den gewerblichen Mittelstand" fordert die Handwerker-Innungen und mittelständischen Interessensverbände auf, ihre Vorstände im Sinne der Gleichschaltung mit der nationalen Revolution umzubesetzen. Politisch unzuverlässige Vorstandsmitglieder müssten entfernt und jüdische Elemente ausgeschlossen werden. Mindestens 51 Prozent der Posten müssten von Angehörigen des Kampfbundes besetzt werden.

Der Magistrat erhält ein Schreiben des Reichspräsidenten Hindenburg zur Ehrenbürgerschaft: „Ich nehme die Ehrung gern an und sende Ihnen und meinen neuen Mitbürgern meine herzlichen Grüße und besten Wünsche für die Zukunft der Stadt Herne. Gezeichnet: von Hindenburg."

Zum Start des ersten Filmes der nationalen Erhebung „Blutendes Deutschland" in der Schauburg arrangiert die Direktion ein groß angelegtes „Weihe-Festspiel". Mit militärischem und nationalem Bombast tragen das 3. Bataillon der Hilfspolizei inklusive Bataillonskapelle und Abteilungen von SS, SA und Stahlhelm die nationalen Fahnen in das Kino.

[WAN] Unter der Überschrift „Vom Kampf gegen staatsfeindliche Elemente" berichtet die WEZ: „Zwei Mitglieder der KPD, die angeblich Funktionäre sind, wurden gestern festgenommen. – Zwei Jungkommunisten versuchten am Eingangstor einer Zeche Flugblätter staatsfeindlichen Inhalts, die mit Schreibmaschine geschrieben und dann vervielfältigt waren, zu verteilen. Der Pförtner der Zeche überraschte die Täter, die trotzdem unerkannt entkommen konnten und etwa 40 Exemplare, die polizeilich beschlagnahmt werden konnten, zurücklassen mussten. In den Flugblättern wurde gegen die Regierung gehetzt. Wer kann sachdienliche Angaben machen?"

Einbringung der nationalen Fahnen in die Schauburg, 7. April 1933

Samstag 08. April

[HER] Der Sportberichterstatter des HA macht sich Sorgen um die Zukunft des Herner Fußballs: „Wir sind nämlich der Ansicht, dass wir seit ungefähr drei Jahren im Fußballsport nicht vorwärts gekommen sind. Man kann das Schwinden der Zuschauerzahlen doch nicht allein nur auf die schlechten wirtschaftlichen Verhältnisse und auf die seelische Depression unserer Volksgenossen zurückführen." Für ihn liegt die Zukunft in einem Zusammenschluss der beiden stärksten Vereine der Stadt: von Germania und SC Westfalia 04. „Was lange währt, wird endlich gut", frohlockt er angesichts der Tatsache, dass eine Kombinationself Germania/Westfalia gegen den prominenten FC Wien antritt. Und die Hoffnungen werden nicht enttäuscht: Vor 5.000 Zuschauern gewinnen die Herner mit 2:0. Zur von Teilen der Öffentlichkeit geforderten Fusion wird es aber trotzdem nicht kommen. Zu stark sind die Differenzen zwischen dem bürgerlichen „Lackschuhclub" Westfalia und den aus dem Arbeitermilieu stammenden Germanen.

[BO/HER/WAN] Wegen Vorbereitung zum Hochverrat werden in Herne vier Personen, in Castrop-Rauxel drei Personen und in Bochum wegen Betätigung als Funktionäre bei der KPD drei Personen festgenommen. Ferner werden Kampfsondermarken, Werbekarten der KPD und eine Parteifahne beschlagnahmt. In Wanne werden bei Mitgliedern der KPD Hausdurchsuchungen durchgeführt. Es werden eine Waffe mit Munition, Schriften und Mitgliedsbücher beschlagnahmt.

Sonntag 09. April

[HER] Nahe der Kolonie Constantin auf der oberen Wiescherstraße wird nachts auf seinem Heimweg der SA-Scharführer L. von einem Steinhagel überschüttet und danach von mehreren Personen attackiert. Die Angreifer sind als Kommunisten bekannt und werden im Tagesverlauf festgenommen. L. muss ins Krankenhaus eingeliefert werden.

[WAN] Mit sofortiger Wirkung wird der Bergmann Andreas Lange (NSDAP) zum Betriebskommissar der Schachtanlage Shamrock 3/4 ernannt. Bei der Betriebszellenversammlung rechnet er mit den marxistischen Betriebsratsmitgliedern Braun und Genossen ab, die über 14 Jahre lang die Schachtanlage vertreten haben. „Er geißelt die Tätigkeit der roten Bonzen, denen es zu verdanken sei, dass bei allen Arbeitern Not und Elend Einzug gehalten hätten", berichtet die RE.

Montag 10. April

[HER] Die Jahreshauptversammlung der Freiwilligen Feuerwehr in der Gaststätte Hirdes steht ganz im Zeichen der nationalen Erhebung. Branddirektor Zöllenbeck trägt vor, dass die Wehr die nationale Revolution mit allen Kräften freudig begrüßt habe und gelobt Mitarbeit am neuen nationalen Aufbauwerk. In Anwesenheit der Stadtspitze mit **Albert Meister** und **Hermann Meyerhoff** wird der Vorstand einstimmig wiedergewählt. Die Sitzung klingt mit dem Singen des Horst-Wessel-Lieds aus.

Das Amtsgericht beschlagnahmt das Vermögen des untergetauchten Dr. Siegmund Löbenstein. Der seit 1911 in Herne tätige Rechtsanwalt ist für die Nationalsozialisten eine besondere Reizfigur, da er vieles personalisiert, was sie ablehnen: Er ist jüdischer Herkunft und lebt in einer Mischehe, war als Abgeordneter der SPD im Stadtparlament und gilt als engagierter Demokrat. Schon am Ende der Weimarer Republik wurde er zum Ziel antisemitischer Hetzkampagnen. Am 1. April hatten SA-Leute den Eingang zu seinem Büro in der Bahnhofstraße 26 versperrt. Löbenstein fürchtet persönliche Angriffe und setzt sich ab. Im Mai verliert er alle juristischen Zulassungen und Ämter. Um seine in Herne verbliebene Frau und die zwei Kinder zu schützen, lässt er sich scheiden. Er verlässt Deutschland via Antwerpen, wo er sich als Arbeiter im Hafen seine Schiffspassage in die USA verdient.

Auf der Schachtanlage Mont Cenis findet unter Leitung des Obmanns Schwan die erste Sitzung des neugewählten Betriebsrates statt. Zu Beginn werden die gewählten Organisationsvertreter aufgefordert, ihre Mandate im Sinne der Gleichschaltung freiwillig niederzulegen. Diesem Ansinnen kommen jeweils ein Vertreter des Gewerkvereins christlicher Bergarbeiter, des Bergbauindustriearbeiterverbandes und einer kommunistischen Liste nicht nach, woraufhin sie von der Hilfspolizei verhaftet und dem Polizeiamt zugeführt werden. Nachdem sie ihre Mandatsniederlegung unterschrieben haben, werden sie freigelassen.

Der Verein für Handel und Gewerbe nimmt zur Neugestaltung des politischen Lebens Stellung. Kaufmann Wilhelm Albring erklärt, dass man keinen Grund zu einer Kursänderung sehe, da man schon in der Vergangenheit für die Ziele eingetreten sei, die die Regierung nun erreichen wolle. So seien schon 1929 alle jüdischen Geschäftsleute aus dem Verein ausgetreten. Um das gute Verhältnis zur nationalen Bewegung zu unterstreichen, wird dem langjährigen Vereinsmitglied und NSDAP-Funktionär **Alfred Bongardt** ein Sitz im Vorstand eingeräumt.

Der Berginvalide Friedrich Kwapis wird festgenommen, weil er seine Tätigkeit als Zellenkassierer der KPD in der Illegalität fortgeführt hat. „Die Politische Polizei drang nachts in unsere Wohnung ein. Sie haben alles auf den Kopf gestellt und durchwühlt. Meiner Mutter versprach man, ihr Mann werde am nächsten Morgen wieder entlassen. Doch aus dem nächsten Morgen wurden (mit einer kurzen Unterbrechung) insgesamt sechs Jahre. Meine sechs Geschwister, alle älter als ich, hatten Herne vorsorglich verlassen. Meine Mutter und ich mussten mit 50 Mark Bergmannsrente im Monat überleben. Das Notwendigste für den Kochtopf kam aus einem kleinen Gemüsegarten", erinnerte sich Herfried Kwapis, der 1933 sieben Jahre alt war.

Montag 11. April

Anzeige HA, 11.04.1933

[HER] Das Textilhandelsgeschäft „Gebr. Rindskopf" auf der Bahnhofstraße ist weit über die Stadtgrenzen hinaus bekannt. Der jährliche Umsatz beträgt selbst während der Wirtschaftskrise etwa 1,25 Mio. RM. Als „jüdisches Unternehmen" wurde es am 1. April von der SA boykottiert. Die einmalig geschaltete Anzeige verweist bewusst auf die lange deutsche Tradition des Unternehmens.

[HER/WAN/CAS] Während des Wahlkampfes hatten KPD-Anhänger politische Parolen auf Gebäude, Mauern, Straßen und Bürgersteige gemalt. Zur Beseitigung dieser „verbotswidrigen Schmierereien, die durch ihren fast ausschließlich gesetzeswidrigen Inhalt die öffentliche Ruhe, Sicherheit und Ordnung gefährdeten", werden die in Polizeigewahrsam befindlichen kommunistischen Funktionäre unter Bewachung der Hilfspolizei herangezogen. In Wanne-Eickel werden acht Kommunisten wegen der Teilnahme an einer illegalen Funktionärssitzung inhaftiert. Weitere acht Personen werden festgenommen, weil sie auf der Straße kommunistische Lieder gesungen haben. In Herne und Castrop-Rauxel werden bei einer Durchsuchungsaktion große Mengen kommunistischer Schriften und einige Waffen gefunden.

[HER] Am Abend wird das Volkshaus an der Bahnhofstraße einschließlich der Wirtschaft von einer größeren SA-Abteilung unter Leitung des Sturmführers Spaltenburg besetzt. Vor dem Gebäudekomplex bringen die Nationalsozialisten demonstrativ ein Schild mit der Aufschrift „Adolf-Hitler-Haus" an. Das Volkshaus mit seiner eigenen Kneipe und einem großen Versammlungssaal mit Bühne war der maßgebliche Treffpunkt der sozialdemokratischen und gewerkschaftlichen Arbeiterbewegung.

Im Ratssaal versammeln sich auf Veranlassung der NSBO die Beamtenschaft und die Kommunalbeamten. **Albert Meister** kündigt in seiner Rede „Säuberungen" in der Stadtverwaltung an. Es sei sein Ziel, das Ansehen der Beamtenschaft in der Bevölkerung wieder zu heben: „Ihr Führer ist Adolf Hitler und Sie sind seine Soldaten", hielt er den versammelten städtischen Mitarbeitern entgegen.

Mittwoch 12. April

[WAN] Der Lokalteil der RE titelt: „Jud Nussbaum über Nacht ausgerückt". Weiter heißt es im Artikel: „Da nach der Machtergreifung der Boden für den Hebräer zu heiß geworden ist, hat er bei Nacht und Nebel unsere Stadt verlassen." Später versucht der nach Frankreich geflohene Elias Nussbaum Schadenersatz für die beiden Geschäfte und die verlorene Wohnungseinrichtung einzuklagen, dessen Gesamtsumme sich auf etwa 100.000 Reichsmark beläuft. Im November 1933 beginnt der Prozess, der von offensichtlichen Falschaussagen und der engen Komplizenschaft von Justiz, Polizei und der NSDAP-Ortsgruppe gekennzeichnet ist. Im Juli 1934 werden die Entschädigungsansprüche der Familie Nussbaum abgelehnt.

Donnerstag 13. April

[HER] Der seit 1925 bei den Stadtwerken als Zählereicher beschäftigte Bruno Ochs wird auf Antrag der Kontrollkommission der NSDAP entlassen. Bei den Krankenkassen werden über 60 Personen, sowohl Arbeitgeber als auch Arbeitnehmervertreter, aus den Vorständen und Ausschüssen herausgeschmissen. Es handelt sich um Juden, Sozialdemokraten, Kommunisten, Gewerkschafter und andere unliebsame Personen. Eine Kommunistin, die sich wegen „Vorbereitung zum Hochverrat" strafbar gemacht hat, wird festgenommen.

Als Hilfskommissare zur besonderen Verwendung werden vom kommissarischen **OB Meister** folgende Personen berufen: Ingenieur Eugen Kuhn, Stadtobersekretär Georg König, Kaufmann Fritz Grümer, Stadtverordneten-Vorsteher **Alfred Bongardt**, Stadtrat Karl Eckey, Stadtrat Gustav Emde, Architekt Meinolf Drolshagen, Baumeister Otto Waldmann und Stadtverordneter Heinrich Landwehr. Die Hilfskommissare, allesamt bekannte Sympathisanten oder Mitglieder der NSDAP, sollen bei den „Aufräumarbeiten" und bei der Durchsetzung der nationalsozialistischen Ziele in der Stadtverwaltung unterstützend einwirken. Alfred Bongardt übernimmt das Vorzimmer des OB als dessen „rechte Hand" und ist als Hilfskommissar mit dem Aufspüren politisch unerwünschter Angestellter und Beamter beschäftigt.

[WAN] Auf dem Pferdemarkt in Crange werden außer Schafen und Ziegen auch 120 Pferde, 200 Schweine und 44 Fahrzeuge zum Kauf angeboten. Die Preise für Pferde der 1. Klasse liegen zwischen 600 und 650 Mark. Den Markt besuchen rund 400 Personen.

Anzeigen, 15. KW 1933

Freitag 14. April

[HER] Helfer aus der sozialistischen Jugend um Karl Wolmeyer, dem Kreisvorsitzenden der „Kinderfreunde-Bewegung", versuchen, ihre politische Arbeit fortzuführen. Die Ausrüstungsgegenstände und Gerätschaften der mitgliederstarken SPD-Jugendverbände wurden zwar bei der Besetzung des Parteihauses beschlagnahmt, aber mit improvisierten Treffen und Gruppenspielen auf der Straße oder auf freiem Feld wird der Kontakt zu den Kindern und Jugendlichen aufrechterhalten. Mitglieder des Kreises gehen in ihrer oppositionellen Tätigkeit aber auch weiter: Sie brechen in polizeilich versiegelte Wohnungen von bereits emigrierten Juden ein und retten dort persönliche Wertgegenstände, die den Emigrierten dann über Kontakte ins Ausland zugestellt werden. Ferner hilft man Genossen und Genossinnen, die sich über die grüne Grenze nach Holland absetzen müssen.

[HER/RE] Die Ruhrknappschaft teilt Dr. Wilhelm Emanuel, Behrensstraße 5, Herne, schriftlich mit, „dass wir ihre Anstellung als Volontärarzt an unserem Krankenhaus in Recklinghausen von 1. April 1933 ab als aufgehoben ansehen." In einem sofortigen Antwortschreiben widerspricht Emanuel dieser fristlosen Kündigung: „Ein Grund zu einer fristlosen Entlassung liegt nicht vor, da ich mir weder in persönlicher noch in fachlicher Hinsicht irgendetwas habe zuschulden kommen lassen. Ich stelle Ihnen meine Dienste hiermit weiter zur Verfügung und bestehe auf Erstattung der mir vertraglich zugesicherten Vergütung."

[WAN] Auf der Holsterhausenerstraße kommt es gegen zehn Uhr morgens zu einem Massensturz von zehn Radfahrern, die sich auf einem Feiertagsausflug Richtung Herne befinden. Auf dem sehr schlechten Straßenteil in Nähe der katholischen Kirche stürzt der erste in ein Schlagloch und bringt fast alle nachfolgenden Fahrer zu Fall. Außer Kopf- und Armverletzungen brach sich ein 14-jähriger ein Bein.

Samstag 15. April

[WAN] Paul Brauer arbeitet auf Shamrock 3/4 und wohnt auf der Emscherstraße 117. In seinem Lebens- und Arbeitsumfeld ist er als KPD-Mitglied bekannt. In einem Interview in den 1980er Jahren erinnert er sich an die entfesselte Gewalt von SA und Hilfspolizei in jenen Tagen: „Die Nazi-Strolche haben bei mir Haussuchung gemacht. Die traten mit ihren Stiefeln die Tür ein und schrien: ‚Komm raus du roter Hund, wir legen dich um!' Alle paar Tage schleppten die braunen Banditen mich dann in ihre Folterkeller. In die Mozartstraße. Da wurde ich beschimpft und geschlagen. In der Diesterwegschule im Keller schnallten sie mich über den Bock und schlugen mich grausam zusammen. Die schlugen mit Fäusten, Knüppeln, Koppel, mit Ochsenziemer und Schlagringen auf alle Körperteile! Dann in der Gelsenkircherstraße 25 bei der Gestapo. Verhöre und immer wieder Verhöre, blutig geschlagen ließ man mich zunächst wieder laufen. Einige Tage später holte man mich aus der Wohnung. Zwei Zivile und zwei von der Polizei. Kurz vor dem Rathaus in Wanne hörte ich schon die Schreie der Gefolterten. Dann brachten sie mich ins Rathaus. Wie ich vom Auto absteige, bekomm ich einen Tritt in den Rücken und einen Schlag ins Gesicht, dass ich die Treppe in den Keller hinunterstürze. Die haben mich dann hochgerissen und in den Keller gezerrt. Dann haben sie mich auf den Tisch geworfen. Zwei Mann am Kopfende haben mich auf die Platte gedrückt und die Arme festgehalten. Die anderen haben mit langen Gummiknüppeln und Ochsenziemern geschlagen. Die haben weiter geschlagen bis ich besinnungslos war. Wie ich wach wurde, lag ich in einer Zelle auf einer Matte und hatte einen nassen Kopf. Ich nehme an, die haben mich mit Wasser begossen. Zuerst hörte ich furchtbares Schreien. Wie das Schreien aufhörte, wurde die Tür der Zelle aufgestoßen und ich hörte meinen Namen ‚Brauer!' Dann rissen mich zwei von den Schergen hoch und führten mich durch den Gang zum Folterraum. Da haben die mich auf den Tisch geworfen und geschlagen. Einer rief immer: ‚Drauf hauen! Kaputt hauen!' Mir lief das Blut aus Mund und Nase. Die hatten mir das Nasenbein eingeschlagen und alle Zähne waren lose. Aber sie haben weiter geschlagen, bis ich ohnmächtig wurde. Als sie mich das dritte Mal aus der Zelle holten, haben sie mich an den Haaren gerissen. Einer hat mir in den Sack getreten. So feste getreten, dass ich sofort umfiel. In der Zelle auf der nassen Matte kam ich wieder zu mir. Die wenigen Genossen, die noch in der Zelle waren, sprachen mir Mut zu – im Angesicht des eigenen Grauens, das ihnen selbst bevorstand. Dann holten mich die Sadisten nochmals zur Sonderbehandlung, wie sie es nannten. Und erneut die gleichen Fragen. Ich konnte nicht mehr sprechen. Die schlugen mir so auf den Kopf, dass ich wieder zusammenbrach. Auf den Knien habe ich gebettelt: ‚Erschießt mich doch. Ich halte das nicht mehr aus!' Da haben sie ihren Spaß mit mir getrieben. Schläge und Tritte versetzten sie mir, wo sie nur hin trafen. Gegrölt und gelacht haben sie dabei."

Mittwoch 19. April

[ALLGE] Laut amtlicher Verfügung dürfen Polizeianwärter nur noch aus dem Umfeld der nationalen Verbände kommen. Bewerber müssen zwei Bürger nennen, bei denen über ihre Zuverlässigkeit Auskunft einzuholen ist. Diese Bürger müssen in den nationalen Verbänden SA, SS, Stahlhelm und Deutschnationaler Kampfring Führerstellen bekleiden.

*[Anmerk.: Der **Polizeiapparat** bewies sich als Stütze der NSDAP und war maßgeblich an der Zerschlagung der politischen Opposition beteiligt. Bei der Verfolgung missliebiger oder kriminalisierter Bürger missachteten Polizeibeamte frühzeitig elementare Schutzregeln des Staates. In Herne wurden aufgrund des Berufsbeamtengesetzes 1933 elf politisch missliebige Polizisten aus dem Dienst entlassen. Im Verfahren gegen den Oberwachtmeister Peter Odermann wurde etwa festgestellt: „Sie waren in der S.P.D. Ihr Sohn und Tochter waren bei den roten Falken. Außerdem war ihr Sohn im Spielmannszug der S.P.D." 1940 wurden einige der Entlassenen aufgrund des kriegsbedingten Personalmangels wieder bei der Polizei eingestellt darunter auch Peter Odermann, der am 1. Januar 1940 in die NSDAP eingetreten war.]*

[HER] Der Leiter des Versorgungshauses Wilhelm Dörr wird aufgrund des Gesetzes zur Wiederherstellung des Berufsbeamtentums fristlos und ohne Pension entlassen. Nach Aussagen des Kontrollausschusses ist er „Parteibuchbeamter" und bekam nur durch die Gunst des früheren Beigeordneten Hölkeskamp diese leitende Position, obwohl ihm als früheren Bergmann „jede Vorbildung und Eignung" für diese Stelle fehlte.

[WAN] Die NSDAP startet mit mehreren Hetzartikeln in der „Roten Erde" eine Difamierungskampagne gegen den Leiter des Gesundheitsamtes Dr. Erich Deutsch. Der jüdische Stadtmedizinalrat, der 1921 als Amtsarzt in Eickel seine erste Praxis eröffnet hatte und nach der Stadtwerdung 1926 zum Leiter des Gesundheitsamtes ernannt wurde, ist als vehementer Gegner der NSDAP bekannt. So hat er 1930 zusammen mit der Republikanischen Beschwerdestelle, ein Verein, der die demokratischen Errungenschaften der Weimarer Republik gegen die nationale Rechte verteidigte und oftmals Strafanzeige gegen antirepublikanisches Verhalten stellte, den Gauleiter Josef Wagner wegen eines Zeitungsartikels vor Gericht und ins Gefängnis gebracht. Nach Informationen der RE soll Deutsch an einer Studienfahrt in die Sowjetunion teilgenommen haben, die vom Gelsenkirchener Stadtmedizinalrat angeregt worden war. Die RE resümiert bedrohlich: „Der Jude Deutsch hat, wie all seine Rassegenossen, allerlei auf dem Kerbholz und inzwischen bei Nacht und Nebel Wanne-Eickel verlassen. Sein Aufenthaltsort soll bekannt sein!"

In der mit Hakenkreuz- und schwarz-weiß-roten Fahnen ausstaffierten Stadthalle findet um 16:30 Uhr die erste Stadtverordnetenversammlung nach den

Kommunalwahlen statt. Demonstrativ marschieren die Vertreter der NSDAP in Braunhemden und mit Musik ein. Begleitet werden sie von Verbänden der SA und SS, die neben den zahlreichen interessierten Bürgern im Saal Platz nehmen. Die Abgeordneten der KPD wurden nicht eingeladen, die SPD-Vertreter sind nicht erschienen. Nach dem Absingen des Horst-Wessel-Liedes eröffnet OB Kiwit die Sitzung mit einem Bekenntnis zum neuen Staat: „Ich danke dem Mann, dem es gelungen ist, ein neues Deutschland zu schaffen, das keine kommunistische Gefahr mehr kennt. Unser Reichskanzler Hitler hat diese Gefahr aus Deutschland verbannt und auch dadurch unserer Stadt, die einst Hochburg des Kommunismus war, eine besondere Wohltat erwiesen." Anschließend weist er auf die schwierige wirtschaftliche Lage hin: „Die Geißel der Erwerbslosigkeit hat unter allen Industriestädten des Westens wenige so hart getroffen wie Wanne-Eickel. Seit 1928 hat sich die Gesamtzahl der Erwerbslosen in Wanne-Eickel verzwölffacht. Infolge des Umstandes, dass Reich und Staat sich fortlaufend zu Lasten der Kommunen von der Fürsorge für die Erwerbslosen befreit haben, ist die Zahl der Erwerbslosen in der Fürsorge der Stadt seit 1928 auf das Neunfache gestiegen. Ohne die ungerechte Abwälzung der Erwerbslosenlasten von den Schultern des Reiches auf die Schulter der Gemeinden wären die Finanzen der Industriestädte nicht ins Wanken gekommen. Wenn aber in allen Industriestädten im Etatjahr 1932 die Gesamteinnahmen nicht einmal mehr ausreichen, um auch nur die Hälfte der Erwerbslosenlasten zu bestreiten, ist eine vernünftige Finanzpolitik unmöglich." In der Sitzung unter der Leitung von Staatskommissar Dr. Wulf, ebenfalls im Braunhemd anwesend, werden Ehrenbürgerschaften für Hitler und Hindenburg beschlossen.

Postkarte der Stadthalle und der Josephskirche, Wanne-Eickel, undatiert

[HER/WAN] Anlässlich des bevorstehenden Geburtstages des Reichskanzlers Adolf Hitler finden Fackelzüge mit mehreren tausend Teilnehmern statt, darunter die uniformierte Schutzpolizei und Vertreter der Reichs- und Kommunalbehörden, die Betriebszellenorganisationen und Bergleute mit Grubenlampen, Eisenbahner, Feuerwehrleute und städtische Beamte. Über den Aufmarsch in Herne berichtet die HZ: „Wieder flattern die Fahnen der nationalen Revolution von allen Häusern: Straßen prangen im Schmuck der deutschen Farben und grüßen stolz und froh den Mann, dessen heute ein ganzes Volk als seines Führers aus tiefer Not, aus Elend und sinnloser Verblendung gedenken will." Die Rede auf den Führer hält **Albert Meister**. „Das war der saubere Mann, unantastbar und nicht niederzudrücken trotz aller Anfeindungen, trotz des Drecks, mit dem man ihn bewarf, der nie den Mut verlor, trotz Redeverbots und aller Schikanen geradeaus seinen Weg verfolgte." Vermutlich meint Meister sich mit diesen Worten auch selbst, schließlich ist er im September 1931 auf Veranlassung des Stadtrates aufgrund der wiederholten Anfeindungen von Ratsvertretern bezüglich seiner umfangreichen Tätigkeit für die NSDAP vom Schuldienst suspendiert worden.

Donnerstag 20. April

[ALLGE] Die NSDAP beschließt: „Der Andrang in die NSDAP ist nach der Machtergreifung durch die Bewegung so ungeheuer geworden, dass sich die Reichsleitung im Einvernehmen mit dem Führer veranlasst sieht, mit Wirkung vom 1. Mai 1933 eine Mitgliedersperre zu verfügen. Nach diesem Zeitpunkt darf keine Dienststelle der Bewegung Neuanmeldungen mehr entgegennehmen." Nach der Reichstagswahl im März 1933 stellten Hunderttausende Deutsche einen Aufnahmeantrag für die NSDAP. Viele erhoffen sich berufliche Vorteile, wenn sie „Pg" (Parteigenosse) sind. Die Zahl der Parteimitglieder steigt von 850.000 im Januar 1933 auf 2,5 Millionen im Januar 1935 an. Im Volksmund werden die Neumitglieder spöttisch als „Märzgefallene" bezeichnet.

[HER] Durch die „Säuberungsaktionen" und die Gleichschaltung gewinnt der NSDAP-Kreisleiter **Karl Nieper** an politischem Einfluss. Der gelernte Melker und Soldat im Ersten Weltkrieg ist 1921 nach Herne gekommen und arbeitete bis 1932 als Fahrer und Straßenbahnschaffner beim HCR. Bereits 1925 wurde er Mitglied der NSDAP (Nr. 16.868). Nunmehr mit politischer Macht ausgestattet sorgt er zum Teil durch persönliche Interventionen für die Entlassung von über 40 früheren Kollegen bei der Straßenbahn, die ihm als Sympathisanten der Arbeiterparteien bekannt sind. In seiner Funktion als Kreisleiter hat er alle Anträge auf Parteimitgliedschaft zu beurteilen. Zudem ist er in Fragen der Gleichschaltung relevant: Wer welches Amt in den Vereinen und Verbänden behalten darf oder bekommt, hängt maßgeblich von seinem Leumundszeugnis ab.

Die Geschäftsräume des Deutschen Metallarbeiterverbandes in der Schulstraße werden von einer Abteilung der SA besetzt und geschlossen. Aufgrund des Berufsbeamtengesetzes werden der Stadtbaumeister Otto Lüttich und die Studienrätin Anna Möllers, beides bekannte SPD-Mitglieder, fristlos entlassen. Möllers unterrichtet am Oberlyzeum, Lüttich ist Vorstandsmitglied der SPD-eigenen Volkshaus-Aktien-Gesellschaft. Ebenso entlassen wird der Baubetriebsassistent Paul Michelchen, der mehrere Jahre Stadtverordneter der KPD war. Die HZ bezeichnet ihn als „typischen Vertreter des Parteibuchbeamtentums", dessen Aufstieg vom einfachen Handwerker zum städtischen Beamten sich nur durch die Entwicklung nach der Novemberrevolution erkläre. Da es bei der Vergabe von Straßenpflasterungen zu Bestechungen gekommen sein soll, kommt es zu Verhaftungen in der Stadtverwaltung. Bei den Festgenommenen handelt es sich um Pflastermeister Schneider, Stadtbaumeister Lüttich, Stadtinspektor Biermann, Stadtobersekretär Pöthig und Direktor Max Längert, Leiter des Gas- und Elektrizitätswerks und des HCR. Von den Verhafteten gehören ein Teil der SPD und zwei Rechtsparteien an.

Der „NS-Kampfbund für den gewerblichen Mittelstand" verteilt aus Anlass des Geburtstags des Reichskanzlers Adolf Hitler Speisen und Brot kostenlos an die notleidende Bevölkerung. In der Mittagszeit von 12 bis zwei Uhr werden im Kaufhaus des Einzelhandels rund 5.000 „Hitlerspenden" verteilt.

[WAN] In einem Schreiben an den Regierungspräsidenten in Arnsberg verlangt Dr. Wilhelm Wulf, die Einleitung eines Amtsenthebungsverfahrens gegen den Stadtmedizinalrat Dr. Deutsch einzuleiten. „Gründe: Dr. Deutsch, ein getaufter Jude, ist als Schädling der nationalen Bewegung anzusprechen. Er hat mit der Republikanischen Beschwerdestelle im Schriftwechsel gestanden und bei ihr die Schaffung von Gesetzen angeregt, die nur gegen die nationale Bewegung gerichtet gewesen sein können. Vorsorglich habe ich sein Gehalt am heutigen Tage in Höhe von 50 Prozent sperren lassen." Der Staatskommissar lässt auch das Gehalt des Beigeordneten Schumacher (SPD) sperren.

[Anmerk.: Über den Wandel von der „nationalen Erhebung" zur „nationalsozialistischen Revolution" schrieb Victor Klemperer am 20. April 1933 in sein Tagebuch: „Ist es die Suggestion der ungeheuren Propaganda – Film, Zeitungen, Flaggen, immer neue Feste (heute der Volksfeiertag, Adolf des Führers Geburtstag)? Oder ist es die zitternde Sklavenangst ringsum? Ich glaube jetzt fast, dass ich das Ende dieser Tyrannei nicht mehr erlebe. Und ich bin fast schon an den Zustand der Rechtlosigkeit gewöhnt. Ich bin schon nicht Deutscher und Arier, sondern Jude und muss dankbar sein, wenn man mich am Leben lässt. – Genial verstehen sie sich auf die Reklame. Wir sahen vorgestern (und hörten) im Film, wie Hitler den großen Appell abhält: Die Masse der SA-Leute vor ihm, das halbe Dutzend Mikrophone vor seinem Pult, das seine Worte an 600.000 SA-Leute im ganzen Dritten Reich weitergibt – man sieht seine Allmacht und duckt sich. Und immer das Horst-Wessel-Lied. Und alles kuscht."]

Wanne-Eickeler Zeitung

Allgemeine Zeitung — **General-Anzeiger** — **Hertener Tageblatt**

Hauptgeschäftsstelle: Wanne-Eickel, Hindenburgstr. 257. — Fernspruch-Anschluß: 40741 u. 40742. Annahmestellen: Buchhandlung Ernsting, Wanne-Eickel, Hindenburgstraße 18, und Herren, Ewaldstraße 1. — Verantwortlich für Politik, Kommunalpolitik, Soziales und Wirtschaft: W. Kortenbach; für Unterhaltung, Provinzielles u. Sport: O. Vohle; für den Anzeigenteil: Frih Fischer; sämtlich in Wanne-Eickel. — Rotationsdruck u. Verlag der Wanne-Eickeler Zeitung G. m. b. H. — Geschäftsleitung: Arthur Herschenbach in Wanne-Eickel.

Erscheint täglich mit Ausnahme der Sonn- u. Feiertage. — Bezugspreis: Monatl. 1.— R.-Mt. einschl. 15 % Botenlohn. Anzeigenpreise: Für 1 Millimeter Höhe in Spaltenbreite im Oktober 7 Pfg., im Arbeits- u. Wohnungsmarkt u. bei privaten Familienanzeigen 6 Pfg., auswärts 10 Pfg., im Reklameteil 40 Pfg. — Für Anzeigen an bestimmten Plätzen wird keine Gewähr übernommen. Beilagengebühr 12 Mt. Teilauflagen 16 Mt. für das Tausend. Kostenlose Abonnentenversicherung bei tödlich. Unfall nach Maßgabe besonderer Bestimmungen.

46. Jahrgang — Amtliches Publikationsorgan der Stadt Wanne-Eickel — **46. Jahrgang**

Nr. 92 — Donnerstag, den 20. April — 1933

Deutschland beglückwünscht den Kanzler!

Unser Hitler!

Von
Reichsminister Dr. P. J. Goebbels

Der Reichsminister für Propaganda und Aufklärung, Dr. Goebbels, veröffentlicht durch die offiziellen Nachrichtenbüros folgenden Artikel zum Geburtstag Hitlers:

Es ist mir an dem heutigen Tage, da Adolf Hitler sein 44. Lebensjahr vollendet, ein Herzensbedürfnis, zu ihm ein persönliches Bekenntnis abzulegen. [...]

Regierung ruft zum Flaggen auf

Als Erster gratulierte Hindenburg

wt Berlin, 20. April. Reichspräsident von Hindenburg hat dem Reichskanzler Adolf Hitler zu seinem Geburtstage sein Bild im silbernen Rahmen mit eigenhändiger herzlicher Glückwunschschreiben durch Staatssekretär Meißner übermitteln lassen. [...]

Feier des Geburtstages

Zum ersten Male feiert Adolf Hitler heute, 20. April, als Reichskanzler des deutschen Volkes seinen Geburtstag. [...]

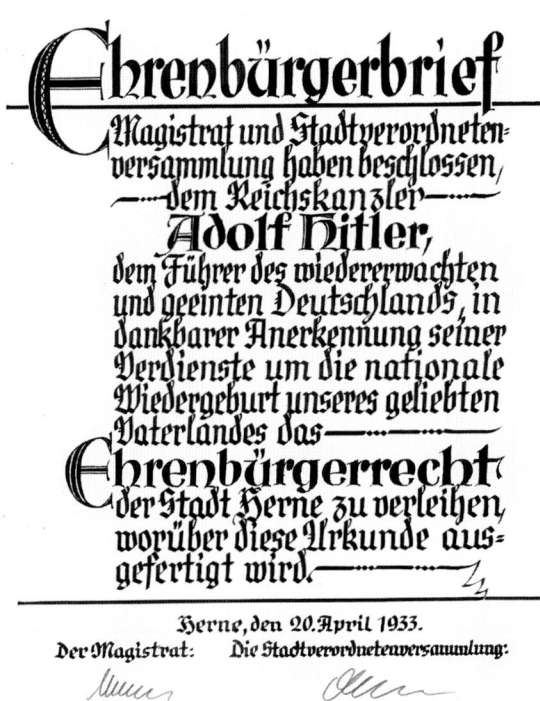

Ehrenbürgerbrief

Magistrat und Stadtverordnetenversammlung haben beschlossen,
dem Reichskanzler

Adolf Hitler,

dem Führer des wiedererwachten
und geeinten Deutschlands, in
dankbarer Anerkennung seiner
Verdienste um die nationale
Wiedergeburt unseres geliebten
Vaterlandes das

Ehrenbürgerrecht

der Stadt Herne zu verleihen,
worüber diese Urkunde aus-
gefertigt wird.

Herne, den 20. April 1933.
Der Magistrat: Die Stadtverordnetenversammlung:

[Anmerk.: Die **Ehrenbürgerschaften** für Reichspräsident Otto von Hindenburg und Reichskanzler Adolf Hitler wurden in Herne am 3. April 1933 und in Wanne-Eickel am 19. April 1933 gefasst – jeweils auf der ersten Sitzung der Stadtverordneten-versammlung nach den Wahlen im März. Nach dem Krieg galt die verwaltungs-technische Auffassung, dass die Ehrenbürgerschaft mit dem Tod des Geehrten erlöschen würde. Dieser Position schloss sich auch die Stadt Herne an. Nach einer öffentlichen Diskussion erfolgte 1984 eine grundlegende Kurskorrektur. In einem symbolischen Ratsbeschluss vom 6. September 1984 wurde Hitler die Ehren-bürgerschaft ausdrücklich aberkannt: „Der Rat der Stadt Herne ist einmütig der Auffassung, dass Adolf Hitler die von der Stadtverordnetenversammlung der Stadt Herne und der Stadtverordnetenversammlung der ehemaligen Stadt Wanne-Eickel verliehenen Ehrenbürgerrechte durch seine verbrecherischen Handlungen ver-wirkt hat und erklärt in aller Form die damaligen Beschlüsse für null und nichtig." Deutschlandweit verliehen rund 4.000 Kommunen Hitler die Ehrenbürgerwürde. Dieses Phänomen war ein Teil des „Führerkults", der nach der „Machtergreifung" von weiten Teilen der Gesellschaft mitgetragen wurde. Im Alltag schlug sich dies beispielsweise im sogenannten Hitler-Gruß oder der Umbenennung von Straßen und Schulen nach Adolf Hitler nieder. Hitler gelang es, sich zum Symbol der „na-tionalen Erlösung" zu stilisieren.]

Freitag 21. April

[BO/HER/WAN] In den frühen Morgenstunden findet im gesamten Polizeibezirk Bochum eine Razzia bei ehemaligen Funktionären der KPD und ihrer Nebenorganisationen statt. Hilfs- und Kriminalpolizei beschlagnahmen umfangreiches Material und verhaften 36 Personen. In Herne wird ein Kraftrad sichergestellt, mit dem der Besitzer B. Kurierfahrten für die Kommunistische Partei ausgeführt haben soll.

[HER] Der Fuhrpark wird weiter gesäubert. Wegen politischer Unzuverlässigkeit werden weitere acht marxistische Arbeiter entlassen. Um die personellen Lücken beim Fuhrpark und beim Gas- und Elektrizitätswerk wieder zu schließen, werden Neueinstellungen, insbesondere alte Parteimitglieder der NSDAP, vorgenommen.

[RUHR] „Ruhr-Kaplan" Dr. Carl Klinkhammer wird als erster katholischer Geistlicher vor den Augen von 300 Kommunionkindern in der Herz Jesu Kirche in Altenessen in Schutzhaft genommen. Er hatte einen Tag zuvor in einer Predigt von der Kanzel offen die Nationalsozialisten und das Führerprinzip angegriffen. Klinkhammer, der sich seit Jahren landauf, landab in zahlreichen Versammlungen gegen Kommunismus und Nationalsozialismus ausgesprochen hat, ist im Revier sehr populär und sein Wirken wird von den katholischen Zeitungen genau verfolgt. Der Kaplan wird am nächsten Tag wieder aus der Schutzhaft entlassen.

[WAN] Auf der Jahreshauptversammlung des Handwerksamtes im Kurhaus wird der alte Vorsitzende, Elektromeister und Obermeister des Handwerksamtes Fliegner, durch Kreiskampfbundführer Fleischermeister Anton Plankermann abgelöst. Dieser betont in einer Rede die Notwendigkeit der Gleichschaltung. „Es ist unbedingt erforderlich, dass in die Vorstände von Verbänden und Innungen Nationalsozialisten gehörten, die dem Reichskanzler Adolf Hitler den Rücken stärken und sich mit ihrer ganzen Kraft der Durchführung der nationalsozialistischen Idee widmet." Auf einer außerordentlichen Generalversammlung des Gartenbauvereins Eickel wird ein neuer „national gesinnter Vorstand" gewählt und der Verein damit gleichgeschaltet.

In Holsterhausen findet eine Aktion der verbotenen KPD statt. In der Nacht werden an Häusern und Mauern im Handdruck angefertigte Zettel geklebt, in denen die Freilassung von Ernst Thälmann und anderen inhaftierten Kommunisten gefordert wird.

Samstag 22. April

[ALLGE] Mit einer Verordnung des Reichsarbeitsministeriums wird die „Tätigkeit von Kassenärzten nichtarischer Abstammung sowie von Kassenärzten, die sich im kommunistischen Sinne betätigt haben", für beendet erklärt und „Neuzulassungen solcher Ärzte zur Tätigkeit bei den Kassen" verboten. Damit verliert der große Teil der etwa 8.000 jüdischen Ärztinnen und Ärzte in Deutschland die berufliche Grundlage. Die rassische Ausgrenzung von „nichtarischen" Kassenärzten auf dem Verwaltungsweg wird von den zuständigen Stellen in den folgenden Jahren weiter perfektioniert.

[HER] Erneute Verhaftungswelle gegen die KPD: 15 Personen werden wegen des Verdachts, im Sommer 1932 an einem Überfall auf die SA in Holthausen teilgenommen zu haben, verhaftet. Fünf weitere Personen werden inhaftiert, weil sie im Verdacht stehen, Funktionäre der KPD zu sein.

Am Wochenende finden ein „Deutscher Abend" der Zeche Julia im Restaurant Pabst an der La-Roche-Straße, ein Unterhaltungsabend der NSBO-Constantin im evangelischen Vereinshaus und als größte Veranstaltung die Fahnenweihe der NSBO auf Mont-Cenis I/II/III im evangelischen Gemeindehaus in Sodingen statt. Der komm. **OB Meister** betont in seiner Rede, dass der Führer den deutschen Arbeiter niemals vergessen werde: „Am 1. Mai würde der Führer zeigen, wie bisher, dass er halte, was er verspreche."

[WAN] Am Nachmittag durchsucht ein großer Trupp von Hilfspolizisten die Häuser im Dannekamp in der Allee- sowie der 1. und 2. Quer-Straße nach Waffen und verbotenem Material. Fünf Personen werden vorläufig festgenommen.

Die Kampagne gegen Dr. Erich Deutsch findet ihre Fortsetzung. Dr. Ferdinand Pronold, nationalsozialistischer Hilfskommissar für das Gesundheitswesen, wirft nach der „Prüfung des amtlichen Aktenmaterials des Gesundheitsamtes" dem Stadtmedizinalrat die Verschwendung öffentlicher Gelder vor. Abstruse Berechnungen über das städtische Röntgeninstitut und das Kinderheim Kappenberg, das 1931 wegen Unrentabilität geschlossen werden musste, münden in dem Vorwurf: „Hunderttausende wurden für die größenwahnsinnigen Experimente eines jüdischen Stadtarztes ausgegeben. Durch diese Ausgabenwirtschaft wurde der Haushalt der Stadt derart belastet, dass Gelder für die Arbeitsbeschaffung nicht mehr vorhanden sein konnten."

[Anmerk.: Dr. Erich Deutsch wurde aus dem Amt gedrängt und durfte als Medizinalrat nicht mehr praktizieren. Er zog mit seiner Familie auf einen Bauernhof

nach Bergisch-Gladbach und lebte von den Erträgen. 1944 wurde er deportiert. Nach Augenzeugenberichten wurde er nach seiner Ankunft in Theresienstadt auf dem Hofe der Kleinen Festung am 4. Oktober 1944 derartig mit Stöcken und einer Eisenstange geschlagen, dass er am darauf folgenden Tag starb.]

Montag 24. April

[HER] Anhaltende Absatzschwierigkeiten veranlassen die Verwaltung der Schachtanlage Shamrock, eine Feierschicht anzuordnen. Damit steigt die Zahl der Feierschichten in diesem Jahr auf 30.

In der Gaststätte Nordmann treffen sich **Albert Meister**, der Kreisbetriebszellenwart Friedrich Wessel und der Kreispropagandaleiter Arnold mit den Vertretern der lokalen Organisationen und Verbände, um das Programm für den „Tag der nationalen Arbeit" zu planen. Es ist bereits abzusehen, dass sich alle bedeutenden gesellschaftlichen Vereine von der SA bis zu den Sport- und Turnverbänden in den großen Festumzug einreihen werden. Besonders betont wird, dass zwar Mitglieder der Gewerkschaften am Festumzug teilnehmen, aber die alten Gewerkschaftsorganisationen nicht durch Fahnen oder Banner repräsentiert werden dürfen. Die konkrete Umsetzung des Tages wird in die Hände der NSBO gelegt.

[Anmerk.: Bereits am 4. April hatte die Reichsregierung angekündigt, den 1. Mai als „Tag der nationalen Arbeit" zu einem offiziellen Feiertag mit voller Lohnfortzahlung zu machen. Eine alte Forderung der Arbeiterbewegung schien damit erfüllt. Im Rahmen ihrer Anpassungspolitik begrüßten die Gewerkschaften die Einführung des Feiertages und signalisierten ihre Bereitschaft, an den von der NSDAP gesteuerten Massenkundgebungen teilzunehmen. Im nationalsozialistischen Festkalender nahm der 1. Mai in den folgenden Jahren eine wichtige Rolle ein. Seiner Beziehung zur Arbeit oder gar zur Arbeiterbewegung wurde dagegen gänzlich getilgt. Seit 1934 hieß er „Nationaler Feiertag des deutschen Volkes". Es sollte ein Tag der Volksgemeinschaft sein, der als „Frühlingsfest" an ein angeblich germanisches Brauchtum anknüpfte.]

Dienstag 25. April

[HER] Größere Hausdurchsuchungen werden von Abteilungen der SA im Stadtteil Sodingen bei früheren Mitgliedern der KPD vorgenommen. Es werden illegale Flugblätter und Hieb- und Stichwaffen beschlagnahmt. Sechs Personen, die im Verdacht stehen, sich kommunistisch betätigt zu haben, werden festgenommen. Gleichzeitig werden von der SA zumeist kommunistische Schutz-haftäftlinge durch die Stadt getrieben, die die Parolen der Linken von den Mauern waschen und deren Wahlkampfplakate entfernen müssen. „Diese Arbeit der mit Schrubbern und Eimer bewaffneten Kommunisten wird meist von einer größeren Menschenmenge mit Interesse verfolgt", berichtet der HA. Auch **Karl Hölkeskamp** wird genötigt, mit einer Leiter auf dem Rücken Plakate der SPD zu entfernen.

Der Kontrollausschuss der NSDAP erhält vom Kaufmann Johannes Voorgang ein Schreiben mit folgendem Inhalt: „Die Firma Geb. Rindskopf hat in den letzten Jahren fast den gesamten Bedarf der Städtischen Kleiderkam-mer geliefert. Offerten sind von anderen Geschäften fast nicht eingezogen worden, es sind für mehrere 100.000 Mark Waren von Rindskopf bezogen worden. Es wäre ratsam, wenn die Firma Rindskopf mal sämtliche Rechnungs-abschriften und die Bücher über Lieferungen an die Stadt Herne vorlegte und geprüft würden. Vielleicht hat Löbenstein und Hölkeskamp schwer dabei ge-erbt. Bei dieser Gelegenheit möchte ich noch eine interessante Angabe ma-chen. Die Firma Rindskopf hat ihre Besitzung, welche sie in der Inflationszeit von dem Baugeschäft Dyckhoff erwarb – Goldmarkpreis ca. 30.000 Mark, ver-mietet und zwar das gesamte Anwesen an die Gesellschaft mit beschränkter Haftung Gebr. Rindskopf für jährlich 69.000 Mark. Die Gründung der GmbH ist meines Erachtens doch nur erfolgt, um im Grossen eine Steuerschinderei zu betreiben. Heil Hitler."

Der Kaufmann **Moritz Gans** legt „mit Rücksicht auf die Neugestaltung der politischen Verhältnisse" sein Mandat als Vorstandsmitglied des Herner „Haus- und Grundbesitzer-Vereins" nieder. Er kommt damit seinem Aus-schluss im Rahmen der Gleichschaltung zuvor. Gans ist als ehemaliges Mit-glied des Stadtrates, Förderer des Heimatmuseums und als Vorsitzender der Synagogengemeinde einer der angesehensten Repräsentanten der jüdischen Gemeinde in Herne. Unter seinem Vorsitz kam es zum Bau der Synagoge an der Schaeferstraße, die 1911 als großes Stadtereignis feierlich eingeweiht wurde. Durch die antisemitische Politik der kommenden Jahre wird Gans zu-nehmend ausgegrenzt und seiner Existenzgrundlage beraubt.

Der frühere Polizei-Oberwachtmeister Martin Börner wird gegen zehn Uhr abends in seiner Wohnung verhaftet. Unter dem Spitznamen „Langer Bubi" ist Börner bei den politischen Gegnern gefürchtet. Er war Mitbegründer der „Eisernen Front" in Herne und schrieb unter dem Pseudonym „Asinus" Wo-chenendplaudereien für die verbotene Herner Volkszeitung, in denen er, so die HZ, „in hässlichster Weise gegen die nationale gesinnte Bürgerschaft hetzte".

[RUHR] „Ruhr-Kaplan" Dr. Carl Klinkhammer wird erneut verhaftet und bleibt bis zum 18. Mai in Schutzhaft. Er wird dann mit der Auflage entlassen, die Stadt Essen bis auf weiteres zu verlassen und nicht mehr öffentlich aufzutreten.

[WAN] Auf Drängen der NSDAP wird OB Wilhelm Kiwit vom Regierungsprä-sidenten in Arnsberg beurlaubt. „Dass es für Oberbürgermeister Kiwit selbst wie auch für die Stadt Wanne-Eickel ein beruhigendes Gefühl sein muss, wenn dieser Rücktritt nicht, wie in manchen anderen Städten der nächsten Nachbarschaft auf himmelschreiende Korruption des verantwortlichen Leiters der Stadtverwaltung erfolgt ist, sodass ihm die menschliche Achtung erhalten bleibt. Zur gegebenen Zeit wird vielleicht über den Mann und seine sechsjährige Arbeit in Wanne-Eickel noch einiges zu sagen sein", kommentiert der WESA. Staatskommissar Dr. Wilhelm Wulf wird zusätzlich zum stellvertretenden OB der Stadt Wanne-Eickel ernannt. Zum weiteren Hilfskommissar zur besonderen Verwendung wird SA-Sturmbannführer Wilhelm Appelbaum bestellt.

Mittwoch 26. April

Anzeige HA/HZ, 26.04./29.04.1933

[HER] Der kommissarische **OB Meister** verkündet seine Sofortmaßnahmen zugunsten des Mittelstandes: keine Neuerrichtungen von Filialen, Schließung der Erfrischungsräume in Warenhäusern und Einheitspreisgeschäften, städtische Lieferungen werden nicht mehr an Großgeschäfte vergeben und ein Kontrollrecht des „Kampfbundes für den gewerblichen Mittelstand" bei städtischen Arbeitsvergaben.

Erneut werden 16 Personen wegen „kommunistischer Umtriebe" verhaftet.

[WAN] Die Stadt bereitet sich auf den zum Feiertag erklärten „Tag der nationalen Arbeit" vor. Alle Geschäfte bleiben geschlossen und alle Schüler haben unterrichtsfrei. Die Schulleitung des Realgymnasiums ordnet an, dass sämtliche Oberstufenschüler zum Umzug antreten müssen. Auf größeren Plätzen in der Stadt werden von den Innungen Zelte aufgebaut, in denen Bedürftige ein warmes Essen erhalten sollen.

In der Sitzung des Schöffengerichts Wanne-Eickel werden drei erwerbslose Arbeiter der KPD zu sechs Monaten Gefängnis verurteilt. Sie hatten im Februar 1933 auf der Straße Flugblätter verteilt, die sich gegen die Hitlerregierung richteten und zum Generalstreik aufriefen. Der Staatsanwalt hatte gefordert, dass das Gericht eine abschreckende Strafe verhängen solle, da die kommunistische Flugblattverteilung in Wanne-Eickel „geradezu eine Landplage geworden" sei.

Der frühere Berufsschuldirektor und städtische Beigeordnete Adam Schumacher (SPD) wird in Schutzhaft genommen. Gegen ihn läuft ein Disziplinarverfahren.

Donnerstag 27. April

[HER] Die politischen „Säuberungen" gehen weiter: Bei der Schutzpolizei werden Oberleutnant Merck und Hauptmann Kintrup vorläufig beurlaubt, verhaftet werden ein Funktionär der SPD und ein Angehöriger der KPD.

Die katholischen Jugend-, Knappen- und Arbeitervereine erklären, dass sie geschlossen an den Veranstaltungen zum „Tag der nationalen Arbeit" teilnehmen werden, um so ihre Verbundenheit mit dem gesamten deutschen Volke, ihre Huldigung vor der Ehre und Würde der nationalen Arbeit und ihr christliches Bekenntnis zu Nation und Vaterland zu bekunden.

Max Wiethoff wird veranlasst, sich aus gesundheitlichen Gründen in den Ruhestand versetzen zu lassen. Von 1902 bis 1928 hatte er das Amt Sodingen geleitet und 1926/27 bis zum Äußersten gegen die Eingemeindung nach Herne gekämpft. Als er sah, dass der Kampf um die Selbständigkeit verloren war, sorgte er dafür, dass das Amt nicht zersplittert, sondern geschlossen nach Herne eingemeindet wurde. 1928 wurde Wiethoff zum Beigeordneten der Stadt Herne gewählt und als dritter besoldeter Beigeordneter im Magistrat eingeführt. In einer Würdigung betont der HA die unzweifelhafte nationale Haltung Wiethoffs: Während der französischen Besatzung hat er entschieden gegen die Besatzungsbehörde gekämpft, die ihn im März 1923 wegen der Verweigerung eines Befehls verhaften ließ und ein Jahr ausgewiesen hat. Seine Stelle wird durch den Rat nicht wieder besetzt.

Bei der Sitzung des Stadtverbandes für Leibesübungen tritt Studienrat Dr. Eilentrop freiwillig zurück, um der Gleichschaltung nicht im Wege zu stehen. Einstimmig werden dann **Hermann Kracht** (Westfalia Herne) und Artur Siebel (Herner Turnvereinigung 1873) zum ersten und zweiten Vorsitzenden gewählt.

In den Abendstunden erscheinen Polizei und Hilfspolizeibeamte im Hause Mont-Cenis-Straße 21a, um bei dem SPD-Funktionär Albert Löffler eine Hausdurchsuchung vorzunehmen. Die Aktion verfolgt den vorgeblichen Zweck, Akten und Belege sicherzustellen, die mit den schwebenden Korruptionsfällen im Zusammenhang stehen. Der ungewöhnliche Vorgang lockt eine große Zuschauermenge an.

[WAN] Unter der Überschrift „Stadtparlament marxistenfrei!" berichtet die WEZ von der ersten Arbeitssitzung der neuen Stadtverordnetenversammlung, die schnell und reibungslos über die Bühne geht. Die neun Abgeordneten der KPD sind von der Sitzung ausgeschlossen und befinden sich in Schutzhaft, die vier SPD-Abgeordneten haben nach dem brutalen Vorgehen der Nationalsozialisten in den letzten Wochen ihre Mandate niedergelegt. Der Vertreter der DVP, die sich zwischenzeitlich selbst aufgelöst hat, tritt zur Fraktion der NSDAP über. Als Fraktionen gibt es im Stadtrat nur noch die NSDAP (21) und das Zentrum (9).

Im vollbesetzten Stadtgartensaal findet eine Versammlung des „Kampfbundes für den gewerblichen Mittelstand" statt. Der Kampfbund sei gegründet

worden, so der Vorsitzende Anton Plankermann, um den Mittelständer wach-
zurütteln und den „Kampf gegen die Zersetzungserscheinungen innerhalb der
Nation" zu führen. „Dem Kampfbund anzugehören, heißt kämpfen – kämpfen
gegen die Zersetzung und Vernichtung der Nation, kämpfen aber auch für die
Reinheit der Nation und die Entfernung alles Wesens- und Rassenfremden."
Der stellv. OB Wulf lässt erklären, dass die städtischen Regiebetriebe bis auf
Gas, Wasser, und Elektrizität zugunsten des gewerblichen Mittelstandes in Kür-
ze aufgelöst werden: „Die städtischen Schreinereien, Schuhmacher-, Straßen-
bau- und Kleiderlagerbetriebe werden in vier Wochen verschwunden sein."

Am Abend sperrt die Polizei die Tiefenbruch- und Rolandstraße in Röhlinghausen, um die Wohnungen von Kommunisten zu durchsuchen. Nach dem Fund
von „belastendem Material" werden mehrere Personen verhaftet.

Freitag 28. April

[ALLGE] Die Öffentlichkeit wird über die Gründung des Geheimen Staatspoli-
zeiamtes informiert, das direkt den Weisungen des preußischen Innenministers
Hermann Göring untersteht. Hauptaufgabe des Amtes ist die Beobachtung und
Bekämpfung der politischen und staatsfeindlichen Gegner.

*[Anmerk.: In den Regierungsbezirken wurden Stellen des **Geheimen Staats-
polizeiamtes** eingerichtet. Die meisten Mitarbeiter kamen aus der preußischen Politischen Polizei. Im Lauf des Jahres wurden die Kompetenzen so
ausgeweitet, dass die Gestapo bald jeglicher gesetzlicher Kontrolle entbehr-
te. Man verhängte Schutzhaft, wies Gegner in Konzentrationslager ein und
erzwang Aussagen durch Gewalt. „Allerdings hätte die Gestapo ohne die
Unterstützung der anderen Polizeizweige, insbesondere der personenstarken
Schutzpolizei, einen deutlich geringeren Aktionsradius gehabt. In der Praxis
bedeutete dies zum einen, dass Gestapodienststellen de facto zahlreiche
ihrer Aufgaben an die ganz normale Polizei delegierte. Zum anderen bezog
man ein Gutteil der Informationen über die Schutzpolizei – die Streifenbe-
amten dienten ihr als Augen und Ohren, die Amtsstuben der Reviere waren
Anlaufstellen für Denunzianten", stellt der Historiker Daniel Schmidt in seiner
Untersuchung über die Polizei im Ruhrgebiet fest. Für das mittlere Ruhrgebiet
war die Gestapo-Leitstelle in Dortmund mit 60 Mitarbeitern (1933) zuständig.
Die nachgeordnete Bochumer Außenstelle, zu deren Amtsbereich die Städte Bochum, Castrop-Rauxel, Hattingen, Herne, Wattenscheid, Wanne-Eickel
und Witten gehörten, hatte 15 Mitarbeiter.]*

[HER] Der Vorstand des Allgemeinen Deutschen Gewerkschaftsbundes
(ADGB), Ortsausschuss Herne, begrüßt den 1. Mai 1933 als „Feiertag der na-

tionalen Arbeit". Der Gewerkschaftsbund fordert die Mitglieder der freien Gewerkschaften auf, sich entsprechend des Beschlusses des Bundesvorstandes „im Vollbewusstsein ihrer Pionierdienste für den Maigedanken, für die Ehrung der schaffenden Arbeit und für die vollberechtigte Eingliederung der Arbeiterschaft in den Staat" am offiziellen Umzug der NSBO zu beteiligen.

[BO/HER] Max Reimann, der illegale Leiter der Revolutionären Gewerkschaftsorganisation (RGO), sondiert von Bochum aus, inwiefern noch Strukturen der kommunistischen Nebenorganisationen wie der Schalmeien-Spielzüge, der „Roten Hilfe" und der Sporteinheiten bestehen. Ein RGO-Funktionär aus Herne berichtet, dass dort „alles zerschlagen sei, … und dass er zusehen wolle, was sich machen ließe."

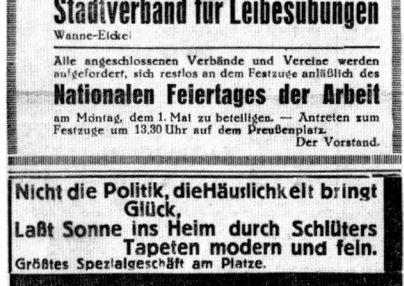

Anzeigen „Tag der nationalen Arbeit", WEVZ, 28./29.04.1933

Samstag 29. April

[HER] Am Abend findet die feierliche Einweihung der neuen Unterkunft der Hilfspolizei auf dem Gelände der Firma Schüchtermann-Krämer-Baum an der Baumstraße unter Leitung des SS-Sturmbannführers Heinrich Friebe statt, der zu den „alten Kämpfern" der Bewegung gehört. Schon in der französischen Besatzungszeit führte er den SA-Sturm in Sodingen, der als „Spiel und Sport Edelweiß" getarnt war. Friebe gehört zu den Gründern der SS in Herne und ist Verbindungsoffizier zur Polizei. Die Unterkunft auf dem Gelände der ehemaligen Maschinenfabrik Baum wird zu einem gefürchteten Prügelkeller der SA. Die Anzahl der dort festgenommenen und misshandelten Personen ist nicht mehr feststellbar.

[Anmerk.: Weitere **Prügelkeller** *befanden sich in einem alten Lagerhaus im Hinterhof der Bochumer Straße 53 (Sturmführer Spaltenburg), in der Dammstraße (Sturmbannführer Hess), in der Gastwirtschaft Rösner an der Castroper Straße (Sturmbannführer Blaurock) und im „Cremershof" an der Bahnhofstraße. Ein Teil der politischen Gegner aus dem Stadtteil Constantin wurde zur Hegel-Schule nach Gerthe verschleppt und dort misshandelt. In Wanne-Eickel waren das Polizeirevier 17 in der Gelsenkirchener Straße 25 (Kriminalkommissar Max Noack), das Lokal der NSDAP-Ortsgruppe in der Mozartstraße 4 (Sturmbannführer Wilhelm Appelbaum), die Kellerräume in der Diesterwegschule und die Polizeistation im Wanner Rathaus besonders gefürchtet. Ab Juli 1933 wurde die enthemmte Gewalt der SA von den Parteiinstanzen mühsam wieder eingeschränkt. Die unkontrollierten Exzesse standen in einem Spannungsverhältnis zu der in ruhigere Bahnen gelenkten Etablierung der Macht.]*

Anzeigen „Tag der nationalen Arbeit", HA/HZ, 29.04.1933

Sonntag 30. April

[WAN] Am Vormittag führt die auf Kraftwagen heranrückende Hilfspolizei eine Razzia in Holsterhausen durch. Speziell in der Julia-Kolonie werden die Häuser ehemaliger KPD-Mitglieder durchsucht. Einige der Verdächtigen werden nachmittags auf einem Sportplatz in Eickel verhaftet.

Montag 01. Mai

[HER/WAN] In den Revierstädten wird der „Feiertag der nationalen Arbeit" von morgens 7.30 Uhr bis spätnachts von den NS- Organisationen mit großem Aufwand in Szene gesetzt. Am Morgen leiten Schul- und Betriebsfeiern und ökumenische Gottesdienste den Tag ein. Kaum ein Haus, das sich nicht mit Hakenkreuzfahnen, mit Fahnen und Fähnchen, mit Maiengrün und Girlanden geschmückt hat. Dem Sog der Massenmobilisierung können sich die christlichen und freien Gewerkschaften nicht entziehen. So appelliert die Herner DJK-Führung an ihre Mitglieder: „Abteilungen! Heraus zum Ehrentag der Arbeit! Wir nehmen geschlossen an allen Veranstaltungen am heutigen Tage teil. Kein DJKler darf sich ausschließen. Von den Plätzen müssen die Fahnen des Reiches wehen. Abseitsstehen gibt es nicht, wir sind geschlossen mit Wimpel und Sturmbanner zur Stelle." Etwa 15.000 Teilnehmer zählt der Zug, der sich um 16 Uhr auf seinen Marsch begibt: vom Rathaus über Herne-Süd und Shamrock nach Baukau, von dort nach Horsthausen und dann wieder zurück über die Wiescherstraße und Alt-Herne zum Rathausplatz, wo abschließend die Rede Hitlers auf der Großkundgebung auf dem Tempelhofer Feld übertragen wird. In Sodingen findet ebenfalls ein ganztägiges Festprogramm statt, das an die 5.000 Menschen mobilisiert. In Wanne-Eickel begleiten etwa 20.000 Menschen den Umzug. In der Abschlussrede auf dem Preußenplatz fordert der stellv. OB Dr. Wulf ganz im Sinne der nationalsozialistischen Propaganda die Überwindung von „Standesdünkel und Klassenwahnsinn" und die Erschaffung einer arbeiterfreundlichen Volksgemeinschaft: „Früher wurde an diesem Tage der Klassenkampf und Klassenhass gepredigt. Heute ist der Tag der deutschen Arbeit dem deutschen Arbeiter gewidmet. Wir alle müssen uns bewusst sein, dass sich Arbeiter, Mittelständler, Akademiker, Arbeitnehmer und Arbeitgeber zusammenfinden müssen zur wahren Volksgemeinschaft."

Zahlreiche Gewerkschaftsmitglieder bleiben den offiziellen Aufmärschen fern und begehen ihren Feiertag am Kanal, im Hertener Busch oder im Volkspark. **Robert Brauner** erzählte über seinen 1. Mai mit einer Gruppe der „Roten Falken": „Wir sind zur Lippe gefahren, um dem Mai-Umzug zu entgehen. Dort war es menschenleer. Damals gab es auf der Lippe noch einen Kahn, weil es noch keine Brücke gab, da wurde man übergesetzt, wenn man wanderte. Der Schiffer

hatte seinen Kahn geschmückt und hat uns hin und her gegondelt. Wir haben unsere Lieder gesungen, Klampfen hatten wir mitgenommen, und der Schiffer hat auch mitgemacht. Er war auch kein Nazi. War ein prima Morgen! Einer von uns, der beim Arbeitsamt angestellt war, fragte: ‚Was soll ich nur machen? Soll ich mitdemonstrieren? Alle Kollegen gehen mit.' Ich habe zu ihm gesagt: ‚Ist egal. Wenn du mitmachst, fliegst du raus, wenn nicht auch. Da kannst du machen, was du willst.' Er hat sich dann doch abgesetzt, die Kundgebung in Herne war ja erst am Nachmittag. Am 2. Mai war er trotzdem draußen."

[WAN] Der Polizeihundeverein Wanne-Eickel 07 weiht auf seinem Übungsplatz an der Recklinghauser Straße die erste „Adolf-Hitler-Eiche" der Stadt ein. Der erste Vorsitzende erklärt in einer markigen Ansprache, dass die Eiche „dem jungen Führer des deutsche Volkes" gewidmet sei, der es fertig gebracht hat, „nach jahrelangem, schwerem Kampf das deutsche Volk endlich von allen marxistischen Elementen zu befreien".

Dienstag 02. Mai

[ALLGE/HER] Um zehn Uhr vormittags wird das Gewerkschaftshaus in der Schulstraße 28 von der SA gestürmt und besetzt wie alle anderen Einrichtungen der Gewerkschaften in Herne und Wanne-Eickel. Im Büro des Deutschen Metallarbeiter-Verbandes wird der Geschäftsführer der Freien Gewerkschaften Karl Zapp verhaftet. Das gewerkschaftliche Vermögen wird beschlagnahmt und die freien Gewerkschaften aufgelöst. Die Organisationsstrukturen werden von Kommissaren der NSBO übernommen. Am 10. Mai folgt die zwangsweise Eingliederung ihrer Mitglieder in die neu gegründete Deutschen Arbeitsfront (DAF), in der fortan „alle im Arbeitsleben stehenden Menschen ohne Unterschied ihrer wirtschaftlichen und sozialen Stellung" organisiert sind: Unternehmer, Angestellte und Arbeiter. Die DAF eignet sich auch das Haus Schulstraße 28 an.

[Anmerk.: Zeitgleich zur Aneignung des traditionellen Mai-Feiertages der internationalen Arbeiterbewegung hatte auf Anweisung der NSDAP das „Aktionskomitee zum Schutz der deutschen Arbeit" unter Leitung von Robert Ley die Gleichschaltung der **Gewerkschaften** *in die Wege geleitet. Für die Sicherung der NS-Herrschaft war die Zerschlagung organisatorischer Strukturen der Arbeiterschaft, in der ein erhebliches sozialdemokratisches Widerstandspotential vorhanden war, von zentraler Bedeutung. In einer präzise vorbereiteten Aktion stürmten am 2. Mai Truppen der SA und der NSBO die Büros und Redaktionen der im ADGB organisierten Freien Gewerkschaften. Die Gewerkschafter leisteten keine Gegenwehr, ihre Führer waren gelähmt und überrumpelt.]*

[HER] Im Rahmen der „Säuberung" der Stadtverwaltung werden zwölf Beamte und drei weitere Arbeiter des Fuhrparks entlassen. Die Erklärung des Kontrollausschusses: „Sie bieten aufgrund ihrer bisherigen Einstellung zur nationalen Revolution keine Gewähr dafür, sich im Sinne unseres Führers Adolf Hitler für die Wiederaufbauarbeit unseres Staates rückhaltlos einzusetzen."

[WAN] 18 Personen werden wegen des Verdachts kommunistischer Umtriebe verhaftet.

Das Polizeiamt teilt mit, dass auf Antrag des stellv. OB Wulf folgende Straßen umbenannt werden:

Stöckstraße in	Adolf-Hitler-Straße
Bielefelder Straße in	Hermann-Göring-Straße
Plutostraße in	Minister-Frick-Straße
Ebertstraße in	Horst-Wessel-Straße
Eickeler Markt in	Adolf-Hitler-Platz
Freisenstraße in	Josef-Wagner-Straße
Volkshausstraße in	Stratmannsweg
Winterstraße in	Amtmann-Winter-Straße

Mittwoch 03. Mai

[HER] Im Rathaus findet die zweite Stadtverordnetensitzung statt, an der auch die SPD-Fraktion teilnimmt, allerdings ohne den Inhaftierten **Karl Hölkeskamp**. Die 15 Tagesordnungspunkte werden in fünfzig Minuten erledigt. Darunter der Punkt „Säuberung der Bibliotheken". Albert Meister führt dazu aus, dass sich ein Hilfskommissar mit der Frage der „marxistischen, pazifistischen und vom Standpunkt der guten Sitte als Schmutzschriften anzusehende Bücher" beschäftigt, die aus der städtischen Bücherei und den Schulbüchereien entfernt werden sollen. Auf die Frage des Stadtverordneten Ibing, was mit den Büchern geschehen solle, antwortet Meister: „Diese Bücher werden öffentlich verbrannt."

[WAN] Die WEVZ teilt mit: „Täglich nimmt die Zahl der bei der Kriminalpolizei eingehenden Fahrraddiebstähle zu. Die Hälfte dieser Diebstähle ließe sich aber vermeiden, wenn das Eigentum besser geschützt würde. Die Sorglosigkeit der Radfahrer ist gerade bewundernswert: unbeaufsichtigt stellen sie ihre Räder in Eingängen und vor Häusern ab. Nachher wundern sie sich, dass man ihr Rad hat mitgehen lassen."

Donnerstag 04. Mai

[RUHR] Aus Kreisen des Einzelhandels gibt es immer wieder Klagen, dass in Trinkhallen nach Ladenschluss ein unzulässiger Warenverkauf stattfindet. So wird zum Beispiel Flaschenbier zum Genuss auf der Stelle verkauft. Die Polizei wird nun angewiesen, die Trinkhallen-Konzessionen schärfer zu kontrollieren. So besäßen viele Betreiber gar keine Erlaubnis zum Ausschank von alkoholischen Getränken. Ein weiteres Problem sei die Abgabe von Tabakwaren. Sie darf in Trinkhallen mit Schankerlaubnis nur an Schankgäste erfolgen, das heißt an Personen, die außer den Tabakwaren auch Speisen, Süßwaren oder Getränke genießen.

[HER] Nachts um 1.30 Uhr wird NSDAP-Stadtsekretär Walter Lukascyk vor seinem Haus in der Feldkampstraße niedergeschossen. Der Verletzte wird ins Krankenhaus gebracht und operiert. Der unbekannte Täter ist flüchtig.

[WAN] In der Stadthalle findet eine Kundgebung der Glaubensbewegung Deutsche Christen statt. Wichtigster Akteur ist der seit 1927 an der Lutherkirche in Röhlinghausen tätige **Gotthold Krahn**. Der Pfarrer ist seit 1930 Mitglied der NSDAP, der SS, der SA und des Stahlhelms und bekannt dafür, unter seinem Talar stets eine Partei-Uniform zu tragen. In seiner in der WEZ abgedruckten Rede führt er aus, dass die Wellen des Aufbruchs der Nation vor der Kirche nicht halt gemacht hätten. „Auf den Knien müssten wir Gott danken, dass er uns diese Wendung gebracht und in Adolf Hitler einen Mann geschenkt hat, der unser Volk mit der ganzen Hingabe seines Lebens aus der Tiefe zur Höhe emporreißen wolle. Ohne Adolf Hitler wäre unser Volk wie das russische in den Abgrund gestürzt. Auch das Kirchenvolk müsse nun aufwachen und zu einer wirklichen Kampftruppe zur äußeren und inneren Niederringung des Marxismus werden." Der zweite Redner des Abends, Lehrer Becker, ein alter Kämpfer der Bewegung, wettert gegen 14 Jahre Materialismus und Amerikanismus. Wie in Zeiten vor der Reformation sei das deutsche Volk verwirrt und irregeleitet gewesen. Dann habe Luther dem Volke die Erhebung gebracht. Heute sei Adolf Hitler gekommen, um die Idee des Gemeinschaftsgeistes in die Tat umzusetzen.

Gotthold Krahn, um 1933

Die Glaubensbewegung Deutsche Christen trage diese Politik weiter. Becker schließt mit den Worten: „Nicht Pazifismus, sondern heldisch kämpferischer Luthergeist müsse uns alle erfüllen!" Mit dem gemeinsamen Singen von Luthers Schutz- und Trutzlied „Ein feste Burg ist unser Gott" endet die Veranstaltung.

*[Anmerk.: Die **Deutschen Christen** propagierten die Anpassung der evangelischen Kirche an den Nationalsozialismus und traten für das Führerprinzip ein. Sie unterstützten die Volkstums- und Rassenideologie des NS-Staates und stilisierten einen „heldischen" Jesus. Als Gegenbewegung formierte sich eine Kirchenopposition, ab 1934 unter dem Begriff „Bekennende Kirche", die sich gegen die Gleichschaltung der Kirche mit dem Nationalsozialismus wendete. Der Kirchenkampf zwischen beiden Gruppierungen zog sich durch alle Gemeinden und wurde an den Besetzungen der Pfarrstellen, der Zusammensetzung der Presbyterien und der Nutzung der kirchlichen Räume deutlich.]*

Freitag 05. Mai

[ALLGE] Der Regierungspräsident in Arnsberg verfügt, dass das Horst-Wessel-Lied vom dritten Schuljahr an in die Lehrpläne aufgenommen wird. Auch der Geschichtsunterricht in der Oberstufe soll „Lied und Leben Horst Wessels eingehend behandeln", Schriften über ihn sind für alle Schülerbüchereien verbindlich. Der SA-Führer war 1930 von Kommunisten in Berlin getötet worden. Die NS-Propaganda stilisiert ihn zum „Märtyrer der Bewegung" und das von ihm verfasste Lied wird zur Parteihymne der NSDAP.

[HER] Laut einer Statistik des Polizeiamtes hat Herne 34 Gastwirtschaften, 120 Schankwirtschaften, 11 Cafés mit Alkoholausschank, 17 ohne Alkoholausschank und 78 Trinkhallen.

Die Mittelstandskundgebung in der Gaststätte Strickmann widmet sich der Frage, wie der wirtschaftliche Wiederaufstieg der Stadt Herne gelingen kann. Neben dem **OB Meister** und dem **Stadtverordneten Bongardt** tritt **Bürgermeister Meyerhoff** als Redner auf. Als zuständiger Finanzdezernent hält er angesichts der propagierten Aufbruchsstimmung der Zeit einen eher desillusionierenden Vortrag über die geringen Möglichkeiten, die er unter dem Zwang der Finanz- und Kassenlage hat: „Wir leben in einer Zeit, in der wir jeden Tag 10.000 Mark neue Schulden machen. (…) Wo liegt also die Hauptschuld unserer Misere? Sie liegt in den hohen Erwerbslosenlasten und dem Schwinden des Steuereinkommens aus Großindustrie, Handel, Handwerk usw. (…) Es sind keine großen Versprechungen, keine großen Worte, die wir machen wollen. Die Zeit der großen Worte und Summen ist vorbei, es handelt sich darum, Stein auf Stein wieder aufzubauen." In den Veranstaltungsberichten erwähnt der HA die Publikumsreaktion. Bei den Parteiveranstaltungen heißt es fast obligatorisch: „donnernder Applaus" oder „lang anhaltender Beifall". Nach Meyerhoffs Rede protokolliert der Redakteur: „Händeklatschen".

Samstag 06. Mai

[HER] Im Hinterhof des von der SA besetzten Hauses des Metall-Arbeiter-Verbandes in der Schulstraße 28 kommt es in diesen Tagen zur ersten Bücherverbrennung in Herne. Paul Schirmag jun., der damals mit seinen Eltern die oberste Etage des Hauses bewohnte, berichtete davon: „Die SA brachte sämtliche Bücher der kleinen Leihbibliothek zunächst in den Keller des Hauses. Ein paar Tage später, an das genaue Datum kann ich mich nicht erinnern, errichteten die SA-Männer einen Scheiterhaufen auf dem Hinterhof und verbrannten dort die ganzen Bücher – bis auf eines. Als die Bücher im Keller lagen, bin ich mal heimlich runter und habe eines der Bücher aus dem Haufen rausgezogen."

Vor einem Haus in der Innenstadt wird ein Herrenfahrrad entwendet. Der Täter wird gesehen, als er davonfährt. Der Besitzer des Rades nimmt mit einem anderen Fahrrad sofort die Verfolgung auf. Zu guter Letzt wird der Fahrraddieb in der Shamrockstraße gestellt. An Ort und Stelle wird ihm eine Tracht Prügel verabreicht. Danach wird er der Polizei übergeben. Bei dem Täter handelt es sich um einen 28-jährigen, bereits vorbestraften Mann aus Wanne-Eickel.

Montag 08. Mai

[HER] Die Verhaftungswelle gegen Mitglieder der KPD, der SPD und der Gewerkschaften haben zur Folge, dass das Polizeigefängnis und das Gefängnis des Amtsgerichts von Schutzhaftgefangenen überfüllt sind. Die Justizbehörden geben zu bedenken, dass damit der normale Strafvollzug im erheblichen Umfang lahm gelegt wird. Ferner geben die Behörden bekannt, dass von März bis zum 8. Mai 1933 insgesamt 34 Herner Inhaftierte, fast ausschließlich KPD-Mitglieder, in provisorische Konzentrationslager nach Köln-Brauweiler (Arbeitsanstalt Brauweiler auf dem Gelände einer einstigen Benediktinerabtei) und nach Wuppertal-Kemna (das Gelände einer ehemaligen Putzwollfabrik) überführt wurden.

Das Polizeiamt, um 1932. Im Innenbereich des Gebäudes befinden sich die Gefängnistrakte.

Die Zustände im Herner Polizeiamt sind stadtbekannt, zumal die SA aus ihrer brutalen Machtausübung insbesondere gegen Anhänger und Funktionäre der Arbeiterbewegung keinen Hehl macht. Aber auch andere, die von den Nationalsozialisten bedroht werden, empfinden die Gefahr. So erinnerte sich Leo Schnur, damals Kind einer jüdischen Familie, die ganz in der Nähe in der Hermann-Göring-Straße (vorher Bebelstraße) wohnte: „Bekannte meiner Eltern wurden ins Gefängnis gebracht. Neben dem Rathausplatz war das Polizeiamt und wenn wir daran vorbeigegangen sind, hatten wir immer Angst. Man fühlte, dass man nicht sicher war."

[HER/WAN] Mit der Gleichschaltung setzt sich die nationalsozialistische Reorganisation der Gesellschaft fort. Dabei erstreckt sich der Zugriff der Partei auf alle, noch so unbedeutenden Organisationen und Vereine. Es werden (zum Beispiel) gleichgeschaltet: die Friseur-Innung am 8. Mai, der Deutsche Ostbund am 10. Mai, der Wirte-Verein am 18. Mai, die Theatervereine am 19. Mai, der Herner Turn-Club am 30. Mai und der Reisebrieftaubenverein am 25. Juli. Zum Teil erfolgt die Gleichschaltung aufgrund von zentraler Weisung, zum Teil drängen die örtlichen Vereine aber im vorauseilenden Gehorsam selbst darauf. Die Bereitschaft zur Anpassung zeigt sich, als man ohne staatlichen Zwang beginnt, die jüdischen Mitglieder auszuschließen. „Immer mehr bisher harmlose Mitbürger sah man in Uniform und Schaftstiefeln herumlaufen", schreibt **Hermann Meyerhoff** in den 1950er Jahren in seinem Rückblick auf die NS-Zeit und kommt zu dem Schluss, dass es am Ende des Jahres „fast nicht mehr möglich war, dass ein Bürger ohne jede Verbindung zur Partei oder ihren Gliederungen blieb".

Dienstag 09. Mai

[WAN] Ein erwerbsloser Schmied spricht beim Wohlfahrtsamt wegen eines Kurscheins vor. Dem Beamten fällt auf, dass der Schmied das Abzeichen der NSDAP trägt, aber gar kein Parteimitglied ist. Damit verstößt er gegen die Verordnung vom 31. März 1933 über das unberechtigte Tragen eines Parteiabzeichens. Es kommt zur Anzeige. Bei der Verhandlung erklärt der Angeklagte, er habe sich das Abzeichen aufgrund der Feierlichkeiten zum 1. Mai gekauft und aus Sympathie getragen. Das Schöffengericht gewinnt aber die Überzeugung, dass das Parteiabzeichen wohl eher Eindruck auf den Beamten des Wohlfahrtsamtes machen sollte und verurteilt den Angeklagten zur Mindeststrafe von einem Monat Gefängnis.

Mittwoch 10. Mai

[ALLGE] Aufgrund ministerieller Anordnung müssen sämtliche Schul- und Lehrerbüchereien einer eingehenden Prüfung unterzogen werden. „Alle Bücher, die die Erziehung unserer Jugend zum deutschen Menschen und arteigenen Staat irgendwie beeinträchtigen können, sind zu entfernen." Zudem ist Schülern fortan erlaubt, die Abzeichen der nationalen Verbände in der Schule zu tragen.

[HER] Der Gewerkschafter Karl Zapp wird aus der Schutzhaft entlassen. Der Gewerkverein christlicher Bergarbeiter wendet sich mit einem Aufruf an seine Mitglieder: „Auch unser Gewerkverein hat sich der Führung des Reichskanzlers Hitler unterstellt. (…) Jetzt hat unsere Losung zu gelten: Wir bleiben zusammen! Als christliche und nationale Gemeinschaft ordnen wir uns in die große deutsche Arbeitsfront ein. Keiner verlässt die Fahne." Vor dem Sekretariat des christlichen Bergarbeitervereins in der Kirchhofstraße 4 steht ein Posten der SA und auf dem Gebäude weht die Hakenkreuzfahne.

[WAN] Vor dem Amtsgericht wird der Fall des Maurers P. D. verhandelt. Am Tage vor der Reichstagswahl am 4. März 1933 hatte er in der Westfalenstraße kommunistische Flugblätter verteilt, in denen zur Bewaffnung der Arbeiterschaft und zum Streik aufgerufen wurde. Das Gericht entscheidet, dass „solche Fälle besonders hart zu bestrafen" sind und erkennt auf eine Gefängnisstrafe von sechs Monaten.

Allein an diesem Tag wird der Diebstahl von fünf Fahrrädern aktenkundig. Unter anderem wurde ein Fahrrad durch Einbruch in eine Waschküche und ein anderes vor der Knappschaftszahlstelle entwendet.

Donnerstag 11. Mai

[ALLGE] Der Reichseinheitsverband des deutschen Gastwirtsgewerbes teilt mit, dass das Spielen und Singen der Lieder der nationalen Erhebung in den Gaststätten nunmehr reguliert werde: „Das Deutschlandlied und das Horst-Wessel-Lied stehen viel zu hoch, als dass sie zu Schlagern oder gar Gassenhauern herabgewürdigt werden dürfen. Sie werden entweiht im Munde von Angetrunkenen in Gaststätten oder auf der Straße." In Zukunft wird die Polizei bei allen Fällen einschreiten, wenn das Singen der Lieder als grober Unfug erscheint. Sollte dies in Gast- oder Vergnügungsstätten der Fall sein, werden die Inhaber haftbar gemacht.

Der Sportkommissar ordnet an, dass Mannschaften vor Spielbeginn in der Mitte des Feldes dem Publikum neben ihrem Sportgruß auch den Hitlergruß auszubringen haben. Das Gleiche hat nach dem Spielschluss zu erfolgen.

Freitag 12. Mai

Anzeigen WEZ, 12.05.1933

[HER] Die weltlichen Schulen lösen sich aufgrund mangelnder Schülerzahlen von selbst auf. Die Kinder sind zu konfessionellen Schulen gewechselt, wo sie als „rote Kinder" oft unter dem Argwohn und den Ressentiments ihrer Mitschüler und Lehrer leiden.

Schon zum zweiten Mal gastiert Dr. med. Friedrich August Jess aus Dortmund zu einem Lichtbildervortrag bei den Flottmann-Werken. Das Thema des Gaufachredners der NSDAP für Eugenik, Politik, Rassekunde, Rassen- und Bevölkerungspolitik lautet: „Rassefrage und Judentum". In seinem Referat fordert Jess die Überwindung von Klassengeist und Standesdünkel und die Förderung des Kinderreichtums des eigenen, gesunden Volkes. Auf der anderen Seite warnt er vor der Rassenmischung und zudem müsse der Erhaltung und Fortpflanzung minderwertigem und lebensuntüchtigem Lebens ein Ende gesetzt werden. Die HZ lobt die außerordentliche Klarheit des Redners und seine sachliche und stets von medizinischen Erkenntnissen ausgehende Vortragsweise. Damit zeige sich die NSBO-Flottmann abermals vorbildlich in ihrer Arbeit, da ihre Mitglieder über wichtige gesellschaftspolitische Fragen informiert werden

Samstag 13. Mai

[ALLGE] Das Deutsche Rote Kreuz, mit 1,5 Mio. Mitgliedern eine der größten Massenorganisationen im Reich, versichert dem Regime seine Ergebenheit und erklärt die „unbedingte Bereitschaft, uns Ihrer Führung zu unterstellen, Ihnen zu folgen."

Bei der außerordentlichen Wahlversammlung des Westdeutschen Spiel-Verbandes erklärt Constantin Jersch im Zuge der Gleichschaltung seinen Abschied. Die 330.000 Mitglieder werden nun nach den Richtlinien des Nationalsozialismus geführt. Neuer Vorsitzender wird der „Pg." Josef Klein. In seinen Ausführungen gibt er einen Überblick darüber, wie der Verband in Zukunft arbeiten werde. Die Arierfrage sei dabei eine Selbstverständlichkeit: Westdeutscher Meister könne nur ein Deutscher sein. Auch die Frage des Berufsfußballs hat sich im Verband erledigt. Klein erklärt, dass zukünftig kein Spieler mehr einen baren Heller in die Finger bekommen werde.

*[Anmerk.: Die NSDAP beendete die Debatte um die Einführung des Berufsfuß-balls und einer Profi-Reichsliga, da man aus ideologischen Gründen am Amateurprinzip festhielt. **Berufsfußball** gleich Kapitalismus gleich Judentum: Das war die Gleichung der Nationalsozialisten. Am 19. Juli 1933 wurde der SA-Gruppenführer Hans von Tschammer und Osten zum Reichssportführer ernannt. Der DFB und die bürgerliche Turn- und Sportbewegung ordneten sich in die neue Organisationsstruktur ein. Rasch übernahmen viele Vereine antisemitische Regelungen, die zum Ausschluss bzw. Austritt der jüdischen Vereinsmitglieder führten. Die Arbeitersportbewegung wurde zerschlagen. Die katholischen „Deutsche Jugendkraft" (DJK) musste mit wachsenden Repressalien kämpfen und wurde 1935 verboten. In der Leistungsspitze wurde Fußball zum Teil der Propagandamaschine.]*

[HER] Der „Kampfbund für den gewerblichen Mittelstand" versucht mit fortgesetzten antisemitischen Maßnahmen, die konkurrierenden jüdischen Geschäfte in der Bahnhofstraße anzuprangern. **Kreiskampfbundführer Bongardt** verordnet: „Den nichtarischen Geschäftsunternehmungen wird hiermit untersagt, in ihrer Reklame oder bei Angeboten und Inseraten die Worte ‚Pfingst', ‚Oster' oder ‚Weihnachts' anzuwenden."

Dienstag 16. Mai

[HER] Im Rathaus findet die dritte Stadtverordnetensitzung statt. Die anwesende SPD-Fraktion wird vom Sitzungsvorsitzenden **Alfred Bongardt** wegen des angeblich landesverräterischen Verhaltens der Sozialdemokratie aus dem Saal verwiesen. Unter Rufen wie „Landesverräter raus!", „Tempo! Tempo!" und „Wer hat uns verraten? Die Sozialdemokraten!" verlassen die verschreckten SPD-Mitglieder den Saal. Die weitere Tagesordnung wird in zwanzig Minuten erledigt.

Mittwoch 17. Mai

[HER] Bei einer Belegschaftsversammlung der Zeche Mont Cenis im Lokal Borgmann fordern die Arbeiter eine Beseitigung des Antreibersystems und eine bessere Entlohnung. Die hitzige Diskussion wirft die Frage auf, wie nun zukünftig nach dem Ende der alten Gewerkschaften die Arbeiterinteressen wahrgenommen werden. NSDAP-Kreisleiter Friedrich Wessel erklärt daraufhin, dass die Zerschlagung der Gewerkschaften nicht das Hauptziel der Nationalsozialisten sei, sondern in erster Linie wolle man selbst in den Betrieben den Kampf zur Durchsetzung der Ziele der nationalsozialistischen Revolution führen. Die Forderungen der Kumpel werden schließlich vom (gleichgeschalteten) Betriebsrat anerkannt. Mit „Glückauf" wird die Versammlung nach dreieinhalb Stunden beendet.

Donnerstag 18. Mai

[HER] Die SA organisiert sich neu. Weil die einzelnen Stürme zu groß geworden sind, erfolgt eine Trennung von Bochum und die SA-Herne wird zur „Standarte" aufgewertet. Zu den Festrednern gehört der Sturmbannführer Albert Heßler, „dem die Standarte in erster Linie ihr Zustandekommen verdankt. Unter seiner Führung entwickelte sich die Herner SA zu einem Machtfaktor, dessen Schlagkraft mancher Gegner fühlbar zu spüren bekam", vermerkt die HZ.

[WAN] Im Sitzungssaal Eickel findet die dritte Stadtverordnetenversammlung statt. Die ganze rechte Seite des Hauses nehmen jetzt die Braunhemden ein, die linke Seite ist vom Zentrum besetzt, deren Sesselreihen „aus bekannten Gründen viele Lücken aufweisen", so der WESA. Die Stadtverordneten der SPD sind nicht anwesend. **Willi Bönnebruch-Althoff** führt zum Antrag „Bewilligung von drei Zentner Kohlen für die Unterstützungsempfänger des Wohlfahrtsamtes" aus, dass die Nationalsozialisten erkannt haben, wie katastrophal die finanzielle Lage der Stadt sei. Trotzdem müsse man gegen die schlimmste Not ankämpfen. Zum Tagesordnungspunkt „Auflösung der weltlichen Schulen" ergreift Walther Groll (NSDAP) das Wort. Er erörtert, dass zum 1. April in den weltlichen Schulen noch 695 Kinder gemeldet waren. Durch die werbende Kraft der neuen Weltanschauung der NSDAP sei es gelungen, dass sich in diesen wenigen Wochen durch freiwilligen Entschluss der Beteiligten sämtliche weltliche Schulen aufgelöst hätten. Die nationalsozialistische Weltanschauung habe die letzten

Fahnenweihe der „Standarte Herne" am Rathaus, Mai 1933

Reste der alten marxistischen hinweggefegt. Es sei daher nur recht und billig, wenn die Einrichtungsgegenstände der weltlichen Schulen nun von den NS-Jugendverbänden übernommen werden, genauso wie die frei werdenden Räume der Diesterwegschule. „Sei es auch zunächst nur, um alles einmal gründlich durchzulüften", so Groll, dessen Ausführungen mit Bravo-Rufen aufgenommen werden. Alle Anträge werden einstimmig angenommen.

Im Frankeschen Saalbau an der Schulstraße findet eine stark besuchte Belegschaftsversammlung der Shamrockschächte 3/4 statt. Der Vorsitzende des Beamten- und Angestelltenrates, Steiger August Pöting, führt aus, dass nach dem Sieg der nationalen Revolution die Umgestaltung des Gewerkschaftswesens nur eine logische Folge gewesen sei. Wie groß die Bereitschaft für diesen Weg sei, zeigen die vielen Neuaufnahmen in der NSBO: Von rund 1.900 Betriebsangehörigen sind nunmehr 1.300 in ihr organisiert. Zur anschließenden Debatte meldet sich ein ehemaliges Mitglied des roten Betriebsrates, dessen Wortmeldung jedoch nicht stattgegeben wird.

Freitag 19. Mai

[ALLGE] Die Reichsregierung erlässt das „Gesetz zum Schutz der nationalen Symbole". Das Gesetz verbietet, Symbole der deutschen Geschichte, des deutschen Staates und der nationalen Erhebung öffentlich in einer Weise zu verwenden, die geeignet ist, das Empfinden von der Würde dieser Symbole zu verletzten. Es richtet sich gegen die Konjunktur von Nazi-Kitsch-Produkten wie Bleistifte mit dem Horst-Wessel-Lied, hakenkreuzgeschmückte Aschenbecher und Schnitzel à la Hitler.

[HER] Die Verschönerungsarbeiten im Gysenberg sind beendet. Der Freiwillige Arbeitsdienst hat seit dem Herbst letzten Jahres 2.000 Meter neue Wege angelegt, 18.000 Baumsämlinge angepflanzt, neue Bänke, Treppen und Brücken gebaut und etwa 75 Morgen Land umgegraben und entsäuert. Die 80 jungen Männer stammten aus der katholischen und frei-gewerkschaftlichen Jugend und aus dem Stahlhelm.

WEZ, 20.05.1933

[WAN] Die nationalsozialistische Beamten-Arbeitsgemeinschaft Wanne-Eickel teilt mit: „Auf Grundlage des Gesetzes zur Wiederherstellung des Berufsbeamtentums werden sieben Beamte, 13 Angestellte und 18 Arbeiter aus der Stadtverwaltung und den städtischen Diensten entlassen. Weitere Verfahren stehen noch an."

Sonntag 21. Mai

[HER] Am Rathausplatz wehen die kirchlichen Fahnen, von der Rathausfassade grüßt das goldene Christuszeichen und auf dem aufgebauten Podium thront ein fünf Meter hohes Mariengemälde. Die katholischen Jugendorganisationen veranstalten eine Marien-Kundgebung, an der etwa 2.500 Jungen und Mädchen teilnehmen. „Gewaltige Kräfte ringen um die Neugestaltung des deutschen Staates, um den Durchbruch der tiefen Quellströme, die das Urwesen des deutschen Volkstums ausmachen und die alles Fremde und Kranke, alles Abartige und Ungesunde wegfegen sollen", lauten die ersten Zeilen des Berichts im HA, der wie eine Standortbestimmung des politischen Katholizismus klingt: Man ist bereit, am nationalen Wiederaufbau mitzuarbeiten, weiß aber nicht, welche Stellung der Nationalsozialismus einem gewährt. Der Pfarrer von St. Bonifatius notiert in der Kirchenchronik: „Am Sonntag veranstaltete die katholische Jugend eine Marienkundgebung mit dem Zweck, das Religiöse, auch in der heutigen Zeit, in die Öffentlichkeit zu tragen, die Verehrung der Gottesmutter und Jungfrau Maria öffentlich zu bekunden. Um die Pfarrgemeinde im Bekennermut zu stützen, wurde das Lied: ‚Katholisch bin und bleibe ich' eingeführt, das stets mit großer Begeisterung gesungen wurde." Die Marienkundgebung sollte in Herne die letzte nicht nationalsozialistische Massenveranstaltung bis zum Kriegsende 1945 sein.

„Da waren es 2.500 Jungmannen und Jungmädchen, die in zuchtvoller Haltung, frohe Lieder auf den Lippen, mit bunten, wehenden Bannern und in reizvollen Trachten einherschritten", so der HA zur Marienkundgebung auf dem Adolf-Hitler-Platz am 21. Mai 1933

Dienstag 23. Mai

[HER] Von der Bezirksregierung in Arnsberg wird Stadtschulrat Friedrich Kastner von seinem Amt entbunden. Aufgrund seiner Einstellung zum Nationalsozialismus biete Kastner keine Gewähr dafür, dass „die zukünftige Erziehung der deutschen Jugend in Herne im Geiste des Nationalsozialismus reibungslos und uneingeschränkt" durchgeführt werden könne.

[WAN] Der stellv. OB Wulf beantragt beim Polizeipräsidenten Sarrazin die Durchsuchung der privaten Leihbüchereien. Der örtliche Leiter des Kampfbundes für Deutsche Kultur, **Pfarrer Krahn**, hatte durch einen Antrag im Stadtrat gefordert, dass nach den öffentlichen und Schulbüchereien nun die zahlreichen Leihbüchereien „gesäubert" werden müssten, weil der dringende Verdacht bestehe, dass dort Schriften vorhanden seien, die „unter bestehende Verbote fallen oder als Schund- oder Schmutzschriften entfernt werden müssen." Die Polizeiämter im Bezirk erhalten die Weisung, entsprechende Bücherlisten anzufordern. Viele Inhaber kleiner Geschäfte betreiben nebenher Leihbüchereien, allein in Wanne-Eickel gibt es sieben, die beim Lesepublikum eine große Rolle spielen.

Mittwoch 24. Mai (Himmelfahrt)

[HER] Der bisher im Amtsgerichtgefängnis inhaftiert **Karl Hölkeskamp** wird nach Bochum überführt. Bei Mitgliedern des früheren kommunistischen Sportvereins „Rote Front" in Sodingen werden Hausdurchsuchungen vorgenommen und Fußbälle, Sportschuhe und Sportausrüstungen beschlagnahmt.

Donnerstag 25. Mai

[HER] Den Himmelfahrtstag über marschieren SS und SA in Sodingen. Morgens findet auf dem Sportplatz im Volkspark ein Schauexerzieren statt und eine SS-Motoradstaffel führt ein Geschicklichkeitsfahren vor. Mittags folgt ein Platzkonzert der SS-Sturmbann-Kapelle und nachmittags der Propagandamarsch des gesamten SA-Sturmbanns durch die Straßen des Bergarbeiterstadtteils. Der Tag beschließt mit einem deutschen Fest im Lokal Borgmann.

Wilhelm Fernau, bis 1932 politischer Leiter und Stadtverordneter der KPD in Herne, arbeitet an der Reorganisation der illegalen KPD. Er versucht, die Sympathisanten in kleine Organisationseinheiten zusammenzuschließen. Die Gesamtsituation ist jedoch von Misstrauen und der Furcht vor Spitzeln geprägt. Mehrere konspirative Treffen scheiterten, da sich Kontaktpersonen nicht erkannt bzw. nicht zu erkennen gegeben haben.

Freitag 26. Mai

[ALLGE] In Bochum wird Direktor **Otto Heinrich Flottmann** zum Vorsitzenden der Industrie- und Handelskammer (IHK) gewählt. Er tritt die Nachfolge von Otto von Velsen an, dem Generaldirektor der Hibernia AG. Der konservative Oberbergrat a. D. hatte noch 1932 vor einem Machtantritt Hitlers gewarnt, so dass er nun aus politischen Gründen seine öffentlichen Ämter niederlegen muss. Otto Heinrich Flottmann und sein Sohn Friedrich Heinrich und weitere führende Angestellte des Familienunternehmens sind bereits im Oktober 1931 in die NSDAP eingetreten. Insbesondere Flottmann sen. gilt als überzeugter Anhänger Adolf Hitlers („unseres genialen Führers") und nahm damit im Milieu der rechtskonservativen Montanindustrie, die dem Nationalsozialismus vor 1933 durchaus distanziert gegenüber stand, eine Außenseiterposition ein. Nach der Ernennung Hitlers zum Reichskanzler geht das politische und ökonomische Kalkül des Unternehmers glänzend auf. Seine frühe Parteimitgliedschaft und der persönliche Kontakt zu Josef Wagner, dem NSDAP-Gauleiter des Gaues Westfalen-Süd, befördern seinen politischen Aufstieg. In der IHK hatte Flottmann zuvor keinerlei Funktion inne. In seiner Antrittsrede stimmt er in den Ton des nationalen Aufbruchs ein: „Wir stehen in mehr als in einer Beziehung an einem Wendepunkt unserer Geschichte." Im Weiteren erläutert er seine Vorstellungen einer ständischen Organisation der Wirtschaft: „Zu dem Begriff der nationalen Revolution gehört mehr als die bloße nationale Gesinnung. Zu ihm gehört die unbeirrbare Überzeugung zur Sieghaftigkeit der Idee des Nationalsozialismus. (…) Die soziale Frage muss zuerst gelöst werden. Sie soll den Arbeiter wie den Unternehmer in sozial gleichberechtigter Weise in den Gesellschaftsorganismus einschachteln."

Samstag 27. Mai

Plakat für den „Deutschen Abend" im Saalbau Strickmann am 27. Mai 1933

[WAN] Der „Verein ehemaliger Kolonialkrieger und Auslandsdeutscher – Ortsgruppe Wanne-Eickel" eröffnet im Stadtgartensaal eine „große Kolonial-Ausstellung". Als Ehrengast wird Generalmajor Paul von Lettow-Vorbeck begrüßt. Der „Verteidiger von Ostafrika" ist eine zentrale Gestalt der kolonialen Soldatengemeinschaft und gehört zur nationalkonservativen Prominenz der Weimarer Republik. In der Öffentlichkeit verkörpert er über seine Dienstzeit

hinaus die klassischen Tugenden des deutschen Soldaten: Treue, Pflichtbewusstsein und Opferbereitschaft. Nicht zuletzt hat er durch seine selbstverherrlichenden Schriften und seine öffentlichen Auftritte diesen Mythos selbst inszeniert. Der Aufenthalt Lettow-Vorbecks in Wanne-Eickel wird von der Stadtverwaltung hochrangig begleitet. Schon in den Tagen zuvor sind in den Lokalzeitungen eine Reihe von Artikeln erschienen, die pittoresk („Heia Safari!") aus den alten Kolonialtagen erzählten. Etwa 25 Wanne-Eickeler haben als Schutz- und Kolonialsoldaten in Ostafrika gedient. In Anwesenheit des Polizeipräsidenten Konrad Sarrazin eröffnet der stellv. OB Wulf die Kolonial-Ausstellung – zeitgemäß in brauner Uniform. Der Tenor seiner Rede: „Ohne Kolonien: Deutschland in Not. Kolonien bringen Arbeit und Brot."

Dienstag 30. Mai

[RUHR] Beim Landgericht Bochum ist 17 jüdischen Rechtsanwälten die Vertretungsbefugnis entzogen worden, davon zwölf aus Bochum, je zwei aus Herne und Witten und einem aus Recklinghausen.

[HER] Die gegen den Museumsverwalter Karl Brandt ausgesprochene Kündigung wird wieder zurückgenommen. Bei der Museumsarbeit werden dem Heimatforscher zukünftig linientreue Studienreferendare und Mitarbeiter zur Seite gestellt. Der Autodidakt betreibt auch während der NS-Zeit seine Forschungen, publiziert über Themen der Ur- und Frühgeschichte und bleibt – wie seine nach dem Krieg gefundenen privaten Aufzeichnungen zeigen – ein kritischer Chronist der Zeit, der in der Öffentlichkeit das Spiel zwischen Anpassung und Renitenz meisterhaft zu spielen versteht.

[WAN] Der stellv. OB Dr. Wulf legt mit rücksichtsloser Offenheit den Stand der städtischen Finanzen dar. Alle Ausgaben, die nicht unbedingt überlebenswichtig sind, müssen vermieden, alle Regiebetriebe, die Zuschüsse benötigen, müssen eingeschränkt werden. Besonders das Sozialwesen belastet die Kommune. Allein die Zahl der vom Wohlfahrtsamt betreuten Hilfsbedürftigen ist von 19.401 im April 1932 auf 25.594 im April 1933 gestiegen. Vornehmliche Sorge von Reich und Gemeinden muss es deshalb sein, die Arbeitslosigkeit zu beseitigen bzw. herabzumindern.

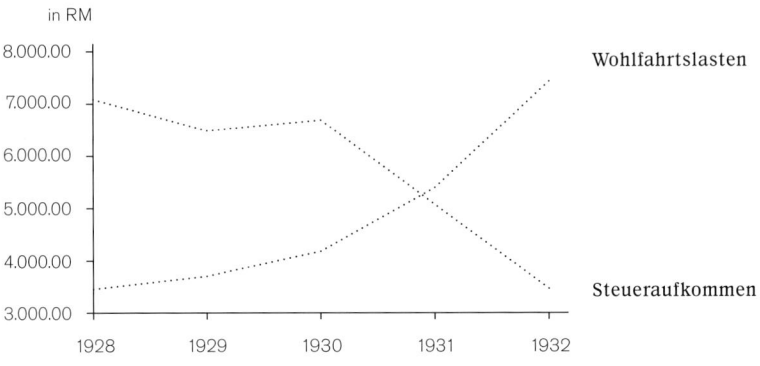

Mittwoch 31. Mai

Halbseitige Anzeige der „Gebrüder Kaufmann" in den Wanne-Eickeler Tageszeitungen, 30.05.1933

[WAN] Eine Anzeige des Kaufhauses „Gebrüder Kaufmann" sorgt in der Stadtverordnetensitzung für einen Dringlichkeitsantrag der NSDAP: „Die Stadtverwaltung wird beauftragt, denjenigen Wanne-Eickeler Zeitungen, die heute noch die Erziehung der Volksgenossen zum Kauf in christlichen Einzelhandelsgeschäften durch die Veröffentlichung von Anzeigen jüdischer Firmen und Warenhäuser sabotieren, von städtischen Veranstaltungen und Versammlungen jeder Art, von der Betreuung durch das Presseamt und von der Veröffentlichung städtischer Bekanntmachungen auszuschließen." Der Stadtverordnete Krüger führt dazu aus, dass es der jüdische Geschäftsgeist fertiggebracht habe, den Mittelstand beinahe zu ruinieren. Die Erziehungsarbeit der NSDAP ziele nun darauf ab, die Käufer dahin zu bringen, dem deutschen Mittelstand und den deutschen Handwerkern wieder eine gute Existenz zu ermöglichen. Dies sei anscheinend bei der bürgerlichen Presse unbekannt geblieben, denn besonders in den letzten Tagen erschienen in hiesigen Zeitungen Anzeigen jüdischer Geschäfte in großer Aufmachung. Die NSDAP sehe dies als Sabotage an. Der Antrag wird ohne Einwände einstimmig angenommen. Wie es überhaupt während der ganzen Sitzung keine Diskussion gibt. „Dass ein 14-Millionen-Haushalt mit einem knappen Dutzend anderer Vorlagen in kaum 40 Minuten erledigt ist, steht wohl einzig da in der Geschichte einer gemeindlichen Volksvertretung", hält der WESA fest.

Die Auseinandersetzung der NSDAP mit der Presse wird auch auf der Straße weiter geführt. Werber von NS-Zeitungen wie der westfälischen Landeszeitung „Rote Erde" und dem Völkischen Beobachter üben starken Druck auf die Käufer der Lokalzeitungen aus. Abonnenten werden mit massiven Drohungen gedrängt, ihre „bürgerlichen" Blätter zu kündigen und eine Parteizeitung zu beziehen.

Freitag 02. Juni

[HER] Bei polizeilichen Maßnahmen gegen den Verein „Volkshilfe mit Bestattungsfürsorge", einer Organisation des „Verbandes Proletarischer Freidenker", werden vier Personen in Schutzhaft genommen, zahlreiches Schriftmaterial und ein Kassenbestand in Höhe von 124 Mark beschlagnahmt. Für die Nationalsozialisten sind die Freidenker Teil der „kommunistischen Gottlosenorganisation".

Samstag 03. Juni

[HER] Die Stadt erhält ein Schreiben der Reichskanzlei zur Ehrenbürgerschaft Adolf Hitlers: „Die augenblicklich starke Überlastung der Kanzlei macht zur Zeit eine sofortige Bestätigung der täglich für den Führer in großer Zahl eingehenden Anträge um Annahme der Ehrenbürgerschaft unmöglich. Da auch der Führer aufs äußerste in Anspruch genommen ist, werden die antragstellenden Körperschaften gebeten, sich noch kurze Zeit zu gedulden. Ein persönliches Dankschreiben des Reichskanzlers geht Ihnen sobald als möglich zu."

[WAN/HER] Im Laufe des Samstagmorgens werden 40 kommunistische Stadtverordnete und Funktionäre aus Herne und Wanne-Eickel, die in den Tagen der nationalen Revolution in Schutzhaft genommen und in das Herner Polizeigefängnis gebracht worden sind, freigelassen. Ihnen wird durch den Leiter der Politischen Polizei Sinn und Zweck der nationalen Revolution erklärt und dringlich ans Herz gelegt, sich nicht weiter politisch zu betätigen.

[WAN] Der Verlag des Stadtanzeigers wendet sich an seine Leser: „Bereits früher mussten wir uns gegen das verwerfliche und unzulässige Vorgehen fremder Werber, unserer Zeitung Bezieher abspenstig und dadurch selbst Geschäfte zu machen, entschieden wenden. Man scheut nicht davor zurück, unsere bisherigen Bezieher unter stärksten Druck zu setzen und sie durch Androhung bestimmter nachteiliger Folgen zu veranlassen, unsere Zeitung aufzugeben und die andere zu bestellen. Diese Art der Werbung wird von jedem anständig denkenden Volksgenossen aufs Schärfste abgelehnt. Die nationale Erhebung ist keine geschäftliche Angelegenheit, sondern eine Sache des Herzens und aufrichtiger Überzeugung, die keineswegs jene Werber für sich alleine in Anspruch nehmen können."

Veranstaltungen zu Pfingsten in Wanne-Eickel, WEZ, 03.06.1933

Mittwoch 07. Juni

[HER] [HER] Im großen Saal des Evangelischen Vereinshauses findet ein Vortragsabend mit dem Thema „Was will die Glaubensbewegung Deutsche Christen?" statt. Der Hauptredner des Abends ist **Pfarrer Krahn**. Als die Versammlung eine Entschließung gegen die Ernennung des Pfarrers Friedrich von Bodelschwingh zum Reichsbischof verabschieden soll, weil dieser nicht „das persönliche Vertrauen des Volkskanzlers Adolf Hitler hat", kommt es zu lautstarken Protesten. Ein

Vertreter des Presbyteriums fordert das Rederecht, das ihm jedoch nicht erteilt wird, so dass ein Teil der Anwesenden unter Protest den Saal verlässt. Die Zurückgebliebenen verabschieden zum Schluss die Entschließung.

Donnerstag 08. Juni

[HER] Infolge der anhaltenden Absatzschwierigkeiten hat die Verwaltung der Zeche Constantin 4/5 beschlossen, eine Feierschicht einzulegen. Etwa 1.500 Bergleute sind betroffen.

Der Zustrom zum Sommerbad wächst mit jedem Tag. War der Besuch am vergangenen Pfingstwochenende mit etwa 3000 Besuchern schon sehr groß, kletterte die Zahl gestern bei 28 Grad Luft- und 19 Grad Wassertemperatur sogar auf etwa 4000.

Im Saalbau Strickmann veranstaltet der „Kampfbund für den gewerblichen Mittelstand" eine Kundgebung zur neuen berufsständischen Ordnung in Deutschland. Die Prominenz des lokalen Verwaltungs- und Wirtschaftslebens ist vor Ort: Finanzdezernent **Hermann Meyerhoff**, die Direktoren der Niederlassungen der Reichsbank, der Deutschen Bank und der Dresdner Bank, der Präsident der IHK-Bochum **Generaldirektor Dr. Flottmann**, die Vertreter der Industrie Freiherr von Langen und Direktor Oellerich und der Leiter des Polizeiamtes Herne, Regierungsrat Viktor Niewiesch. Als Gastreferent erörtert Gaukampfbundführer von Streitschwerdt die Funktion der neuen Deutschen Arbeitsfront (DAF), in die jeder Volksgenosse eingegliedert werde egal ob Arbeiter, Mittelstand oder Fabrikant. Nur so sei die Überwindung des Klassenkampfes und die Durchsetzung einer neuen Sozialmoral im Sinne des Führers zu gewährleisten. Nach einer kurzen Pause wird die Rede des aus Krankheitsgründen abwesenden komm. OB **Albert Meister** verlesen. Im Einklang mit offiziellen Verlautbarungen kritisiert Meister die von einigen Interessensverbänden initiierten eigenmächtige Eingriffe in das Wirtschaftsleben: „Wenn auch bei dem revolutionären Elan der einzelne Kämpfer nicht das Bürgerliche Gesetzbuch im Tornister getragen hat, so muss doch jetzt Ordnung gehalten werden. Nur politische Zuverlässigkeit in Verbindung mit Sachverständnis garantiert ein gesundes Zusammenarbeiten auf dem Gebiet der Wiederaufbauarbeit."

[Anmerk.: Ruhe im Wirtschaftsleben als Grundlage für die wirtschaftliche Gesundung besaß für die NS-Regierung zur Festigung ihrer Macht höchste Priorität. Dafür verabschiedete man sich von klassischen Themen der Kampfzeit. So wurden die Kauf- und Warenhäuser zugunsten des Mittelstandes weder „kommunalisiert", wie 1920 im NSDAP-Parteiprogramm gefordert, noch enteignet. Vielmehr brach die Partei entsprechende Kampagnen im Sommer 1933 ab. Insgesamt rückte die NSDAP in Regierungsverantwortung nunmehr von ihrer radikalen Mittelstandsideologie ab.]

Der populärste deutsche Sportler der Zeit:
Max Schmeling, 1938

[HER] Der WM-Ausscheidungskampf im Boxen zwischen Max Schmeling und Max Baer (USA) im Yankee Stadium in New York City begeistert die Sportanhänger in der Kolonie der Zeche Julia. Der HA berichtet: „Sie hatten in einer Gartenlaube einen Lautsprecher aufgebaut, der den Kampf beim Morgengrauen übertrug. Schon lange vor Mitternacht hatten sich im Garten bei Karbidlampenschein über 80 junge Leute eingefunden, unter denen sich sogar Bergleute befanden, die einige Stunden später zur Morgenschicht mussten. In der Ecke standen einige Kasten Flaschenbier, mit denen man eigentlich vorhatte, den Sieg Schmelings zu feiern! Bei Musik und Skatspielen vertrieb man sich die Zeit bis zur Übertragung des Kampfes. Wie aber wurde man enttäuscht, als Schmeling verlor! Mit dem Bier konnte man seinen Sieg nun nicht mehr feiern, dafür trank man einfach auf die Niederlage." Max Baer besiegte den deutschen Favoriten durch technischen KO in der zehnten Runde. Nach diesem Kampf trug Baer im Ring immer einen Davidstern auf der Hose. Sein Vater war Jude, und er wollte nach der Machtaneignung der NSDAP in Deutschland Flagge zeigen.

[Anmerk.: Max Schmeling, zwischen 1930 und 1932 Boxweltmeister im Schwergewicht, war der mit Abstand prominenteste und international bekannteste Sportler Deutschlands. Die Berichterstattung ging von den sportlichen Meldungen fließend in die Bereiche des Boulevards über. Sogar lokale Tageszeitungen wie die WEZ und die HZ berichteten zum Beispiel über Schmelings Hochzeit mit der deutsch-tschechischen Filmschauspielerin Anny Ondra am 6. Juli 1933. Während die Nationalsozialisten ihn offiziell für ihre Propaganda vereinnahmten, verhielt sich der Boxer privat eher distanziert. So trennte er sich trotz der Forderung der Parteispitze nicht von seinem jüdischen Manager Joe Jacobs und trat nie in die NSDAP ein.]

Samstag 10. Juni

[WAN] Die Mitglieder von Preußen 04 treffen sich im „Westfälischen Hof" zu einer außerordentlichen Hauptversammlung, um die geforderte Gleichschaltung durchzuführen. Als neuer Vereinsführer wird E. Gorries bestimmt. In seiner Antrittsrede gelobt er, seine Arbeit auf die nationale Erhebung und die „innere Säuberung" einzustellen. Das Ziel des SV Preußen werde nach wie vor sein, „die deutsche Jugend zu tüchtigen Männern und wahren Amateuren zu erziehen, wobei besonderer Wert auf Ordnung im Vereinsleben und Sauberkeit in der Rassenführung gelegt werden solle". Zum gleichen Zweck versammelt sich die SpVgg. Röhlinghausen im Vereinsheim Kreter. Nach einem kurzen Bericht treten der Vorstand und der erste Vorsitzende Gerlemann zurück. Daraufhin ergreift der Ortsgruppenleiter der NSDAP Sievert das Wort und betont, dass der neue Vereinsführer Gewähr geben müsse, dass im nationalsozialistischen Sinn gearbeitet werde. Der von ihm vorgeschlagene Pg. Böhle wird anschließend zum neuen Vereinsführer bestimmt. Bereits in den Tagen zuvor hatten der TB Eickel, der Turnclub Wanne, SW Unser Fritz, der RSV Wanne und der Wanner Kanuverein die Gleichschaltung vollzogen. Zum Führer des städtischen Rasensportverbandes ist von Sportkommissar Walther Groll der neue Vorsitzende des TB Eickel, Friedrich Bettenhausen, bestimmt worden.

Sonntag 11. Juni

[ALLGE] Im ausverkauften Müngersdorfer Stadion in Köln („150.000 Karten hätte man verkaufen können", schwärmt die Presse) verliert der FC Schalke 04 überraschend das erste rein westdeutsche Endspiel um die Deutsche Meisterschaft mit 3:0 gegen Fortuna Düsseldorf. Der Kohlenpott trauert und muss weiter auf die erste Deutsche Meisterschaft warten. Der HA schreibt: „3:0 wurde Schalke geschlagen. Eine bittere Niederlage nach allen schönen Erfolgen, nach allen großen Siegeshoffnungen. Man kann es noch nicht fassen… geschlagen, eindeutig von jener Mannschaft distanziert, mit der man kürzlich im Duisburger Stadion Katz und Maus spielte, als es um die westdeutsche Meisterschaft ging." Jan Artin, später Spieler des SV Sodingen, berichtete über die Faszination, die die Schalker Knappen in jenen Jahren ausübten: „Fußball war für uns das Größte, und Schalke war so ein Begriff. Dann hat man sich hinterher, wenn man älter wurde, so 14, 15, ein paar Groschen zusammengekratzt und ist mal nach Schalke gegangen. War ein Erlebnis in der Glückauf-Kampfbahn, wenn da 45.000 Zuschauer waren. Das war ja so richtig Schalke, das war ja ein Vorbild. Das war so, wie andere Leute ins Theater gehen. Da haben wir geguckt und haben gesagt: ,Ja, so muss man das machen, so will ich das machen!' Wie der Szepan den Ball spielt, wie machen die das, und dann hat man versucht, das nachzumachen."

Ernst Kuzorra und Fritz Szepan im Trikot der Länderauswahl des Westdeutschen Spiel-Verbandes, 1934

Montag 12. Juni

[HER] Der HA berichtet: „Die öffentliche Verbrennung der bei der Säuberung der Schulbibliotheken, Stadtbücherei usw. ausgesonderten Bücher marxistischen, pazifistischen und sonst wie zersetzenden Inhalts wird am nächsten Sonnabend erfolgen. Nähere Mitteilungen über die Ausgestaltung dieser öffentlichen Veranstaltung gegen den undeutschen Geist werden noch ergehen." Die Polizei stellt drei Motorräder sicher, die zu kommunistischen Kurierdiensten verwendet wurden

[WAN] Der niederländische Kanalschiffer Nikolaus van Voorden wird wegen Beleidigung der nationalen Regierung zu sechs Monaten Gefängnis verurteilt. In einer Gaststätte in Wanne-Eickel hatte er am 8. Mai behauptet, dass der preußische Ministerpräsident Göring hinter den Brandstiftern des Reichstages stecke. Trotz der Warnung anderer Gäste wiederholte van Voorden seine Behauptungen mehrmals. Seine Entschuldigung vor dem Gericht in Dortmund, dass er betrunken gewesen sei, fand kein Gehör.

Mittwoch 14. Juni

[WAN] Auf dem Gelände einer Schachtanlage beginnt ein junger Bursche, einen 70 Meter hohen Kamin hinaufzuklettern. Nachdem er bereits einige Stufen der Eisenleiter erklommen hat, wird er von einem Wächter zurückbeordert und zur Rede gestellt. Der junge Mann gesteht, dass er eine Wette abgeschlossen hat. Für drei Mark Wetteinsatz wollte er oben auf dem Kamin einen Handstand ausführen.

Donnerstag 15. Juni

[HER] Die Maschinenfabrik Flottmann legt aufgrund des schwachen Auftragsbestandes eine Feierschicht ein. Die Direktion kündigt an, bis auf weiteres jeden Montag eine Feierschicht einzulegen.

Vor dem Schöffengericht wird der Fall eines älteren Nationalsozialisten verhandelt. Dieser hatte im Januar 1933 Dekorateuren, die das Schaufenster eines jüdischen Geschäftes neu gestalteten, energisch bedeutet, mit der Dekorierung Schluss zu machen. Schließlich würde in Deutschland bald ein anderer Wind wehen. Ein herbeigeholter Schupobeamter schrieb den renitenten Mann auf. Vor Gericht machte der Nationalsozialist geltend, dass er sich im Recht geglaubt habe, denn er habe für die nationale Erhebung kämpfen wollen. Das Gericht wandte die von der Regierung verabschiedete Verordnung an, dass alle Ungesetzlichkeiten, die vor dem 21. März 1933 begangen wurden, aber im Sinne der nationalen Erhebung geschahen, zu amnestieren seien. Das Verfahren wurde somit niedergeschlagen.

Freitsg 16. Juni

[ALLGE] Per Verordnung werden Polizeibeamte aller Dienstgrade angewiesen, bei Veranstaltungen in geschlossenen Räumen den Hitlergruß zu zeigen und nationale Lieder mitzusingen.

Offiziell sind die weltlichen Schulen aufgelöst. Viele der Lehrer sind aufgrund des Berufsbeamtengesetzes entlassen worden.

[WAN] Hochbetrieb im sonst so stillen Crange: Der Pferde- und Schweinemarkt, auf dem 82 Pferde und 254 Schweine angeboten werden, zieht viele Verkäufer und Käufer an. Vor allem sind es die Wagen der Pusztasöhne, die dem Handel ein besonderes Gepräge geben.

Die WEZ schreibt: „Für das Wirtschaftsleben unserer Stadt ist die Kohlenförderung von entscheidender Bedeutung. Am deutlichsten hat sich das wohl bei der Stilllegung der Zeche Unser Fritz gezeigt, durch die das Leben des Stadtnordens einen geradezu vernichtenden Schlag erhalten hat und darüber hinaus auch die übrige Wirtschaft unserer Stadt in einem katastrophalen Ausmaß getroffen wurde. Das Zahlenbild zeigt, dass im Jahr 1932 rund 2 Millionen Tonnen Kohlen auf den Zechen unserer Stadt weniger gefördert wurden als im letzten Friedensjahr. Rechnet man ganz überschlägig die Tonne mit 18 Mark, so ist eine solche Minderförderung ein Einnahmeausfall von rund 36 Mio. Reichsmark. Jedenfalls zeigt sich hier deutlich, dass der so bedeutende Rückgang der Kohleförderung im Bereich unseres Stadtgebiets zu einer ganz außerordentlichen Minderung der Kaufkraft unserer Bevölkerung und natürlich auch der Steuereinnahmen unserer Stadt führen musste.“

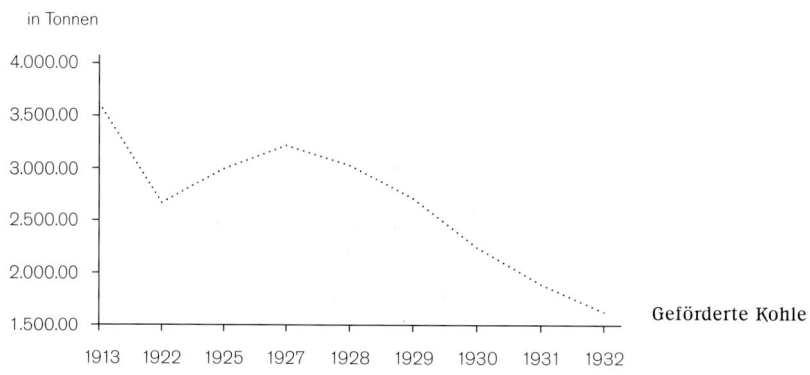

Samstag 17. Juni

[HER] Am Abend erfolgt die als öffentliches Schauspiel inszenierte Verbrennung des „volksfremden, undeutschen Schrifttums" auf dem Adolf-Hitler-Platz. Propagandistisch wird die Jugend ins Zentrum gerückt, so dass neben der HJ und dem Jungvolk auch größere Abteilungen der höheren und der Volksschulen zum obligatorischen Marsch durch die Innenstadt gehören. Als Hauptredner tritt der Lehrer und Kreiskulturwart Julius Lutz auf. Bei seinen ersten Worten wird „ein gewaltiger Scheiterhaufen" aus Zeitschriften, Büchern und Fahnen der Arbeiterparteien und der Gewerkschaften in Brand gesetzt. „Unrat und das Gift einer schamlosen, alles Ehrwürdige verunglimpfenden jüdisch-marxistischen Presse", so Lehrer Lutz. „Es war wohl eine ganze Möbelwagenladung", die zuvor aufgetürmt und mit Benzin durchtränkt worden war, schätzt der HA. Den „Feuerspruch" leistet der HJ-Führer Fritz Rollenhagen: „Wir deutsche Jugend der nationalsozialistischen Revolution bekunden an diesem Abend unseren festen Willen, allen undeutschen, art- und volksfremden Geist zu zerstören." Verbrannt werden die Bücher von Bertolt Brecht, Siegmund Freud, Alfred Kerr, Thomas Mann, Karl Marx, Erich Maria Remarque, Kurt Tucholsky und vielen anderen. Selbst der HA lässt sich von der „Aktion wider dem undeutschen Geist" begeistern: „Wenn jemand außerhalb der nationalsozialistischen Kampftruppen am Samstagabend Freude und Genugtuung empfand, als so viel Schund, so viel Hetzliteratur und kulturbolschewistische Sumpfblüten in Flammen aufgingen, dann waren es die Katholiken. Möge die Zeit der sittenverderblichen, klassenkämpferischen und gottlosen Literatur endgültig vorbei sein." Die Schlussrede hält der komm. **OB Meister** mit unverhohlener verbaler Radikalität: „Wir Nationalsozialisten haben die Revolution gemacht und führen sie weiter. Diese Revolution ist nationalsozialistisch und muss nationalsozialistisch bleiben. Wir haben nicht gekämpft, um halbe Sachen zu machen. Wenn sich heute in Herne schon wieder die Marxisten anheben und Plakate ankleben, so seid auf der Hut. Wir waren viel zu loyal. Wir haben zu wenige oder gar keine aufgehängt. Aber das merkt euch: Das Aufhängen kann man schnell nachholen!"

[WAN] Zum Fest anlässlich des 25-jährigen Bestehens des Gardevereins Eickel haben sich aus dem ganzen Reich 15.000 Gardisten und 5.000 Stahlhelmer angekündigt. Ehrengäste der Großveranstaltung sind die Spitzen aus Polizei und Bergbau: Polizeipräsident Sarrazin (Bochum), Polizeirat Loepke (Herne), Polizeioberst Sachs (Bochum), Regierungsrat Niewitsch (Herne), Bergassessor Behrens (Herne), Bergassessor Otto von Velsen (Wanne-Eickel) und andere. Beim Festumzug am Sonntag marschieren trotz widriger Wetterverhältnisse mehrere tausend Menschen in das Stadion Eickelplatz. Major Graf Eulenburg betont in seiner Rede die Hoffnung auf „das Wiedererwachen Deutschlands unter der Führung Adolf Hitlers: 14 Jahre lang haben wir in Schmach und Schande gelebt. Nun gilt es, diese Schmach durch ungeheure

Arbeit und Opfer auszuwischen." Die WEZ bilanziert: „Wieder einmal hat unsere Stadt ganz eindeutig unter Beweis gestellt, dass wir in der Lage sind, große und größte Tagungen aufzuziehen. Besonders anerkannt wurde die äußerst günstige Lage unserer Stadt. Aber darüber hinaus hatten sich recht viele Gardisten nicht träumen lassen, so ein nettes Stückchen Erde vorzufinden. Es ist ja im Allgemeinen bekannt, was man sich weiter draußen unter dem Kohlenpott vorstellt."

Dabei verläuft das Gardefest keineswegs konfliktfrei. Die SA erhebt den Anspruch, an der Spitze des Festumzuges zu marschieren, was vom Gardeverein abgelehnt wird. In ihrem Verständnis gehört den Kriegsveteranen die prestigeträchtige Position. Als sich der Festzug am Sonntag formiert, setzt sich die SA demonstrativ über den Willen des Veranstalters hinweg und marschiert trotzdem an die Spitze des Zuges, was sehr viel Missstimmung unter den Teilnehmern auslöst. Der öffentliche Eklat wird allerdings vermieden. Erst am Abend eskaliert die Spannung und es kommt zu einer Massenschlägerei zwischen Gardisten und SA im Festzelt, die in der Lokalpresse aber unter den Teppich gekehrt wird.

*[Anmerk.: 1933 bestanden in Herne 30 und in Wanne-Eickel 27 **Kriegervereine** – reichsweit waren es etwa 29.000. Die Vereine pflegten neben einer intensiven Kameradschaft und der Fürsorge für Kriegsversehrte den Mythos des Frontkämpfertums und bildeten einen fruchtbaren Boden für die Verherrlichung des Ersten Weltkriegs und die Verbreitung der Dolchstoßlegende. Als Dachverband fungierte der „Deutsche Reichskriegerbund Kyffhäuser" mit etwa 2 Millionen Mitgliedern. Die Kriegervereine waren nationalkonservativ eingestellt und standen der NSDAP anfänglich eher distanziert gegenüber. Ihnen politisch nahe stehend war der paramilitärische „Stahlhelm", der mit rund 500.000 Mitgliedern stärkste Wehrverband des Deutschen Reiches, der in deutlicher Opposition zur Weimarer Demokratie stand.]*

Sonntag 18. Juni

[HER] Nach einem Propagandamarsch der NSBO erklärt Kreisleiter Friedrich Wessel, dass „Marxismus und Klassenkampf nun auch in Herne restlos beseitigt" sind. Der Begriff „Arbeiter" sei wieder zu einem Ehrbegriff geworden und in der Volksgemeinschaft stehen der deutsche Arbeiter und der deutsche Arbeitgeber nunmehr gleichberechtigt nebeneinander. Anschließend findet auf dem Adolf-Hitler-Platz die NSBO-Fahnenweihe für die Betriebe Schüchtermann & Kremer-Baum, Brotfabrik Düppe, Epa, A. Beien, Schlegel-Brauerei, HCR, Städtische Betriebe, Zeche Julia, Arbeitsamt, Wasserbauamt, Gaswerk und Buchdruckerei Kartenberg statt.

[Anmerk.: Die NSBO spielte in der Phase der Machtetablierung in den Betrieben eine wichtige Rolle, da in ihr diejenigen Kräfte innerhalb der Partei versammelt waren, die eine Art national-gewerkschaftliche Arbeit befürworteten. Zum Auftreten der nationalsozialistischen Bewegung in der Weimarer Republik gehörte stets ein gewisses antikapitalistisches Getöse. Zu reichsweiter Bedeutung gelangte die NSBO mit dem 2. Mai 1933, als sie zum Träger der Aktion zur Besetzung der Gewerkschaftshäuser wurde. Die Hoffnungen der Mitglieder, zum Kern einer parteigebundenen Einheitsgewerkschaft zu werden, erfüllten sich nicht. Vielmehr übernahm die am 10. Mai 1933 gegründete Deutsche Arbeitsfront (DAF) die Aufgabe, die „Arbeiter der Stirn und der Faust" unter einem Dach zu versammeln. 1935 wurde die NSBO zu Gunsten der DAF aufgelöst. Die Tarifhoheit, das Kernstück gewerkschaftlicher Repräsentation, besaß aber auch die DAF nicht. Dafür gab es seit dem 19. Mai 1933 „Treuhänder der Arbeit", die Bedingungen der Arbeitsverträge im Wege staatlichen Zwanges regelten. Die propagandistisch überhöhte „NS-Betriebsgemeinschaft" basierte in der sozialen Realität auf dem massiven Abbau von Arbeitnehmerrechten.]

Mittwoch 21. Juni

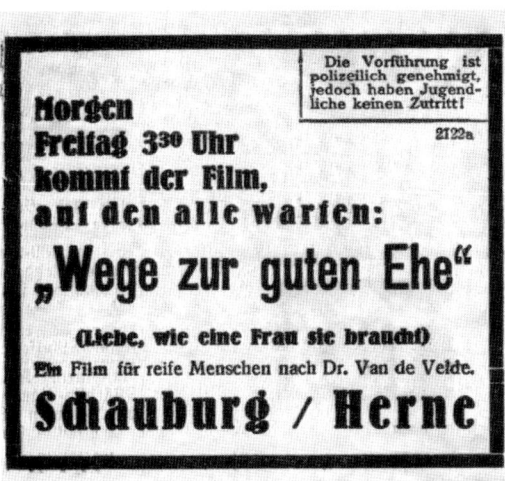

Kino-Anzeige im HA, 21.06.1933. Der Aufklärungsfilm wird 1936 verboten, da er die Ehe als individuelles Glück darstelle, aber „nichts von Rasseinstinkt und Rassebewusstsein, nichts von artbewusster Gattenwahl und vom Glück des Kindersegens, der eine unerlässliche Forderung für jede gute Ehe ist" verkünde.

[HER] Zu Beginn ihres Vortrages vor der NS-Frauenschaft im großen Saal des evangelischen Vereinshauses legt Frau Direktor Uhlmann aus Bochum ein glühendes Bekenntnis „für den vom Schöpfer entsandten Führer des deutschen Volkes, Adolf Hitler", ab. Nach diesem Treuegelöbnis widmet sie sich der Judenfrage. Sie unterstützt den Ausschluss der Juden aus allen öffentlichen Ämtern und fordert, dass keine deutsche Frau mehr in einem jüdischen Geschäft kaufen dürfte. Ihr Resümee: „Die Juden sind unser Unglück." Umrandet wird die Veranstaltung von Gedichten des „kleinen Hitlermädels Gerda Meister" und von Dankesworten von Frau Meister, der Leiterin der Frauenschaft Herne.

Das Verlagshaus des Herner Anzeigers, 1934. Am rechten Bildrand ist die Trinkhalle zu erkennen, von der aus die SA den Geschäftsbetrieb überwachte.

Der Herner Anzeiger wahrt seine Distanz zum Nationalsozialismus und enthält sich nicht kritischer Bemerkungen zum Gehabe der lokalen NS-Prominenz. Zunehmend wächst der politische und wirtschaftliche Druck auf den Verleger **Josef Röttsches** und seinen Schriftleiter **Leo Reiners**. Die Redaktionsräume und die Druckerei werden systematisch von der SA überwacht. Kunden, die das Verlagsgebäude oder die Buchhandlung betreten, werden von einer auf der anderen Straßenseite liegenden Trinkhalle fotografiert. Die Redakteure werden von SA-Männern als „Schwarz-Roter Koalitionsklüngel" und „Judenknechte" beschimpft. Die Kreisleitung der NSDAP wirft dem Verleger ein „dem Volksempfinden zuwider laufendes Verhalten" vor, da er noch immer Inserate jüdischer Geschäfte abdruckt. Auch die Stadtverwaltung stuft den Herner Anzeiger nicht mehr als amtliches Bekanntmachungsorgan ein, was dem Verlagshaus Anzeigen kostet. In einem späteren Gerichtsverfahren wird die Einstellung der NSDAP gegenüber dem Verlagshaus protokollarisch festgehalten: „Es ist allgemein bekannt, dass gerade der Herner Anzeiger in der Kampfzeit den schärfsten Kampf gegen den Führer geführt hat. Nach erhaltener Auskunft haben sie auch nach der Machtübernahme diesen Kampf sobald nicht eingestellt. Es handelt sich hier um den Inhaber eines öffentlichen Organs, das sich zu den krassesten Gegnern der nationalsozialistischen Partei zählt."

Donnerstag 22. Juni

[ALLGE] NS-Reichsinnenminister Wilhelm Frick erklärt die SPD zur staats- und volksfeindlichen Partei und den Ausschluss ihrer Mandatsträger aus den Volksvertretungen. Das Vermögen der Partei und ihrer Organisationen wird beschlagnahmt und die weitere Zugehörigkeit von SPD-Mitgliedern zum Öffentlichen Dienst untersagt. Auf das Verbot reagieren viele Sozialdemokraten trotz der bereits erfahrenen Repressalien konsterniert. Else Drenseck, deren Vater Hauptkassierer im Ortsverein Constantin war, erinnert sich an die Lähmung, die viele erfasste: „Es passierte nichts. Da war Funkstille. Alle waren schockiert." **Robert Brauner** fasst die politischen Gedanken in SPD-Kreisen nach der Machtübernahme folgendermaßen zusammen: „Dann kam die Überlegung und tatsächlich auch der Glaube auf: ‚Lass die Nazis erst mal wirtschaften, die sind in spätestens einem halben Jahr alle wieder weg!' Dass sie jedoch mit diktatorischen Maßnahmen regierten, dass sie die Verfassung außer Kraft setzten, das war für uns Demokraten unverständlich. Wir haben nicht geglaubt, dass man so regieren würde. Es folgte die Ernüchterung. Wir flogen überall heraus. Partei, Gewerkschaft aufgelöst und verboten. (…) Und erst sehr viel später setzte der Widerstand ein."

[HER/WAN] Aus dem KZ Brauweiler bei Köln werden etwa 20 frühere Funktionäre und Stadtverordnete der KPD aus Herne und Wanne-Eickel entlassen. Darunter befinden sich Viktor Reuter und der ehemalige Erwerbslosenführer Müller. Aus dem KZ Papenburg im Emsland wird der ehemalige Stadtrat der KPD **Otto Kuhn** entlassen.

Herner Zeitung

In eigener Sache!

Der Verlag der „Herner Zeitung", zugleich „Gerther Zeitung" hat an die Kreisleitung der NSDAP. in Herne und an die Kreisführung des Kampfbundes des gewerblichen Mittelstandes in Herne folgende Schreiben gerichtet:

„Herne, den 21. Juni 1933.

An die Kreisleitung der NSDAP.
z. H. des Herrn Kreisleiter Karl Nieper

Herne.

Wir erklären hiermit freiwillig bindend, daß wir ab heute, Mittwoch, den 21. Juni 1933, Anzeigen jüdischer Unternehmen, sowie jüdischer Vereinigungen usw. in der „Herner Zeitung" zugleich „Gerther Zeitung" **nicht** mehr veröffentlichen werden. Ebenso werden wir die Aufnahme von Warenhausanzeigen **ablehnen.**

Wir wollen durch diese Maßnahme eindeutig zum Ausdruck bringen, daß wir uns **uneingeschränkt und mit allen Kräften für die national-sozialistische Regierung** einzusetzen gewillt sind.

Hochachtungsvoll

Verlag der Herner Zeitung
C. Th. Kartenberg
ppa.
gez. Carl Theo Holtmann."

Stellungnahme des Verlegers Carl Theo Holtmann in der Herner Zeitung keine Inserate jüdischer Unternehmen und Vereinigungen mehr abzudrucken, HZ, 22.06.1933

Anzeigenkampagne der „Vereinigung national-christlicher Möbelverkäufer", HA/HZ, 24. 06.1933

Samstag 24. Juni

[HER] Im Bereich des Polizeipräsidialbezirkes Bochum werden 23 Funktionäre der SPD in Schutzhaft genommen. In Herne werden der frühere Stadtrat und Parteisekretär Heinrich Crämer, der Stadtverordnete Wilhelm Leis, der frühere Redakteur der Herner Volkszeitung Friedrich Sauerwald und Otto Altrock im Polizeigefängnis inhaftiert.

Sonntag 25. Juni

[ENGL/WAN] Im englischen Leabridge steigt **Walter Neusel** gegen den Engländer Jack Pettifer in den Ring. Mit seinen stürmischen Attacken und seiner Schnelligkeit dominiert der Schwergewichtsboxer den Kampf. In der achten Runde ist Pettifer so stark angeschlagen, dass er aufgibt. Neusel ist neben dem Schauspieler **Heinz Rühmann** der bekannteste Sohn der Stadt Wanne-Eickel mit dem kleinen Schönheitsfehler, dass er am 25. November 1907 in Bochum das Licht der Welt erblickte. Erst nach der Geburt zog die Familie nach Eickel, wo die Eltern eine Bäckerei betrieben.

Montag 26. Juni

[WESTF/WAN] In einem Schreiben wendet sich der Westfälische Heimatbund (Münster) an die städtischen Verwaltungen: „Schon im August 1932 wurden die uns angeschlossenen Heimatvereine aufgefordert, gegen den Unrat zu helfen, der sich aus den Kloaken dieser wildwuchernden Leihbüchereien in unsere westfälischen Familien ergoss und insbesondere die Seelen unserer arbeitslosen Jugend zu verpesten drohte. Der Westfälische Heimatbund freut sich, dass das tatkräftige Zugreifen, insbesondere der SA, mit dem Ausräumen jüdischen Schrifttums schon einen großen Teil von Schund und Schmutz beseitigt hat. Ein Blick in die Schaufenster jedoch zeigt, dass insbesondere Erotica noch nicht ausnahmslos erfasst wurden." Der Heimatbund fordert deswegen schleunigste Abhilfe. In gleicher Angelegenheit erstellt Maria Tillmann, Angestellte der Stadtbücherei Wanne, zahlreiche Listen mit Namen und Werken nicht mehr erwünschter Autoren, die den SA-Männern und Polizisten bei der Erkennung und Konfiszierung von inkriminierten Büchern helfen sollen.

Dienstag 27. Juni

[ALLGE/HER] Die nationalkonservative DNVP, die als „Steigbügelhalter" für Hitler fungierte, löst sich auf Druck der NSDAP auf. Ihre Abgeordneten – sowohl im Reich als auch auf kommunaler Ebene schließen sich der NSDAP-Fraktion als Mitglieder oder Hospitanten an. In Herne verweigert der Rechtsanwalt Friedreich Koppenberg, der nach den Märzwahlen als Hauptredner die Zeit des nationalen Aufbruchs gepriesen hatte, diesen Schritt und scheidet aus der Stadtverordnetenversammlung aus.

Freitag 30. Juni

[HER] Vor dem Landgericht Bochum geht das Strafverfahren gegen **Karl Hölkeskamp** zu Ende. Die Beschuldigungen haben sich mehr oder weniger als haltlos erwiesen. Als Leiter des Wohlfahrtsamtes hatte er aus menschlicher Rücksichtnahme den Betrug einer in schwierigsten Verhältnissen lebenden Unterstützungsempfängerin, die die Stadt Herne um 168,- Mark geschädigt hatte, nicht zur Strafanzeige gebracht. Hölkeskamp wird wegen Begünstigung „aus anständigen Motiven" zu einer Geldstrafe von 500,- RM verurteilt. Der Haftbefehl wird mit dem Urteil aufgehoben. Damit kommt er nach dreimonatiger Untersuchungshaft aus dem Gefängnis frei. Die Hetze gegen ihn geht jedoch weiter. Die RE titelt: „Aus dem Sumpf der Novemberverbrecher: Hölkeskamp der Häuptling und Oberschieber und Arbeiterverräter". 1947 wird offiziell festgestellt, dass das ganze Verfahren nur das Ziel verfolgte, Hölkeskamp als Repräsentanten der SPD öffentlich zu diffamieren.

In einer Rundverfügung wird mitgeteilt: „Es ist beobachtet worden, dass Beamte, Angestellte und Arbeiter in der Unterhaltung mit anderen Personen Äußerungen bekunden, die geeignet sind, Unzufriedenheit über die von der nationalen Regierung getroffenen Maßnahmen zu erzeugen und Misstrauen zu säen. Es handelt sich um Personen, die man mit dem Ausdruck „Miesmacher" treffend kennzeichnen kann. Ich bitte, darauf hinzuweisen, dass künftig in solchen Methoden eine Fortsetzung der marxistischen Hetze erblickt wird und Miesmacher daher als verkappte Marxisten angesehen werden. Ich bitte daher, auf solche Fälle zu achten und mir die betreffenden Personen unverzüglich namhaft zu machen. Ein Unterlassen dieser Anzeigen werde ich als eine betonte Solidaritätserklärung mit solchen Wühlern und Hetzern betrachten müssen."

[WAN] Auf einer Berghalde in Röhlinghausen rutscht der Berginvalide M. aus der Kurfürstenstraße auf einem Stein aus, als er einen Eimer voll Kohlenreste gesammelt hat. Er stürzt unglücklich zu Boden und erleidet empfindliche Verletzungen an Kopf und Arm.

Samstag 01. Juli

[ALLGE/HER] In ganz Preußen finden Aktionen gegen katholische Verbände statt. In Herne werden die Geschäftsräume des Windthorstbundes, des Volksvereins für das katholische Deutschland und des katholischen Jungmännerverbandes geschlossen. Die Chronik der St. Bonifatius-Gemeinde hält fest: „In den einzelnen Pfarreien erschienen bei den Präsidial- und Vorstandsmitgliedern Schutz- und Hilfspolizeibeamte und beschlagnahmen das Aktenmaterial, die Kasse, Wimpel und dergleichen. Ferner wurden die Schränke und Jugendheime versiegelt."

Bei Franz Kohlenbach, dem Vorsitzenden der Katholischen Arbeiterbewegung (KAB) in der Pfarrgemeinde St. Peter und Paul in Sodingen-Börnig, steht die Politische Polizei vor der Tür und verlangt die Herausgabe der Mitgliederliste. Kohlenbach wiegelt ab: „Die müsste Pastor Josef Prenger haben." Doch im Pfarrhaus werden die Beamten nicht fündig. Die Liste habe man zum Erzbischof nach Paderborn geschickt, heißt es dort. Nur wenige Tage später wird Kohlenbach ins Polizeiamt geladen. Die Listen der Katholischen Arbeiterbewegung wären in Paderborn nie angekommen, teilt ihm der zuständige Polizeibeamte mit. Kohlenbach ist ratlos. Da der Sachverhalt nicht aufgeklärt werden kann, wird die Angelegenheit nicht weiter verfolgt. Erst nach dem Krieg holt Franz Kohlenbach die Listen aus ihrem Versteck: Er hatte sie unter den Dachpfannen seines Hauses zwischen den als Isolierung dienenden Strohbündeln gesteckt.

Anzeige HA, 30.06.1933

Sonntag 02. Juli

[WAN] Im Stadion Eickelplatz findet der „Tag der Jugend" statt. Auf die morgendlichen Schulsportwettkämpfe folgen am Nachmittag eine Wehrsportübung, der Gepäckmarsch „Rund um Wanne-Eickel" und ein Radrennen. Abends rüstet man sich im Stadion für die anstehende Sonnenwendfeier. Laut der Berichterstattung der WEVZ steht an der Seite des Platzes eine hohe, aus Balken und Brettern geschichtete Pyramide, auf der als „Dokumente nationaler Schmach undeutsches, marxistisches und kommunistisches Schrifttum, kommunistische Transparente, schwarz-rot-goldene und rote Fahnen" liegen. Nach einigen Märschen der SA-Sturmbannkapelle wendet sich Kreiskulturwart Walther Groll in kernigen Worten gegen die „liberalistischen Frondeure und

Marxisten, die die deutsche Volksseele 14 Jahre lang in Ketten gelegt haben".
Nach der Rede erläutert Lehrer Schulte die Geschichte von „Ritter Tabo von Eickel mit seinen Getreuen", die um 775 die Burg Eickel vor den Franken verteidigt
hätten. Die Ausführungen werden durch eine Schauspielgruppe unterstützt. In
historischen Kostümen zieht Ritter Tabo mit seinem Gefolge ein. In der Mitte des
Platzes wird ein Holzstoß entzündet, „den weißgekleidete Jungfrauen und stürmi-
sche Krieger" im Reigen umtanzen. „Eine hochragende Gestalt in den flutenden
Gewändern einer germanischen Priesterin wirft Blumen und Feldfrüchte in die
Flammen einer heiligen Opferstätte, dann erbraust der Lärm des Waffentanzes
der kampfgerüsteten, schlachtenfrohen germanischen Jugend." Schließlich wird
mit dem Signal „Flamme empor!" das große Sonnenwendfeuer entzündet. Erneut
ergreift Kreiskulturwart Groll das Wort und beschwört die Zeitenwende. „Heilige
Flammen lodern heute in unseren Herzen empor, auslöschend, was eine unselige
vergangene Zeit in uns gelegt hat." Unter den Klängen der Glocken sämtlicher
Kirchen der Stadt und dem Lied „O Deutschland, hoch in Ehren" versinken „die
Zeugen einer schmachvollen Vergangenheit des kommunistisch-marxistischen
Terrors inmitten der haushoch auflodernden Flammen in Schutt und Asche." Die
SA-Kapelle bläst den großen Zapfenstreich und während das Feuer langsam er-
lischt, treten die Menschen den Heimweg an – „mit der Erkenntnis: Deutsche
Jugend, mit dir marschieren wir in eine bessere Zukunft."

*[Anmerk.: Feiern, Feste und Aufmärsche spielen eine wichtige Rolle bei der
Etablierung der NS-Herrschaft. Während die politischen Gegner brutal verfolgt wurden, boten diese öffentlichen Veranstaltungen dem Volksgenossen
die Möglichkeit, den Nationalsozialismus jubelnd und in Feierlaune zu begrüßen – und ihn damit gleichzeitig im Sinne der Machthaber zu erfahren. Feste
stiften Sinn, bauen über die kollektive Erfahrung eine emotionale Bindung auf,
bedeuten also generell: „Zustimmung zur Welt" – und ab 1933 war es eben
eine nationalsozialistische.]*

Montag 03. Juli

[ALLGE] Das preußische Ministerium des Inneren beschließt: Wird bei einem
Standesbeamten der Antrag gestellt, den Namen des Herrn Reichskanzlers als
Vornamen, sei es auch in der weiblichen Form, Hitlerine, Hitlerike oder dergleichen einzutragen, so hat er dem Antragsteller nahezulegen, einen anderen Vornamen zu wählen.

[HER] Die Herner Sparkasse als öffentlich-rechtliche und gemeinnützige Einrichtungen bekennt sich „zu den Zielen der nationalen Revolution". Zudem betont
man, dass die Wiederbelebung der Wirtschaft für den nationalen Aufbau von entscheidender Bedeutung sei.

*[Anmerk.: Die Sparkasse konnte sich aufgrund ihrer Finanzkraft nicht dem Einfluss der NSDAP entziehen. Im April schieden die Mitglieder der KPD und der SPD aus dem Vorstand aus und die wichtigen Führungspositionen wurden mit parteitreuen Mitarbeitern besetzt. „Allerdings ließ man dabei eine weise Mäßigung walten und bestellte Männer mit wirtschaftlicher Einsicht", kommentierte Hermann Meyerhoff den politischen Umbruch. Satzungsgemäß wurde **OB Albert Meister** Vorsitzender des Sparkassenvorstandes. Im Herbst 1933 schieden mit Theodor Bernhard Rottmann (ehemals Zentrum) und dem Rechtsanwalt Friedrich Koppenberg (ehemals DNVP/Kampfbund Schwarz-Rot-Gold) in Ungnade gefallene konservative Vertreter aus. In einigen Fällen ließ sich die Sparkasse zu machtpolitischen Zwecken instrumentalisieren. Am deutlichsten bei der 1937 erfolgten Zwangsversteigerung des Geschäftshauses von Josef Röttsches, dem Herausgeber des politisch nicht opportunen Herner Anzeigers. Zum typischen Parteikarrierist avancierte der Diplom-Kaufmann Fritz Grümer. Der überzeugte Nationalsozialist, „Pg." seit 1932 und stellvertretender Kreispropagandaleiter, wurde 1934 mit 27 Jahren Rendant und stellvertretender Leiter der Herner Sparkasse. Nur drei Jahre später wurde er zum Sparkassen-Direktor berufen und übernahm das Amt des Kreisschulungsleiters der NSDAP. Die Sparkasse hat ihre – freiwillige oder unfreiwillige – Rolle im Nationalsozialismus bis heute nicht aufgearbeitet. In der 2016 erschienenen Festschrift „150 Jahre Herner Sparkasse" heißt es ebenso lapidar wie nebulös: „Über die folgenden furchtbaren Jahre bis zum Ende des 2. Weltkrieges ist in den Archiven nur wenig zu finden."]*

[WAN] **Walter Neusel** trudelt von Paris kommend in Wanne-Eickel ein, was die WEZ zu einer Homestory über den prominenten Boxer nutzt: Bekanntlich betrieben seine Eltern eine Bäckerei an der Dorneburg. Als sein Vater früh starb, musste der schlaksige junge Mann mithelfen und fuhr mit dem Pferdefuhrwerk durch Eickel und verkaufte Brot und Backwaren. Erst 1927 kam er zum Boxsport. Für die Boxfreunde Heros Eickel kämpfte er bereits ein Jahr später um die Westfalenmeisterschaft. Als Max Schmeling ihn in der Dortmunder Westfalenhalle kämpfen sah, urteilte er: „Ein Diamant - aber noch ungeschliffen." 1930 wechselte Walter Neusel ins Profilager. Unter dem Manager Paul Demski wird der Dorneburger Junge schnell bekannt und gilt momentan als einer der stärksten Boxer des Kontinents. Wenn er behauptet: „Mir kann keener!", hat das sicherlich eine gewisse Berechtigung. Neusels Wahlheimat ist zur Zeit Paris, die meisten Boxkämpfe bestreitet er in England – zum Teil vor 25.000 Zuschauern. Auf die Frage, ob er denn mal wieder auf den Brotwagen zurückkehren würde, antwortet der mittlerweile elegante junge Mann nur: „Dazu tauge ich wohl kaum. Ich habe früher so viel verpumpt, dass meine Mutter jetzt noch nicht die ausstehenden Gelder zusammen hat."

Dienstag 04. Juli

Wanne-Eickeler Zeitung

Allgemeine Zeitung   General-Anzeiger   Hertener Tageblatt

Hauptgeschäftsstelle: Wanne-Eickel, Hindenburgstr. 257 — Fernsprech-Anschluß: 40741 u. 40742 Annahmestellen: Buchhandlung Ernsting, Wanne-Eickel, Hindenburgstraße 18, und Herren. Oswaldstraße 1. — Verantwortlich für Politik, Kommunalpolitik, Lokales und Wirtschaft: Fr. Kortendieck; für Unterhaltung, Anzeigenteils u. Sport: O. Dobler; für den Anzeigenteil: Fritz Feldser sämtlich in Wanne-Eickel. — Rotationsdruck u. Verlag der Wanne-Eickeler Zeitung G. m. b. H. — Geschäftsleitung: Arthur Derchenbach in Wanne-Eickel.

46. Jahrgang   Amtliches Publikationsorgan   der Stadt Wanne-Eickel   46. Jahrgang

Nr. 154   Dienstag, den 4. Juli   1933

Kohlenstaub-Explosion auf „General Blumenthal" Schon zehn Todesopfer! / Selbstentzündung?

Explosion im Uebertage-Verladebetrieb / Außer Invaliden nur Jugendliche Opfer der Katastrophe / Ein Teil von ihnen war erst am letzten Samstag angelegt worden! / Leider muß mit dem Ableben mehrerer Schwerverletzter gerechnet werden / Bericht nach Berlin

[RECK/HER/WAN] Die Schlagzeilen im Revier gehören dem Bergwerksunglück auf der Zeche General Blumenthal, das sich am Tag zuvor ereignet hat. Mittags um 13.20 Uhr kam es in der Aufarbeitungsanlage des Übertagebetriebes zu einer Kohlenstaubexplosion. Zwölf Bergleute kamen dabei ums Leben, darunter sechs Jungknappen, die gerade erst auf der Zeche angefangen hatten. Die Unglückszeche gehört zur Bergwerksgesellschaft Hibernia.

[HER] Der Schreiner Heinrich Benning wird vom Amtsgericht Herne zu sechs Monaten Gefängnis verurteilt. Im April 1933 riet er seinem Bekannten Malinger, der gerade in der Herner Bruchstraße Gras schnitt: Wenn Malinger Geld bräuchte, sollte er zur SA gehen, da die SA Geld stehlen würde. Das könne er beweisen. Im Urteil wird Benning, der bis 1932 angeblich Mitglied der SPD war, mit folgenden Worten zitiert: „Ihr mit euren Fastnachtsanzügen (gemeint waren damit die Uniformen der S.A.), wenn ihr in meiner Wohnung hereinkommt, dann haue ich euch mit der Beile heraus." Das Gericht beschließt, dass der „verbissene und unbelehrbare Marxist Benning", obwohl er bisher unbescholten ist, wegen der schweren Ehrenkränkung der SA-Männer und der Greuelpropaganda nur mit einer empfindlichen Gefängnisstrafe belehrt werden kann.

Mittwoch 05. Juli

[ALLGE/HER] Die Zentrumspartei löst sich als letzte der bürgerlichen Parteien selbst auf. Die Reichsleitung legt ihren Anhängern nahe, „ihre Kräfte und Erfahrungen der unter Führung des Herrn Reichskanzlers stehenden nationalen Front zur positiven Mitarbeit zur Verfügung zu stellen." Die Parteigliederungen folgen weitgehend diesem Beschluss. In Herne legen der Stadtverordnete Aloys Weiß, ehemaliger Sekretär des KAB, die Studienrätin Anna Weil und Theodor Bernhard Rottmann ihre Ratsmandate nieder. Sie weigern sich damit, der NSDAP-Fraktion als „Hospitanten" anzugehören.

[HER] Die Abiturientin **Gerda Elias** verlässt Deutschland und geht zu ihrem Freund Fritz Günzburger, der als Kommunist und Jude sein Jura-Studium nicht fortsetzen konnte und bereits im Mai ins französische Besançon geflohen ist. Dort wollen sie gemeinsam die Hitler-Zeit überstehen. Gerda Günzburger erzählte später: „Es war alles noch nicht so dramatisch, und man ist halt gefahren. Wir dachten nicht an einen Abschied für lange Zeit. Es gab keine Fantasie, die so abartig gewesen wäre, dass man das in Ängste hätte fassen können, was später kam. Es ist ja Schritt für Schritt gegangen, und nicht alles war sichtbar. Wir lebten zuerst in Besançon. Ich habe in einer Textilfabrik gearbeitet und sehr wenig verdient. Ich konnte mir nicht einmal ein Paar Strümpfe leisten. Später habe ich bei Leuten im Haushalt gearbeitet, mit denen habe ich über viele Sachen geredet. Sie sagten schließlich zu mir, ich könnte besser diskutieren als putzen. Mit der Sprache hatte ich keine Schwierigkeiten, da ich bereits in Deutschland neun Jahre Französisch gelernt hatte, was damals ziemlich exotisch war."

Von den Abendstunden bis in die Nacht findet eine großangelegte Razzia in Horsthausen statt. Zusammen mit einem vollständigen SS-Sturm organisiert die Polizei einen umfangreichen Streifendienst. Es kommt es zu einer Reihe von Verhaftungen. Über die Hintergründe schreibt die HZ: „In letzter Zeit mehrten sich Beobachtungen, dass gerade in diesem Stadtteil Zusammenkünfte regierungsfeindlicher Personen stattfanden. Wie man sicher erfahren hatte, handelte es sich in der Mehrzahl um kommunistische Elemente, die in Zusammenrottungen, manchmal bis 30 Personen stark, politische Gespräche anzettelten, in denen die Regierung beschimpft und verächtlich gemacht wurde. Ein scharfes Eingreifen gegen dieses volksverräterische Treiben war daher dringend geboten, zumal sich offenbar die Beteiligten nicht mehr auf Gespräche beschränkten, vielmehr die Vorbereitung von Sabotageakten betrieben."

Donnerstag 06. Juli

[HER] Auf der Zeche Constantin 4/5 gerät der Kohlenhauer Johann W. aus Holsterhausen beim Nachbrechen des Hangenden unter einen schweren Steinschlag. Er erleidet einen Unterschenkelbruch, Schlagaderverletzungen und sonstige Verletzungen und wird in einem sehr bedenklichen Zustand ins Bergmannsheil in Bochum gebracht.

[WAN] Fortwährend Fahrrad-Diebstahl! Ein besonderer Fall ereignet sich auf der Röhlinghauser Straße. Für einen Augenblick lässt ein Mann vor einem Geschäft sein

Anzeigen des Textil-Kaufhauses „Tümmers",
WEZ, 06.07.1933

Fahrrad unabgeschlossen stehen. Plötzlich merkt er, wie ein junger Mann An-
stalten macht, mit dem Rad wegzufahren.
Der Besitzer erwischt den Dieb am Rock-
zipfel. Der jugendliche Dieb behauptet
daraufhin, sich nur im Rad vergriffen zu
haben. Tatsächlich hat er sein eigenes
Rad in der Nähe stehen. Es ist allerdings
ein ganz alter Schlitten, während das andere fast neu ist. Der Fahrradbesitzer verabreicht dem Jungen eine kräftige Ohrfeige und lässt ihn dann laufen.

Freitag 07. Juli

[ALLGE] In einem Parteierlass von Rudolf Heß, dem Stellvertreter Hitlers, heißt es:
„In einer Zeit, da die nationalsozialistische Regierung ihre Hauptaufgabe darin sieht,
möglichst zahlreichen arbeitslosen Volksgenossen zu Arbeit und Brot zu verhelfen,
darf die nationalsozialistische Bewegung dem nicht entgegenwirken, indem sie
Hunderttausenden von Arbeitern und Angestellten in den Warenhäusern und den
von ihnen abhängigen Betrieben die Arbeitsplätze nimmt. Den Gliederungen der
NSDAP wird daher untersagt, bis auf weiteres Aktionen gegen Warenhäuser und
warenhausähnliche Betriebe zu unternehmen." Die lokalen Parteiorganisationen
stehen dem Erlass vielfach fassungslos gegenüber.

Werbezettel der Schauburg
Herne für den Film „SA-Mann
Brand", 1933

[RECK/HER/WAN] Über 50.000 Menschen aus Recklinghausen und Umgebung geben den auf General
Blumenthal verunglückten Knappen das letzte Geleit
durch die Straßen der Stadt. Unter Federführung von
HJ und NSBO bekommt die Trauerfeier den Charakter eines Staatsbegräbnisses: braune Uniformen und
Hakenkreuz-Fahnen allenthalben. Unter den Redner
befindet sich auch Baldur von Schirach, der Reichsführer der deutschen Jugend, der das „Heldische" des
Bergmannsberufs betont. „Soldaten der deutschen
Arbeit" seien hier zur ewigen Ruhe bestattet worden,
die „im Opfersinn der Gemeinschaft" gestorben seien.
Kaum hat sich das Grab über die zwölf Verunglückten
geschlossen, macht eine neue Unglücksbotschaft die
Runde: Auf „König Ludwig" wurden zwei Bergmänner
durch plötzlich hereinbrechendes Hangendes auf der
Stelle getötet.

*[Anmerk.: Während die NSDAP die Organisationen der Bergarbeiterbewegung zerschlagen hatte, versuchte sie durch Massenaktionen das Vertrauen der **Bergarbeiterschaft** zu gewinnen. Durch die propagandistische Erhöhung des Sozialprestiges des Berufsstandes sollte zumindest Loyalität erzeugt werden. Die demonstrative Präsenz von NS-Gliederungen bei Trauerfeiern nach Grubenunglücken gehörte zur Strategie der Vereinnahmung dazu. In der Propaganda glorifiziert man den Bergmannstod wie den Soldatentod.]*

[HER] In der Schauburg läuft der Film „SA-Mann Brand. Ein Lebensbild aus unseren Tagen" an. Bereits am Vorabend hatte die SA zu Ehren des ersten NS-Spielfilms einen Propaga ndamarsch zum Kino durchgeführt und dort an einem eigens errichteten riesigen Mast die Hakenkreuzflagge gehisst. Für sämtliche 15.000 Berufsschüler, Schüler und Schulkinder wird der Film zum Pflichtbesuch.

*[Anmerk.: Nach der Machtübernahme Hitlers veränderte sich die deutsche Filmlandschaft: Über 1.500 Filmschaffende emigrierten aus politischen Gründen oder weil sie rassisch diskriminiert wurden – unter anderem Fritz Lang, Marlene Dietrich, Elisabeth Bergner, Max Ophüls, Peter Lorre und Friedrich Hollaender. Nichtsdestotrotz wurde der **Spielfilm** als modernes Massenmedium von den Nationalsozialisten zu propagandistischen Zwecken genutzt und großzügig gefördert. Mit „SA-Mann Brand", „Hans Westmar. Einer von Vielen" und „Hitlerjunge Quex" widmeten sich 1933 drei Filme dem Heroismus der Bewegung, wobei nur letzterer, der stilistisch deutlich an den linken Film der Weimarer Republik anknüpfte, die Erwartungen des Propagandaministeriums erfüllte. Die beiden anderen Filme waren plump inszeniert, fanden keinen Publikumszuspruch und wurden bald als „nationaler Kitsch" abgekanzelt. Propagandafilme waren im staatlich gelenkten Kino die Ausnahme. Zwischen 1933 und 1945 wurden in Deutschland über 1000 Spielfilme hergestellt, von denen mehr als drei Viertel bewusst die seichte Unterhaltung der Liebes-, Heimat- und Musikfilme bediente. Über die Gefühlsebene entwickelten die Filme durchaus eine hohe Wirkungskraft. Gleichzeitig sollte die gleichgeschaltete UFA eine ureigene germanische Traumfabrik á la Hollywood sein.]*

Samstag 08. Juli

[HER] Die meisten der früheren Funktionäre der SPD aus Herne, Castrop-Rauxel und Wanne-Eickel, die nach der Auflösung der Partei im Herner Polizeigefängnis in Schutzhaft genommen worden waren, werden freigelassen.

[WAN] Die WEZ berichtet: „Eine wirksame Bestrafung wurde einem jungen

Mann aus Gelsenkirchen zuteil, der am Samstagmorgen gegen 10 Uhr ein vor dem Hauptpostamt stehendes Herrenfahrrad gestohlen hatte. Die Tat wurde bemerkt und mehrere Männer nahmen die Verfolgung auf. In der Schlachthoffstraße konnte der Dieb gestellt werden. Eine für ihn beschämende Strafe folgte auf den Fuß. Denn man ‚dekorierte' den Fahrradmarder auf der Brust und auf dem Rücken mit einem großen Plakat, auf dem die Worte standen: ‚Ich bin ein Fahrraddieb.' Und so wurde er dann durch die Straßen der Stadt geführt."

Sonntag 09. Juli

[HER] Im Sodinger Volkspark findet die erste große Sonnenwendfeier statt. Etwa 15.000 Schulkinder und Zuschauer marschieren vom Adolf-Hitler-Platz über den Hindenburgplatz zum Aussichtsturm, wo die Feier stattfindet. Ein großer Holzstoß wird entflammt und Kreiskulturwart Lutz beschwört in seiner Rede die neue Einigkeit des Volkes unter der Führung Adolf Hitlers. „Diese drei gehören zusammen: der feldgraue Kämpfer der Vergangenheit, der braune der Gegenwart und die Hitlerjugend der Zukunft."

Mittwoch 12. Juli

[HER] Der private Besuch mit seiner Familie eines Kinderfestes des Hortes Baukau wird dem Polizeibeamten Alfons Cigan zum Verhängnis. Beim Singen des Horst-Wessel-Liedes bleibt er „in aller Seelenruhe sitzen" und raucht seine Zigarette weiter, während sich alle anderen Personen im Saal erheben. Dieses Verhalten erregt den Unmut von Anwesenden, die sich daraufhin beim Polizeipräsidenten über Cigan beschweren. Ein Sturmführer der SA schaltet sich ein und lässt verlauten: „Mir persönlich ist C. als ein großer Marxist bekannt. Überhaupt ist C. nicht fähig, ein Polizeiamt zu bekleiden." Aufgrund des Berufsbeamtengesetzes wird ein Verfahren gegen Cigan eingeleitet. Nach Prüfung der Sachlage verbleibt er im Polizeidienst, erhält jedoch einen Disziplinarverweis: „Der heutige Staat fordert von seinen Beamten Erfassung und Vertretung der von ihm propagierten Ziele. Hierzu gehören in erster Linie die Betonung der Opferfreudigkeit und des nationalen Bewusstseins. Beide Ideale finden in den dargebrachten Liedern Darstellung und Inhalt. Sie sind Allgemeingut jedes guten Deutschen von jeher schon gewesen. Sie durch Erheben von seinem Platze aus zu ehren, gehört zum Mindesten zum äußeren Takt eines Beamten, von dem verlangt werden muss, dass er sich die hohen Ziele des neu erwachten Deutschtums möglichst bald tief und ganz zu eigen machte."

Das Westfalen-Kaufhaus wirbt nun mit dem Zusatztitel „Das deutsche Unternehmen", WEZ, 12.07.1933

[WAN] Die Gebrüder Alsberg Gelsenkirchen AG teilt mit: Das Unternehmen hat von sich aus den Antrag auf Gleichschaltung gestellt, um den wirtschaftlichen Fortgang zu gewährleisten, um wertvolles deutsches Volksvermögen zu erhalten und deutschen Angestellten und Arbeitern den Lebensunterhalt weiterhin sicherzustellen. Die Mehrheit des Aktienkapitals der Firma ist am 11. Juli 1933 in arische Hände übergegangen. Der bisherige Aufsichtsrat und Vorstand ist ausgeschieden. Der Name der Firma wird in „Westfalen-Kaufhaus AG Gelsenkirchen" geändert. Die Zweiggeschäfte heißen jetzt „Westfalen-Kaufhaus Wanne" und „Westfalen-Kaufhaus Eickel".

[HER/WAN] Am Abend brechen 3000 Landhelfer aus dem Arbeitsamtsbezirk Herne mit einem Transportzug nach Schleswig-Holstein auf. Auf der Abschiedskundgebung betont der Direktor des Arbeitsamtes, Regierungsrat Dr. Schmidt, dass die Regierung ernsten Willen zeigt, mit Sofortmaßnahmen einen „Generalangriff auf die Arbeitslosigkeit" zu unternehmen. Dr. Schmidt führt aus, dass „das Ziel, eine möglichst große Zahl von Jugendlichen aufs Land zu schicken, umso eher erreicht werden kann, je mehr sich die Industriebevölkerung, besonders in wirtschaftlich so einseitigen Städten wie Herne, Castrop-Rauxel und Wanne-Eickel, darüber klar wird, dass auch in Zukunft nicht mehr alle hier Arbeit finden werden und daher möglichst viele aufs Land zurückfinden müssen." **Karl Nieper**, Kreisleiter der NSDAP, lobt das nationalsozialistische Gesetz über die Landhilfe, mit dem arbeitslose Industriearbeiter zurück zur Scholle geführt werden. Fast drei Viertel der aufs Land verschickten Jugendlichen erhielten davor Unterstützung vom Wohlfahrtsamt. Die Landwirtschaft ist seit Jahren ohne ausreichende Hilfskräfte, da die Erwerbslosen die Vermittlung in landwirtschaftliche Arbeit abgelehnt hatten. Unter den veränderten politischen Verhältnissen ist eine solche Verweigerungshaltung nicht mehr möglich.

Donnerstag 13. Juli

[WAN] Nach dem Zerfall der alten Parteien besteht die Stadtverordnetensitzung nur noch aus Nationalsozialisten. „In rund drei Monaten hat der Führer die alten Parteien weggefegt und die Einheit des Volkes hergestellt", stellt der stellv. OB Wulf fest. Eine Diskussion über die Tagesordnungspunkte erfolgt nicht.

Freitag 14. Juli

[ALLGE] Nachdem sich alle Parteien aufgelöst haben oder verboten wurden, tritt nunmehr das „Gesetz gegen die Neubildung von Parteien" in Kraft, mit dem im Deutschen Reich alle Parteien neben der NSDAP verboten werden. Das Gesetz besiegelt die Monopolisierung der Macht und begründet den Einparteienstaat. Der Kampf um die beherrschende Kraft im Inneren ist damit formal beendet und der NS-Staat Wirklichkeit. Aus der „nationalen Erhebung" ist die „nationalsozialistische Revolution" geworden.

Mit dem „Gesetz über die Einziehung von volks- und staatsfeindlichen Vermögen" wird nach erfolgter Eingliederung und Gleichschaltung die Arbeiterwohlfahrt (AWO) verboten. Das Vermögen fällt an die sich im Aufbau befindliche Nationalsozialistische Volkswohlfahrt und bildet den Grundstock der kommenden wohlfahrtspflegerischen Arbeit.

SA-Männer vor einem Aufmarsch in einem Herner Gartenlokal, 1933

Das „Gesetz zur Verhütung erbkranken Nachwuchses" wird verabschiedet, das die Zwangssterilisation von vermeintlich Erbkranken und „schweren Alkoholikern" vorsieht. Es ist ein erster Schritt zur nationalsozialistisch definierten Rassenhygiene, die den „rassereinen, erbgesunden arischen Menschen" fördern und „fremdes Blut" und „minderwertiges Erbgut" ausmerzen soll. Die NS-Ideologie wird damit Teil der allgemeinen Gesundheitspolitik mit Auswirkungen auf alle beteiligten Personen und Institutionen: Krankenschwestern, Ärzte, Krankenhäusern, Leitungen von Pflege- und Heilanstalten und lokalen Behörden.

*[Anmerk.:In den 1920er Jahren war der Gedanke der **Eugenik (Rassenhygiene)** bis in die Kreise liberaler und sozialistischer Mediziner und Sozialhygieniker verbreitet. So basierte das verabschiedete Gesetz auf einem bereits 1932 ausgearbeiteten Entwurf zur Sterilisation auf freiwilliger Basis, das von den Nationalsozialisten in mehreren Punkten verschärft wurde. Das Gesetzt wird in den folgenden Jahren mehrfach erweitert. Der Stellenwert der amtlichen Gesundheitspolitik im NS-Staat wurde von der Zeitgeschichtsforschung jahrzehntelang vernachlässigt.]*

Samstag 15. Juli

[HER] Die Kontrollkommission der NSDAP teilt mit, dass die „Säuberung" bei den Dienststellen der Stadtverwaltung, der städtischen Betriebe und des Arbeitsamtes nunmehr als beendet angesehen werden kann. Aus diesem Grund heben sich die eingesetzten Hilfskommissionen auf.

*[Anmerk.: Im Rahmen der **politischen „Säuberung"** wurden in Herne mehr als 160 Personen aus städtischen Diensten entlassen, etwa 20 Prozent der dort Beschäftigten. In der Mehrheit handelte es sich um sozialdemokratische oder kommunistische Arbeiter und Angestellte, die im Fuhrpark, bei den Gaswerken, beim Straßenbauamt oder beim Garten- und Friedhofsamt tätig waren. Von den 517 städtischen Angestellten, Arbeitern und Hilfsarbeitern wurden 148 entlassen (= 28,6 Prozent). Von den 236 Beamten und 37 Beamtenanwärtern wurden zwölf entlassen (= 4,4 Prozent). Die oft konservativ eingestellten und auf das Funktionieren der Verwaltung geeichten Beamten überstanden den Übergang in die NS-Diktatur größtenteils unbeschadet. In die freien Stellen rückten vornehmlich „alte Kämpfer der NSDAP" und andere Parteigenossen. Die Hilfskommissare übernahmen zum Teil die leitenden Stellen, die sie vorher „freigemacht" hatten. In der privaten Wirtschaft wurden im Kreisgebiet Herne auf Antrag der Kontrollkommission der NSDAP 226 Personen aus den verschiedensten Betrieben entlassen; 138 Personen, die*

arbeitslos waren oder aus politischen Gründen inhaftiert wurden, wurden als
politisch unliebsame Personen bis 1936 von der Arbeitsvermittlung ausge-
schlossen. 46 Personen wurden als Kinder von KPD oder SPD-Mitgliedern
nicht in ein Lehrverhältnis vermittelt. Dass die politisch-administrativ in der Tat
völlig unerfahrene und unvorbereitete Führungsclique der NSDAP gerade die
kritische Anfangsphase durchstehen konnte, lag an der Bereitschaft weiter
Teile der traditionellen Machteliten in Bürokratie und Wirtschaft, mit dem NS-
Regime zusammenzuarbeiten. Man versprach sich durch die Kooperation die
Erfüllung der unterschiedlichsten sozialen und materiellen Erwartungen.]

Am Nachmittag verhaftet die Politische Polizei in einem Kaffeehaus „sieben
kommunistische Hochverräter", darunter einen KP-Führer aus Berlin-Wedding,
zwei Bochumer und vier Wanne-Eickeler. Die Verhafteten hatten die Absicht,
„unter der Maske der Werbung für die Zeitschrift ‚Deutscher Aufbau' neue kommunistische Gruppen zu organisieren."

[DO/HER] In der Dortmunder Westfalenhalle findet das 6. Westfälische Sängerbundfest statt, das mit der Kantate „Von deutscher Not" von Georg Nellius eröffnet wird. Der im Dienst der Stadt Herne stehende Komponist wird aufgrund
seiner „wahrhaft deutschen und edlen Kunstleistung" mit der Stadtplakette der
Stadt Dortmund ausgezeichnet. Die WEZ würdigt das Ereignis mit einer hym-
nischen Kritik: Die Kantate sei ein „wahrer Ausdruck seelischer Kräfte, aber
geordnet vom Kunstverstand. Was das Werk des Tondichters in allen Herzen
ausgelöst hat, das möge der schönste Dank der Zuhörer sein, die mit dem Chor
heute das mit vollem Stolz bekennen können, was Wirklichkeit geworden ist:
‚Wir alle sind das Vaterland'."

Montag 17. Juli

[HER/WAN] Als stellvertretender Arbeitsamtsdirektor des Bezirks Castrop-Rauxel – Herne – Wanne-Eickel wird Karl Eckey eingesetzt. Eckey hat eine kaufmännische Ausbildung und ist Gründungsmitglied der NSDAP in Herne. Am 6.
März gehörte er zu dem SA-Trupp, der die Hakenkreuzfahne auf dem Rathausturm gehisst hatte. Die WEZ rühmt ihn als „Held vieler Saalschlachten" und betont, dass er sich in den vergangenen Wochen „mit besonderer Hingabe der
Säuberung der Stadtverwaltung" gewidmet hat. Nur wenige Tage später wird
Eckey zum Direktor der Herner Stadtwerke ernannt. Nach dem Krieg konstatiert
die Spruchgerichtskammer Hiddesen, dass es sich bei ihm „um einen Aktivisten
übelster Form" gehandelt habe, dessen Lieblingsparole „Jude verrecke!" gewesen sei. Seinen beruflichen Aufstieg hatte er allein der Tatsache zu verdanken,
dass er mit dem Parteieintritt von 1925 ein „alter Kämpfer" der NSDAP gewesen
sei. Das Gericht verurteilt ihn 1948 zu einer Gefängnisstrafe von zwei Jahren.

Zahlreiche Festnahmen im Präsidialbezirk: In Herne werden fünf Personen wegen des Verdachts der illegalen Weiterführung der KPD, eine Person wegen Verächtlichmachung der Reichsregierung und eine Person wegen des verbotswidrigem Tragens von Abzeichen der NSDAP festgenommen. Aus Wanne-Eickel wurden drei Personen wegen des Verdachts kommunistischer Umtriebe verhaftet.

Beschlagnahmter Roman des Schriftstellers Pitigrilli, Cover des Nachdrucks von 1951

[WAN] Mit großem Diensteifer kämpft Maria Tillmann gegen die „Schmutz- und Schundliteratur". In einer Mitteilung an den OB schreibt sie, dass man die Bücher, „die auf Grund der amtlichen schwarzen Listen auszumerzen sind", aus den privaten Leihbüchereien entfernt habe. Dies sei ihrer Einschätzung nach aber keineswegs ausreichend, denn „die Bücher, die im Bestande verbleiben, sind, bis auf wenige Ausnahmen, literarischer Mischmasch, Schund und Kitsch und sind in ihrer Wirkung schlimmer als jene, die entfernt worden sind." Vornehmlich nennt sie Werke erotischen Inhalts wie die Memoiren des Casanova, aber auch Werke von Eugène Sue und Emile Zola und – fast schon obligatorisch – die Schriften jüdischer und sozialistischer Autoren wie B. Traven, Alfred Döblin, Upton Sinclair und Stefan Zweig. Es kommt zur erneuten Durchsuchung der Leihbüchereien. Der NS-Kreiskulturwart Groll beschlagnahmt daraufhin persönlich die beiden Romane „Luxusweibchen" und „Die Jungfrau von 18 Karat" des provokanten italienischen Romanciers Pitigrilli.

Donnerstag 20. Juli

[ALLGE/HER] In Rom wird das Konkordat zwischen dem Vatikan und der deutschen Reichsregierung unterschrieben. Der Katholizismus, der gerade in den Bergarbeitervierteln des Ruhrgebiets einen starken politischen Rückhalt hatte, zieht sich damit auf eine politische Neutralität zurück und konzentriert sich auf die Seelsorge und den Gottesdienst. Franz Kohlenbach trifft sich fortan mit Gesinnungsgenossen in einer Gartenlaube in Sodingen. Dem Nationalsozialismus steht man kritisch gegenüber, allerdings kann man sich zu keiner offenen Solidarisierung mit den verfolgten Vertretern der Arbeiterbewegung durchringen.

*[Anmerk.: Mit dem **Konkordat** sichert das Deutsche Reich der katholischen Kirche innere Autonomie und die ungehinderte Verbreitung ihrer Schriften zu. Es garantiert die Freiheit des Bekenntnisses und seine öffentliche Ausübung.*

Das Konkordat schließt für alle katholischen Geistlichen die Mitgliedschaft in politischen Parteien oder die Tätigkeit für Parteien aus. Kirchliche Organisationen müssen sich auf religiöse, kulturelle und karitative Aufgaben beschränken. „Viele katholische Mitbürger, insbesondere in den Bergarbeitervierteln unserer Stadt, verstanden die Haltung des Episkopats nicht, zumal die brutalen Übergriffe der SA und der SS für jeden erkennbar waren. Aus Gesprächen war immer wieder der Gedanke herauszuhören, eine katholische Volksfront gegen den Nationalsozialismus ins Leben zu rufen. Als Katholiken fühlten sie sich aber an die Weisungen ihrer Oberhirten gebunden", resümierte später der verfolgte Sozialdemokrat Karl Wolmeyer.]

[WAN] In Wanne-Eickel entbrennt ein Zeitungskampf. Werber der nationalsozialistischen Presse versuchen mit einer aggressiven Werbestrategie, den alteingesessenen Lokalblättern die Käufer und Abonnenten abspenstig zu machen. Im Schaufenster der Geschäftsstelle der „Roten Erde" weist ein Aushang darauf hin, dass die Wanne-Eickeler Zeitung früher Wahlpropaganda für die Regierung von Papen und gegen die NSDAP veröffentlicht habe. Außerdem wird eine Liste mit Namen verschiedener Bürger und Beamter ausgehängt, die es abgelehnt hätten, statt ihrer bisherigen Lokalzeitung zukünftig die „Rote Erde" zu abonnieren. Der Verleger Arthur Herchenbach lässt dieses Geschäftsgebaren nicht unkommentiert: „Nicht die Partei steht hinter derartigen schädigenden Werbungsmaßnahmen, sondern es handelt sich um eine reine Konkurrenzangelegenheit. Wir stellen hiermit fest, dass unsere ‚Wanne-Eickeler Zeitung', nachdem sie seit den Tagen ihres Bestehens eine stets vaterlandstreue und heimatverbundene Linie eingehalten hat, die nationalsozialistische Bewegung am Orte schon vor der Revolution nach bestem Können gefördert und sich nach der Revolution voll und ganz auf den Boden des neuen Staates gestellt hat."

Samstag 22. Juli

[GE/WAN/HER/BO] Die illegale KPD hat sich reorganisiert und Gruppen mit einigen hundert Mitgliedern aufgebaut. Literatur und Flugblätter bezieht man über Gelsenkirchen. Am Schalker Markt wartet zu einem festgesetzten Zeitpunkt ein Genosse, der an einer Zeitung in der Jackentasche zu erkennen ist, auf den Literaturobmann Max K. Nach der Übergabe transportiert dieser das Material mit einem Fahrrad nach Herne und Bochum, wo es weiter verteilt wird. Nach Wanne-Eickel kommt das Material über eine Schusterwerkstatt auf der Wanner Straße in Gelsenkirchen. Ein Mitglied der KP-Ortsleitung nimmt den Posten eines Kassierers in der NS-Kriegsopferversorgung an, um unauffällige Hausbesuche und Kontaktaufnahmen zu ermöglichen.

Sonntag 23. Juli

[HER/WAN] In den evangelischen Kirchengemeinden werden die Gemeindevertretungen neu gewählt. Schon im Vorfeld kam es zwischen den nationalsozialistisch-orientieren Deutschen Christen (DC) und Gruppierungen, die eine Vermischung von Politik und Glauben ablehnen, zu heftigen Auseinandersetzungen. Die NSDAP mischte sich zugunsten der DC in die kirchenpolitischen Auseinandersetzungen ein. Die Anhänger des alten evangelischen Glaubens treten mit der eigenen Liste „Evangelium und Kirche" an. Die Wahlen weisen eine überaus rege Beteiligung auf und zeigen, dass die Gemeinden im Kreisgebiet Herne (Holsterhausen, Baukau, Herne, Sodingen) gespalten sind. Beide Listen können jeweils 30 Sitze, die Hälfte der insgesamt 60 Sitze, für sich verbuchen. In Holsterhausen zeichnet sich der Kirchenkampf besonders früh ab. Der durchsetzungsfähige Pfarrer Ludwig Steil scheut sich nicht, öffentlich für eine bekenntnistreue Volkskirche Stellung zu beziehen. Dementsprechend exponiert er sich gegen die Agitation der Deutschen Christen. Bei der Wahl bekommt die von Steil unterstützte Freie Liste mit 19 Vertretern gegenüber den 13 DC-Vertretern eine klare Mehrheit. In Röhlinghausen und Crange kommt es im Vorfeld zur Bildung einer Einheitsliste, so dass sich die Wahlen erübrigt. In Eickel erhält der DC mit 34 Vertretern eine klare Mehrheit vor der Liste „Evangelium und Kirche" mit 13 Vertretern.

Montag 24. Juli

[BO/HER] In Zusammenarbeit mit Kräften der SA und der SS unternimmt die Politische Polizei in den frühen Morgenstunden im Polizeibezirk Bochum eine neue Durchsuchungsaktion gegen Mitglieder der verbotenen KPD. Neben zwei Gewehren und einer Pistole werden Druckschriften, Radioapparate für russischen Fernempfang und zahlreiches illegales Schriftmaterial beschlagnahmt. Von den 28 in Schutzhaft genommenen Personen stammen fünf aus Herne.

[WAN] Der Kommunist August D. wird in seiner Wohnung verhaftet. In einem Interview erzählte er später: „Wie der Noack reinkam, das war der Gestapo-Chef hier in Wanne-Eickel, postierte er zwei Mann mit Karabinern an der Tür. Ich frage ihn, ob er Angst vor mir hätte, weil er immer mit einer ganzen Kompanie zu mir käme. Da hat er mich angefasst und wollte mich aus dem Fenster werfen. Der Noack war ein riesiger Bulle. Meine Frau ist mir sofort um den Hals gefallen und die Blagen hingen mir an den Beinen. Da konnte er nichts machen. Aber dann musste ich mit zur Gelsenkirchener Straße. Bei dem Verhör hat er mich zusammenschlagen lassen, dass ich nicht mehr krauchen konnte. Wie ich da heraus kam, habe ich nur darauf geachtet, dass ich nicht in ihre Schusslinie käme. Sonst hätte es hinterher geheißen: 'Auf der Flucht erschossen'."

Dienstag 25. Juli

[HER/WAN/BO] Auf Anordnung der Geheimen Staatspolizei wird um 12 Uhr in ganz Preußen auf sämtlichen Haupt- und Nebenlinien der Reichsbahn sowie der gesamten Durchgangsstraßen für den Kraftverkehr eine Personen- und Sachkontrolle durchgeführt. Die Fahndungsaktion richtet sich gegen Kuriere der illegalen KPD und anderer staatsfeindlicher Organisationen. „Manchen guten Fang machte die an der Sperre des Wanne-Eickeler Hauptbahnhofs postierte Fahndungsabteilung, die zahlreiches kommunistisches Flugblatt Material beschlagnahmen konnte."

[HER] In der Stadtverordnetenversammlung wird **Albert Meister** per Zuruf zum neuen Oberbürgermeister gewählt. Allerdings in Abwesenheit. Meister kehrt erst am Abend von einem Kuraufenthalt aus Bad Oeynhausen zurück, wo ihm am Bahnhof unter Führung des NSDAP-Kreisleiters Karl Nieper Abteilungen der HJ und der SA einen feierlichen Empfang bereiten. Als Repräsentanten der Stadtverwaltung sind **Bürgermeister Meyerhoff**, Magistratsrat Horstmann und Regierungsrat Viktor Niewiesch, der Leiter des Polizeiamtes, anwesend. Nach einem Intermezzo der Musikkapelle und reichlich Händeklatschen und „Sieg Heil-Rufen" ergreift der neue Oberbürgermeister das Wort: „Wir sind zehn Jahre politische Kämpfer unseres Führers gewesen. Wir haben in diesen Jahren immer als oberstes Ziel restlose pflichtbewusste Arbeit gekannt. Ich weiß, dass hier in Herne noch mancher ist, der uns fern steht. Nicht nur in jenen Lagern der früheren marxistischen Parteien. Ich weiß aber auch Gegner und Feinde des Nationalsozialismus im reaktionären Lager. Ich weiß auf der anderen Seite, dass das Vertrauen der Bevölkerung zur nationalsozialistischen Bewegung und zu denen, die die Geschicke hier leiten, da ist. Sie haben mir und der Bewegung das Vertrauen entgegengebracht. Ich verspreche Ihnen: So wie ich in all den Jahren als Nationalsozialist war, als wir den Weg zur Revolution frei machten, wo wir rücksichtslos vorgegangen sind, genauso rücksichtslos und, wenn es sein muss, brutal werde ich den Weg gehen, den ich gehen muss, damit Herne wieder frei wird." Der Herner Anzeiger, der vor den März-Wahlen Albert Meister als bekanntesten Nationalsozialisten der Stadt häufig zur Zielscheibe spöttischer Kritik gemacht hatte, windet sich nun in Lobeshymnen: „Herr

Oberbürgermeister Albert Meister, 1934

Meister hat es in der kurzen Zeit seiner kommissarischen Oberbürgermeister-tätigkeit verstanden, durch Größe seines Charakters, Klugheit des kommunal-politischen Urteils, Festigkeit seines Willens, Unbeirrbarkeit seines Zielstrebens, eisernen Fleiß und selbstlose Opferwilligkeit auch die zu überzeugen, die nicht seine Parteigenossen waren. Das ist vielleicht das Beste, das einem Mann im öffentlichen Leben gelingen kann." Dieser politische Kotau hilft dem Schriftlei-ter Leo Reiners aber nicht weiter, denn beim Kampf gegen das alteingesessene

Hedwig und Robert Brauner, um 1933

katholische Verlagshaus von Josef Röttsches verbinden sich beim neuen OB politische und persönliche Interessen. Es geht nicht nur dar-um, alte Rechnungen zu begleichen, sondern als Verlagsmitinhaber der in Dortmund er-scheinenden Parteizeitung „Rote Erde", die auch mit einem Herner Lokalteil ausgestattet ist, steht Meister auch im direkten wirtschaft-lichen Konkurrenzkampf.

Robert Brauner wird von der Kreishand-werkerschaft mitgeteilt, dass er aufgrund politischer Unzuverlässigkeit nicht zur Meister-prüfung zugelassen wird. „Ich wollte ursprüng-lich nicht beim Anstreichen bleiben, ich wollte etwas anderes machen, aber das hat sich dann durch die Nazis zerschlagen und dann habe ich die Meisterprüfung machen wollen und das konnte ich nicht", erzählte er später.

Mittwoch 26. Juli

[HER] „Hütet euch vor kommunistischen Umtrieben", lautet die Überschrift in der HZ. Drei Personen wurden festgenommen. Der Klempner Wilhelm Leis, der vom 24. Juni bis zum 12. Juli im Polizeigefängnis gesessen hat, erhält vom Ma-gistrat die Benachrichtigung, dass sein SPD-Ratsmandat aufgehoben ist. Unter Strafandrohung wird ihm nahe gelegt, sich nicht mehr politisch zu betätigen.

[HER/WAN] Laut Mitteilung der Polizei hält die „Seuche der Fahrraddiebstähle" weiter an. Fahrradbesitzer, aber auch das normale Publikum werden um be-sondere Achtsamkeit gebeten, wenn sich auffällige Personen in der Nähe von Fahrrädern aufhalten. Das Fahrrad sei ja das „Auto des kleinen Mannes" und die Geschädigten würden einen schweren Verlust erleiden. Fahrradmarder und ihre Helfershelfer seien organisiert und würden ihre Hehlerware oft schnell wieder anbieten. Die Polizei warnt davor, Fahrräder „zu einem Schleuderpreis unter der Hand zu erwerben".

Donnerstag 27. Juli

[ALLGE/HER] „Hundstage" im Revier: Schon morgens steht die Temperatur bei 22 Grad. Das Sommerbad verzeichnet für das bisherige Jahr einen Tagesrekord mit 5.000 Besuchern.

[HER] Das geplante Gefallenenehrenmal auf dem Wiescherfriedhof wird zur Ausführung dem Bildhauer Heinrich Rings jr. in Auftrag gegeben. Der Steinblock des sarkophagartigen Denkmals soll von einem Adler in Bronze gekrönt werden.

Zahlreichen Mietern in städtischen Wohnungen, die sich in der Vergangenheit für die Linksparteien eingesetzt haben, wird wegen nationaler Unzuverlässigkeit gekündigt. Die Wohnungen müssen kurzfristig bis zum 1. August geräumt werden.

[HER/WAN] Als Vorboten der Cranger Kirmes kann man seit einigen Tagen die braunen Söhne und Töchter der Puszta beobachten, die oft mit einem kleinen Affen die Straßen des Stadtteils Baukau entlangziehen. Traditionell sind sie mit den Cranger Festagen eng verbunden.

Die am 3. Juni 1928 eingeweihte Sommerbadeanstalt an der Bergstraße gilt als großer kommunalpolitischer Erfolg der SPD. Über die Stadtgrenzen hinaus besitzt das Volksbad als sport- und gesundheitspolitisches Projekt Vorbildcharakter.

27.07.1933 | Chronik

Samstag 29. Juli

[HER] Großer Aufmarsch von SA, SS, HJ, des Stahlhelms und der Schutzpolizei in Herne und Sodingen. Im Mittelpunkt steht Sturmbannführer Albert Heßler, der nach Recklinghausen abkommandiert ist. **OB Meister** führt aus: „Mit besonderer Freude hebe ich die Harmonie zwischen der Politischen Leitung und der Führung der SA hervor, die sich hier prächtig ergänzten. Wie wäre es sonst möglich, dass von Herne die nationalsozialistische Bewegung ins rote Ruhrgebiet vorwärtsgetragen wurde?" Die HZ schreibt: „Unter der Führung des alten Kämpfers Sturmbannführer Heßler entwickelte sich die Herner SA zu einem Machtfaktor, dessen Schlagkraft mancher Gegner fühlbar zu spüren bekam."

Rund 2.000 Herner Ferienkinder fahren aufs Land – nach Süd-, Mittel- und Ostdeutschland. Wenigstens in den Sommerferien sollen die Kinder gute Landluft schnuppern. Treffpunkt ist der Germania-Sportplatz, wo SS-Leute die Kleinen je nach Bestimmungsort in Gruppen ordnen. Jedes Kind trägt ein Pappschild um den Hals, auf dem Name und Zielort stehen.

Dienstag 01. August

Faksimile-Nachdruck des „Braunbuchs", 1933/1987

[PARIS/RUHR] In Paris erscheint das „Braunbuch über Reichstagsbrand und Hitlerterror", der erste bedeutende Versuch, die Verfolgungs- und Terrorwelle in Deutschland zu dokumentieren. Herausgegeben wurde das „Braunbuch" von der Exil-KPD in Frankreich. In kürzester Zeit wird es in 17 Sprachen übersetzt. Das Cover hat der Künstler John Heartfield gestaltet und zeigt einen blutverschmierten Hermann Göring mit Henkerbeil vor dem brennenden Reichstag. Die für Deutschland bestimmten Ausgaben werden als Texte der klassischen deutschen Literatur getarnt ins Land geschmuggelt. Auch im Ruhrgebiet findet das Buch eine starke Verbreitung. Im Mai 1935 verurteilt das Oberlandesgericht in Hamm 79 Männer und sechs Frauen aus Herne wegen Verbreitung des „Braunbuchs" und hochverräterischem Unternehmens zu insgesamt 145 Jahren und sechs Monaten Zuchthaus.

[HER] Im Saal des Ev. Vereinshauses in Herne begrüßt der **Stadtverordnetenvorsteher Bongardt** den in Herne bereits bekannten Gaufachredner der NSDAP für Rassenforschung und Eugenetik, Dr. med. Friedrich August Jess, zu einem Lichtbildvortrag über Rassenhygiene und Erbgesundheitspflege. „Wer die Rassenfrage noch nicht begriffen hat, ist noch kein rechter Nationalsozialist", eröffnet der Gynäkologe sein Referat, das einen Tag später ausführlich in der Lokalpresse abgedruckt wird. Danach führte Jess aus: „Der Rassenstandpunkt des Nationalsozialismus erschöpft sich nicht im Antisemitismus. Er hat mit dem Judentum und der jüdischen Rasse zunächst gar nichts zu tun. Es handelt sich vielmehr erst einmal um unser eigenes Volk, das erkennen muss, wie es rassisch zusammengesetzt ist und wie es sich dementsprechend in völkischer und rassischer Hinsicht zu verhalten hat." Und hier sei es eben die deutsche Jugend, die unter der Führung des Nationalsozialismus sich ihrer Verantwortung in Blutsfragen bewusst werde und „der Krankheitsprozess, der heute noch am deutschen Volkskörper zehrt, geheilt und völlig ausgemerzt" werde. Für die WEZ war besonders erfreulich, „dass diesmal auch aus der geistig schaffenden Bevölkerung viele gekommen waren: besonders zahlreich waren Lehrer und Lehrerinnen sowie Ärzte vertreten. Auch eine Gruppe von Krankenschwestern hatte sich eingefunden."

Mittwoch 02. August

[ALLGE] Der Reichssendeleiter Eugen Hadamovsky erläutert vor den Vertretern der Bezirkssender die Zukunftsaufgaben des Rundfunks. Der Hörfunk solle den schaffenden deutschen Menschen nicht mit Politik voll pfropfen, sondern Erholung und Entspannung bringen. Trotzdem blieben die Funkhäuser „braune Häuser der Volkserziehung, alle Angestellten Soldaten Adolf Hitlers und der Rundfunk das revolutionärste Instrument, das der Nationalsozialismus überhaupt besitzt."

[HER] Verhaftet werden: eine Person wegen kommunistischer Umtriebe, eine Person wegen Verächtlichmachung der SA, eine Person wegen Beleidigung der Reichsregierung und eine Person wegen staatsfeindlicher Umtriebe.

Bei einem Grubenunfall auf der Schachtanlage Mont Cenis wird der Hauer August Wanta getötet. In einem Streb im Revier 8 war er mit dem Vortreiben des Ortsbetriebes beschäftigt, als sich plötzlich aus dem Hangenden ein Stein lockerte, der ihn im Genick traf. Der Hauer brach zusammen und starb noch an der Unfallstelle in Folge des Genickschlags.

Die Ergebnisse der Volkszählung vom 16. Juni 1933 werden veröffentlicht. Herne hat nur noch 98.572 Einwohner, davon 46.917 katholisch (47,6 Prozent), 44.348 evangelisch (45,1 Prozent) und 467 jüdisch (0,47 Prozent). Ferner hat die Stadt 1.443 Gewerbetreibende mit mindestens einer Hilfskraft, 119 Land- und Forstwirtschaftsbetriebe mit mehr als einen halben Hektar Nutzfläche, 26.746 Haushaltungen und 191 leerstehende Wohnungen.

[HER/WAN/CAS] Die von der NS-Regierung verkündete „Arbeitsschlacht" findet im Arbeitsamtsbezirk Herne ihren Widerhall. Bei einer entsprechenden Versammlung ist aus Verwaltung, Politik und Wirtschaft alles anwesend, was Rang

„Ehefrau Heinrich Lenz", Todes-
anzeige, HZ, 1933

und Namen hat: **Bürgermeister Meyerhoff** (HER), **Bürgermeister Bönnebruch-Althoff** (WE) und OB Anton (CAS), dazu die jeweiligen **NSDAP-Kreisleiter Nieper** (HER), Garthmann (WE) und Vogt (CAS) und Vertreter der Industrie wie Bergassessor Reiß (Harpener Bergbau AG), Bergassessor Behrens (Hibernia), Bergassessor Tönnesmann (Friedrich der Große), Freiherr Friedrich Franz von Langen (Flottmann AG), Dr. Schaaf (Kaufmännischer Verein Wanne-Eickel) und als Gastgeber Arbeitsamtsdirektor Dr. Schmidt. Man verabschiedet einen gemeinsamen „Aufruf zur Bekämpfung der Arbeitslosigkeit". Neben dem proklamierten Willen neue Arbeitsplätze zu schaffen, wenden sich die Unterzeichner gegen „das Doppelverdienertum und die Schwarzarbeit" und gegen Personen, die „ungerechtfertigte Unterstützungsbezüge" beziehen. Ein Passus richtet sich direkt an die unbeliebte (Zwangs-)Vermittlung von Jugendlichen in die Landwirtschaft: „In allen Kreisen der Bevölkerung ist die Abneigung gegen Aufnahme berufsfremder Arbeit zu bekämpfen, namentlich soweit Jugendliche in Frage kommen, da jede Arbeit ehrt." Der propagierte „Generalangriff auf die Arbeitslosigkeit" spielt zur politischen Stabilisierung des Dritten Reiches eine große Rolle. Hitler bezeichnet die Beseitigung der Arbeitslosigkeit auf dem Parteitag der NSDAP in Nürnberg am 31. August 1933 als wichtigste Aufgabe der Partei. Es ist der Führung der NSDAP durchaus bewusst, dass das Regime dauerhaft nicht nur auf Terror basieren kann, sondern auch Elemente der Zustimmung mobilisieren muss.

[Anmerk.: In der Weimarer Verfassung hatten die Frauen „grundsätzlich dieselben staatsbürgerlichen Rechte und Pflichten". Die Einschränkung „grundsätzlich" tradierte jedoch das Familienrecht von 1900, das die patriarchalische Familienstruktur mit der alleinigen Verfügungsgewalt des Ehemannes über das Vermögen, die Arbeit und den Körper der Frau vorsah. So blieb in der ersten deutschen Demokratie eine geschlechterspezifische Ungleichbehandlung von Frauen gang und gäbe. Das Dritte Reich war eine Männergesellschaft. Als Relikt der verruchten Weimarer Zeit kursierte zwar das Bild der selbstbewussten, jungen Großstadtfrau mit Zigarette und Bubikopf, aber der Nationalsozialismus propagierte ein grundlegend anderes Frauenbild. Mit dem „Kampf gegen das Doppelverdienertum" wurden Frauen zugunsten von Männern aus der Arbeitswelt in ihre vorgesehene Mutterrolle an Heim und Herd zurückgedrängt. Der Idealisierung der Mutterschaft diente der ab 1934 fest ins Feierjahr eingebundene Muttertag.]

Donnerstag 03. August

[HER] Vormittags wird der Arbeiter Gustav G. in seiner Wohnung festgenommen, weil er im Verdacht steht, einer Organisation der KPD anzugehören. Beim Verhör gibt er zu, die „Rote Fahne" verteilt und Kurierdienste für die illegale kommunistische Bewegung übernommen zu haben. G. bleibt in Schutzhaft.

Karl Wolmeyer wird zum Polizeipräsidium nach Bochum beordert, wo er eine offizielle Ermahnung erhält. Man teilt dem ehemaligen Kreisvorsitzender der SPD-nahen „Kinderfreunde-Bewegung" mit, dass seine fortgesetzte Arbeit mit Kindern und Jugendlichen nicht unbemerkt geblieben ist. Als Sozialdemokrat habe er sich jedem gesellschaftlichen Engagement zu enthalten. Sollte er seine Tätigkeit nicht einstellen, würde er mit härteren Maßnahmen rechnen müssen.

Bei der AOK werden zwölf Angestellte wegen politischer Unzuverlässigkeit entlassen.

[HER/WAN] Oberberghauptmann Winnacker aus Berlin, der Vorsitzende des Aufsichtsrats der Hibernia AG, besucht die Hauptverwaltung der Hibernia und das Stickstoffwerk in Holsterhausen. Bei dieser Gelegenheit ordnet er an, dass mit sofortiger Wirkung der Bergmannsgruß „Glückauf" mit dem erhobenen rechten Arm auszuführen sei. Auch die Vereinigte Stahlwerke AG, zu der die Zeche Pluto gehört, führt als Gruß das „Glückauf" mit gleichzeitigem Erheben der rechten Hand ein.

Freitag 04. August

[WAN] Die WEZ berichtet: „Getarnter Kommunistenverein in Wanne-Eickel entlarvt. Sensationelle Verhaftungen von über 60 kommunistischen Staatsfeinden, die sich unter dem Deckmantel eines Geselligkeitsvereins zusammenfanden." Ein ehemaliger Funktionär der KPD hatte unter dem Namen „Gesellig-keitsverein gegenseitige Hilfe" eine illegale Organisation aufgebaut. Getarnt als Kassierer der NS-Kriegsopferversorgung war es ihm möglich gewesen, unver-dächtige Kontakte zu knüpfen und Beiträge zu kassieren. Als die Polizei sein Haus durchsucht, wurden Listen und Aufzeichnungen zu Tage gefördert, die deutlich machten, dass in diesem „Gesellikeitsverein" die „gesamten aktiven Elemente der KPD in Wanne-Eickel" vereint waren. Der Zugriff erfolgte in ei-ner konzertierten Aktion der politischen Polizei und der Hilfspolizei, bei der der Kraftwagenpark des Polizeipräsidiums eingesetzt wurde.

Sonntag 06. August

[HER] Bei einer Hitze von 38 Grad verzeichnet das Sommerbad einen Mas-senzuspruch von über 5.000 Besuchern. Allein die über 100 Kraftfahrzeuge aller Art, die an der Bergstraße parken, sind sehenswert. Ihre Kennzeichen ver-raten, dass das Bad auch von auswärtigen Gästen genutzt wird.

HA, 07.08.1933

[WAN] „Schluss mit der fußballlosen, dieser schreck-lichen Zeit", titelt die WEZ. Nach der zweimonatigen Zwangspause aufgrund der Neustrukturierung der Ligen startet der Fußballbetrieb: „Es lebe das runde Leder. Unter diesem Motto werden wieder so und so viele Mannschaften ins Rennen gehen. Natürlich star-tet man nicht sofort zur Meisterschaft. Erst müssen mal wieder die Knochen geschmiert und die Stiefel richtig gesetzt werden." Zu einem „Gründungswerbespiel" trifft die Mannschaft der SA (Sturm 4A) auf eine Elf von Alt Herren-Spielern von Preußen 04. Die besondere Attraktion des Spiels: Fritz Szepan, Schalkes Natio-nalspieler, wird das Amt des Schiedsrichters versehen. Sturmbannführer Appel-baum wird den Anstoß ausführen.

Montag 07. August

[HER] Ruth Litzig, die Herner Weltrekordlerin im Dauerschwimmen, kündigt ein neues Marathon-Schwimmen an. Als Organisator des „100-Stunden-Schwim-mens" im Essener Baldeneysee tritt ihr Verlobter Albert Heßler auf. Der Sturm-bannführer der Herner SA ist seit 1925 Parteimitglied der NSDAP und einer der bekanntesten SA-Männer Hernes. Unter seiner Regie wird der Rekordversuch als nationales Weihefest zelebriert – mit Aufmärschen, Fahnen, Fackeln, Musik-zügen und einem großen Festzelt.

Dienstag 08. August

[HER] Die Politische Polizei führt zusammen mit der SS in den Morgenstunden eine große Aktion gegen die illegale KPD durch. Zahlreiches Schriftmaterial, Abrechnungen und Mitgliedsbücher der KPD und ihrer Nebenorganisationen werden beschlagnahmt und 14 Personen in Schutzhaft genommen. Die Polizei stellt dazu fest, dass die KPD anscheinend bemüht ist, die Parteiorganisation neu aufzubauen. In Herne werden weitere fünf Personen wegen eines Überfalls auf einen SA-Mann, sechs Personen wegen kommunistischer Umtriebe und zwei Frauen wegen Beschimpfung der nationalen Verbände verhaftet. Von den Verhaftungen ist die gesamte illegale KPD im mittleren Ruhrgebiet betroffen, so dass die Widerstandstätigkeit erheblich ins Stocken gerät.

Zunehmend im Konflikt mit den Deutschen Christen und der NSDAP: Pfarrer Ludwig Steil

[WAN] „Wieder einmal Pfarrer Steil" lautet die fettgedruckte Überschrift in der Roten Erde. Der Pfarrer in Holsterhausen gerät zunehmend ins Visier der nationalsozialistischen Stimmungsmache und seine Gottesdienste werden von Spitzeln überwacht. Auf die Frage von Gemeindemitgliedern, ob sie in die NSDAP eintreten sollen, hatte **Ludwig Steil** öffentlich geantwortet: „Es muss jeder wissen, ob er in die Partei eintritt oder nicht. Ich selbst bin kein Nationalsozialist und werde auch keiner. Als evangelischer Pfarrer nehme ich mir das Recht, wie die Reichswehr jeder Partei fernzubleiben." Die RE zitiert aus dieser Aussage nur den Satz „Ich bin kein Nationalsozialist" und empfiehlt dem Pfarrer, der es wagte, „deutsche Menschen vor dem Eintritt in die Partei zu warnen", zukünftig noch stärker auf die Finger zu sehen.

Donnerstag 10. August

[HER] „Das Konzentrationslager blüht denen, die unberechtigt Unterstützung beziehen oder Schwarzarbeit verrichten lassen!" Unter diesem Titel druckt die HZ eine gemeinsame Erklärung von **OB Albert Meister** und Arbeitsamtsdirektor Dr. Schmidt ab: „Für alle, die bisher zu Unrecht Unterstützung bezogen haben, wird eine Schonfrist bis zum 20. August gesetzt. Bis dahin vorgenommene Berichtigungen werden strafrechtlich nicht weiter verfolgt. Jeder, der danach bei dem unberechtigten Bezug von Unterstützung oder bei Schwarzarbeit erfasst wird, wird unnachsichtig zur Verantwortung gezogen. Neben der strafrechtli-

	Zahl d. W.E.	auf 1000 Einw.
1. Herne	8 833	96,8
2. Wanne-Eickel	7 475	82,1
3. Wattenscheid	4 864	77,4
4. Castrop-Rauxel	4 075	76,4
5. Lünen	3 143	73,9
6. Gladbeck	4 398	73,2
7. Bottrop	5 873	71,5
8. Dortmund	35 980	68,4
9. Hagen	9 195	64,0
10. Witten	4 669	63,7
11. Bochum	17 385	55,4
12. Gelsenkirchen	16 105	48,8
13. Iserlohn	1 536	46,8
14. Recklinghausen	3 948	46,7
15. Hamm	1 968	39,3
16. Bielefeld	3 755	32,9
17. Siegen	1 026	32,9
18. Bocholt	952	31,5
19. Herford	936	26,0
20. Lüdenscheid	719	21,9
21. Münster	2 002	18,8

Wohlfahrtserwerbslose (WE) in Städten Westfalens, August 1933

chen Verfolgung wegen Betruges muss mit der Verhängung von Schutzhaft und ggf. mit der Überweisung in ein Konzentrationslager gerechnet werden." Hintergrund der Warnung ist, dass es in Herne im Vergleich mit anderen Städten Westfalens noch immer die meisten Wohlfahrtserwerblosen gibt.

[WAN] Die Cranger Kirmes beginnt: „Hierher gehört! Aufpassen, meine Damen und Herren! Alle sind sie wieder da und viele sind hinzugekommen. Sie überbieten einander an Geschrei. Sie laufen sich gegenseitig den Rang ab im Werben um Kunden und Besucher. Auch diesmal ist der Zustrom von nah und fern wieder gewaltig. Zu Beginn steht der Pferdemarkt. Schade, in den letzten Jahren wurde der Auftrieb immer geringer. Aber die Stimmung bleibt – mögen die ‚Emscherbrücher‘ auch fehlen. Da werden die Fachmänner sein, die in unbekanntem Jargon feilschen und sich schließlich ergebnislos trennen. In den kommenden Tagen wird Crange ‚Kopf stehen‘." Zur Kirmes gehören die Sinti und Roma, die ihr Lager an der Dorstener Straße oder an der Heerstraße in unmittelbarer Nähe zum Festplatz aufgeschlagen haben. In der WEZ heißt es: „Schön ist das Zigeunerleben zumal, wenn man als Besucher der Heerstraße über die nötigen Zigaretten verfügt und auf entsprechende Anzapfungen ‚reagiert‘. Träge, gleichgültig, schmuddelig, nur nicht verlegen, hocken die ‚Parias unter den Europäern‘ am Straßenrand. Von der Romantik halten sie scheinbar nicht mehr viel; einzelne tragen bereits moderne Kluften… doch die Frauen?"

[Anmerk.: Als geschickte Händler auf dem Pferdemarkt oder Wahrsagerinnen auf dem Festplatz prägten **Sinti und Roma** gerade in der Erinnerung vieler Zeitzeugen die Atmosphäre der Ruhrgebietskirmes. In der Presse wechselte ihre Wahrnehmung zwischen der Romantisierung des freien Lebens bis hin zur negativen Konnotation als bedrohliche Fremde, die „arbeitsscheu", „unsauber" und „verschlagen" sind. Im Zuge der nationalsozialistischen Rassenideologie wurden Sinti und Roma zunehmend ausgegrenzt und als „minderwertig" und „asozial" abgestempelt. Die NS-Bürokratie konnte auf die Vorurteile des gesellschaftlich tief verankerten Antiziganismus zurückgreifen.]

Der Landwirt Schmauk entdeckt beim Mähen des Roggens auf seinem Feld am Flugplatz drei Landgranaten, zwei Pistolen und eine Schachtel mit Zündern und Patronen für eine 08-Pistole. Alle Waffen sind vollständig gebrauchsfähig. „Es ist anzunehmen", so die WEZ, „dass die Schusswaffen und die Munition von kommunistischer Seite aus Angst vor der Polizei in das Roggenfeld gelegt worden sind."

Freitag 11. August

Information über das Lagergeld im KZ Oranienburg, abgedruckt in verschiedenen Lokalzeitungen, 32. KW 1933

[BO/HER] In Bochum wird von der Polizei ein großes Lager „kommunistischer Hetzschriften hochverräterischen Inhalts" ausgehoben. Unter den Dachziegeln einer Mansardenwohnung hatte ein kommunistischer Funktionär diverses Propagandamaterial versteckt. Mit Hilfe eines Dachdeckers muss ein Teil des Daches abgetragen werden. In Herne werden eine Person wegen Beleidigung des Reichskanzlers und eine Person wegen unerlaubtem Waffenbesitz festgenommen.

[WAN] Die Karriere des Schwergewichtsboxers **Walter Neusel** wird in Wanne-Eickel weiter aufmerksam verfolgt. Der Lokalmatador will sein sportliches Glück nun in den USA suchen. Gemeinsam mit seinem Manager Paul Demski hat er Fahrkarten für eine Schiffsreise nach Amerika besorgt. Die Abreise soll ab Cherbourg erfolgen.

[WAN/HER/GE] Aufgrund des heißen Wetters verursacht das wilde Baden im Kanal erhebliche Probleme. Die Behinderung der Schifffahrt nimmt groteske Züge an. Lastkähne werden durch Badende regelrecht gekapert, die Stückgut wie Kohle und Koks stehlen und in ihrem Übermut damit die Zuschauer an den Ufern bewerfen. Dazu gibt es zahlreiche Badeunfälle, neulich ist ein Junge in Gelsenkirchen sogar ertrunken. Die wenigen Motorboote der Wasserschutzpolizei sind nicht mehr in der Lage, auf dem Kanal Ordnung herzustellen. Deswegen wird jetzt die Polizei eingreifen und scharf gegen das wilde Baden vorgehen.

Samstag 12. August

[HER] Am gesamten Wochenende findet ein großer Propagandaaufmarsch der SS in Sodingen statt mit Märschen durch den Stadtteil, konfessionellen Gottesdiensten, einem Reitturnier und Gelände- und Gasschutzübungen. Von den Schachtgerüsten und dem Aussichtsturm des Volksparks wehen die Hakenkreuzfahnen, viele Häuser und Straßen sind geschmückt.

Sonntag 13. August

[HER] Die ungarische Profimannschaft „Bundai 11 Football Club Budapest" gastiert am Schloss Strünkede. **OB Meister** lässt es sich nicht nehmen, das Spiel selbst zu eröffnen und unterstreicht damit sein persönliches Interesse an der Entwicklung des lokalen Sports. In seiner Ansprache betont er, dass er in den ungarischen Sportsleuten keine Unbekannten begrüße, denn das heroische Aushalten und Schulter an Schulter kämpfen in den vier Kriegsjahren hätte genügend Beweise kameradschaftlichen Zusammenhalts erbracht. Die Spieler hätten sich nunmehr persönlich ein Bild davon machen können, wie es in Deutschland aussehe. Er bittet sie deswegen, „in der Heimat über das Gesehene zu berichten, damit endlich der üblen gegen Deutschland gerichteten Hetzkampagne der Garaus gemacht würde." In Begleitung des Sportkommissars SS-Sturmbannführer Friebe, des **Stadtverordneten Bongardt** und dem Vorsitzenden von Westfalia, **Hermann Kracht**, sieht Meister dann ein respektables 3:3-Unentschieden.

[WAN] Die Cranger Kirmes ist vorbei, fast wehmütig blickt die WEZ zurück: „In drangvoll fürchterlicher Enge vollzog sich der Abmarsch vom Festplatz zu Fuß, in überfüllten Straßenbahnen oder eingepfercht in Dutzende von Autobussen und ähnlichen Massenfahrzeugen. Noch einen letzten Bissen in den Delikatessräucherhering, noch einen letzten Blick über den nur noch von schwelenden Notlampen erleuchteten Kirmesplatz – und dann haben Sie nur noch bei Deutschem Tanz und flotter Musik Gelegenheit, zur Ankurbelung der Wanne-Eickeler Wirtschaften beizutragen, falls Sie nicht Ihr letztes 5-Pfennig-Stück bereits in irgend einer günstigen Gelegenheit angelegt haben. Auf Wiederhören und Wiedersehen bei der nächsten Cranger Kirmes – am 10. August 1934!"

Montag 14. August

[ALLGE] Das Amtsgericht Karlsruhe hat sich als erstes Gericht mit dem rechtlichen Schutz des Hitlergrußes als Symbol der nationalen Erhebung zu befassen. Bei einer Veranstaltung, die mit dem Gesang des Horst-Wessel-Liedes beendet wurde, „erhob die versammelte Volksmenge den rechten Arm zum Hitlergruß. Nur der Angeklagte, der sich in der Menge befand, tat dies nicht; auch nicht, nachdem er mehrfach aufgefordert worden war. Hierdurch fühlten sich die Umstehenden verletzt und erstatteten Anzeige." Das Gericht kommt zu dem Schluss: „Das Verhalten des Angeklagten stellte groben Unfug im Sinne des Strafgesetzbuches dar, weil groben Unfug derjenige begeht, der sich durch sein Verhalten im Gegensatz zu der Anschauung und dem Brauch der Umwelt setzt, so dass diese dadurch gestört wird. Demnach muss der Angeklagte bestraft werden."

[WAN] Unter der Überschrift „Überfall auf einen SA-Mann" berichtet die WEZ: „Bei den Baracken an der Dorneburg wurde der SA-Mann Wilhelm Koziollek von ehemaligen Kommunisten überfallen und furchtbar zugerichtet. Die beiden Haupttäter Quandt und Nohl schlugen mit einem schweren Hammer und einer Fußbank auf den Überfallenen SA-Mann ein, so dass er mit einem Schädelbruch fast hoffnungslos im evangelischen Krankenhaus darnieder liegt. Die beiden Täter wurden festgenommen und dem Richter vorgeführt. Der Überfall ereignete sich in der Nacht von Mittwoch auf Donnerstag."

Dienstag 15. August

[ALLGE/HER] Mit Erlass des Ministers des Inneren werden die Verbände der Hilfspolizei nach Vollendung ihrer Arbeit aufgelöst. Der Regierungspräsident in Arnsberg betont, dass ihr Einsatz zur Ergänzung der Polizeikräfte eine der Voraussetzungen für den Erfolg der nationalen Revolution in Westfalen-Süd war. In Herne danken **OB Meister** und Polizei-Hauptmann von Behren den Mitgliedern des in der Stadt eingesetzten II. Bataillons der Hilfspolizei unter Kommandeur Hauptmann Mendrzyk. Die aus SS-, SA- und Stahlhelm-Männern bestehende Kompanie habe „besonders in den schweren Tagen im Kampf um die nationale Revolution das Leben und die Gesundheit sowie die Sicherheit der Bürgerschaft unserer Stadt" gewährleistet.

[WAN] Nach wie vor versuchen Werber auswärtiger Zeitungen den Heimatzeitungen die Leserschaft abspenstig zu machen. So wird behauptet, dass die Aushändigung einer NSDAP-Mitgliedskarte nur erfolgt, wenn die Bezugsquittung einer Parteizeitung nachgewiesen werden kann. Dies sei jedoch nicht der Fall und solche unsauberen Werbemethoden missbrauchen die Ehre und das Ansehen der nationalsozialistischen Bewegung, erklären WEZ und WESA in einer gemeinsamen redaktionellen Mitteilung. Zur Unterstützung ihrer Position zitieren sie Fritz Sauckel, NSDAP-Gauleiter in Thüringen, der wenige Tage zuvor erklärt hat: „Keine Zeitung, die mitarbeiten will, soll ausgeschlossen werden. Das wäre gegen den Willen unseres Führers. Die NSDAP hat nicht das Bedürfnis, in unzähligen örtlichen Organen der Heimatpresse Konkurrenz zu machen."

Um 18.15 Uhr erliegt der SA-Mann Koziollek im Krankenhaus Eickel seinen Verletzungen. Es kommt zu weiteren Verhaftungen von Personen, die am Überfall beteiligt gewesen sein sollen. „Um derartige Überfälle der Kommunisten in Zukunft zu unterbinden", so der Wortlaut der Presse, sind weitere Personen „als Geiseln" verhaftet worden, die bereits wieder aus der Schutzhaft entlassen worden waren. Darunter befinden sich die beiden ehemaligen Stadtverordneten Schulz und Danielsmeier.

Mittwoch 16. August

[HER/CAS/WAN] Die Kreissynode des neu gebildeten Kirchenkreises Herne, der die Städte Herne, Wanne-Eickel und Castrop-Rauxel umfasst, setzt sich zu ihrer Gründungsversammlung zusammen. Die Liste „Evangelium und Kirche" besitzt die Mehrheit, so dass Pfarrer **Ludwig Steil** zum Superintendenten gewählt werden soll. Nach heftigen Wortgefechten verlassen die Vertreter der Deutschen Christen die Synode und machen sie dadurch beschlussunfähig.

Donnerstag 17. August

[ES/HER] Um 11.28 Uhr gibt OB Albert Meister am Essener Baldeneysee bei schönem Wetter den Startschuss für den neuen Weltrekordversuch der Dauerschwimmerin Ruth Litzig. SA-Sturmbannführer Heßler erscheint am Startplatz in Uniform, während zehn seiner Kameraden im Badedress mit der jungen Hernerin ins Wasser springen, um sie auf den ersten Metern zu eskortieren. Eine SA-Kapelle intoniert das Deutschlandlied. Je weiter der Tag voranschreitet, desto mehr Schaulustige bevölkern das Ufer. Abends illuminieren bunte Lichter und Lampions das Ufer und aus dem gut besuchten Restaurationszelt klingen Marschmusik und Walzertakt über den Stausee. Die Neunzehnjährige, deren gelbe Kappe wie ein bunter Lichtreflex aus dem Wasser aufleuchtet, zieht derweil ruhig und gleichmäßig ihre Bahnen.

[WAN] In der Nacht klingt die Sirene des Überfallwagens durch die Straßen der Stadt. Die Politische Polizei führt weitere Razzien gegen Kommunisten durch, die in den „Mordfall Koziollek" verwickelt sein sollen. Der Kommunist Wilhelm Talarek, Holsterhausenerstraße 27, widersetzt sich seiner Verhaftung und wird auf der Flucht erschossen. Der Kommunist Albert Bohn wird ebenfalls bei einem Fluchtversuch durch Pistolenschüsse verletzt. Er bekommt einen Notverband angelegt und wird ins Polizeigefängnis Herne gebracht. Bohn ist der Mittäterschaft geständig. In der Presseberichterstattung vermischen sich dann sachliche Informationen mit dem von der SA diktierten Tathergang: Während die WESA nur davon spricht, dass der erschossene Talarek „im dringenden Verdacht der Mittäterschaft" stand, so auch die Formulierung im Polizeibericht, titelte die WEZ ganz im Sinne der marodierenden SA: „Ende eines radikalen Meuchlers. Kommunist auf der Flucht erschossen."

[Anmerk.: Die Historiker Barbara Dorn und Michal Zimmermann bezeichnen in ihrer Untersuchung „Bewährungsprobe. Herne und Wanne-Eickel 1933-1945" die Koziollek-Affäre als „Höhe- und Schlusspunkt eines SA-Terrors in Wanne-Eickel, der außer Kontrolle geriet und schließlich von anderen Instan-

Ruth Litzig, Postkarte, 1932

zen des Regimes gebremst wurde." Dazu stellen sie fest: *„Dieser Straßen-terror, der in den ersten Wochen und Monaten des Regimes die Funktion hatte, die Bevölkerung insgesamt und insbesondere die Opposition einzu-schüchtern, begann sich allmählich zu verselbständigen und der nun fle-xibleren Politik des inzwischen sattelfesteren Regimes lästig zu werden."]*

Freitag 18. August

Vor dem Beginn der großen Funkausstellung in Berlin

Der Schlager der Funkausstellung, das neue Volks-Empfangsgerät.

Dieser Empfänger, der von 28 deutschen Fir-men in gleicher Qualität herausgebracht wird, wurde auf Anregung des Reichsminister Goebbels (rechts) geschaffen, um jedem Volks-genossen das Abhören der deutschen Stationen zu ermöglichen. Der Preis des Geräts be-trägt 76 Mark.

Der Volksempfänger kommt, WEZ, 18.08.1933

[HER/CAS/WAN] Zwei Tage nach der abgebrochenen Tagung der evangelischen Kreissynode haben die NS-treuen Deutschen Chris-ten durch einen Verfahrenstrick zusätzliche Vertreter benannt, so dass sie nun eine sichere Mehrheit besitzen. Die Bedeutung des Tages wird durch die Anwesenheit von Konsistorialpräsident Dr. Bartels und Konsistorialrat Dr. Winkhaus von der Amtskirche aus Münster unterstrichen. Am Morgen findet ein außer-ordentlicher Gottesdienst in der Kreuzkirche statt, an dem zahlreiche SA- und SS-Abteilungen teilnehmen. Pastor Wilhelm Keinath aus Wanne-Süd predigt zum Thema „Über die Bedeutung der Volkskirche im Staat Adolf Hitlers". Am Abend setzt sich von neuem die Kreissynode im Hotel Schlenkhoff zusam-men. Durch die sichere Mehrheit der Deutschen Christen wird nun Gotthold Krahn zum neuen Superintendent des Kirchenkreises Herne gewählt. Auch alle anderen Ämter werden von Pfarrern der Deutschen Christen besetzt. Die Gruppe „Evangelium und Kirche" um **Ludwig Steil** kann keinen Einfluss mehr nehmen. Anlässlich seiner Einführung verkündet Superintendent Krahn: „Die nationale Re-volution ist das erste Stadium des Aufbruchs unseres Vaterlandes. Unser Führer hat jetzt ein Volk geschaffen, das wieder einig dasteht."

[HER/WAN/BO] Die aus Anlass des Koziollek-Mordes un-ternommenen Razzien dehnen sich weiter aus: In Bochum werden 13 Kommunisten festgenommen. Ferner werden in Herne, Wanne-Eickel und Wattenscheid weitere acht Personen wegen kommunistischer Umtriebe verhaftet, dazu eine Person wegen unerlaubten Waffenbesitzes. Die HZ titelt: „Doch noch Staatsfeinde in Herne".

Anzeigen für Busfahrten zum Bal-deney-See, HZ, 18.08.1933

Samstag 19. August

[WAN] Die Fahnen an den öffentlichen Gebäuden Wanne-Eickels wehen auf halbmast und sind mit Trauerflor versehen. Durch die Straßen der Stadt ziehen SA-Standarten mit ihren Spielmannszügen. Der Leichnam des ermordeten SA-Mannes Wilhelm Koziollek liegt aufgebahrt im Geschäftsraum der NSDAP-Ortsgruppe Holsterhausen, Dorstener Straße 254. Kurz vor 17 Uhr formiert sich ein Trauerzug aus allen NS-Verbänden und den Vertretern aus Stadtverwaltung und Politik. „Ein Wald von Trauerfahnen senkt sich über die Straßen Wanne-Eickels und den Weg von Holsterhausen zum Waldfriedhof säumen über zehntausend Menschen", so die WEZ. Auf dem Friedhof hält **Superintendent Krahn** die Grabrede: „An dem offenen Grab eines unserer Mitkämpfer, der jahrelang in unseren Reihen stand und als Scharführer seiner Gruppe voranging in den Kampf gegen das Gemeine und Schlechte, gegen Klassenhass und Bruderkampf. In dem Augenblick, in dem er eingeht in die Reihen der 400 toten Helden der Todesstandarte Horst Wessel, wird sein ausgehauchtes Leben uns aufrufen zu neuer Tat!" Danach ergreift **NSDAP-Kreisleiter Bönnebruch-Althoff** das Wort: „Nun, sechs Monate nach der Machtübernahme Adolf Hitlers, wird in Wanne-Eickel ein Kämpfer für das Dritte Reich vom Pöbel ermordet. Das beweist uns, dass wir uns nicht in dem Irrtum wähnen dürfen, der Kampf ist zu Ende." Er adelt Koziollek als einen „Blutzeugen der nationalen Bewegung, den feige Mörderhand niederstreckte." Der Artikel „Eines braunen Kämpfers letzte Fahrt" im WESA schließt mit den Worten: „Unter hohen Bäumen liegt das frische Grab. Leuchtende Kränze decken den Hügel, der ein Saatkorn birgt, dass gute Früchte tragen wird. Der Geist des jungen, verbluteten Kämpfers marschiert mit für Deutschland!"

Wilhelm Marzina, der Besitzer des Garten-Etablissements „Flora Marzina", hat aus eigener Initiative zu Ehren Adolf Hitlers ein riesiges Hakenkreuz-Teppichbeet angepflanzt. Gartenbesucher haben ein Foto des Beetes an die Reichskanzlei geschickt, woraufhin Wilhelm Marzina ein Dankesschreiben und ein Bild des Führers mit eigenhändiger Unterschrift erhalten hat.

[ES/HER] Ruth Litzig ist nunmehr seit mehr als 50 Stunden im Wasser, schlechtes Wetter und hoher Wellengang im See machen ihr zu schaffen. Gedanken, den Weltrekordversuch abzubrechen, werden aber verworfen. In der Großstadt Essen ist ihr Name mittlerweile das Tagesgespräch. Am Baldeneysee herrscht Massenandrang: Reporter paddeln auf Booten neben ihr her, um Interviews zu führen, die Geschäfte am Ufer laufen prächtig. Zahlreiche Besucher kampieren im Freien oder bauen ein Zelt auf, Mundharmonika und Lautenklänge durchziehen die Nacht.

Sonntag 20. August

[ES/HER] Am Sonntag finden sich an die 30.000 Menschen am Baldeneysee ein. Gegen Mittag hat Ruth Litzig ihren alten Weltrekord von 73 Stunden und 52 Minuten übertroffen, treibt aber schon, so ein Reporter der Essener National-Zeitung, „völlig apathisch, total erschöpft, übermüdet, mit geschlossenen Augen und bestimmt nicht mehr ganz bei normalem Sinnesbewusstsein im Wasser daher." Hernes **OB Albert Meister** erscheint erneut vor Ort und genieß das Bad in der Menge. Trotz der offensichtlichen Erschöpfung der Schwimmerin und entgegen dem Anraten eines Sportarztes setzt man das Schwimmen bis zum frühen Abend fort. Um 18.08 Uhr ist die Tortur mit dem neuen Weltrekord von 78 Stunden und 42 Minuten beendet. Unter den Klängen des Deutschlandliedes wird die Dauerschwimmerin mit breiten Tüchern aus dem See gehoben. Per Auto wird Ruth Litzig sofort zur Beobachtung ins Essener Huyssenstift gebracht. Noch während der Fahrt verliert sie das Bewusstsein. Am Baldeneysee geht das Fest ungestört weiter. „Die Weltrekordlerin sei bei bester Gesundheit und ruhe sich in ihrem Zimmer im Hotel Kaiserhof aus", heißt es per Lautsprecherdurchsage. Bis tief in die Nacht wird gefeiert.

[WAN] Unbekannte Täter feuern sechs Pistolenschüsse auf die SS-Unterkunft in der Diesterwegschule ab, Personen kommen nicht zu Schaden. „Zweifellos werden noch schärfere Maßnahmen erfolgen müssen, um Wanne-Eickel von den letzten Anhängern des Kommunismus gründlich zu befreien", stellt die WEZ fest.

Ruth Litzig bei ihrem Rekordversuch begleitet von SA-Sturmbannführer Albert Heßler im Ruderboot

Montag 21. August

[ES/HER] „Ruth Litzig hat´s wieder mal geschafft! Zehntausende feiern die Energieleistung der jungen Hernerin", titelt der HA. Und weiter heißt es: „Wie bei früheren Anlässen erwies sich auch diesmal Standartenführer Heßler als ein meisterhafter Organisator. Dank seiner geschickten Leitung klappte alles tadellos, vollzog sich sowohl der An- und Abmarsch der Massen ohne jede Störung. Erwähnung verdient die aufopfernde Pflege, die Frau Litzig ihrer Tochter zuwandte. Auch sie vollbrachte eine große Energieleistung. So vereinte sich alles, was sich in den Dienst des kühnen Unternehmens gestellt hatte, zum von gleichen Willen und Wollen getragenen Handeln, konnte am Sonntagabend mit Stolz und Befriedigung der große Erfolg gefeiert werden." Entgegen der Berichterstattung kursieren aber Gerüchte, dass die Dauerschwimmerin aufgrund ihres Erschöpfungszustandes in Lebensgefahr schwebe. Am Essener Huyssenstift erklärt ihre Mutter den Pressevertretern, dass ihre Tochter noch müde sei, aber sich ansonsten durchaus wohl fühle. Schon bald werde sie das Krankenhaus, in dem sie nur vorsorglich liege, wieder verlassen.

Auf der Flottmannstraße wird nach einigen Monaten der Renovierungsarbeiten das neue Standartenhaus der SA eingeweiht. Das ehemalige Bürogebäude wurde von Otto Heinrich Flottmann, dem „Chef der Flottmann-Werke, in denen bekanntlich nationalsozialistischer Geist besonders festen Fuß gefasst hat" (O-Ton HZ) der SA zur Verfügung gestellt.

Die Beruhigung des Wirtschaftslebens führt dazu, dass einige Zeitungen wieder Anzeigen jüdischer Unternehmen abdrucken. Anzeige der „Gebrüder Kaufmann" in der WEZ, 21.08.1933

Dienstag 22. August

[ARNS] Auf Anordnung der Staatspolizeistelle Dortmund werden im gesamten Regierungsbezirk Arnsberg bei allen ehemaligen KPD-Angehörigen Radiogeräte beschlagnahmt, die zum Hören russischer Sendungen geeignet sind. Diese Maßnahme sei notwendig geworden, weil die Propaganda des Moskauer Senders von den Anhängern der KPD dazu benutzt werde, Stubenversammlungen abzuhalten. Den Betroffenen wird Gelegenheit gegeben, unter behördlicher Kontrolle das Radiogerät gegen einen kleineren Apparat einzutauschen, der lediglich zur Wiedergabe des Langenberger Senders geeignet ist.

[ES/HER] Um vier Uhr nachmittags stirbt Ruth Litzig, die Weltrekordlerin im Dauerschwimmen, im Essener Huyssenstift. Todesursache: Herzstillstand infolge totaler körperlicher Erschöpfung. Es wird bekannt, dass sie seit ihrer Einlieferung ohne Bewusstsein gewesen ist. Das kühne Unterfangen hat sich als Tragödie entpuppt. Reichssportführer Hans von Tschammer und Osten drückt seine Empörung über den „unverantwortlichen Leichtsinn und die Unsinnigkeit der sensationsmachenden und geschäftstüchtigen Veranstalter" aus. Ferner erklärt er, „dass derartige Rekordwahnsinnsveranstaltungen mit diesem traurigen, zugleich aber auch von geschäftssportlichem Ungeist zeugenden Fall für alle Zeiten ein Ende gefunden haben."

[HER] Nicht weniger als drei schwere Grubenunfälle ereignen sich an diesem Tag auf der Zeche Shamrock: Auf seinem Reviergang trifft den Steiger Sch. ein mächtiger Steinblock, der sich aus dem Hangenden gelöst hat. Der Hauer Otto S. gerät beim Kohlenabbau mit dem Bein in eine Maschine und erleidet schwere Quetschungen, und der Knappe Willy Sch. gerät beim Rangieren eines Kohlenzuges auf der 6. Sohle zwischen die Wagen, als der Zug überraschend anfährt. Alle drei sind schwerverletzt und werden sofort ins Bochumer Bergmannsheil transportiert.

Donnerstag 24. August

[ALLGE] Der Preußische Minister des Inneren verfügt, dass das Singen und Spielen des Deutschland- und Horst-Wessel-Liedes in Vergnügungs- und Gaststätten aller Art verboten ist. Die Polizeiverordnung soll verhindern, dass die Lieder in ihrem Charakter als „vaterländische Weihelieder durch zu häufiges Absingen auch bei unpassenden Gelegenheiten Einbuße erleiden".

Statt besonderer Anzeige.

Nach Gottes unerforschlichem Beschluß ging am 22. August 1933, nachm. 4 Uhr unsere über alles geliebte, einzige, unvergeßliche 19jährige Tochter

Ruth

zu einem besseren Leben ein, wo sie nun endlich Ruhe und ewigen Frieden findet.

Familie Litzig.

Herne, den 24. August 1933.

Die Beerdigung findet von der Leichenhalle des Evang. Krankenhauses, an der Wiescherstraße, aus am Sonnabend, den 26. August, nachmittags 3½ Uhr statt.

[ALLGE/HER] Der „Kampfbund des gewerblichen Mittelstandes" passt nicht mehr in das wirtschaftspolitische Konzept der NSDAP und wird in die „Nationalsozialistischen Handwerks-, Handels- und Gewerbeorganisationen" (NS-HAGO) überführt. Damit verliert die mittelständische Interessensgruppierung ihr politisches Gewicht. Nur wenige Monate nach der Regierungsübernahme verabschiedet sich die Partei von ihrer jahrelang gepredigten romantisch-nationalen Mittelstandsideologie und orientiert sich verstärkt zugunsten der industriellen Großwirtschaft. Im Gegensatz zu anderen Kreisverbänden bleibt in Herne eine personelle Kontinuität bestehen: Kampfbundführer **Alfred Bongardt** steigt zum Kreisführer der NS-HAGO auf.

[RUHR] Im Fußball steht eine Spielklassenreform an. In der Leistungsspitze werden sechzehn „Gaue" mit je zehn Vereinen eingerichtet, deren jeweilige Meister in einer K.O.-Endrunde den Deutschen Meister ausspielen sollen. In Herne hofft man, einen Startplatz für den Gau „IX. Westfalen" zu bekommen. „Allerdings werden wir an einer Vereinigung Germania – Westfalia wohl nicht vorbei kommen", orakelt der HA. Eine ernsthafte Initiative ergreift aber keiner der beiden Vereine. Letztlich werden für die neue Gauliga folgende zehn Vereine benannt: Schalke 04 (westdeutscher Meister), Arminia Bielefeld (Westfalenmeister), Hüsten 09 (Südwestfalenmeister), Viktoria Recklinghausen (westfälischer Pokalsieger), SB Höntrop (Ruhrbezirks-Gruppenmeister), SpVg. Herten (Westfalen Gruppenzweiter), Germania 06 Bochum, Preußen 06 Münster, Vereinigung Hagen und Vereinigung Dortmund. Westfalia und Germania bleiben außen vor und werden in den zweitklassigen „Industriebezirk, Gruppe 2" eingeteilt. Der HA klagt desillusioniert: „Sind wir Herner Stiefkinder?"

[WAN] Zur Durchführung des Rundfunk-Werbefeldzuges wird in Wanne-Eickel eine Rundfunk-Beratungsstelle gegründet, die neben der technischen Hilfe auch für das Werben zuständig ist. Es sei der Wille des Führers: „Rundfunk in jedes Haus!" Der Reichsministers für Volksaufklärung und Propaganda Joseph Goebbels erklärte: „Tragt das Wort des Führers bis in den letzten Winkel deutscher Erde." Ziel des großen Werbefeldzuges ist es, die Zahl der Rundfunkhörer zu verdoppeln.

Samstag 26. August

[ALLGE] Ein Erlass des preußischen Kultusministers Bernhard Rust erklärt die HJ neben Elternhaus und Schule zur dritten Erziehungsinstanz. Die HJ soll die Jugend zu einem bewussten Glied des Staates erziehen.

[HER] Am Nachmittag wird Ruth Litzig in Herne beigesetzt. Unter dem Vorantritt einer Musikkapelle bewegt sich der Trauerzug von der Leichenhalle des evangelischen Krankenhauses zum Friedhof. Die Wiescherstraße ist auf beiden Seiten von ungeheuren Menschenmassen besetzt. „Eine wahre Völkerwanderung", schreibt die Presse. Der von Menschen überfüllte Friedhof muss erst von der Polizei geräumt werden, bevor sich der Trauerzug mit den Angehörigen seinen Weg zur Grabstelle bahnen kann. Mit der Beisetzung ist die Diskussion über die Verantwortlichen für die Tragödie keineswegs beendet.

Die Lokalpresse, die das Spektakel mit euphorischen Berichten angefeuert hat, zieht sich auf ihre publizistische Aufgabe zurück. Man hätte eben „ohne Werturteil" über ein bedeutendes Ereignis berichtet. Gegen die Organisatoren, den SA-Sturmbannführer Albert Heßler und die Mutter Gertrud Litzig, wird ein Ermittlungsverfahren wegen fahrlässiger Tötung eingeleitet. Während der Vernehmungen bestätigt ein Arzt, dass er schon in der Nacht vom Samstag auf Sonntag empfohlen habe, die sichtlich erschöpfte Schwimmerin aus dem Wasser zu nehmen. „Für Ruth kam ein Aufgeben gar nicht in Frage", verschanzen sich der Verlobte und die Mutter hinter dem freien Willen der Verstorbenen. Obwohl sich bei der Vernehmung der Verdacht aufdrängte, dass man aus finanziellen Interessen den erwarteten Zuschaueradrang am Sonntag noch hatte mitnehmen wollen, wird das Verfahren ergebnislos eingestellt.

Montag 28. August

[RECK/HER/WAN] Im nördlichen Ruhrgebiet wird die illegale Reorganisation der „Roten Hilfe" durch eine groß angelegte Aktion der Polizei gestoppt. Laut Mitteilung des Polizeipräsidiums Recklinghausen erstreckte sich die Tätigkeit der „kommunistischen Geheimorganisation" auf Recklinghausen, Erkenschwick, Waltrop, Herne, Bottrop und Dülmen. 25 Personen wurden festgenommen, zahlreiche Flugblätter und Zeitungen beschlagnahmt. Leiterin der neuen Organisation ist die ehemalige Funktionärin der Bezirksleitung der KPD Rheinland-Ruhrgebiet, Hertha Geffke (verheiratete Kaasch). Ihr zur Seite stand als politischer Leiter Bernhard Saritzki aus Gelsenkirchen. Beide waren seit Monaten darum bemüht, den zerschlagenen Organisationsapparat im Ruhrgebiet neu aufzubauen. Als Teil der Großaktion wird in Wanne-Eickel der polnische Staatsangehörige Josef Haincel, Unser-Fritz-Straße 115, wegen Hochverrats verhaftet. Bei der Durchsuchung der Wohnung entdeckt die Polizei zehn Mitgliedskarten der „Roten Hilfe", auf denen erst kürzlich Beiträge abgerechnet worden sind. Im Zuge der Ermittlungen werden vier weitere Personen festgenommen.

[HER] Auf der Flottmannstraße ereignet sich ein schwerer Verkehrsunfall. Durch ein entgegenkommendes Auto aufgescheucht, geht dem Händler Heinrich H. das Pferd seines Fuhrwerks durch. Trotz Aufbietung aller Kräfte kann er das Tier nicht bändigen, das auf die Vödestraße zurast. Von dort biegt die Radfahrerin Irma P. auf die Flottmannstraße ein, wird vom Pferdefuhrwerk erfasst und überrollt. In seiner Not springt der Fuhrmann vom Bock, stürzt aber so unglücklich, dass er vom eigenen Fuhrwerk überrollt wird. Erst einigen Passanten gelingt es, das Pferd zu bändigen. Die beiden schwerverletzten Personen werden sofort ins Evangelische Krankenhaus geschafft.

Dienstag 29. August

Das Ehepaar **Max und Helene Elias** und ihr Sohn Erich verlassen Herne und Deutschland und emigrieren nach Rotterdam. Nachdem der Mietvertrag für ihr Ladengeschäft und ihre Wohnung von der Sparkasse gekündigt worden war, trafen sie bei ihrer Suche nach einer neuen Wohnung und neuen Geschäftsräumen nur auf Ablehnung. Ihre Tochter Gerda Günzburger erinnert sich: „Obwohl es noch keine Gesetze gegen Juden gab und viele große Wohnungen leer standen, fanden sie keine. Sie waren eben als Juden bekannt. Mein Vater sagte, in diesem Land bliebe er nicht. Das war der Grund, warum meine Eltern verstanden, was hier in Deutschland passieren sollte, und warum sie im Herbst 1933 nach Holland ausgewandert sind."

Donnerstag 31. August

[ALLGE/RUHR] „Der Rundfunk dem Volke" forderte Propagandaminister Goebbels Anfang August auf der Funkausstellung in Berlin und stellte den vom Ministerium für Volksaufklärung und Propaganda in Auftrag gegebenen Volksempfänger vor. Nur knappe drei Wochen später ist das neue Gerät im Revier zu kaufen. Die Reichsrundfunkgesellschaft veröffentlicht eine Übersicht über die Zahl der

Rundfunkteilnehmer in den Großstädten. So kommen in Herne auf 100 Einwohner 6,5 Rundfunkteilnehmer. Im Vergleich dazu sind es in Hamburg 15, in Berlin 14,8, in Wuppertal 11, in Gelsenkirchen und Oberhausen nur 5.7. Die geringeren Werte im Industrierevier liegen aber nicht an mangelndem Rundfunkinteresse, sondern an der Bevölkerungsstruktur. Vorwiegend handelt es sich um arme Arbeiterfamilien. Anders betrachtet besitzen 4,2 Prozent der Herner Haushalte ein Radiogerät. „Es ist also noch ein weiter Weg, bis jede Familie ihren Rundfunkanschluss hat", prognostiziert der HA. Allerdings wird sich die Quote durch den Volksempfänger und die Besserung der wirtschaftlichen Lage in den nächsten Jahren rasant erhöhen.

*[Anmerk.: Der **Volksempfänger** ging ab August 1933 in Massenproduktion. Alle großen deutschen Radiohersteller wurden verpflichtet, Volksempfänger nach einheitlichen Vorgaben zu produzieren. Die Typenbezeichnung „VE 301" verweist auf den 30. Januar, den Tag der Machtübernahme. Der vorgeschriebene Preis betrug 76,- RM. Der vergleichsweise geringe Verkaufspreis sollte es jedermann ermöglichen, Rundfunk zu hören, um so für die NS-Propaganda erreichbar zu sein.]*

Anzeigen zum Volksempfänger, WEZ, 35. KW 1933

Freitag 01. September

[HER] Eine Gruppe junger Sozialdemokraten um den Anstreicher **Robert Brauner,** den Schlossern Rolf Dymel und Alfred Kürbitz und den Jungbergmännern Johann Schindewolf und Karl Wolmeyer treffen sich wöchentlich in Privatwohnungen zum Meinungsaustausch. Man kennt und vertraut sich aus den gemeinsamen Jahren in der Sozialistischen Arbeiterjugend. Bei Wanderungen und Radtouren wird politisiert, Kontakte zu anderen Sozialdemokraten werden aufgenommen. Später erinnerte sich Robert Brauner an die Stimmung in diesem ersten Sommer nach

Anzeigen WEZ, 01.09.1933

der Machtübernahme: „Wir sind ja keine Pessimisten geworden. Wir hofften ja, dass sich da was regte. Nicht der offene Widerstand, aber ein Widerstand, dass die Bevölkerung nicht alles so einfach unwidersprochen hinnahm. Das war die Hoffnung. Dass man sagt: ‚Mensch, da muss man doch noch ein paar ermuntern können'."

[HER/WAN] 166 Mann der Herner SA unter Führung des Kreisbetriebszellenleiters Friedrich Wessel rücken in besonders guter Ausrüstung zum Reichsparteitag der NSDAP nach Nürnberg ab. Auf dem Bahnhofsvorplatz findet sich eine große Menschenmenge ein, die unter den Klängen des Liedes „Muss i denn…" Abschied von den Nürnberg-Fahrern unter der Führung des Sturmbannführers Appelbaum nimmt. Kurz nach zehn Uhr verlässt die Truppe mit einem Sonderzug den Bahnhof. In Wanne-Eickel steigen 140 SA-Männer der Standarte 457 dazu.

Samstag 02. September

[KÖLN/WAN] Fred Endrikat konferiert die Wiedereröffnung des Kölner Kabarettlokals „Charlott-Cherie". Für die Tageszeitung „Westdeutscher Beobachter" gilt er fortan als das „neue Gesicht der Charlott". In den folgenden Jahren zeigt sich, dass Endrikat alles andere als ein politischer Künstler ist. Er macht weiter „sein Programm", tourt mit dem von ihm gegründeten Ensemblekabarett „Die Arche" durch die Städte und ist sich nicht für propagandistische Vereinnahmungen zu schade. Vermutlich mehr aus beruflichem Opportunismus denn aus Überzeugung wird er am 1. Mai 1937 Mitglied der NSDAP. In der Satirezeitschrift Kladderadatsch veröffentlicht er auch antisemitische und propagandistische Gedichte.

1932

Fred Endrikat, 1932. Das Portrait stammt von Josef Breitenbach („Nadar"), den Endrikat in München kennenlernte. Während der Kabarettist im Herbst 1933 auf der Bühne gefeiert wird, muss der Fotograf wegen seiner jüdischen Abstammung und seinen politischen Überzeugungen aus Deutschland fliehen.

Montag 04. September

[BO/HER] Der arbeitslose Bergarbeiter Erich Schönewolf wird wegen oppositionel-ler Tätigkeit in Bochum-Gerthe verhaftet und drei Wochen im Bochumer Gefängnis interniert. Schönewolf war vor 1933 Mitglied der Kinderfreunde-Bewegung und Vorsitzender des Unterbezirks Herne-Bochum der Sozialistischen Arbeiter-Jugend (SAJ). Die gesamte Familie ist von Verfolgung und Repression betroffen: Die El-tern, langjährige Mitglieder der SPD, werden aus ihrer Wohnung geworfen und verlassen das Ruhrgebiet, ebenso seine Geschwister, die nach Holland und Polen emigrieren. Im Juni 1932 hatte Schönewolf auf dem letzten Unterbezirksjugendtag der SAJ in Wanne-Eickel als Schlussredner noch auf die Gefahren hingewiesen, vor denen die Weimarer Demokratie stand. Vor der Veranstaltung hatte es Zusam-menstöße mit den Nationalsozialisten gegeben, aber „Eiserne Front" und Polizei hatten die Braunhemden schnell in eine Sackgasse abgedrängt.

[WAN] Prof. Hoseaeus von der Technischen Hochschule Berlin legt dem stellv. OB Dr. Wilhelm Wulf zwei Vorschläge für das Ehrenmal für die etwa 2.400 Gefallenen des Ersten Weltkriegs aus Wanne und Eickel vor, das unweit der St. Josefskirche aufgestellt werden soll. Beide Entwürfe stellen einen Sarkophag dar, der erste mit einem liegenden Krieger, der zweite umgeben von markanten Bildern der Kriegs-geschichte. Die Gesamtkosten werden mit 15.000 bis 20.000 RM berechnet.

Mittwoch 06. September

[HER] Ein junger Witwer, dessen Frau zwei Jahre zuvor bei einer Abtreibung starb, muss sich vor dem Schöffengericht wegen Beihilfe verantworten. Nach Aussagen einer Zeugin habe er zu dem verbrecherischen Zwecke einen Men-schen aus Castrop herbeigeholt. Seine Frau sei dann, als er auf Zeche war, an den Folgen des Eingriffs gestorben. Das Gericht verurteilt den Angeklagten zu einer Gefängnisstrafe von drei Monaten. Es hält ihm strafmildernd zugute, dass 1929 eine gewaltige Propaganda gegen den Paragraphen 218 durch die „Linkspresse" eingesetzt und „leider eine verhängnisvolle und volksschädliche Verwirrung der Moral in vielen Gemütern" hervorgerufen habe.

[HER/BO] In der Polizeiverwaltung Bochum läuft ein Verfahren gegen den Haupt-mann Lehnard. In einem anonymen Brief hatten sich Anfang August ein „paar Herner Bürger" über Lehnard beschwert. Man hatte ihm eine anti-nationalso-zialistische Grundhaltung und eine „flächmatige" Arbeitseinstellung vorgewor-fen. Zudem hätte er außereheliche Verhältnisse mit jungen Damen. Im Unter-suchungsverfahren erweisen sich alle Anschuldigungen als haltlos. Um aber dem offensichtlich von NS-Kreisen aufgeworfenen Druck zu entgehen, entledigt sich die Verwaltung der Sache mit einer Versetzung Lehnards „nach außerhalb".

[HER/RE] Die Recklinghäuser Polizei meldet, dass der SA-Mann Christmann im Ortsteil Essel überfallen und durch Schläge auf den Kopf erheblich verletzt wurde. Bei den fünf Tätern soll es sich laut Polizei um vorbestrafte Kommunisten aus Börnig handeln, die sofort festgenommen wurden. Die Festgenommenen seien „übel beleumundete Personen" und zum Teil „erheblich vorbestraft".

Freitag 08. September

[WAN] Die tägliche Meldung über die Fahrraddiebstähle: In der Nacht zum Mittwoch wurde aus einem Stall in der Unser-Fritz-Straße ein Herrenfahrrad Marke Opel und in der Nacht zum Donnerstag in der Wilhelmstraße ein Herrenfahrrad der Marke Abrecht-Spezial entwendet. Bereits am 2. September wurde aus einem Stall in der Recklinghauserstraße ein Herrenfahrrad Marke Excelsior im Wert von 100 RM gestohlen.

Vor dem Amtsgericht werden drei Männer zu acht bzw. sechs Monaten Gefängnis verurteilt, weil sie Anfang Februar vor den Zechentoren KPD-Flugblätter mit der Überschrift „Hitlers Raubzug auf unsere Hungerlöhne beginnt. So sieht das Dritte Reich aus" verteilt haben. Der Staatsanwalt fordert eine exemplarische Bestrafung. Für das Gericht ist die Schuld der bisher nicht vorbestraften Angeklagten eindeutig bewiesen.

Sonntag 10. September

[HER] Im Heimatmuseum wird die Sonderausstellung „Deutsches Ritterwesen im Mittelalter" eröffnet. „Gerade in unserer Zeit, wo die Tradition gepflegt wird, sollte sich ein jeder Herner darüber unterrichten, wie es in der Ritterzeit gewesen ist", empfiehlt der HA.

Der Start in die Fußball- Saison der Gruppe 2 der Bezirksklasse beginnt für die beiden Herner Mannschaften nicht mit den erhofften Erfolgen. Ganz im Gegenteil. Aufstiegskandidat Westfalia gelingt am Schloss Strünkede nur ein 2:2 gegen Castrop 02, während Germania in Horst-Emscher sogar mit 1:8 untergeht. „Die Nachricht der hohen Niederlage schlug ein wie eine Bombe", heißt es am nächsten Tag in der HZ.

[WAN] Der VFK „Schmeling" Wanne-Eickel veranstaltet seinen ersten Box-Großkampftag auf dem Preußenplatz. 1.700 Zuschauer, die bis zum letzten Kampf in der tiefen Abenddämmerung ausharrten, haben den Beweis erbracht, so der Kommentar der WEZ, „dass der Boxsport im nationalsozialistischen Staate einen Aufschwung zur Volkstümlichkeit nehmen wird". Boxen ist neben Fußball die populärste Publikumssportart und findet im Ruhrgebiet viele Aktive und Zuschauer.

Postkarte von Arnold Knur, dem Gaumeister im Schwergewicht 1933. Laut Herner Adressbuch war
der erfolgreiche Boxer des „Vereinigten Box-Sport-Clubs Herne 1922" von Beruf „Handlanger".

Montag 11 September

[HER] Die Gebrüder Kaufmann GmbH richtet eine Denkschrift an den Oberbürgermeister, in der sie „auf die unübersehbaren Schäden" hinweist, die „durch einen Boykott der unterzeichneten Firma sowohl den über 150 bei ihr beschäftigten Arbeitnehmern wie darüber hinaus auch der Stadt Herne und weiten Kreisen der heimischen Wirtschaft erwachsen." Ein Boykott des zentralen Kaufhauses auf der Bahnhofstraße hat notwendigerweise eine starke Abwanderung weitester Käuferkreise in die benachbarten Großstädte zur Folge, argumentiert das Unternehmen. „Es ist ein offenes Geheimnis, dass gerade aus Herne zahllose Bürger und Beamte, die nur aus Furcht vor Benachteiligung irgendwelcher Art das Betreten jüdischer Geschäfte hier am Platz vermeiden, in Essen oder Dortmund die dortigen Warenhäuser (meist sogar solche, deren Inhaber Juden sind!) aufsuchen, um dort ihren Bedarf zu decken." Dies führe zu einem Rückgang des lokalen Einzelhandels und damit zu einer Schädigung des heimischen Wirtschaftslebens, was sich im Rückgang des Steueraufkommens bemerkbar machen werde. „Wir halten es – nachdem unser Unternehmen seit nahezu 40 Jahren mit dem Wohl und Wehe der Stadt Herne auf Gedeih und Verderben verbunden ist – für unsere vornehmste Pflicht, Sie auf die Gefahren, die unsere Heimatstadt aus dem Boykott unserer und anderer Firmen erwachsen werden, hinzuweisen."

Wanne-Eickeler Zeitung,
12.09.1933

Dienstag 12. September

[HER] Die Wohlfahrtspflege wird neu organisiert. Als zentrale Organisation tritt die Nationalsozialistische Volkswohlfahrt (NSV) auf. Vorsitzender des lokalen Verbandes wird der **NSDAP-Kreisleiter Nieper**. Freie Verbände wie das Deutsche Rote Kreuz, die evangelische Diakonie oder die katholische Caritas bleiben zwar bestehen, werden jedoch der NSV untergeordnet.

Donnerstag 14. September

[HER/WAN] Seit Wochenbeginn wurden in Herne zwei Männer wegen Körperverletzung eines SA-Mannes, eine Person wegen des Verdachts, illegale Flugblätter hergestellt zu haben, und eine weitere Person wegen kommunistischer Umtriebe verhaftet. In Wanne-Eickel werden sieben Personen wegen kommunistischer Umtriebe und eine Person wegen Gräuelpropaganda verhaftet.

[WAN] Die WEZ meldet: „Wie amtlich verlautet, sind aus dem Polizeigefängnis in Dortmund 60 Kommunisten ‚abgesandt‘ worden, um dem Moorkultivierungs- und Konzentrationslager Papenburg zugeführt zu werden. Es handelt sich um solche Leute, die sich bis in die jüngste Zeit hinein im staatsfeindlichen Sinne betätigt haben. Von Dortmund aus ging der Transport nach Wanne-Eickel, um dort einem Sammeltransport Kommunisten aus sämtlichen Polizeidienststellen des Regierungsbezirks Arnsberg angeschlossen zu werden. Sämtliche Personen sind vom Arzt untersucht und für voll arbeitsfähig bezeichnet worden."

Freitag 15. September

[HER] Musikdirektor Georg Nellius wird zum Führer des künftigen Stadtverbandes der Männergesangsvereine bestimmt. Um die Zersplitterung aufzuheben, sollen Gesangsvereine mit unter 40 Sängern zusammengelegt werden. Die Vereine dürfen nur noch Sänger arischer Abstammung aufnehmen, also keine Nichtarier und Logenangehörige. Nellius gilt als intimer Freund von **OB Meister**, der Leiter des Westfälischen Sängerbundes ist.

Bürgermeister und NSDAP-Kreisleiter Willi Bönnebruch-Althoff, um 1935

[WAN] In der Stadtverordneten-Versammlung wird **Willi Bönnebruch-Althoff** einstimmig zum neuen Bürgermeister der Stadt Wanne-Eickel gewählt. „Sie können versichert sein", erklärt er, „dass ich bleibe, was ich bin: in erster Linie Nationalsozialist und als solcher werde ich stets meine Pflicht tun. Wir Nationalsozialisten werden uns durch nichts beirren lassen. Widerstände sind da, um beseitigt zu werden." Bönnebruch-Althoff wurde am 18. Juni 1901 in Eickel als Sohn eines Bäckermeisters geboren. Bereits als 18-Jähriger engagierte er sich im völkischen Schutz- und Trutzbund und gehört seit 1925 der neu gegründeten NSDAP an. Als Ortsgruppenleiter, Propagandawart und Truppführer der SA war er außerordentlich stark in die alltäglichen politischen Straßenkämpfe involviert. Ausgestattet mit einer enormen Machtfülle lenkt er fortan vom Haus der NSDAP in der Bismarckstraße 3 die Geschicke der Stadt. Er überwacht alle Veranstaltungen, beruft alle Ratsherren und ernennt oder entlässt die Leiter und Beigeordneten kommunaler Behörden.

Montag 18. September

Schild der NS-HAGO „Deutsches Geschäft", HZ, 23.09.1933

[HER] **Alfred Bongardt** teilt mit, dass die amtlich herausgegebenen Schilder „Deutsches Geschäft" nunmehr an Mitglieder der NS-HAGO ausgegeben werden können. Sämtliche anderen Schilder ähnlichen Inhalts, die mit den Symbolen der nationalsozialistischen Revolution versehen sind, sind aus den Schaufenstern und Geschäften zu entfernen. Alle Organisationen der NSDAP werden verpflichtet, nur in den Geschäften zu kaufen und nur die Handwerker zu berücksichtigen, die durch das Schild „Deutsches Geschäft" gekennzeichnet sind.

[DO/HER] In Dortmund wird der frühere Ortsgruppenleiter der Herner KPD und Stadtverordnete Wilhelm Fernau von der politischen Polizei verhaftet. Der HA vermerkt: „Der Kommunistenhäuptling wurde bereits in den ersten Tagen der nationalen Revolution gesucht, er war aber rechtzeitig ausgekniffen. Lange Zeit hat er sich im Saargebiet aufgehalten, war aber jetzt nach hier, und zwar nach Dortmund, zurückgekehrt."

[HER] Der Zahnarzt Dr. Ernst Guttmann wandert nach Palästina aus. Er hatte auf der Bahnhofstraße 57/59 eine Praxis betrieben und war bei der Barmer-Ersatzkasse als Zahnarzt zugelassen. Obendrein hatte er eine Zulassung für die zahnärztliche Betreuung der Polizeibeamten im Kreisgebiet Herne. Nach dem 30. Januar 1933 wurden ihm aus rassischen Gründen die Zulassungen und damit seine Existenzgrundlage entzogen.

[WAN] In Röhlinghausen an der Ecke Roland- und Friedrichstraße wird in den Morgenstunden der SA-Truppführer Karl Polster durch einen Revolverschuss in den Oberschenkel verletzt. Der Verletzte, der sich in Begleitung von zwei SA-Leuten befand, schoss dann auf den fliehenden Täter. Im Verlaufe der sofort einsetzenden Ermittlungen werden 25 frühere Mitglieder der KPD und ihrer Nebenverbände, die als Täter oder Mitwisser in Frage kommen, in Schutzhaft genommen. Dazu die WEZ: „Man darf hier wohl von planmäßigen Überfällen auf SA-Männer sprechen. Wiederholt wurden in der Nähe der Danielstraße Nationalsozialisten beschossen. Aus diesem Grund war, wie wir erfahren, eine SA-Wache aufgestellt, die gegen ein Uhr morgens in der vorvergangenen Nacht beschossen wurde."

Mittwoch 20. September

[HER/MAN] In Mannheim wird Sophie Kaiser verhaftet, die sich dort mit ihrem Mann, dem flüchtigen KPD-Funktionär Ewald Kaiser, getroffen hat. Die Hernerin wird im Gerichtsgefängnis Mannheim inhaftiert und dort bis zum Februar 1934 festgehalten. Dann wird sie aus Mangel an Beweisen aus der Untersuchungshaft entlassen. Ewald Kaiser arbeitet weiter im Untergrund. Unter anderem versucht er, mit katholischen Jugendfunktionären eine gemeinsame Basis im Kampf gegen die NSDAP zu finden. Er wird 1934 verhaftet.

Donnerstag 21. September

[WAN] Maria Tillmann setzt sich weiter für die Säuberung der öffentlichen und privaten Bibliotheken ein. Ihrer Ansicht nach decken die offiziellen „Schwarzen Listen" längst nicht alle gefährlichen Titel ab. Es besteht nunmehr sogar die Gefahr, dass bereits konfiszierte Werke, die nicht auf den Listen stehen, aber „oft bedeutend gefährlicher sind als die genannten", den Leihbüchereien zurückgegeben werden müssen. Voller Empörung nimmt sie Kontakt mit dem Leiter der Landesberatungsstelle für das Büchereiwesen in Gera, Dr. Kurt Schulz, auf. Von diesem hatte sie auf einer Fachtagung erfahren, dass dort Bücher weniger nach Listen als vielmehr „nach grundsätzlichen Erwägungen" ausgesondert werden. Eine Vorgehensweise, die sie sich für Wanne-Eickel wünschen würde: „Ich bitte Sie, mir mitzuteilen, wie es Ihnen möglich gewesen ist, die Polizei zur Beschlagnahme der großen Zahl der Bücher zu veranlassen." Postwendend erhält sie eine ermutigende Antwort und erwidert: „Ich hoffe, dass ich unter Zuhilfenahme Ihres Briefes und Ihres Aufsatzes nun zu den ersehnten Zielen komme. Es liegt da noch viel Arbeit vor mir, die zu erledigen ist."

Freitag 22. September

[HER/WAN] Mit den Parolen „Wir müssen alle helfen" und „Niemand soll diesen Winter hungern und frieren" beginnt die Propaganda für das Winterhilfswerk (WHW), das unter der Führung der NS-Volkswohlfahrt steht. Die Aktion soll nicht nur der Unterstützung notleidender Volksgenossen dienen, sondern auch der Stärkung des Gemeinschaftssinns. Das WHW ersetzt die bisher von Städten und Gemeinden organisierte Winterhilfe für Arbeitslose.

*[Anmerk.: Mit dem **Winterhilfswerk** wollte das Regime schnell sichtbare Erfolge im Kampf gegen die Arbeitslosigkeit erzielen. Die Nothilfeaktion wurde als „Sozialismus der Tat" verklärt, die unter dem Grundsatz der nationalsozialistischen Weltanschauung: „Gemeinnutz geht vor Eigennutz" und der „Erziehung zur Opferbereitschaft" stehe. Einnahmen setzen sich aus Spenden von Firmen und Organisationen, aus Erlösen von Haus- und Straßensammlungen zusammen. Die Aktionen waren im Alltag präsent und propagierten die Volksgemeinschaft.]*

Samstag 23. September

[WAN] Holsterhausen feiert das Schützen- und Volksfest. Im großen Zelt an der Rottbruchstraße nimmt **Bürgermeister Bönnebruch-Althoff** die Proklamation des Königspaares vor. Er führt aus, dass es eine alte gute Sitte sei in deutschen Landen, dass die Schützengilden sich einen König küren. „Wir Nationalsozialisten werden all die alten Sitten und Gebräuche, die sich durch Jahrhunderte erhalten haben, fördern. Sie sind ein Stück unseres Volkstums geworden." Zum Schluss brachte er ein dreifaches „Sieg Heil" auf den greisen Reichspräsidenten von Hindenburg und den jungen „Volkskanzler Adolf Hitler" aus, in das alle einstimmten. Daraufhin wurde folgender Erlass von König August I. (Landwirt Schumacher) verlesen: „Es ist mir eine hohe Ehre, im Zeitalter der nationalen Erhebung die Königswürde des Bürgerschützenfestes anzutreten. Schon nach der alten Satzung vom 3. Dezember 1900 duldet der Verein keine Marxisten in seinen Reihen und stand so von jeher auf dem Boden des positiven Deutschtums. Nur Deutsche wollen wir in unseren Reihen dulden und uns ganz auf den Boden der nationalen Regierung stellen. Mein Wahlspruch ist: Sei deutsch und wahr!"

In Wanne-Eickel findet die erste Kreistagung der NSDAP statt. Auf der zentralen Veranstaltung am Abend lässt **Kreisleiter Bönnebruch-Althoff** die Kampfzeiten Revue passieren. „Als vor zehn Jahren im Ruhrgebiet die Bewegung zum ersten Mal auftrat, wurden unsere Kämpfer glatt für irrsinnig erklärt. 1929 gelang es erstmalig, ein Stadtverordneten-Mandat zu erobern. Vor der Machtübernahme zählte die Bewegung hierorts 1.500 Mitglieder, davon 800 Mann SA. Heute zählt die Bewegung in Wanne-Eickel 2.800 Mann, mit den Nebenorganisationen 9.000 Mann."

Sonntag 24. September

[HER] Am frühen Morgen führen SA und Politische Polizei eine Razzia gegen die illegale KPD in Holthausen durch. Es kommt zu Hausdurchsuchungen und Beschlagnahmungen. Zehn Personen werden wegen der Vorbereitung zum Hochverrat verhaftet.

Dienstag 26. September

[HER] In der Stadtverordnetensitzung werden elf Tagesordnungspunkte in 17 Minuten erledigt. „Das ist ein Beweis dafür, dass es im Stadtparlament heute kein Hin und Her der Meinungen und Interessen mehr gibt und das schnelle und entschlossene Arbeit geleistet wird. Die Übereinstimmung mit der Verwaltung war so groß, dass nicht ein einziger Stadtverordneter überhaupt das Wort ergriff", schreibt der HA.

[HER/DO] Das Landesarbeitsamt lädt die Presse zu einer Besichtigungsfahrt auf dem Dortmund-Ems-Kanal ein. Die Wasserstraße hat für die Hüttenindustrie und den Bergbau des Industriereviers eine große Bedeutung, entspricht aber seit langem nicht mehr den Anforderungen des modernen Verkehrsbetriebs. In der Vergangenheit wurde zwar der Ausbau des Kanals als wirtschaftspolitisch notwendig erkannt, bisher fehlten aber die Mittel. Im Rahmen des Sozialprogramms zur Beseitigung der Arbeitslosigkeit hat die nationale Regierung nun 30 Millionen Mark für den Ausbau des Kanals von Herne bis Emden bewilligt. Mit dieser Maßnahme werden etwa 20.000 Erwerbslose auf vier Jahre beschäftigt. Zudem benötigt die Verbreiterung des Kanals neue Eisenspundwände, so dass mit guten Aufträgen für die Hüttenindustrie des Reviers zu rechnen ist. Insbesondere die Verbreiterung des Teilstücks Herne – Datteln wird für den Arbeitsamtsbezirk Herne positive Folgen haben.

[WAN] Die WEZ meldet: „Von einem Bierwagen, der vor der Wirtschaft Tönshoff in der Bochumerstraße stand, wurden am 21. September gegen 22.15 Uhr 23 Flaschen Bier (Hülsmann-Brauerei) gestohlen."

Mittwoch 27. September

[BERLIN/WAN] Die Evangelische Nationalsynode der Deutschen Christen wählt mit Ludwig Müller einen glühenden Anhänger des Nationalsozialismus in das neu geschaffene Amt des Reichsbischofs. Aus diesem Anlass reist Superintendent **Gotthold Krahn** mit einer Abordnung von Bergleuten in Bergmannstracht nach Berlin und überreicht dem „Reibi", der seine Predigerzeit in Röhlinghausen begann, als Zeichen der Anerkennung eine Grubenlampe mit den Grußworten: „Wir sind als Männer des Kohlenbergwerkes hier, wo der Pulsschlag der Arbeit unter Adolf Hitler wieder lauter zu schlagen beginnt. Aus tiefem Schacht im Schweiße unseres Angesichts heben wir die schwarzen Diamanten, das deutsche Gold. Unter diesen schlichten Arbeitern haben Sie in den ersten Jahren Ihres geistlichen Amtes den deutschen Seelen Gottes Wort gereicht. (…) Wie der Bergmann mit Hilfe dieses Lichtes im dunklen Schacht die schwarzen Schätze aufdeckt, so möge Ihnen das Wort Gottes, die Schätze der deutschen Seele heben helfen. Und so mögen Sie in unseren Tagen, wie einst der Reformator Dr. Martin Luther, ein wahrer Bergmann Gottes werden."

Donnerstag 28. September

[HER] 30 SA-Männer aus Herne machen sich per Zug nach Pommern auf, um dort für mehrere Wochen Dienst als Wachmannschaft in einem Konzentrationslager zu leisten.

[BO/WAN] Vor einem überfüllten Zuhörerraum findet in Bochum der Schwurgerichtsprozess in der Sache „Totschlag des SA-Manns Koziollek" statt. Angeklagt sind der Bergmann Leo Quandt (1920 gering vorbestraft, will nur zwei Monate in früheren Jahren dem Rotfrontkämpferbund angehört haben), der Bergmann Peter Nohl (erklärt sich parteilos), der Bauhilfsarbeiter Otto Heiermann (wegen Betrugs und Diebstahl vorbestraft, will nur zwei Jahre der KPD angehört haben), der Schmied Heinrich Höhle und der Hausverwalter Ernst Beifuß (beide vor Jahren der KPD nahegestanden, keine aktive Betätigung). Nach den Zeugenaussagen lässt sich das Geschehen in der Nacht vom 4. August rekonstruieren: Kurz vor Mitternacht trat Koziollek angetrunken in den Hof der Wohnbaracke. Die Nacht war warm und viele Bewohner saßen auf dem Hof beieinander. Koziollek, der weder Uniform noch ein politisches Abzeichen trug, forderte die Umstehenden barsch auf, den Hof zu räumen und drängte die Frauen in die Wohnbaracken. Auf Rückfragen gab er keine Antwort. Es kam zum Handgemenge, zumal einige der Anwohner stark alkoholisiert waren, und schließlich wurde auf Koziollek eingeschlagen: Heiermann schlug mit einem Peitschenstiel, Quandt mit einem Hammer, der auch die tödlichen Schädelverletzungen verursachte. Schwer verletzt schleppte sich Koziollek zu einer nahen Wirtschaft und brach dort zusammen. Zwölf Tage später starb er im Krankenhaus. Zuvor hatte er bei einer Gegenüberstellung noch Quandt als denjenigen identifiziert, der ihn mit dem Hammer geschlagen hatte. Polizeisekretär Noack bestätigte, dass Koziollek im Krankenhaus sehr erregt auf Quandt reagiert habe. Er hätte entschieden in Abrede gestellt, in der betreffenden Nacht im angetrunkenen Zustand den Hof betreten zu haben. Zum Hintergrund des Geschehens äußerte sich der Zeuge Sedlag, der Leiter des SA-Nachrichtendienstes in Wanne-Eickel. Man habe die Gegend der Baracke an der Dorneburg als gefährliches Viertel angesehen, weil einige der Bewohner im Verdacht standen, mit einer kommunistischen Terrorgruppe in Kontakt zu stehen. Schlüsselfiguren seien der ehemalige KPD-Kassierer Albert Bohn und der frühere Funktionär der KPD Wilhelm Talarek gewesen. Nach zweieinhalb Stunden Verhandlung kommt das Schwurgericht zu folgendem Urteil: Die Angeklagten Nohl, Beifuß und Höhle werden freigesprochen. Der Angeklagte Heiermann wird wegen gefährlicher Körperverletzung unter Zubilligung mildernder Umstände zu vier Monaten Gefängnis und Quandt wegen Totschlags zu sechs Jahren Zuchthaus verurteilt.

[Anmerk.: Der Prozessverlauf, der von der Presse scheinbar ohne Zensurauflagen wiedergegeben wurde, widerlegte die Mär vom „kommunistischen

*Überfall auf den tapferen SA-Mann". Der Vorwurf, dass es sich bei den Ange-
klagten um Kommunisten handelte, erwies sich als nicht haltbar. Der Verletzte
Albert Bohn und der von der SA erschossene Wilhelm Talarek, beide noch
Wochen zuvor als „Meuchelmörder" gebrandmarkt, spielten für den tatsäch-
lichen Tathergang keine Rolle mehr. Das von der NS-Propaganda entworfene
Bild vom SA-Mann Koziollek als „Märtyrer der Bewegung" war demontiert.
Der Mann, zu dessen Beisetzung die Fahnen in Wanne-Eickel auf Halbmast
gesetzt worden waren, war keinem politisch motivierten Überfall zum Opfer
gefallen, sondern angetrunken in den Hof einer Wohnbaracke eingedrungen,
hatte dort Streit angefangen und war daraufhin so schwer verletzt worden,
dass er später starb.]*

Freitag 29. September

[HER] Auf der Straße geht eine Frau an zwei Männern vorbei. Einen von ihnen kennt sie und grüßt ihn mit „Heil Hitler". Daraufhin erwidert der unbekannte Mann ihr „Heil Moskau". Zu Hause angekommen, lässt sie den Namen des
Fremden feststellen und zeigt ihn bei der Polizei an. Bei der daraufhin ange-
setzten Gerichtsverhandlung erörtert der Angeklagte, dass die Frau ihn miss-
verstanden hätte. Er hätte in dem Augenblick zu seinem Bekannten gesagt:
„Bei ‚Heil Hitler' geht es mir besser als bei ‚Heil Moskau'." Das Gericht hält
diese Rechtfertigung für unglaubwürdig, der Mann wird wegen groben Unfugs
zu sechs Wochen Haft verurteilt.

Die Volksschullehrer Erich Finkler, Franz Ostermann und Heinrich Simme
werden aufgrund des Berufsbeamtengesetzes aus dem Schuldienst entlassen.
Alle drei waren Mitglieder der SPD und der freien Schulgesellschaft. Über die
Persona Simme hatte die HZ schon einige Tage zuvor berichtet. Aus gut unter-
richteter Quelle habe man erfahren, dass der Lehrer S., der früher an der weltlichen Schule tätig war und als Marxist bekannt ist, nunmehr fristlos entlassen
worden ist. „Für solche Erzieher, die sich gegen den nationalen Geist in den
Dienst der kommunistischen Ideen gestellt haben, ist im nationalsozialistischen
Staat kein Platz mehr", lautet das Fazit der Zeitung.

Sonntag 01. Oktober

[HER/WAN] Mit großem propagandistischem Aufwand wird der erste Eintopf-
Sonntag als ein Zeichen der Solidarisierung mit der Volksgemeinschaft einge-
führt. In allen Haushalten soll an diesem Tag nur Eintopf gegessen werden. Die
Differenz zwischen den Kosten für das sonst übliche Sonntagsessen und dem

„Paradestück nationalsozialistischer Volkserziehung“: Vorbereitungen zum ersten Eintopf-Sonntag in Herne, 1. Oktober 1933

für Eintopf nötigen Aufwand wird generell mit 50 Pfennig veranschlagt und von den von Tür zu Tür gehenden Helfern der NSDAP kassiert. Die gespendete Summe kommt dem Winterhilfswerk zugute. In Wanne ergab die Sammlung einen Betrag von 7500 RM. Viele melden sich bei den öffentlichen Speisungsstellen in Kneipen und Gaststätten an. In Herne werden etwa 25.000 Essen verteilt, wobei das Essen für die Erwerbslosen kostenlos ist. Die Essensgemeinschaften sollen den gemeinschaftlichen Charakter des Tages verstärken.

[Anmerk.: In seinem Buch „Der Führerstaat" stellt der Historiker Norbert Frei heraus, dass die „regelmäßigen Einfachessen" zwar die volkswirtschaftlichen Ressourcen etwas schonen, weitaus wichtiger sei jedoch ihr „sozialpsychologischer Zweck" für das Regime gewesen: Der Eintopfsonntag war ein „Paradestück nationalsozialistischer ‚Volkserziehung'" und suggerierte eine kollektive Opferbereitschaft. Die Botschaft lautete: Die Volksgemeinschaft existiert und alle machen mit.]

Montag 02. Oktober

[HER] Der frühere KPD-Funktionär **Otto Kuhn** wird wegen illegaler Parteitätigkeit zum wiederholten Mal verhaftet und in einem Prozess wegen Vorbereitung zum Hochverrat zu einem Jahr und zwei Monaten Gefängnis verurteilt.

[ROTTERDAM] Das Ehepaar **Max und Helene Elias** eröffnet in Rotterdam die Firma „Toilettenzeep-Industrie", einen Großhandel für Toilettenseife und zugehörige Artikel. Das Geschäft wird zum neuen Orientierungspunkt der Familie, im Bestreben dem nationalsozialistischen Deutschland zu entfliehen. Im Februar 1934 kommen Tochter Lotte und ihr Freund Alfred Hermann. Im April folgt nach dem zehnmonatigen Zwischenstopp in Paris die jüngste Tochter Gerda und ihr Freund Fritz Günzburger. Egal welche Zukunftspläne sie in Deutschland hatten, Studium der Medizin, Journalismus, Erzieherin, im holländischen Exil richten sich alle im Seifen- und Parfümeriehandel ein. „Fritz besuchte mit dem Fahrrad die Kunden, und am Abend haben wir die Päckchen fertig gemacht: noch drei Kämme und noch ein Stückchen Seife. Das war nicht viel, aber die Frage nach Unzufriedenheit hat sich nicht gestellt. Es war nur eine Frage des Überlebens", erzählte Gerda Günzburger Jahrzehnte später.

[HER] Als junger Mann stand Gerd Nixdorf der KPD nahe und wurde im April 1933 zum ersten Mal verhaftet und im „Cremershof" an der Bahnhofstraße von der SA verprügelt. Im Herbst 1933 wurde er erneut „kassiert". 50 Jahre später erzählte er von seinem damaligen Leidensweg: „Ich wurde bezichtigt, Kurierdienste zwischen Herne und Norddeutschland gemacht zu haben. Da ich aber ein diesbezügliches Protokoll nicht unterschrieb und ein Nachweis nicht erbracht werden konnte, wurde mir durch den Gestapo-Mann Herrmann gesagt: ‚In das Lager kommst Du sowieso.' Anfang Oktober wurde ich auf Transport in das Emsland-Moor gebracht. Mit der Eisenbahn wurden wir mit drei weiteren Kameraden aus Herne bis Lathen gebracht und dort ausgeladen. Dort wurden wir von der SS übernommen und in das staatliche KZ Neusustrum, teils zu Fuß, teils auf Moorwagen, transportiert. Unterwegs wurden die Gefangenen immer wieder gefragt, warum sie da seien. Wenn sie nicht schnell genug antworteten, wurden sie mit Fäusten und Knüppeln geschlagen. Einem Kameraden aus Wanne-Eickel wurde nach seiner Antwort gesagt, er komme hier nicht mehr raus. Nach einigen Tagen Quälerei wurde er tatsächlich erschossen. Als wir gegen zehn Uhr abends im Lager ankamen, wurden wir vom Lagerkommandanten Obersturmführer Emil Faust mit folgenden Worten begrüßt: ‚Ihr Lumpen, meinen Kameraden ist es eine Wollust, einen von euch niederknallen zu können.' Dann wurden wir durch ein längeres SS-Spalier in das Lager getrieben und von allen Seiten wurde auf uns eingeschlagen. Da das Lager noch nicht fertig aufgebaut war, mussten wir auf Holzpritschen schlafen. Da ein Teil der SS-Leute von Herne war, wurden wir Herner Kameraden besonders gequält und geschlagen und schikaniert. Morgens um fünf Uhr war Wecken und dann ging das Hetzen, Jagen und Schreien los. Nach einigen Tagen hatten wir den ersten Toten zu beklagen. Angeblich auf der Flucht erschossen. In Wirklichkeit war er im Bunker so geschlagen worden, dass er kaum noch laufen konnte. Alle Erschossenen und Erschlagenen wurden in Esterwegen auf freiem Gelände begraben."

Freitag 06. Oktober

[WAN] Im Vorfeld der Kultur- und Heimattage wirft die WEZ einen Blick auf die Bevölkerungszusammensetzung der Stadt. Gezählt wurde jede erwachsene Person vom 20. Lebensjahr an, Kinder und Jugendliche unter 20 wurden ohne Rücksicht auf ihren Geburtsort dem Vater bzw. der Mutter zugeschrieben. Von den 93.402 Einwohnern sind insgesamt 53.206 gebürtige Westfalen. 16.182 Einwohner stammen aus Ostpreußen und 6.940 aus Posen. Hauptsächlich sind diese in der Zeit der bergbaulichen Zuwanderung um die Jahrhundertwende zugezogen. Zu dieser Zeit hat es allein im Stadtgebiet rund 40 Prozent fremdsprachliche Bevölkerung gegeben, zumeist polnischer Abstammung. Aus dem europäischen Ausland sind hier sesshaft: Österreicher (446), Polen (301), Russen (219), Jugoslawen (215), Holländer (186), Tschechoslowaken (138), Italiener (74), Schweizer (14), Rumänen (5) und noch einige andere. Überdies noch sieben Brasilianer, ein Chinese und ein Marokkaner. Wohl in keiner anderen Stadt des Umkreises ist demnach die landsmannschaftliche Zugehörigkeit so verschieden wie in Wanne-Eickel.

Sonntag 08. Oktober

[HER] Die HJ führt einen Werbetag unter dem Motto „Deutscher Junge – willst Du noch abseits stehen?" durch. Oberbannführer Strube nimmt den „in strammer Ordnung gehaltenen Vorbeimarsch der Jugend" vor der Sparkasse ab. Beim abschließenden Deutschen Abend im Strickmannschen Saalbau hält **Stadtverordneten-Vorsteher Pg. Bongardt** die Abschlussrede – in Vertretung für den bei Adolf Hitler im Schwarzwald weilenden **OB Meister**.

[WAN] Auf dem Goebbelsplatz in Röhlinghausen findet das heiß ersehnte Ortstreffen der heimischen SpVgg. gegen Preußen 04 Wanne statt. „Denn es ist schon mehr als ein Klubkampf, den beide Vereine austragen", konstatiert die Presse die besondere Brisanz. Nur das schlechte Wetter machte den Fußballanhängern einen Strich durch die Rechnung. Am Ende mögen es 1.000 Zuschauer gewesen sein, die den klaren 6:1-Triumph der SpVgg. bestaunen konnten. In dieser Form dürfte die Gruppenmeisterschaft in der 1. Kreisklasse den Röhlinghausenern nicht zu nehmen sein.

Mittwoch 11. Oktober

[RUHR] Der „Kampfbund für deutsche Kultur", Landesleitung Nordwest, teilt mit, dass Verkaufsgegenstände, die in irgendeiner Form Symbole des Dritten Reiches als Schmuck verwenden, sowie Bilder führender Persönlichkeiten oder Postkarten ihm zur Begutachtung vorgelegt werden müssen. Die fürs mittlere Ruhrgebiet zuständige Landesstelle befindet sich in Essen.

[HER/WAN] Der Kreiskulturwart Groll gibt bekannt, dass in Zukunft sämtliche Theateraufführungen, die von Vereinen oder Organisationen veranstaltet werden, vom zuständigen Kreiskulturwart der NSDAP eine schriftliche Unbedenklichkeitserklärung erhalten müssen. Ohne diese Bescheinigung sind die Aufführungen nicht zugelassen.

[HER] Vor dem Schöffengericht kommt es zu einer tränenreichen Verhandlung. Zur Vorgeschichte: Am 25. Juli marschierte der Sodinger SA-Sturm auf der Mont-Cenis-Straße. Während die Kolonne vorüberzog, blieben zwei Männer mit dem Rücken zur Straße auf einer Mauer sitzen, ohne die SA-Fahne zu grüßen. Daraufhin sprangen drei SA-Männer aus der Reihe und rächten die Ignorierung mit Schlägen. Während des Handgemenges öffneten sich zwei Fenster des anliegenden Hauses, aus denen die SA-Männer von zwei Frauen mit „Räuber", „ihr braune Pest" und „Halunken" beleidigt worden sind. Es stellte sich heraus, dass es sich bei den Frauen um die Ehefrauen der verprügelten Männer handelt. Der Führer des SA-Zuges brachte dann beide Frauen zur Anzeige. Bei der Verhandlung kommt es zu unterschiedlichen Zeugenaussagen über die Schwere der Beleidigung. Der Richter äußert mehrmals die Vermutung, dass die Entlastungszeugen der Angeklagten, zumeist Verwandte und Kinder, zur Aussage angelernt worden sind. Außerdem legen die verprügelten Ehemänner vor Gericht ein ziemlich arrogantes Verhalten gegenüber der nationalen Bewegung an den Tag. Am Ende verurteilt das Schöffengericht die beiden Frauen wegen öffentlicher Beleidigung der SA zu je acht Monaten und zwei Wochen Gefängnis. Die beiden jungen Männer werden wegen Meineids vor Gericht verhaftet.

[WAN] In der Stadt wird durch die Kriminalpolizei unter Hinzuziehung von zwei Beamten des Wohlfahrtsamtes eine Razzia auf „wilde Hofsänger, Klinkenputzer und Bettler" durchgeführt. Bei dieser Aktion wird eine Reihe von Leuten ertappt, die nebenher Wohlfahrtsunterstützung beziehen. Einige Personen werden wegen Gewerbevergehen, Ausübung von Schwarzarbeit und Betteln angezeigt. Fünf Personen werden vorläufig festgenommen.

Freitag 13. Oktober

[RUHR] Die Entscheidung über den Verlauf der neuen Reichsautobahn durch den Ruhrsiedlungsverband ist gefällt. Die Emschertallinie wird gebaut. Die Linienführung wird in etwa wie folgt aussehen: Verlängerung der Autobahn Bonn-Köln über Düsseldorf nach Norden mit der Durchstoßung des Industriegebiets an der Stelle des geringsten Widerstandes zwischen Duisburg-Hamborn und Oberhausen; dann als Tangentialstraße zum östlichen Industriegebiet über Kanal und

Emscher führend durch das Bottroper Stadtgebiet nach Gelsenkirchen-Horst und Recklinghausen-Süd und nördlich von Herne am Kanal entlang durch die Holper Heide nach Henrichenburg, dort dann Richtung Dortmund und Lünen. Diese Linie findet die Zustimmung beim Reichskommissar für Autostraßenbau, Dr. Todt, in Berlin und beim Ruhrsiedlungsverband.

[HER] Durch Verfügung des Preußischen Ministers des Inneren vom 4. Oktober 1933 werden dem Beigeordneten i. R. **Karl Hölkeskamp** auf Grund des Berufsbeamtengesetzes die Rechte als Ruhestandsbeamter entzogen. Damit verliert er seinen Anspruch auf Ruhegehalt, Hinterbliebenenversorgung und auf Weiterführung der Amtsbezeichnung. Die Erfahrungen des letzten halben Jahres haben ihn schwer gezeichnet. Unter dem Druck der Verhältnisse zieht er sich aus der Öffentlichkeit zurück. Er verlässt häufig für mehrere Monate die Stadt und kommt bei Verwandten unter.

Samstag 14. Oktober

[WAN] Die von der NSDAP-Kreisleitung initiierte „Volkstumswoche im Emscherbruch" beginnt. In einer Reihe von Ausstellungen, Aufmärschen und Veranstaltungen soll angesichts der politischen Zersplitterung vergangener Tage – „nirgendwo riss materialistisches und kapitalistisches Denken tiefere Klüfte auf als in unserer engen Heimat" – ein neues Gemeinschafts- und Heimatgefühl entwickelt werden. Im Aufruf des Festbuches betont Kreiskulturwart Groll: „Durch das Zusammenschweißen der widerstrebenden Kräfte zu einem einheitlichen Schöpfungswillen, wie ihn allein die totale Weltanschauung des Nationalsozialismus zu geben vermag, soll nunmehr aus der zusammengewürfelten Volksmasse des Ruhrgebiets, insbesondere unserer Stadt, eine einheitliche, geschlossene Volksgemeinschaft entstehen, wie sie notwendig ist, um den Wanne-Eickeler Volksgenossen wieder ein neues, schönes Heimatbewusstsein zu geben."

Sonntag 15. Oktober

[HER] Der Kriegsopfer- und Frontsoldatentag wird mit einem Feldgottesdienst mit Gefallenenehrung und Fahnenweihe eröffnet. **Superintendent Krahn** predigt in SA-Uniform. Am Nachmittag werden die Kriegsversehrten in 120 blumengeschmückten Autos durch die Innenstadt gefahren.

Wegen Vorbereitung zum Hochverrat werden in Herne 21 Kommunisten verhaftet. Die Festgenommenen sind teilweise geständig, die KPD bis in die letzte Zeit illegal weitergeführt und durch Beitragszahlungen unterstützt zu haben. Die Durchsuchungen der Wohnungen beförderten belastendes Material zutage.

[WAN] Der Festzug der NS-Kultur- und Heimattage zieht durch die Straßen Wanne-Eickels. Die einzelnen Wagen und Aufmärsche sind deutlich von nationalsozialistischen Inhalten und Symbolen geprägt. Die Mädchen des Vereins für das Deutschtum im Ausland (VdA) tragen „Wappenschilder uns entrissener Städte", die Wagen des Handwerks und des Bergbaus sind mit Hakenkreuzen versehen. Gemäß der Hinführung zu den landsmannschaftlichen Wurzeln gibt es viele Wagen der Ostmärker und der Heimatvereine.

Impressionen der Volkstumswoche in Wanne-Eickel, WEZ, 17.10.1933

Montag 16. Oktober

[HER] Es geht immer schneller im Stadtparlament. In sechs Minuten werden fünf Tagesordnungspunkte abgehandelt. Das Interesse an den Sitzungen ist erloschen, die Zuhörertribünen sind leer.

Auf der Nachtschicht der Schachtanlage Shamrock 1/2 wird der Schichthauer Heinrich Freisen von Steinmassen getroffen, die sich unerwartet aus dem Hangenden gelöst haben. Das Bergungskommando kann nur noch seinen Tod feststellen.

Dienstag 17. Oktober

[WAN] Heute bringt die Volkstumswoche:

1. Kunstausstellung in der Gartenterrasse des Kurhauses
2. Ausstellung „Alte Volkskunst und neue Wertarbeit" auf der oberen Terrasse des Kurhauses
3. Ausstellung „Heimat und Buch", Hindenburgstr. 147
4. Material aus dem städtischen Archiv und Lichtbilder aus der Heimat. Eine Ausstellung der Gesellschaft für Heimatkunde, Hindenburgstr. 147
5. Ausstellung von Gesellen und Meisterstücke der Klempnerinnung in der Stadtsparkasse
6. Ständige Führungen durch das Heimatmuseum in der Stadthalle.

Die Lokalpresse berichtet über die Volkstumswoche gemäß den Vorgaben der NSDAP. Die Veranstaltungen heißen: „Um die Wiedergeburt der deutschen Volksseele", „Jahrmarktstreiben in alter Zeit. Fröhlicher Nachmittag des BDM in der Flora Marzina", „Hessenabend im Goebbelshaus", „Werbeabend für den deutschen Volkstanz" und „Ostmark-Abend im Stadtgarten". Statt sozialkritischer oder materialistischer Fragen wird die Hinwendung zum Volkstum gefeiert.

[WAN/GE] Wegen kommunistischer Umtriebe werden in Wanne-Eickel drei Personen festgenommen. Willi Meyer-Buer arbeitet bis zu seiner Verhaftung im Oktober 1933 in Wanne-Eickel und Gelsenkirchen illegal für die KPD. In einem späteren Interview berichtet er über seinen damaligen Alltag: „Der Tag begann in früher Morgenstunde. Ich wohnte illegal, meistens oben, in den Häusern gab es noch so eine Kammer, zwei Zimmer und ein Zimmer gehörte der Familie, die mich untergebracht hatte. So, dann hatte ich um 11 Uhr den ersten Treff. Es hat also Probleme gegeben in einem bestimmten Wohnbereich. Dann haben wir das Flugblatt besprochen – es musste ein Flugblatt raus. Sie hatten kein Material gehabt, keine Schreibmaschine und dann habe ich gesagt, wo ihr Flugblatt geschrieben wird. Meinetwegen gab es da in Beckhausen irgendwo jemanden, der eine illegale Schreibmaschine hatte. Da konnte man also tippen lassen. Dann habe ich die Losung mitgegeben, mit der sie dann nach Beckhausen fuhren. Meistens war es eine Karte, die es früher in Zigarettenschachteln gab, die war halb durchgerissen, die eine Hälfte bekam er, die andere Hälfte war bei unserem Genossen, die die Schreibmaschine bedienten. Und wenn er kam und hat die Losung gesagt, dann haben beide die durchgerissenen Hälften genommen und wenn es passte, dann wussten sie, es sind die richtigen Leute. Also das ist die Arbeit, die das Gesicht der Partei nach außen hinwenden sollte. Die Menschen sollten wissen, es gibt noch Widerstand. Das war außerordentlich wichtig, um die moralischen Kräfte in der Bevölkerung zu stärken."

Oberbürgermeister Albert Meister wird aufgrund seiner Verdienste um die nationale Erneuerung des deutschen Vaterlandes zum Ehrenmeister des Handwerks ernannt. Die ihm feierlich überreichte Urkunde wurde vom Künstler Wilhelm Imhof geschaffen. HZ, 18.10.1933

Donnerstag 19. Oktober

[HER] In Herne werden 23 Personen wegen Vorbereitung zum Hochverrat, eine Person wegen Verächtlichmachung der SA und wegen Schlägerei, eine Person wegen „der Verbreitung von Greuelnachrichten" und eine Person wegen „kommunistischer Umtriebe" verhaftet.

Freitag 20. Oktober

[HER] Im Capitol läuft der Propagandafilm „Hitlerjunge Quex" an. Der Film spielt während der „Kampfzeit" mit ihren Straßen- und Saalschlachten zwischen Kommunisten und Nationalsozialisten, die gerade erst beendet ist. Heini Völker ist der Sohn eines zum Sozialismus tendierenden Arbeiters, der ihn davon überzeugen will, in eine linksgerichtete Jugendgruppe einzutreten. Heini fühlt sich jedoch zur Hitler-Jugend hingezogen. Die moralischen und körperlichen Gegensätze der beiden Gruppierungen werden in krassen Gegensätzen dargestellt.

Anzeige HZ, 20.10.1933

Die Kommunisten sind lasterhaft und vulgär, die Mädchen und Jungen der HJ dagegen brave, vaterlandstreue Pfadfinder. Am Ende wird die Hauptfigur beim Flugblattverteilen für die NSDAP von Kommunisten niedergestochen. „Hitlerjunge Quex" ist einer der wenigen Jugendfilme im Dritten Reich, der eine besondere Prominenz durch das Mitwirken des populären Schauspielers Heinrich George erhält. Mit seiner an den kommunistischen Film der 1920er Jahre orientierten Machart soll der Spielfilm Kinder aus linksgerichteten Arbeiterfamilien und politisch Unentschlossene überzeugen, sich der nationalsozialistischen Bewegung anzuschließen. Thematisiert werden Gemeinschaft, Stärke und Opferbereitschaft. Die im Film marschierende HJ verkündet eine einfache Botschaft: „Wir sind die deutsche Jugend und sonst niemand." Der „Hitlerjunge Quex" wird zu einem der wirkungsmächtigsten Filme des Dritten Reiches. Der Film sprengt Rekorde. Hitlerjungen und Deutsche Mädchen werden verpflichtet, den Film zu sehen.

Samstag 21. Oktober

Heinz Rühmann, um 1935

„**Heinz Rühmann** – aus Essen oder Wann-Eickel?", titelt die WEZ ihre kleine Plauderei über den beliebten Filmkünstler. „Wir sind doch auf unsere der Berühmtheiten gänzlich baren Heimatstadt soo stolz", so die WEZ. Der einzige Makel an der Sache: Im Wanner Standesamt „erfahren Sie, dass unser verehrter Mitbürger am 7. März 1902 tatsächlich in Essen geboren ist. Wanne-Eickel hat eben Pech, wenn es einmal gerne der Geburtsort eines vielgenannten Mannes sein möchte. Ähnlich wie unser Ritter des Lederhandschuhs, Walter Neusel, verlegte Rühmann im Alter von zwei Monaten seinen Wohnsitz nach Wanne. Das heißt, sein Vater war schon etliche Zeit vorher im hiesigen Bahnhofsrestaurant beschäftigt, pendelte aber zwischen Wanne und Essen hin und her." Der junge Heinz besuchte die Kirchschule und später das Realgymnasium. In seinen Erinnerungen schreibt er: „Mein Vater hatte in Wanne die Bahnhofswirtschaft gepachtet. Sie war eine Goldgrube, wie mein Vater immer wieder erklärte. ‚Allein von den Automaten‘, die er als einer der ersten zwischen dem Wartesaal der Ersten und Zweiten Klasse und dem für die Dritte und Vierte Klasse aufgestellt hatte, ‚können wir leben.‘ Mein Vater hatte Papiertüten erfunden, in denen belegte Brötchen eingepackt waren und außen der Aufdruck: Gute Reise wünscht Hermann Rühmann, Bahnhofsrestaurant Wanne. Auf dem Bahnhof Wanne ging es ziemlich lebhaft zu, denn er war – wie immer stolz verkündet wurde – der Knotenpunkt von sieben verschiedenen Linien. Zu den Zügen musste man über die Schienen zum entsprechenden Gleis laufen, Unterführungen gab es noch nicht.“

Dienstag 24. Oktober

[HER] In der Sache Dr. Wilhelm Emanuel gegen die Bundesknappschaft wegen seiner Entlassung aus dem Krankenhaus Recklinghausen kommt es vor dem Amtsgericht Bochum zu einer Verhandlung. Die beklagte Knappschaft führt aus, dass die fristlose Aufhebung des Angestelltenverhältnisses durch sachliche Gründe gegeben war. Sämtliche Assistenzärzte hatten es abgelehnt, weiter mit Dr. Emanuel zu arbeiten. So wäre im Falle seiner Weiterbeschäftigung, „Ruhe und Ordnung in unserem Krankenhaus nicht aufrecht zu erhalten gewesen“. Der Kläger steht dagegen auf dem Standpunkt, dass die Rassezugehörigkeit des Beklagten allein kein Recht zur fristlosen Kündigung des Dienstverhältnisses geben konnte. Am Ende steht ein Vergleich. Die fristlose Kündigung zum 1. April 1933 wird zurückgenommen und durch eine Kündigung zum 30. April 1933 ersetzt. Die beklagte Bundesknappschaft zahlt die bis zu diesem Zeitpunkt noch ausstehende Restvergütung von 140,- RM inklusive Abgeltung für Wohnung und Verpflegung. Kurioserweise landete der Fall deswegen vor dem Arbeitsgericht, weil die Bundesknappschaft sich bei ihrem Entlassungsschreiben nicht auf das „Gesetz zur Wiederherstellung des Berufsbeamtentums“ vom 7. April 1933 gestützt hatte. Der Klageschrift beim Arbeitsgericht ist jedoch eindeutig zu entnehmen, dass nicht sachliche sondern rassische Gründe die Entlassung verursacht haben. Deswegen konnte das Gericht nicht anders, als auf einen Vergleich zu entscheiden.

Donnerstag 26. Oktober

[HER] Der HA macht sich die Mühe, die aktuelle Zahl der Bürger auszurechnen, die von öffentlicher Unterstützung leben. Das Arbeitsamt selbst veröffentlicht die Zahl der Unterstützten nicht mehr. Laut Redaktion werden 9.000 Personen vom Arbeitsamt und 26.500 Personen vom Wohlfahrtsamt betreut. Zusammen macht dies 35.500 Personen (= 36,2 Prozent der Bevölkerung). Um die gesamte wirtschaftliche Not richtig einschätzen zu können, müssen noch diejenigen hinzugezählt werden, die eine karge Knappschafts- oder Invalidenrente oder ein sonstiges Ruhegeld erhalten und auf öffentliche Zuwendungen angewiesen sind. Dazu kommt die nicht geringe Zahl von Bürgern, deren Einkommen durch Feierschichten oder schlechte Geschäfte den Unterstützungssätzen sehr nahe kommen, die aber keine Unterstützung erhalten. All dies zusammengefasst, ergibt so viel Armut und Not, dass sich die Dringlichkeit einer großzügigen Winterhilfe von selbst mit aller Deutlichkeit ergebe.

Gauleiter Joseph Wagner spricht im Strickmannschen Saale über „Acht Monate nationalsozialistische Regierung". In seiner fast zweistündigen, „mitunter philosophischen Rede", so der HA, legt er die Grundsätze und Erfolge der nationalsozialistischen Bewegung da. Insbesondere habe man „die geistige und politische Zerrissenheit im Inneren beseitigen müssen". Das mache verständlich, warum alle Parteien in Deutschland hätten sterben müssen. Wenn das jemand nahe gegangen sei, so sei das zu verstehen, aber Politik sei nicht eine Angelegenheiten alter Gewohnheiten, sondern das härteste, was es im Leben einer Nation geben könne und dürfe. Abschließend betont Wagner, dass bei der Volksabstimmung und den Wahlen am 12. November nun die ganze Welt erkennen müsse, dass das deutsche Volk einmütig hinter Adolf Hitler stehe. An diesem Tag, so Wagner, „muss das deutsche Volk Geschlossenheit zeigen. Die Forderung der Zeit lautet: ein Führer, ein Volk!" Dann würde die Atmosphäre in der Welt gereinigt werden und in die weltpolitischen Beziehungen Ordnung hineinkommen.

Freitag 27. Oktober

[HER] Das Realgymnasium teilt mit: „Als Zeichen seiner Verbundenheit mit Volk und Staat stiftete Herr Oberschullehrer **Wilhelm Imhof** für die Ausschmückung der Aula das Bild unseres Volkskanzlers Adolf Hitler in Lebensgröße, welches bis vor wenigen Tagen in der Buchhandlung Ewert ausgestellt war. Den Dank für das wertvolle Geschenk sprach Herr Oberstudienrat Fritz dem Künstler im Namen des Kollegiums der Schule aus." Der bekannte Kunstmaler ist seit dem 1. Mai Parteigenosse.

Der Verkehrsverein stellt sich unter der Führung von **Alfred Bongardt** neu auf. Der NSDAP-Propagandaleiter kündigt an, dass die zukünftige Aufgabe des Vereins weniger in der Fremdenwerbung liegen werde, als vielmehr darin, an der wirtschaftlichen Gesundung und an der Arbeitsbeschaffung im neuen Staat mitzuarbeiten. Bongardt findet damit wie viele andere Parteigenossen zuvor einen sicheren Broterwerb in städtischen Diensten.

Anzeige HZ, 30.10.1933

OB Meister appelliert an alle Kräfte, vor der Reichstagswahl am 12. November ihre Pflicht zu tun. Die Wahl müsse ein überragendes Bekenntnis zum Führer erbringen. Meister warnt aber vor den „kommunistischen Wühlern", denn in diesen Kreisen werde heute mehr als je gearbeitet. Sie hätten „die alten Führer beiseitegeschoben und neue Leute an ihre Stelle gesetzt."

Samstag 28. Oktober

Anzeigen HA, 28.10.1933

[HER] Der Kommunist Jakob Beier wird neben fünf anderen Personen von der Gestapo verhaftet. Für die HZ eine gewohnte Nachricht: „In Herne wurden sechs Personen wegen Hochverrat festgenommen." Für Jakob Beier hingegen beginnt ein Leidensweg durch die Haftanstalten. Bis Ende November sitzt er im Polizeigefängnis Herne ein, wo er schwer misshandelt wird. Nach eigenen Aussagen wurde er als Gegner der Nationalsozialisten mit „mittelalterlichen Methoden verhört und zu Aussagen erpresst". Anschließend wurde er in das Untersuchungsgefängnis Herne und kurz darauf in das Untersuchungsgefängnis Bochum überstellt. Vor dem für seine harten Urteile in politischen Verfahren berüchtigten Oberlandesgericht Hamm wurde Beier am 22. April 1934 wegen Vorbereitung zum Hochverrat zu einem Jahr und vier Monaten Gefängnis verurteilt. Seine Strafe verbüßte er in der Strafanstalt Werl, die wie die anderen Strafanstalten zu dieser Zeit überbelegt war; so habe Beier auf dem Steinboden schlafen müssen und die Verpflegung sei dürftig gewesen. Beier litt in der Folge der Haftbedingungen und Misshandlungen unter gesundheitlichen Beschwerden wie chronischer Bronchitis und Schüttellähmung.

Montag 30. Oktober

[WAN] Vor der Bochumer Strafkammer steht eine 12-köpfige Diebes- und Hehlerbande aus Wanne-Eickel vor Gericht. Hauptsächlich hat sich die Gruppe des Fahrraddiebstahls in Herne, Wanne und Recklinghausen-Süd schuldig gemacht. Der Bergmann Hermann Ju. gab zu, allein 35 bis 40 Fahrräder entwendet zu haben. Im Zentrum der Bande stand der Hehler B., der die Fahrräder in seiner Fahrradwerkstatt „umgearbeitet" und dann an einen Herner Kaufmann veräußert hat. B. wurde wegen gewerbsmäßiger Hehlerei zu drei Jahren Zuchthaus verurteilt. Das Gericht stellte fest: „Sein Treiben ist umso verwerflicher, weil anerkanntermaßen die verheerend um sich greifenden Fahrraddiebstähle nur ausgeführt werden können, weil die Fahrradmarder wissen, dass sie bereitwillig Leute haben, welche die gestohlenen Fahrräder in großen Mengen aufkaufen."

Mittwoch 01. November

[HER/RECK] Nach Angaben der Polizeipressestelle Recklinghausen ist es der Polizei gelungen, im Stadtgrenzgebiet Herne-Recklinghausen eine illegale Neuorganisation der KPD aufzudecken. Treffpunkt der Ortsleitungen zu Gesprächen und Materialübergabe war eine Brücke über den Rhein-Herne-Kanal in Horsthausen. Die Organisation umfasste Leute, die Monate zuvor nur einfache Zellenmitglieder gewesen waren. Insgesamt wurden 125 Kommunisten festgenommen, darunter 30 führende Funktionäre, und 2.000 Beitragsmarken beschlagnahmt. Die gesamte KPD-Unterbezirksleitung Recklinghausen-Süd/Herne konnte gefasst werden. Es handelt sich um politisch geschulte Kräfte, die sich der Tragweite ihrer hochverräterischen Unternehmungen vollkommen bewusst waren. Die Funktionäre trafen sich in öffentlichen Gebäuden und auf den Straßen. Bei einem der Beschuldigten wurde eine raffiniert angelegte Kartothek über die Parteimitglieder gefunden. Oberflächlich betrachtet handelte es sich um die Sammlung eines Zigarettenbilderliebhabers. Jedes der Bilder trug aber gewisse Zeichen und Buchstaben, die den Namen des Mitglieds ergaben und die Höhe seiner Beitragszahlungen. In dem beschlagnahmten Pressedienst werden die Kommunisten aufgerufen, Seite an Seite mit der „Sozialdemokratischen Freiheitsaktion" zu kämpfen.

Erich Eusterhues, der im März wegen politischer Unzuverlässigkeit bei den Stadtwerken entlassen worden war, gehört zum Umfeld der illegalen Verbindung. Im August 1945 berichtet er dazu: „Morgens um 7 Uhr erschien ein Überfallkommando voll beladen mit Arbeitern, die verhaftet waren, und Gestapo-Leuten, die auch mich holen wollten. Da man mich nicht gleich fand, nahm man meinen Vater mit. Man ließ dem Mann nicht einmal Zeit, sich eine Jacke oder Schuhe anzuziehen, nur in Hose, Hemd und Pantoffel musste er mit zur Knochenmühle nach Recklinghausen, wie der Gestapo-Mann Heimann sich ausdrückte. In Recklinghausen wurde ihm dann eröffnet, dass er solange in Haft bleiben müsse, bis man meiner habhaft wäre. Eine Woche darauf wurde ich dann von der Gestapo verhaftet, mein Vater nach einigen Misshandlungen entlassen. Meine erste Begrüßung auf der Polizei war eine Ohrfeige von dem Gestapomann Heimann, mit grinsendem Gesicht erzählte er mir: ‚Ja, hier herrscht ein rauer, aber herzlicher Ton!' Was jetzt in den nächsten acht Tagen folgte, war gleichbedeutend mit Höllenqualen. Erst Vernehmung ohne Gummiknüppel, dann mit Gummiknüppel und als dieser Bestie Heimann das nicht mehr genügte, mussten selbst Stühle oder in einem Fall sogar die Schreibmaschine als Schlaginstrument herhalten. Dann hieß es mit den Fußspitzen an die Fußleisten und er ging hinterher und schlug jedem vor den Hinterkopf, so dass durch den Anprall gegen die Wand den Leuten das Blut aus der Nase spritzte. Mir wurde von diesen Halunken sogar ein Nagel vom großen Zehen getreten. Nachdem man uns Geständnisse zu allen möglichen Sachen erpresst hatte, wurden wir dann in das Gerichtsgefängnis Herne gebracht. Hier kann ich den Wachtmeistern Ernstberger, Schmidt und Stahlmann nur das beste Zeugnis ausstellen, in jeder Hinsicht wurden wir von diesen Leuten anständig behandelt und auch nicht als Verbrecher betrachtet."

Im folgenden Massenprozess des Oberlandesgerichts Hamm, der im Beetsaal des Bochumer Gerichtsgefängnisses verhandelt wurde, antworten Heimann (Gestapo Herne) und Leufken (Gestapo Recklinghausen) auf die Eingabe Eusterhusens, dass sein Geständnis durch Schläge erpresst wurde: „Dass man eine Jauchgrube nicht mit Glacehandschuhen ausschöpft, ist doch verständlich, misshandelt hätten sie gar nicht, sondern nur ein bisschen nachgeholfen." Der Senatspräsident des Oberlandesgerichts bemerkt zur Eingabe von Eusterhues: „Seien Sie froh, dass Sie überhaupt noch leben. Wenn Sie noch einmal hierherkommen, geht der Kopf herunter." Der zu den Verhafteten gehörende **Viktor Reuter** prangert an, dass die Geständnisse unter Folter erzwungen wurden. Reuter wird wegen Vorbereitung zum Hochverrat zu einer Haftstrafe von eineinhalb Jahren verurteilt. Seine Frau Gertrude besucht ihn im KZ Rhede-Ems und erzählt später: „Ich hatte ihm etwas zu essen mitgebracht, doch er hatte ganz blaugefrorene Hände, so dass ich ihn füttern musste. Als ich noch mal zu ihm wollte, hat man mich nicht gelassen. Viktor hat mir dann später von den brutalen Praktiken der Aufseher dort erzählt."

Donnerstag 02. November

[BO/CAS/HER/WAN] Zum Nachfolger des Polizeipräsidenten Konrad Sarrazin wird SS-Standartenführer Fritz Schleßmann aus Bochum berufen. Schleßmann, geboren 1899, war Kriegsfreiwilliger auf einem U-Boot der Kaiserlichen Marine und gehörte danach zum Freikorps Rossbach. Er trat 1922 der NSDAP bei. Seit 1931 ist er Führer der SS-Standarte Bochum und seit 1932 Mitglied des Preußischen Landtages. Die Beförderung Sarrazins zum Oberverwaltungsgerichtsrat und damit seine Entfernung aus einer Schlüsselposition ist auf das Betreiben des Gauleiters Josef Wagner zurückzuführen. Er hält den „typischen Bürger" und „Karrierebeamten" für eine schlechte Wahl. Schon Sarrazins Ernennung im Februar 1933 hatte man als damals notwendig erscheinendes Zugeständnis an die nationalkonservativen Kräfte verstanden. Nach acht Monaten hat die Übergangslösung ausgedient und die Partei hievt einen „alten Kämpfer" in die wichtige Führungsposition.

Samstag 04. November

Anzeigen Wanne-Eickel, 44. KW 1933

Montag 06. November

OLAP   IVERSEN

STAATS P. B.V.P. SPD KPD ZENTR

— Die vielen alten **Parteiſuppen** habe ich nun ſatt —
am 12. **November** gibt's wieder ein ordentliches **Eintopf-
gericht!**

Karikatur aus der WEZ, 06.11.1933

[HER] Die NSDAP-Kreisleitung, die sich bisher in der Rosenstraße befand, ist in das Polizeigebäude am Adolf-Hitler-Platz umgezogen und nimmt in nunmehr repräsentativen Räumen ihre Tätigkeit wieder auf.

[WAN] Die bevorstehende Reichstagswahl und der Volksentscheid über den Austritt Deutschlands aus dem Völkerbund sind im Stadtbild allgegenwärtig. Am Bahnhof prangt ein großes Transparent mit der Aufschrift „Deine Ehre heißt Deutschland!". An der Stadthalle liest man die Parole: „Mit Hitler für einen Frieden der Ehre und der Gleichberechtigung". Überall findet man Plakate, wobei besonders das Plakat heraussticht, auf dem man von Hindenburg und Adolf Hitler zusammen unter dem Motto „Der Marschall und der Gefreite" sieht. „Selbst die Straßen und Bürgersteige sind für die Volksaufklärung benutzt worden", stellt die WEZ fest und fordert: „Wanne-Eickel steht also mitten im Zeichen der Wahlen, die zu einer gewaltigen Kundgebung für den Führer und damit für Deutschland werden müssen."

Dienstag 07. November

[ALLGE] Noch immer gibt es zahlreiche Verdächtigungen gegenüber Beamten und Angestellten und Polizisten. Um der Flut von Denunziationen Herr zu werden, erlässt der Regierungspräsident in Arnsberg einen Erlass „Gegen das Querulantentum". „Es ist deshalb nicht angängig, dass Einzelne glauben, den Aufbau (des nationalsozialistischen Staates) durch selbstständige Eingriffe in die Verwaltung beschleunigen zu müssen. Das widerspricht nationalsozialistischer Auffassung vom Führertum. Nach den Anordnungen des Führers sind derartige selbstständige Eingriffe unzulässig und nicht mehr zu dulden. Nur dann können Wirtschaftsnot und Arbeitslosigkeit überwunden werden. (…) Der Aufbau darf nicht beeinträchtigt werden durch Miesmacher, Nörgler, Gerüchtemacher und Denunzianten. Sie unterwühlen die Staatsautorität und sind daher Schädlinge des Volkes. Ich werde mit allen Mitteln gegen sie vorgehen und diese Leute notwendigenfalls im Konzentrationslager erziehen lassen. Ich kann auch nicht dulden, dass noch

Angriffe in versteckter oder offener Weise gegen die Beamtenschaft gerichtet werden, die nach Abschluss der Säuberungsaktion treu zum Führer stehen." Die Botschaft des Erlasses ist eindeutig: Die Zeit der politischen Säuberungen ist vorbei und wenn Maßnahmen ergriffen werden müssen, werden sie von den Führern der NS-Organisationen durchgeführt. Störungen des Wirtschaftslebens zum Beispiel durch lokale Boykott-Aktionen werden nicht mehr toleriert.

Mittwoch 08. November

[ALLGE/HER] Auf Anordnung der Reichspropagandaleitung haben während der Ansprache des Führers am Freitag von 12.30 Uhr bis 14 Uhr alle Arbeiten zu ruhen und die Geschäfte zu schließen. Ausgenommen sind nur die lebensnotwendigen Betriebe. Hausfrauen wird nahegelegt, in dieser Zeit keinen Staubsauger einzuschalten. Rundfunkbesitzern wird empfohlen, ihre Geräte mit größter Lautstärke ans geöffnete Fenster ihrer Privatwohnung zu stellen, damit in jeder Straße die Worte Hitlers zu hören sind. In einer Rundverfügung ordnet **OB Meister** an, dass sich um 12.30 Uhr sämtliche städtische Beamte, Angestellte und Arbeiter vor dem Rathaus versammeln, um gemeinsam zum evangelischen Vereinsheim zu marschierten. Dort wird man die durch Lautsprecher übertragene Rede des Führers hören.

[HER] In den drei Wettbüros der Stadt finden um 15 Uhr Razzien statt. Insgesamt werden 160 wettende Erwerbslose von der Polizei gestellt. Ihnen wird mit Zustimmung des Wohlfahrtsamtes die Stempelkarte abgenommen. Geeignete Maßnahmen gegen die Wettleidenschaft der Erwerbslosen werden eingeleitet. Wiederholt bekamen die Ämter Klagen darüber zu hören, dass Erwerbslose ihre Unterstützungsgelder nicht ihren notdürftigen Familien zuführten, sondern bei Pferdewetten verspielten.

Donnerstag 09. November

[HER] Die Kreisfunkleitung spricht anlässlich der Übertragung der Rede Hitlers eine Warnung gegen alle Rundfunkstörer aus. „In letzter Zeit mehren sich die Klagen, dass gewissenlose Elemente die Sendungen zu stören versuchen. Privatpersonen und einzelne Gewerbetreibende missbrauchen ihre Radiogeräte dazu, um einer größeren Personengemeinschaft Gelegenheit zu geben, die berüchtigten Sender Moskau, Straßburg und Wien anzuhören. Es ist eine Tatsache, dass gerade diese Auslandssender nichts unversucht lassen, um die deutsche Regierung und den Nationalsozialismus – somit den Führer und seine Bewegung – auf das Schimpflichste zu beleidigen. Wir machen nun darauf aufmerksam, dass wir rücksichtslos gegen diese Schädlinge des deutschen Volkes vorgehen werden. Die Betroffenen laufen

Banner, Aufmärsche und ständige Präsenz: Propagandaaufwand zur Reichstagswahl in der Bahnhofstraße, November 1933

Der Sieg einer Weltanschauung, der Marschtritt als Bewegungsart: AEG-Anzeige, HZ, 11.11.1933

unweigerlich Gefahr der Schutzhaftverhängung (Konzentrationslager) und der Einziehung des Empfangsgerätes."

[HER] Die HA druckt einen Leserbrief zu den Razzien in den Wettbüros ab: „So ganz unerwartet kam die Razzia nicht, denn es pfiffen sie schon wochenlang vorher die Spatzen von den Dächern. (…) Die meisten der dort aufnotierten Erwerbslosen sind ja bloß Zuschauer und nur zur Unterhaltung da. Der Buchmacher hat schon manchmal Krach gemacht, weil sein Lokal überfüllt war und keiner Wetten aufgab. Nun wird man sich sagen: Was wollen die Erwerbslosen dort? Ganz einfach! Was soll ein Erwerbsloser machen vor lauter Langeweile? Selbstverständlich gibt es Männer, die meinen, sich dort gesund machen zu können, und die sich an der Unterstützung vergreifen. Warum nimmt sich die Wohlfahrt die nicht vor, wenn deren Frauen sich mit Recht beklagen kommen? Man soll aber alle anderen in Ruhe lassen, die sich recht und schlecht durchschlagen. (…) Wenn die Polizei wirklich Produktives leisten will, so empfehle ich ihr, sich mal diejenigen unter die Lupe zu nehmen, welche schon jahrelang ohne Erwerb sind, aber immer in neuer und teurer Kleidung mit der dicken Zigarre im Mund daher stolzieren und auch Pferde mit etlichen Mark wetten. Ich glaube, da würde mancher krasse Fall von Schwarzarbeit und Doppelverdienen aufgedeckt werden. (…) Ein Erwischter."

Freitag 10. November

[HER/WAN] Punkt 13 Uhr heulen die Sirenen in der Stadt auf und eine Minute Schweigen setzt ein. Auch der Verkehr ruht für eine Minute. Auf den Zechen ist die Morgenschicht bereits eine Stunde früher eingefahren und die Mittagsschicht eine Stunde nach hinten geschoben worden, so dass die Bergleute nun gemeinsam in der Waschkaue die Radioübertragung verfolgen können. In den Gaststätten, Sälen, Aulen der Schulen und Gemeinschaftsräumen sitzt man zusammen vor den Radios. Die Welt im Revier ruht, als Hitler mit seiner Rede im Dynamowerk der Siemens-Schuckert-Werke in Berlin einsetzt. „Wenn ich heute zu ihnen und damit zu Millionen anderen deutschen Arbeitern und Arbeiterinnen spreche, dann habe ich dazu mehr

Plakat der Zeitung NS-Funk, November 1933

Programmheft zur Luther-Festwoche in Herne, November 1933

Recht als irgendein anderer. Ich bin aus euch selbst herausgewachsen, bin einst selbst unter euch gestanden." Und dann kommen die Verheißungen. Den Terror der letzten Monate gegen SPD und KPD muss Hitler gar nicht erwähnen – ähnlich wie die Bergarbeiterkolonien im Revier war die Siemensstadt im proletarischen Nordwesten Berlins eine Bastion der Arbeiterbewegung. Kaum einer der Arbeiter wird nicht von Kollegen oder Bekannten gehört haben, die von der SA bedroht oder misshandelt wurden. Wahrscheinlich sind einige sogar selbst betroffen gewesen. Aber trotzdem jubeln die Arbeitermassen Hitler zu und liefern entsprechend starke Bilder für die Wochenschau, die sie sofort ins Kino bringt. Propagandaminister Joseph Goebbels ist begeistert und notiert in sein Tagebuch: „Toller Jubel! Nur Arbeiter! Vor einem Jahr noch hätte man uns totgeschlagen."

[HER/WAN] Der 450. Geburtstag Martin Luthers wird mit einer ganzen Reihe von Festveranstaltungen feierlich gewürdigt. Die NSDAP nimmt „das Erbe" des Reformators für sich und ihre eigenen Zwecke in Anspruch. Superintendent **Gotthold Krahn** tritt mehrmals als Hauptredner auf. Für ihn ist Hitler der „neue Luther": „Zwei deutsche Männer, Martin Luther und Adolf Hitler, haben dafür gesorgt, dass wir die deutsche Wiedergeburt erleben dürfen. Adolf Hitler habe genau wie Luther gerufen: ‚Hier stehe ich, ich kann nicht anders'." In der Kirchengemeinde Wanne-Süd wird auf Initiative von Pfarrer Wilhelm Keinath ein Luther-Denkmal eingeweiht. Laut der WEZ habe der Schöpfer der Büste, der Gewerbeoberlehrer Braun, Wert auf ein zielbewusstes und energisches Äußeres gelegt, gepaart mit einem innerlich abgeklärten und alles verstehenden Geiste. Weiter heißt es: „Da nur der nordische Mensch die Führereigenschaft besitzt, die ihn fast unmögliche Aufgaben verwirklichen lässt, so hat der Schöpfer der Büste diese Rassenmerkmale mit verwandt und war bestrebt, den Reformator als den Kämpfer darzustellen, wie wir ihn uns als Deutsche denken."

HZ, 11.11.1933

◄ Plakate zur Wahl an einem Bretterzaun in Herne,
November 1933

Samstag 11. November

[HER] Am Morgen malt ein Flugzeug ein großes „Ja" in den Himmel über Herne. „Ganz Herne muss heute marschieren! Diese Massendemonstration ist keine Veranstaltung der NSDAP allein. Die NSDAP übernimmt nur die Leitung und Organisation dieses Marsches. Das ganze deutsche Volk wird sich zu seinem Führer und seiner Regierung bekennen", heißt es in in einem Appell von **OB Meister** und **NSDAP-Kreisleiter Nieper**. Entsprechend der propagandistischen Vorgabe werden in der Lokalpresse Aufrufe verschiedener Vereine und Verbände abgedruckt. So erklärt der Führerring der katholischen Jugend: „Herne soll heute Nachmittag ein Bild echter Volksgemeinschaft erleben. Die katholische Männer- und Jungmännerwelt bejaht bewusst die Volksgemeinschaft." Lässt das spröde Bekenntnis der bisher politisch eher distanzierten katholischen Jugend auch einen starken Anpassungsdruck vermuten, so klingen andere Aufrufe nach ehrlicher Begeisterung. Georg Nellius, der Vorsitzenden des Stadtverbandes der Männergesangsvereine, erklärt: „Sänger von Herne! Ihr habt gelobt, dass neue Deutschland mit aufbauen zu helfen durch den unsterblichen ethischen Einfluss des deutschen Liedes. Heute fordern wir von Euch ein einmütiges politisches Bekenntnis zum neuen Staat."

Großformatig druckt die Herner Zeitung in ihrem Lokalteil das Wahlplakat „Der Marschall und der Gefreite" ab. Noch ein Jahr zuvor waren Adolf Hitler und Paul von Hindenburg als Kontrahenten im Kampf um das Präsidentschaftsamt aufgetreten und hatten die politischen Lager der Weimarer Republik polarisiert. Nunmehr, so die Botschaft des Plakats, stehen beide freundschaftlich zusammen: der Marschall als Repräsentant des „alten" und der Gefreite als Vertreter des „neuen" Deutschlands. Die propagandistische Vereinnahmung des im Ersten Weltkrieg entstandenen Hindenburg-Mythos soll die nationalkonservativen Kreise noch näher an den Nationalsozialismus heranführen.

Für den HA wird es immer schwerer, seine Distanz zum NS-Regime aufrechtzuerhalten. Der Kommentar zur Wahl macht den Anpassungsprozess des politischen Katholizismus deutlich: „Wir sollen den neuen Reichstag wählen, nicht zwischen verschiedenen Listen eine auswählen, sondern die eine Liste von Kandidaten, die die Regierung uns vorgelegt, bejahen. Es wäre unehrlich darüber hinwegsehen zu wollen, dass es manchen gibt, der in diesem Punkte noch nicht mit sich im Klaren ist. Besonders unter den Katholiken. All diesen, die mit Bedenken ringen: Mag auch noch mehr als ein Wunsch für die zukünftige Entwicklung offen sein, wir sollen auch das Große anerkennen, das im Schaffen der neuen Regierung schon vorliegt, sollen dem Reichskonkordat und den feierlichen Worten Adolf Hitlers glauben und vertrauen. Dem katholischen Volke wird man es hoch anrechnen, wenn es diesen Vertrauensbeweis bei der Reichstagswahl gibt. Geben wir also unser doppeltes Ja als Beweis unseres guten Willens, aber auch unserer hoffnungsvollen Erwartungen."

Auf dem Wahlplakat „Der Marschall und der Gefreite" präsentiert sich Adolf Hitler, der einfache Soldat des Weltkrieges, mit Paul von Hindenburg, dem kaiserlichen Generalfeldmarschall, als väterlichem Mentor. HZ, 11.11.1933

Sonntag 12. November

Wie wähle ich?

So sehen die Stimmzettel aus, wenn Du richtig gewählt hast

Billigst Du, deutscher Mann, und Du, deutsche Frau, diese Politik Deiner Reichsregierung, und bist Du bereit, sie als den Ausdruck Deiner eigenen Auffassung und Deines eigenen Willens zu erklären und Dich feierlich zu ihr zu bekennen?

Ja	Nein

Stimmzettel in grüner Farbe

Reichstagswahl
Wahlkreis IIIIIIIIII

Nationalsozialistische Deutsche Arbeiterpartei
(Hitlerbewegung)
Adolf Hitler

Rudolf Heß, Dr. Wilhelm Frick, Hermann Göring,
Dr. Joseph Goebbels, Ernst Röhm, R. Walther Darré,
Franz Seldte, Franz von Papen, Alfred Hugenberg

Beim Volksentscheid war auf dem Stimmzettel ein „Ja" oder ein „Nein" möglich. Für die Reichstagswahl war nur die Liste der NSDAP aufgeführt. Hier konnte nur „Ja" angekreuzt oder der Zettel unausgefüllt eingeworfen werden.

[HER] Bei der **Reichstagswahl** erreicht die Liste der NSDAP 90 Prozent der abgegebenen Stimmen. Beim Volkentscheid stimmen 91,6 Prozent mit „Ja". Insgesamt liegt die Wahlbeteiligung bei etwa 97 Prozent. „Es zeigt sich darin in überwältigender Weise, dass der Einigungsprozess im Inneren seit dem März dieses Jahres geradezu frappante Fortschritte gemacht hat", kommentiert der HA das Wahlergebnis. Das Ergebnis in Wanne-Eickel fällt fast identisch aus. Aus Herne wird **OB Albert Meister** in den Reichstag gewählt. Auch die wenigen Nichtwähler werden laut WEZ schnell identifiziert: „Die verschwindend geringe Zahl der Nichtwähler ist in unserer Stadt hauptsächlich im Kreise der Bibelforscher zu suchen. Wenn man von den Schwerkranken absieht. O, ihr armen Verblendeten!"

[Anmerk.: Bei der **Wahl am 12. November 1933** konnte von einer freien Willensbekundung nicht mehr die Rede sein. Die Wahllokale waren von der SA besetzt, säumige Wähler wurden durch Schlepper angekarrt und das Wahlgeheimnis galt nicht als ausgemacht. Unter Historikern ist es heute allerdings unbestritten, dass das Wahlergebnis tatsächlich die Zustimmung eines großen Teils der Bevölkerung zum Regime widerspiegelt. Es zeigte aber auch, dass sich ein Teil der Bevölkerung dem Zwang zur Konformität noch immer entzog. Gerade in Hochburgen der zerschlagenen Arbeiterparteien war die Zahl der ungültigen Stimmen hoch. Trotzdem blieb das Ergebnis für die Gegner des Regimes erschütternd. Wolfgang Benz resümiert in seiner „Geschichte des Dritten Reiches": „Offensichtlich befand sich das Deutsche Volk mehrheitlich im Einklang mit seiner Führung, jede Opposition war zum Schweigen gebracht, gelähmt oder, wie Kommunisten und sozialdemokratische Gegner der neuen Ordnung, auf so aussichtslose wie gefährliche Proteste mit Flugblättern, Wandparolen und ähnlichen Demonstrationen beschränkt, die lediglich zeigen konnten, dass sie im Untergrund und in der Illegalität noch existierten."]

Wahllokale in Wanne-Eickel mit einem hohen Anteil ungültiger Stimmen bei der Reichstagswahl im November 1933

RW 12.11.1933 NSDAP	ungültig	RW 05.03.1933 NSDAP	übrige	Wahllokal
926	152 (= 14,1 %)	319	696	Bussmann, Hindenburgstr.
950	139 (= 12,8 %)	254	753	Feldhege, Herzogstr.
920	132 (= 12,5 %)	175	645	Spieker, Göringstr.
1044	118 (= 10,2 %)	239	788	Kurp, Rottbruchstr.
1060	110 (= 9,5 %)	321	761	Hagemann, Unser-Fritz-Str.
800	113 (= 12,4 %)	167	746	Werner, Königsgruberstr.
869	108 (= 11,1 %)	231	643	Kreter, Bochumerstr.
778	102 (= 11,6 %)	216	627	Henkel, Bochumerstr.
724	84 (= 10,4 %)	275	486	Nöltker, Hernerstr.

Montag 13. November

[BER/HER/CAS/WAN] Am Abend findet in Berlin vor über 20.000 Menschen die große Sportpalast-Kundgebung der Deutschen Christen statt. Es ist Massenaufmarsch, Heerschau und Siegerparade zugleich. Der Hauptredner, Gauobmann Reinhold Krause, fordert die Kirche „zur Vollendung der deutschen Reformation im Dritten Reich" auf, was für ihn gleichbedeutend ist mit der „Befreiung vom Alten Testament, von der Minderwertigkeits-Theologie des Rabbiner Paulus und mit der Rückkehr zu einem heldischen Christus". Das begeisterte Publikum reagiert mit lang anhaltendem Applaus, aber in den evangelischen Gemeinden rufen die Forderungen beträchtliche Irritationen hervor. Die Kirchenopposition wird nachhaltig gestärkt. Im Kirchenkreis Herne erkennt die Mehrzahl der Pfarrer und Presbyter den deutschchristlichen **Superintendent Krahn** bald nicht mehr als ihren leitenden Theologen an. Er bleibt zwar im Amt, faktisch bildet sich aber um **Ludwig Steil** herum eine neue, inoffizielle Leitung des Kirchenkreises. Gusti Steil notiert in ihren Erinnerungen: „Am 13. November war die berüchtigte Sportpalast-Kundgebung der Deutschen Christen. Sie zeigte zum ersten Mal, wer sie wirklich waren und was sie wollten. Vielen gingen nun die Augen auf, und mit Schrecken wandten sie sich ab von der falschen Lehre."

Dienstag 14. November

[ALLGE] Victor Klemperer, überzeugter Gegner des NS-Regimes und protestantischer Konvertit jüdischer Herkunft, schreibt angesichts der gesellschaftlichen Stimmung nach den Wahlen in sein Tagebuch: „Ich will auch noch anerkennen, dass durch die wochenlange maßlose und maßlos verlogene ‚Friedenspropaganda' Millionen besoffen gemacht wurden. Als nun gestern der Triumph veröffentlicht wurde: 93 Prozent Stimmen für Hitler! 40 ½ Millionen ‚Ja', 2 Millionen ‚Nein' – 39 ½ Millionen für den Reichstag, 3 ½ Millionen ‚ungültig' – da war ich niedergeschlagen, da glaubte ich das beinah auch und hielt es für Wahrheit. Und seitdem heißt es in allen Tonarten: das Ausland erkennt diese ‚Wahl' an, es sieht „ganz Deutschland" hinter Hitler, es rechnet mit Deutschlands Einigkeit, bewundert sie, wird ihr entgegenkommen etc. etc. Das alles macht mich nun auch besoffen, ich fange auch an, an die Macht und die Dauer Hitlers zu glauben. Es ist grässlich."

Mittwoch 15. November

[HER] Wie bereits länger angekündigt, löst sich der Stadtverband für Leibesübungen auf. In der letzten Sitzung erneuern der Vorstand und die Vereinsführer ihr Bekenntnis zum neuen Staat. Geschäftsführer Bäcker führt aus: „Das seit 1918 regierende System wurde gestürzt. An seine Stelle trat das junge nationale Deutschland unter der Führung des Reichskanzlers Adolf Hitler. Die größten Widersacher unserer Turn- und Sportbewegung, die Arbeiterturner und Sportler, wurden hinweggefegt. So wurden viele Kräfte frei, die im Kampf gegen diese Bewegung gebunden waren." Fortan leitet SA-Sturmbannführer Friebe den Sport unterstützt von einer Führerriege unter anderem mit **Hermann Kracht** (Fußball), Karl Bäcker (Turnen) und Hermann Brinkmann (Leichtathletik). Der Sturmbannführer referiert

Informationsplakat des Breslauer Hirt Verlags, abgestempelt mit „Buchhandlung H. Sander, Herne", November 1933

dann die körperliche Ertüchtigung als einen Grundpfeiler der nationalsozialistischen Erziehung: „Heute sind wir immer noch an den Versailler Vertrag gebunden und können deshalb keine Armeen bilden. Niemand aber könne uns verbieten, unsere Jugend körperlich durch Leibesübungen zu ertüchtigen und sie für den Wehrgedanken empfänglich zu machen."

Donnerstag 16. November

Werbezettel der Herner Schauburg zur UFA-Komödie „Fünf Millionen suchen einen Erben" von 1938

[HER] Bei einem Treffen verabreden die beiden Bergmänner Karl Kropla, ehemals politischer Leiter der KPD in Holthausen, und Felix Stanek, ehemals Austräger des „Ruhrecho", gemeinsam neue Mitglieder zu werben, um die durch die zahlreichen Verhaftungen geschwächte KPD aufrechtzuerhalten. Sie nehmen Verbindung mit dem übrigen Parteiapparat auf und Kropla wird als politischer Instrukteur tätig.

[WAN] Der Film „Es gibt nur eine Liebe" kommt in die Kinos – mit **Heinz Rühmann** in der Hauptrolle. Mittlerweile ist „der Kleine mit der Brille", den Wanne-Eickel so gerne für sich reklamiert, einer der beliebtesten Schauspieler der UFA. Rühmann äußert sich nicht zur Politik und gehört zu einem kleinen Freundeskreis um den Propagandaminister Joseph Goebbels. Die Nazi-Oberen schmücken sich gerne mit Künstlern und Prominenten und schmeißen großzügige Empfänge. Rühmann ist immer gegenwärtig, lächelt und antichambriert. Auf der Kinoleinwand ist er für das Fach „leichte Unterhaltung" zuständig. Seine Filme 1933: „Ich und die Kaiserin", „Lachende Erben", „Heimkehr ins Glück", „Drei blaue Jungs ein blondes Mädel" und „Es gibt nur eine Liebe".

Freitag 17. November

[HER] In der Kleiderkammer der NS-Volkswohlfahrt im Polizeiamtsgebäude finden sich Hunderte von Bezugsberechtigte ein, so dass die Kleiderausgabe ins Stocken gerät. Die Winterhilfe macht darauf aufmerksam, „dass keiner der Bedürftigen von sich aus zur Kleiderkammer gehen kann. Die Ausgabescheine werden den Bezugsberechtigten von den Block- und Zellenwarten selbst zugestellt und in die Wohnungen gebracht."

Tödlicher Unfall auf der Schachtanlage Shamrock 1/2: Kurz nach Beginn der Nachtschicht stürzt der Schießmeister Joseph Grochowiak bei Kohlenlockerungsarbeiten 60 Meter in die Tiefe. Er ist sofort tot. Der Verunglückte hinterlässt seine Ehefrau und mehrere Kinder.

[WAN] Die WEZ meldet: „Immer wieder Straßen als Fußballplatz. In der Hammerschmidtstraße wurde gestern eine Frau von einem Gummiball, mit dem Kinder Fußball spielten, getroffen. Der Ball flog der Frau ins Gesicht, zerschlug das Brillenglas und verursachte Schnittwunden. Passanten bemühten sich um die Frau, die leicht ihr Augenlicht hätte verlieren können."

Samstag 18. November

[HER] Im Heimatmuseum wird vom Museumsleiter Studienrat Dr. Hoischen die Sonderausstellung „Das Hakenkreuz im Wandel der Jahrtausende" eröffnet. Die Ausstellung sei deswegen so bedeutend, weil sie das „Hoffnungszeichen des Wiederaufstiegs und der völkischen Erneuerung" zum Thema habe. Die kulturgeschichtlichen Grundlagen des Überblicks stammen vom Museumsverwalter Dr. Brandt und Studienreferendar Schlüter. Letzterer dankt dem **OB Meister** für die Unterstützung, an der es in früheren Zeiten so oft gemangelt hätte. Es sei das Ziel aller Mitarbeiter des Hauses, in Ermangelung eines städtischen Theaters, das Heimatmuseum zum geistigen Sammelpunkt in Herne auszubauen.

Sonntag 19. November

[WAN] Aufgrund des großen Luther-Festaktes besucht der deutschchristliche Bischof Bruno Adler des Evangelischen Bistums Münster (= Kirchenprovinz Westfalen) die Emscherstadt. „Die festlich geschmückte Stadthalle war dicht besetzt. Auf der Empore stand SA, während an den Seitenwänden Abordnungen der Vereine mit ihren Fahnen Aufstellung genommen haben. Von der Empore grüßte die Lutherbüste, drapiertes schwarzweißrotes Fahnentuch, Hakenkreuzfahnen sowie Kirchen- und Stadtfahnen schmückten das Rund der Stadthalle", schreibt die WEZ. Deutlich verbinden sich bürgerlich-protestantische Gedenkkultur mit nationalsozialistischen Symbolen und Inszenierungen. Einmütig beschwören die Redner: „In deutscher Treue für Führer und Volk und im evangelischen Glauben fest zur Deutschen Evangelischen Reichskirche im Geiste Dr. Martin Luthers". Die städtische Prominenz ist vollständig anwesend: **Superintendent Krahn**, Pfarrer Keinath, der stellv. OB Wulf, **Bürgermeister Bönnebruch-Althoff**, Regierungsrat Viktor Niewiesch (Herne), Regierungsrat Grothe und die Kreisleitung der NSDAP.

Dienstag 21. November

Am Samstag, dem 18. November, verschied in stiller Abendstunde im hohen Alter von 81 Jahren

Frau Wwe.

Emilie Flottmann

geb. Teichgraeber.

Sie war mit unserem Werk über 60 Jahre hindurch eng verbunden. Seit der Umwandlung des Unternehmens in eine Familien-Aktien-Gesellschaft gehörte sie dem Aufsichts- rat als stellvertretende Vorsitzende an. Ihr Weg, der sie mit der Firma Flottmann verband, war gekennzeichnet durch Arbeit und treue Pflichterfüllung, wodurch sie Vorbild und Beispiel für uns alle wurde.

Mit tiefer Trauer erfüllt uns das Hinscheiden dieser echt deutschen Frau, die auch noch in den schweren Wochen ihrer langen Krankheit regen Anteil nahm an dem Schicksal des Werkes und im wahren nationalsozialistischen Empfinden immer zur Verfügung stand, wo es galt, dem Werk und seinen Angehörigen mit Rat und Tat zu helfen.

Wir werden sie nie vergessen.

Herne, im November 1933.

Flottmann A.G. Herne

Der Aufsichtsrat: Der Vorstand:
Ernst Flottmann.   Heinrich Flottmann.

HZ, 20.11.1933

[BO/HER] In Bochum wird Emilie Flottmann, die Witwe von Werksgründer Friedrich Heinrich Flott- mann, zu Grabe getragen. Bis zu ihrem Tod gehörte die 82-Jährige dem Aufsichtsrat an. 1902 hatte sie entscheidend dazu beigetragen, dass das Werk von Bochum nach Herne-Vöde verlegt wurde. In der Totenrede wird die Verstorbene als „fürsorgen- de Mutter der Werksgemeinschaft" und „seit Jah- ren treue Anhängerin unseres Führers" gewürdigt. Noch auf ihrem Krankenbett habe sie sich an dem Fortschreiten der nationalen Revolution und am Aufbauwerk des Führers. erfreut. Den Trauerzug führt der Werksmusikzug der NSBO an, begleitet von Abordnungen der SA und des Stahlhelms. Zwei SA-Leuten legen einen „prächtigen Kranz mit Ha- kenkreuzschleife" auf dem Grab nieder.

Donnerstag 23. November

[HER/WAN] Das Wohlfahrtsamt warnt Erwerbslose davor, ihre Unterstützung in Wettbüros zu verspielen. Bei denjenigen, deren Stempelkarte bei der Razzia am 10. November eingezogen wurde, wurde die Unterstützung um einen erheb- lichen Betrag gekürzt. Alle Unterstützungsempfänger, die zukünftig in Wettlo- kalen angetroffen werden, müssen mit schärferen Maßnahmen rechnen. Der Drohung folgen Taten: Abends gegen 17 Uhr findet in Wanne eine Großrazzia bei den Wettannahmestellen statt.

[HER] Mehrere frühere Kommunisten kehren aus dem Konzentrationslager zurück. Ihre Entlassung erfolgte im Rahmen der Gnadenaktion der Reichsregie- rung. Laut Bericht des HA ist „das körperliche Aussehen der Entlassenen sehr gut und die Lagerführung hatte ihnen neben einer Verpflegung für zwei Tage, da sie keinen Wintermantel besaßen, sogar feldgraue Mäntel mitgegeben."

Auf der Zeche Mont Cenis werden in der Nacht von Donnerstag auf Freitag Hilfssteiger Johann Pevec und Hauer Fritz Wieberg bewusstlos aufgefunden, Wiederbelebungsversuche bleiben erfolglos. Die beiden Männer waren Teil eines Lösch- und Dämmtrupps. Bereits seit mehreren Tagen hatten Rauchschwaden eines Grubenbrandes das Revier 6 lahmgelegt. Die Dämmtrupps mussten mit Gasmasken und Drägerapparaten ausgerüstet werden. Bei den Arbeiten hatten sich bereits zuvor mehrere Arbeiter minderschwere Gasvergiftungen zugezogen. Pevec und Wieberg gerieten beim Versuch, eine Wettertür zu öffnen, um einen schnelleren Abzug der Rauchschwaden zu ermöglichen, in eine rauchgeschwängerte Strecke, aus der sie nicht mehr entkamen. Sie hinterlassen Ehefrauen und mehrere Kinder.

Freitag 24. November

„Wir wollen sein ein einig Volk von Brüdern, in keiner Not uns trennen und Gefahr!"

Die Helferinnen mit ihren Schützlingen

HZ, 25.11.1933

[HER] Die HZ berichtet: „Einen Beweis innigster Volksgemeinschaft bringt uns obiges Bild, es zeigt uns einen Teil der durch das Winterhilfswerk der NS-Volkswohlfahrt ermöglichten Speisung der Erwerbslosen im Kasino Teutoburgia, die unter Leitung der NS-Frauenschaft steht. Hilfsbereite Frauen aus der Frauenschaft, aus den kirchlichen Kreisen, ohne Unterschied der Konfession, vom Roten Kreuz und dem Luisenbund finden sich täglich ein, um die Frauenschaft in diesem

Liebeswerk zu unterstützen und 80 Volksgenossen das Mittagessen zu reichen. Zufriedenheit und Dankbarkeit bewiesen dieselben dadurch, dass ein von zwei erwerbslosen Volksgenossen angefertigtes Transparent mit der Aufschrift: ,Wir danken Gott und unserem Führer für das reichliche Mittagessen im Kasino Teutoburgia' am Tag vor der Wahl im Zuge durch die Stadt getragen wurde.“

Montag 27. November

[HER] Die Stadtverordnetensitzung findet in gewohnter Zügigkeit statt. Zehn Punkte werden in zwanzig Minuten abgehandelt. Die Anliegen der Verwaltung werden allesamt von Bürgermeister **Hermann Meyerhoff** vorgestellt. Besonders hebt er die lokalen Arbeitsbeschaffungsmaßnahmen wie die Kanalarbeiten und die Arbeiten im Gysenberg heraus. Ihre Gesamtkosten würden sich auf etwa 143.000 Mark belaufen, allerdings werde der städtische Etat nur mit 10.000 Mark belastet. Die Restsumme entstamme dem staatlichen Förderprogramm.

Der Beschleunigung des Fernsprechverkehrs nach außerhalb wird von der Reichspost viel Aufmerksamkeit gewidmet. Im Industriebezirk sind bereits Leitungen des Schnellverkehrs vorhanden, mit denen Verbindungen zu entfernten Orten sofort hergestellt werden können. Die Wartezeit hängt davon ab, ob die Leitung zu der betreffenden Stadt gerade frei ist. Von Herne aus ist es in der verkehrsschwachen Zeit sogar möglich, unmittelbar mit weit entfernten Orten wie Hannover oder Berlin verbunden zu werden.

Dienstag 28. November

[HER] Der Verkehrsverein gibt bekannt, dass im Rahmen der großen Weihnachts-Werbeveranstaltung die Plakate „Dein Weihnachtskauf beim christlichen Mittelstand“ von allen Einzelhändlern und Handwerkern abgeholt werden können. Man geht davon aus, dass sie die Plakate ab dem 30. November gut sichtbar platzieren.

[WAN] Auf der Jahreshauptversammlung des Rudervereins „Emscher“ von 1927 begrüßt der Vorstand die nationale Erhebung und erklärt: „Keine andere Sportvereinigung hat mehr darüber gejubelt, dass der greise Marschall dem mutigen Kämpfer Adolf Hitler die Hand reichte.“ Allein die in den Farben des Kaiserreichs gehaltene schwarz-weiß-rote Fahne des Rudervereins drücke die nationale Gesinnung aus, die immer im Verein geherrscht habe. Deswegen würde es sich auch erübrigen, von einer Gleichschaltung zu sprechen. Die Einhaltung des Führerprinzips wird dadurch erreicht, dass per einstimmigen Beschluss der bisherige Vorsitzende, Apotheker Adolf Kerlé, als Vereinsführer bestätigt wird.

Mittwoch 29. November

[ALLGE/HER] Der „Cigaretten-Bilderdienst" in Hamburg gibt mit „Deutschland erwacht" das erste NS-Sammelbilderalbum heraus. Die bei Kindern und Erwachsenen beliebten Bilder liegen entweder Zigarettenpackungen bei oder können über ein Schecksystem bestellt werden. Das Grundprinzip ist: Je mehr man kauft, desto mehr Bilder bekommt man. Die dazugehörigen Sammelalben können für eine geringe Schutzgebühr bestellt oder beim Tabakwarenhändler gekauft werden.

Zigarettenbilder-Sammelalbum „Deutschland erwacht", November 1933.

[Anmerk.: „Zigarettensammelbilder" waren Massenware. Die Auflage der Bilder ging in die Milliarden, die der Alben in die Millionen. Die Nationalsozialisten setzten Sammelbilder zu Propagandazwecke ein. So erschienen mehrere Alben zum Leben und Wirken Adolf Hitlers, die den „Führerkult" in den Alltag transportieren. Daneben wurden weiterhin Themen wie exotische Tiere, Vogelwelten, Karl May, Filmschauspieler und historische Bauwerke präsentiert. Bei Haushaltsauflösungen und auf Flohmärkten sind bis heute die blauen Alben zu den Olympischen Spielen 1936 in Berlin zu finden. Das Erscheinen von „Deutschland erwacht" ist auch in gesellschaftlicher Hinsicht signifikant: Bereits Ende November 1933 zeigte sich, dass der Nationalsozialismus in allen Gesellschaftsschichten weitaus mehr Zuspruch als erwartet fand. Es war dem Regime gelungen, die Gesellschaft zu mobilisieren, und die allgemeine Begeisterung für den „Führer" war nicht zu leugnen. Langfristig war damit auch in der Arbeiterregion Ruhrgebiet der Weg zur „Zustimmungsdiktatur" geebnet.]

Repros aus dem Zigarettenbilder-Sammelalbum „Deutschland erwacht", November 1933. Das Album stammt aus dem Nachlass einer Herner Familie.

Freitag 01. Dezember

[ALLGE] Für die Durchführung des Deutschen Grußes wird folgendes angeordnet:

1. Der Deutsche Gruß für die Beamten, Angestellten und Arbeiter von Behörden im Dienst besteht im Erheben des rechten Armes. Es ist freigestellt, zu dieser Grußbezeugung die Worte „Heil Hitler" oder „Heil" oder gar nichts zu sagen. Andere Worte sind aber gleichzeitig mit dem „Deutschen Gruß" nicht zu sagen. Wer den deutschen Gruß mit dem rechten Arm wegen körperlicher Behinderung nicht ausführen kann, grüßt möglichst durch Erheben des linken Armes.
2. Beamte in Uniform wenden künftig, abweichend von den bisherigen Bestimmungen, auch mit Kopfbedeckung in und außer Dienst den „Deutschen Gruß" an.

[HER] Der Bergbau belebt sich. Die Gewerkschaft Mont Cenis hat in den letzten Tagen 180 Arbeiter neu eingestellt. Dazu kommt, dass die Kohlenhalden langsame zur Neige gehen. Es wird daran gearbeitet, eine Batterie der Kokerei in Ordnung zu bringen, um die Öfen bei stärkerem Koksabruf wieder in Betrieb nehmen zu können. Auf den Schachtanlagen Shamrock und Constantin gibt es dagegen immer noch erhebliche Feierschichten. Ein Zeichen dafür, dass die Belegschaft größer ist als der Absatz es eigentlich erlaubt.

In drei Schaufenstern der Firma Boldt & Köper stellt **Wilhelm Imhof** seine neuen Gemälde aus. Für den Redakteur des HA zeigen die Gemälde den neuen Weg, den der Künstler einschlägt. Die Industriebilder wirkten mit verwischten Kontrasten und mit Nebel und Schleier überdeckt tiefer, seelischer, problematischer. „Man könnte darin die Absicht des Malers vermuten, durch übersteigerte Darstellung der stickigen Qualmatmosphäre, die von den Industriewerken ihren Ausgang nimmt, die ganze Industrieluft zu charakterisieren als Gegensatz zur reinen Luft des bäuerlichen Landes oder der Berge." Aber auch der alte Imhof, der kraftvolle Farbenkontraste liebt, sei nicht tot. Dies würden die Bilder „über Umzüge der nationalsozialistischen Erhebung mit dem Braun und Rot der Uniformen und Banner oder mit dem Rot und Gelb der Fackeln" zeigen. Jetzt erscheine von ihm ein Bild „Industriekirmes", wo vor dem tristen Hintergrund von Halden- und Industrielandschaft der grelle rote und bunte Wirbel einer Kirmes aufleuchtet. „Doch auch hier waltet nicht mehr bloß die Freude des Malers an der Farbe, es liegt auch von dem neuen Imhof etwas darin, die Wiedergabe eines geistig-seelischen Gehalts. Die Industriekirmes schildert das Naturfremde, das Ungesunde und Vergnügungshafte in freudlos-seelenlosem Land." Die HZ mahnt an: „Imhofs Werke sprechen für sich – wir wollen Dir, lieber Leser, nur sagen: Geh hin und schau sie Dir an und Du wirst deine Freude daran haben, zumal ein Teil des Erlöses aus den Bildern der Winterhilfe dienen soll."

Samstag 02. Dezember

[HER] Der Kanarien-Zuchtverein „Krone" veranstaltet im Lokal Osthold an der Bahnhofstraße eine Ausstellung mit über 100 Vögeln „besten Zuchtmaterials". Mit der Präsentation ist ein Wettbewerb der verschiedenen Zuchtklassen verbunden. Der Verein ist durch seine Tätigkeit als Betreuer der hungernden Vögel in den Parkanlagen der Stadt bekannt.

[HER/WAN] Im Ständehaus finden die Ausscheidungskämpfe im Boxen im Gau IX Industriebezirk statt. Mit Bregenstroth, Ongsiek, Richter und Kowalczyk stehen ambitionierte Boxer des Box-Sport-Club 22 und des Box-Club 1930 Herne-Sodingen im Ring. Namentlich der westfälische Landesmeister Erich Bregenstroth (BSC 22) errang in der Vergangenheit über starke Gegner eindrucksvolle Siege. In der bis an die Ringseile ausverkauften Halle enttäuscht Bregenstroth auch an diesem Abend nicht und zieht, nachdem er seinen Gegner dreimal zu Boden geschickt hatte, deutlich nach Punkten in die Endrunde ein.

Sonntag 03. Dezember

[WAN] Der Machtkampf um Kirche und Bekenntnis manifestiert sich am ersten Adventswochenende in der evangelischen Kirchengemeinde Holsterhausen. Während am Samstagabend die Gemeindegruppe der Deutschen Christen im Melanchthon-Haus einen öffentlichen Vortrag zur Lage in Kirche im nationalen Staat von Superintendent Sehbrink aus Gelsenkirchen organisiert hat, findet am Sonntagabend im Gemeindehaus eine geschlossene Versammlung der „Freunde von Evangelium, Bekenntnis und Kirche" unter der Leitung von Pfarrer **Ludwig Steil** statt. Ebenfalls anwesend: ein Trupp SA-Leute des Eickeler Reservesturms II. Die Spannung im Gemeindehaus ist von Anfang an zu spüren. Als Steil zu sprechen beginnt, wird es unruhig. Zwischenrufe wie „Sie sind ein Lügner! Sie haben vor dem Altar gelogen!" durchdringen den Raum. Eine Prügelei bricht aus und der Pfarrer ist gezwungen, die Versammlung abzubrechen. Die Gemeinde macht im Mittelgang Platz, damit er unbehelligt den Saal verlassen kann. Die SA-Männer grüßt Steil beim Herausgehen mit dem deutschen Gruß, der allerdings nicht erwidert wird. „Scheinheiliger Prophet", schallt es nur erbost zurück. Wenige Tage später beschwert sich Steil schriftlich über die Störung der Gemeindeveranstaltung bei SA-Sturmbannführer Appelbaum. Eine Abschrift des Schreibens sendet er an den Reichsinnenminister.

Die Bahnhofstraße in Herne
gehört zu den schönsten Geschäftsstraßen des Industriegebiet

Wir Herner können stolz auf unsere Hauptstraße sein. Zu der einheitlichen Gesamtwirkung tragen die neuzeitlich ausgestatteten Geschäftsräume der heimischen Firmen ganz erheblich bei.

Das Schuhhaus Rudolf Köller, Bahnhofstraße, Ecke Von-der-Heydt-Straße, ist bekannt für gute Qualitäten und Preiswürdigkeit. Die Schaufensterfront mit ihren Auslagen immer ein Spiegelbild der Herren- und Damenschuhmode. Hier verbindet sich vornehme äußere und innere Aufmachung des Geschäftslokals mit einer Auswahl, die nicht übertroffen werden kann.

Nicht allein die Schaufenster zeigen Ihnen, was Sie zu kaufen wünschen, sondern vor allem ein Besuch der Innenräume wird Sie stets davon überzeugen, daß Sie bei der Firma Rudolf Berns, Bahnhofstraße 82, an Kristallen, Porzellan und Geschenkartikeln tatsächlich alles finden, was es an geschmackvollen Neuheiten gibt.

Die Firma Sinn, das führende Kaufhaus, unterhält in den groß aufgezogenen Spezialabteilungen stets eine reiche Auswahl. Die steigende Zahl zufriedener Kunden ist ein Beweis für die Leistungsfähigkeit des Hauses.

Die Firma Carl Schluckebier, Bahnhofstraße 49, das Fachgeschäft für Hüte, Mützen, Schirme und Pelzwaren, gehört zu den ältesten und bekanntesten Herner Geschäften — seit 1872. Hier findet jeder Herr das Passende für seinen Geschmack. Aber auch die Dame findet in der Spezialabteilung für Pelzwaren und Schirme stets eine große Auswahl der letzten Neuheiten.

In den Schaufenstern der Firma Julius Berke, Bahnhofstraße 77, finden Sie immer eine große Auswahl der neuesten Radio-Apparate. Aber auch in modernen Beleuchtungskörpern und allen elektrischen Artikeln wird ein umfangreiches Lager unterhalten.

In der ersten Etage der Firma Filscher sind die umfangreichen Abteilungen der Knaben- und Kinder-Bekleidung untergebracht. Hier finden Sie eine Auswahl, wie sie nur ein Haus dieser Größe führen kann.

Das ist das Geschäftshaus der Firma Filscher. Das Haus für den Herrn — der auf gute Kleidung Wert legt.

Die sehenswerten Ausstellungen der Firma Heinrich Heiland erwecken stets das größte Interesse. Zumal jetzt, wo die vom Reich gewährten Ehestandsdarlehen es manchem Brautpaar ermöglichen, sich ein gemütliches Heim einzurichten.

Dieses Bild zeigt einen kleinen Ueberblick von der Größe und Vielseitigkeit der Firma Heinrich Heiland. Die ständige Möbelausstellung von 150 Zimmern, die Spezialabteilungen Herde, Oefen, Waschmaschinen, Fahrräder und Kinderwagen stellen auch den verwöhntesten Käufer zufrieden.

Hier sehen Sie einen Teil des umfangreichen Geschäfts- und Lager-Gebäudes der Firma Heinrich Heiland. Die mustergültige Organisation, zahlreiche Transportwagen und geschultes Personal sorgen dafür, daß nach dem Kauf alles zu Ihrer Zufriedenheit ausgeführt wird.

Dienstag 05. Dezember

[HER/RECK/CAS] Die Kriminalpolizei hat in Verbindung mit den Arbeitsämtern Razzien gegen wilde Buchmacher durchgeführt. Allein in einer Wettannahmestelle in Recklinghausen wurden 150 Personen angetroffen, darunter 40 Unterstützungsempfänger, denen sofort die Unterstützungsstempelkarte entzogen wurde. 22 Personen hat man zwecks näherer Ermittlungen verhaftet. In der Viktoriastraße in Castrop-Rauxel wurden fünf wilde Buchmacher festgenommen, darunter zwei Frauen aus Herne.

[HER] Vom Schöffengericht wird die Ehefrau des Bergmanns R. „wegen Verbrechens gegen das keimende Leben" nach Paragraph 218 zu einem Jahr und sechs Monaten Gefängnis verurteilt. Bei der Angeklagten handelt es sich um eine Wiederholungstäterin. 1931 war sie wegen gleicher Straftat zu acht Monaten Gefängnis verurteilt worden. Angesichts der nunmehr wesentlich schärferen Strafe weist der Gerichtsvorsitzende darauf hin, dass die neue Zeit solche Straftaten viel strenger beurteilt.

Der starke Wintereinbruch hat auf dem Gysenberger Teich eine kräftige und spiegelglatte Eisdecke hinterlassen. Die Jugend und die Schlittschuhläufer nutzen die Gelegenheit und führen ihre eleganten Bögen und manchen Purzelbaum vor.

Mittwoch 06. Dezember

[WESTFALEN] Durch den Führer des Deutschen Sängerbundes in Berlin wird **Oberbürgermeister Albert Meister** zum Führer des Westfälischen Sängerbundes berufen. Er leitet damit rund 1.500 Vereine und etwa 40.000 Sänger.

[HER/WAN] Durch den strengen Frost hat sich auf dem Rhein-Herne-Kanal eine Eisdecke gebildet. Die Schifffahrt konnte bis jetzt ungehindert durchgeführt werden, aber trotzdem sollte man auf Treibeis achten. Sogar Binnenmöwen kann man jetzt hier in größerer Anzahl sehen.

[WAN] In einem Brief an die Hauptgeschäftsstelle des „Central-Verein deutscher Staatsbürger jüdischen Glaubens" in Essen berichtet der Kaufmann Sally Baum über die Verhältnisse in Wanne: „Ich füge eine Liste der Mitglieder bei, kann aber keine Garantie übernehmen, ob nicht im Dezember oder Januar wieder einige Mitglieder ausfallen. Ich bedaure außerordentlich hierauf hinweisen zu müssen, aber die Bedürftigkeit in dieser Gemeinde ist zu groß. Für mich persönlich besteht kein Zweifel, dass der Central-Verein von jedem Juden unbedingt unterstützt werden muss, aber das Muss ist nicht allein ausschlaggebend, hier fehlt eben das Geld." Baum hat weiter mit Boykotten zu kämpfen: „Die jüdische Gemeinde ist bis auf einige Mitglieder fast vollständig verarmt. Auch die noch ihre Geschäfte führenden Gemeindemitglieder haben sehr zu kämpfen, da hier am Platz die Gebote des Reichswirtschaftsministers absolut nicht befolgt werden. Durch Mittelsleute oder gemietete Leute versucht man, die noch einigermaßen gehenden Geschäfte an den Lohn- und Abschlagstagen zu boykottieren. Diese unsauberen Elemente stehen dann vor den einzelnen Geschäften und halten die Käufer ab, in jüdischen Geschäften zu kaufen."

Freitag 08. Dezember

In der Lichtburg (und später im City-Theater) läuft „Die Fabel von King-Kong" 1933 in der Original-fassung. Eine deutsche Synchronfasssung kommt erst 1952 unter dem Titel „King Kong und die weiße Frau" in die Kinos. WEVZ, 08.12.1933

[WAN] In der Lichtburg läuft „Die Fabel von King-Kong" an, der seit seiner Urauf-führung im März 1933 in den USA alle Kassenrekorde gebrochen hat. Zunächst wurde die Vorführung des Films in Deutschland als „Angriff auf die Nervenkraft des deutschen Volkes" untersagt, doch der generell vom Film faszinierte Adolf Hitler sieht das tricktechnische Meisterwerk mehrmals in seinem Privatkino und hat keine Einwände. Als die amerikanische Filmproduktionsfirma RKO mit einer Klage droht, wird der Film schließlich freigegeben. Hollywood hatte Anfang der 1930er Jahre eine Reihe von internationalen Kassenmagneten im Horrorgenre produziert. Filme wie „Dracula" (1931), „Frankenstein" (1931) und „Die Mumie" (1932) spiegeln vor dem Hintergrund der Weltwirtschaftskrise vorhandene ge-sellschaftliche Ängste wider: Die fremden, andersartigen Wesen brechen in die Normalität ein und müssen zur Wiederherstellung der Ordnung vernichtet werden.

Samstag 09. Dezember

[HER/WAN] In Herne läuft die Weihnachtswerbewoche mit dem verkaufsoffenen Adventssonntag an. Die christlichen Geschäftsinhaber werden gebeten, mit Adventskränzen und Tannengrün zur Verschönerung der Schaufenster beizutragen. „So gehen denn morgen Nachmittag die Mutti und das Hänschen, der Vater und das Fritzchen und die Tante mit dem Elschen spazieren, um all die schönen Ausstellungen der Geschäfte anzusehen. Es gibt da unendlich viel zu bestaunen. Denn überall ist der Weihnachtsmann gewesen, überall hat er an die Tür der Geschäftsleute geklopft. (…) Und wenn die Mutti und der Vati diese Stimmung erst verspüren, dann braucht das Hänschen und der kleine Fritz gar nicht erst zu sagen: Vati, ich möchte gerne den Zug haben oder gar den schönen Baukasten und die vielen SA- und SS-Männer. Nein, die Mutti und der Vater wissen dann schon von selbst,

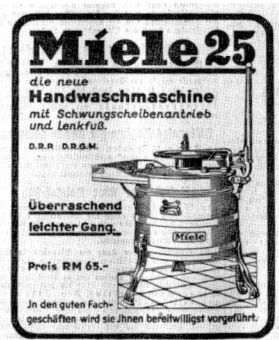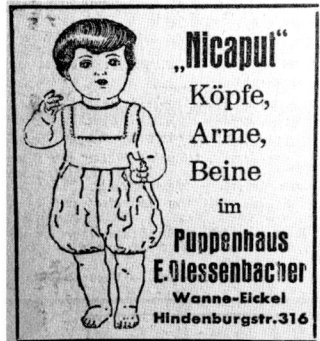

Anzeigen Wanne-Eickel, 49. KW 1933

was ihr kleiner Junge vom Weihnachtsmann haben will, und sie wissen ihn auch zu finden, den guten Mann, der all die schönen Sachen bringt", schreibt die HZ über die „Weihnachtsstimmung in Herne". Während der Wanner Kollege über die Wünsche der Kinder aus armen Verhältnissen sinniert: „Mit dem Sehen der vielen schönen Dinge kommen die Wünsche. Es wird sie in ihren Träumen beschäftigen, und es besteht gar keine Möglichkeit, auch nur einen Teil der begehrten Dinge zu erwerben: denn 2x2 ist 4 und im Jahr 1933 erst recht. Wäre es vielleicht nicht besser, die Kinder möglichst an den Schaufenstern nicht vorbeizuführen? Man sagt doch sonst, dass man das, was man nicht kenne, auch nicht entbehre."

Montag 11. Dezember

[ALLGE] Der preußische Ministerpräsident Göring veröffentlicht in seiner Eigenschaft als Chef der Geheimen Staatspolizei folgendes Schreiben: „Im Hinblick auf das günstige Ergebnis der Reichstagswahl und aus Anlass des Weihnachtsfestes habe ich die Absicht, Entlassungen aus den Konzentrationslagern vorzunehmen. Ich habe mich zu dieser Maßnahme entschlossen, als ich durch Übernahme der Führung der politischen Polizei die Gewähr für die Aufrechterhaltung der Ordnung im Staat und die Niederhaltung der marxistisch-kommunistischen Bewegung auch bei einer Milderung der Schutzhaftmaßnahmen gegeben sehe."

Werbebrief an die Oberrealschule Herne mit vom Nationalsozialistischen Lehrerbund (NSLB) empfohlenen Büchern, abgestempelt am 02.12.1933

[WAN] Die städtische Wärmehalle für Erwerbslose wird wieder werktags von 10 bis 18 Uhr eröffnet. Sie besteht aus zwei Räumen in der Sporthalle auf dem Eickelplatz. Sie ist ausgestattet mit Tischen, Stühlen und Wandbänken. In einem Wandgestell sind Bücher, Zeitschriften und Gesellschaftsspiele untergebracht. Mit dieser Einrichtung kommt die Stadtverwaltung einem Bedürfnis nach, das durch die Kälte der letzten Tage besonders dringlich geworden ist. Für viele Erwerbslose, die kein Heim haben oder welche die Enge der häuslichen Verhältnisse belastet, ist die gut geheizte und beleuchtete Halle gedacht.

Maria Tillmann ist mittlerweile Leiterin der Stadtbücherei Wanne geworden. Unablässig werden von ihr Listen geschrieben und Bücher geprüft. Émile Zolas Romane „Germinal", „Das Paradies der Damen" und „Der Bauch von Paris" werden nach der Sichtung zur Weiterverwendung an die Leihbüchereien zurückgegeben. Außerdem wird der Kreiskulturwart Groll angemahnt, dass er die bereits im Juni beschlagnahmten Bücher des italienischen Romanciers Pitigrilli an die Polizei weiterzugeben habe.

11.12.1933 | Chronik

Donnerstag 14. Dezember

[WAN] Noch immer ist nicht geklärt, welche Bücher auf dem Index stehen und welche nicht. Bis dato wurden zwar über 1.000 Bücher von 21 verschiedenen Stellen verboten, aber es gibt keine zentrale Behörde, die verbindliche Angaben machen kann. Dieses Manko macht Maria Tillmann weiter zu schaffen. Sie initiiert ein Schreiben des OB an den Polizeipräsidenten in Bochum, in dem radikalere Zensurmaßnahmen und die Übersendung einer offiziellen Verbotsliste gefordert werden. Der Vorgang kommt im Februar 1934 zu einem vorläufigen Abschluss. Die Reichsschrifttumskammer (RSK) in Berlin bittet darum, „keine dauernde Zensurstelle für die geplanten Neuanschaffungen der Leihbüchereien einzurichten". Ferner seien „unnötige Eingriffe in die Freiheit des Gewerbes" künftig zu vermeiden, da auf die „wirtschaftlichen Notwendigkeiten" der Leihbüchereibetriebe Rücksicht genommen werden muss. Maria Tillmann will diese Anweisung nicht kommentarlos akzeptieren: „Durch die Forderung der Polizei, die Listen der anzuschaffenden Bücher vorzulegen, ist bis jetzt wohl kaum eine der Leihbüchereien gewerblich geschädigt worden", schreibt sie widerspenstig an den OB. Aber die Angelegenheit hat durch das Veto der RSK jegliche Dringlichkeit verloren und versickert.

Eine Namensänderung wird bekanntgegeben: Wilhelm Wischnewski, Grenzstraße 8, führt in Zukunft an Stelle des bisherigen Familiennamens den Namen Kirchfeld.

Samstag 16. Dezember

[HER] Im Saalbau Strickmann findet die Weihnachtsfeier der Flottmann AG statt. In der Festansprache lobt Dr. Ing. **Otto Heinrich Flottmann** die echte Volksgemeinschaft des Werkes und Volkskanzler Adolf Hitler, der sich von jeher für die gegenseitige Verbundenheit der schaffenden Menschen in ihren verschiedenen Berufsschichten und Wirtschaftszweigen eingesetzt habe. „Wir alle fühlen es heute, dass wir durch den wahren Nationalsozialismus alle Schwierigkeiten hinwegräumen werden. (…) Wir müssen der Jugend immer wieder vor Augen führen die 2000-jährige deutsche Vergangenheit, die durch Rasse und Blut auf den geschichtlichen Boden unseres Volkes und seiner Kultur bedingt war. Der zerstörende Klassengeist vergangener Zeit, der dem deutschen Volk nur Unheil gebracht hat, muss verschwinden und die Wiederaufrichtung eines gesunden Staates angestrebt werden. Dazu gehört die Erziehung des gesamten Volkes zu den großen Grundsätzen der nationalsozialistischen Erneuerungsbewegung mit ihren kulturellen Gütern und der sich daraus ergebenen Weltanschauung, deren Richtlinien Ehre, Führertum und Opfermut heißen." Im Laufe des Abends erscheint auch **OB Meister**. In seinem Gruß betont er, dass es kein vergleichbares Werk gäbe, wo alle Angehörigen so hundertprozentig von der Volksgemeinschaft erfasst seien wie bei der Firma Flottmann. Dafür sei dem Inhaber des Werkes und seinen Werksangehörigen zu danken.

Sonntag 17. Dezember

[HER] Am Abend des verkaufsoffenen „Goldenen Sonntags", des letzten Sonntags vor Heiligabend, findet im Stadtgarten die erste Wintersonnenwendfeier der HJ statt. Im flackernden Schein eines brennenden Holzstoßes beschwören Unterbannführer Heinz Nagel und Oberbannführer Hans Strube in ihren Reden, dass diese Wiederaufnahme eines alten germanischen Festes symbolisch für die Schicksalswende im deutschen Volk stehe. Die Hitlerjugend als zukünftige Trägerin dieses Schicksals stehe treu zu Vaterland und Führer. Man werde dafür sorgen, dass neben dem Weihnachtsfest auch die Wintersonnenwende ein Fest des Volkes werde. Volkstänze, Gedichte und Lieder gestalten die Feier aus, die mit dem Lied der HJ „Vorwärts, vorwärts" endet.

Montag 18. Dezember

[HER] Die Sonderausstellung „Das Hakenkreuz im Wandel der Jahrtausende" im Heimatmuseum geht in ihre letzte Woche. Die Ausstellung sei durch die deutsche Presse gegangen und habe dazu beigetragen, dass Herne wieder einmal überregionale Beachtung gefunden habe. Man wundere sich außerhalb, dass gerade in einer Arbeiterstadt des „schwarzen Ruhrkohlenpotts" so etwas zustande gekommen ist. „Das ist hundertprozentiger Nationalsozialismus auf dem Gebiet der Kulturpflege und Wissensvermittlung für alle Kreise der Bevölkerung", so die HZ. Der für die Ausstellung verantwortliche Studienreferendar Schlüter berichtet, dass für die Schau viele Anfragen aus anderen Städten vorlägen. Für die nächste Sonderausstellung „Herne unter dem Hakenkreuz" bittet er um die Mithilfe aller Volksgenossen. Dort sollen die örtlichen Geschehnisse der nationalen Revolution gezeigt werden. Es werden Bilder und Dokumente gesucht, die den Kampf gegen den Marxismus darstellen. Aber auch Gegenstände, die unter den Begriff „nationaler Kitsch" fallen, sollen Teil der Ausstellung werden.

[WAN] Im Stadtteil Holsterhausen verbreitet sich die Nachricht in Windeseile: Die Hibernia AG gibt die Schlammkohlenhalde von Shamrock 1/2 frei. Bald setzt eine wahre Völkerwanderung von etwa 1000 Menschen mit Handkarren, Schlitten, Schubkarren und sogar Kinderwagen ein. Teils bis zu den Knien im Schlamm stehend, versuchen sie alle, sich mit dem billigen Brennmaterial einzudecken. Schlammkohle ist eine minderwertige Steinkohle mit hohem Ballastanteil wie Wasser und Asche. In den Privathaushalten wird sie mit Sägespänen vermischt, damit sie besser brennt.

Mittwoch 20. Dezember

Nur deutsche Gaben bringt der Weihnachtsmann.

[HER/WAN] Ab 1. Januar 1934 tritt das „Gesetz zur Verhütung erbkranken Nachwuchses" in Kraft und die für die Begutachtung der Sterilisationsverfahren zuständigen kommunalen Erbgesundheitsgerichte werden eingerichtet. Für Herne und Wanne-Eickel ist ab dem 1. Januar 1934 das Erbgesundheitsgericht Bochum zuständig. Eine Pressemitteilung des „Reichsverbands Deutscher Zeitschriften-Verleger" zitiert Schätzungen „der Wissenschaft", dass rund 400.000 Menschen „innerhalb kurzer Zeit einer Sterilisation unterzogen werden müssen." Dies würde eine Sonderlast von etwa 14 Mio. Mark für die operativen Eingriffe hervorrufen. „Aber der Aufwand trägt reiche Zinsen, wie noch nie ein Kapital getragen hat", denn der jährliche Aufwand für die Erbkranken werde von der Wissenschaft im geringsten Fall mit 350 Mio. Mark berechnet. Bereits nach zehn Jahren werde man feststellen können, „dass wir jährlich Hunderte von Millionen durch Minderaufwendungen für die Erbkranken sparen", heißt in der Kosten-Nutzen-Rechnung. Die WEZ errechnet für Wanne-Eickel, das von den etwa 700 Menschen mit Behinderungen und schweren Gebrechen bis zu 400 zwangssterilisiert werden müssten.

[Anmerk.: Die rassenhygienische Doktrin der Nationalsozialisten nimmt mit den Erbgesundheitsgerichten institutionelle Formen an und wird in den folgenden Jahren bis hin zur Euthanasie verschärft. Gaubeauftragter des Rassenpolitischen Amtes der NSDAP Westfalen-Süd wird der mehrmals in Herne als Referent aufgetretene Dr. med. Friedrich August Jess aus Dortmund. Der Historiker Léon Poliakov führt Jess später in seiner Studie „Das Dritte Reich und seine Denker" als Vordenker der Vernichtung auf.]

Donnerstag 21. Dezember

[ALLG/HER] Eine Meldung des Allgemeinen Deutschen Nachrichtendienstes wird von der Lokalpresse wiedergegeben. Unter der Überschrift „Rückkehr in die Volksgemeinschaft" heißt es in der HZ: „Zum bevorstehenden Weihnachtsfest ist aus den Konzentrationslagern im Reich auf Veranlassung der Reichsregierung eine große Anzahl von Häftlingen entlassen worden. Die Aktion soll den Willen der Reichsregierung ausdrücken, denjenigen Häftlingen, die auf Grund ihrer bisherigen Führung die Gewähr bieten, dass sie sich voraussichtlich in Zukunft politisch einwandfrei führen werden, die Möglichkeit einer sofortigen Wiedereingliederung in die deutsche Volksgemeinschaft zu geben. So werden zum Weihnachtsfest etwa 5.000 bis 6.000 Gefangene aus den einzelnen Lagern zur Entlassung kommen. Die meisten Entlassenen waren ehemalige Mitglieder der Kommunistischen Partei. Die Aktion erfolgt unter dem Eindruck der gewaltigen Einmütigkeit des deutschen Volkes am Tage der Reichstagswahl vom 12. November und im Sinne des Führers, der immer wieder betont hat, alle Volksgenossen, die guten Willens sind, zu sammeln."

[HER] Der HA schreibt: „Auf dem Adolf-Hitler-Platz ist der Weihnachtsmarkt entstanden. Der Duft von Tannen und der freundliche Schein eines großen Lichterbaumes weben einen stimmungsvollen Zauber um diesen Weihnachtsmarkt, aber – die Käufer fehlen. Nur spärlich finden sie sich ein. Also kommt und kauft auf dem Weihnachtsmarkt!"

Der Lagerkommandant des KZ Dachau hält eine letzte Ansprache an die Häftlinge, die zum Weihnachtsfest entlassen werden, Dezember 1933. Das Foto des Scherl-Bilderdienstes wurde auch in diversen Lokalzeitungen wie der HZ und der WEZ abgedruckt.

Mittwoch 27. Dezember

[DO/HER/WAN] In einem Artikel mit der Überschrift „Vom Kampf gegen den Kommunismus" mahnt die WEZ im Lokalteil: „In der Tat kann von einer völligen Vernichtung des Bolschewismus in Deutschland noch keine Rede sein. Wenn auch mancher deutscher Arbeiter sich aus ehrlichem Herzen vom Kommunismus abgewandt haben mag, so ist die Zahl der fanatischen Anhänger Moskaus doch noch recht groß. In der Zeit von Mitte Oktober bis Mitte Dezember 1933 sind nach Mitteilung der Justizpressestelle des Oberlandesgerichtsbezirks Hamm in Dortmund verurteil worden:

- 124 Personen wegen Herstellung und Verbreitung kommunistischer Flugblätter,
- 15 wegen Errichtung einer Geheimdruckerei,
- 9 Personen wegen Erteilung von Schießunterricht,
- 90 Personen wegen Errichtung eines Waffenlagers bzw. dem Verstecken von Waffen,
- 7 Personen wegen des Verkaufs von Beitragsmarken der KPD;
- 3 Personen wegen Bemalens von Zäunen mit kommunistischen Parolen;
- 4 Personen wegen Verheimlichung von Eigentum der KPD,
- 2 Personen wegen der Teilnahme am Antifaschistischen Kongress in Paris im Juni,
- 46 Personen wegen des versuchten Wiederauflebens der KPD;
- 1 Person wegen Agitation für die KPD.

Es kann gar nicht eindringlich genug davor gewarnt werden, dem hochverräterischen Treiben der Kommunisten irgendwelche Unterstützung angedeihen zu lassen."

Donnerstag 28. Dezember

[HER] Das „Goldene Buch der Stadt Herne" kommt wieder zu Ehren. **Albert Meister** hat den in schweres Leder gebundenen Folianten mit dem farbigen Stadtwappen auf der Vorderseite und verzierenden Halbedelsteinen auf der Ober- und Unterseite aus dem Tresor seines Amtszimmers hervorgeholt, nachdem es unter seinen Vorgängern in Vergessenheit geraten war. Das Buch ist zur Einweihung des Rathauses 1912 von den damaligen Mitgliedern des Magistrats gestiftet worden. Im Rathaus versammeln sich die Mitglieder der ersten Stadtverordnetensitzung vom 3. April 1933, der ersten nach den wegweisenden Wahlen im März 1933, mit Ausnahme der damaligen Vertreter von KPD und SPD. In einer Ansprache betont Bürgermeister **Hermann Meyerhoff**, dass das „Goldene Buch" zur Chronik der neuen Zeit werden soll und deswegen sollen sich nun alle Mitglieder der damaligen Ratssitzung nachträglich in das Buch eintragen: „Diese Sitzung bildete einen Markstein in der Geschichte der Stadt Herne. Der Umbruch der deutschen Nation fand seinen Ausdruck in den Stadtparlamenten, auch in Herne. Von da ab datiert eine neue Ära, ein neuer Aufschwung. Darum bitte ich Sie, sich hier einzutragen, dass sie mitgewirkt haben und maßgeblich beteiligt gewesen sind an der Entwicklung der Stadt Herne unter der Führung Adolf Hitlers." Über die Eintragungen steht im Buch geschrieben: „Die Gemeindewahl vom 12. März 1933 erbrachte einen vollkommen Sieg der nationalsozialistischen Revolution. In Herne wurden 17 Stadtverordnete der NSDAP gewählt. Ihrer Fraktion schlossen sich alle anderen Stadtverordneten, mit Ausnahme der KPD und SPD, als Hospitanten an."

[WAN] Nach einer Umfrage geht ein Aufatmen durch die heimische Kaufmannschaft. Die sorgenvollen Mienen der Wochen vor dem Weihnachtsfest hätten sich mittlerweile gewandelt, denn die Weihnachtswochen hätten gegenüber den vergangenen Jahren eine Erhöhung des Umsatzes um etwa 20 bis 30 Prozent gebracht. „Jedenfalls können wir die Hoffnung haben, dass die vorbildliche Preisgestaltung unserer Kaufmannschaft und die unterstrichene Heimatparole ‚Kauft am Platze!' sich im Zeichen der deutschen Weihnacht im erwünschten Umfange ausgewirkt haben", so die WEZ.

Freitag 29. Dezember

[HER] Im Rathaus findet die letzte Stadtverordnetensitzung statt, die 488. seit der Stadtwerdung im Jahr 1897. Mit den Reden von **Bürgermeister Meyerhoff** und **OB Meister** steht der Ausklang „unter dem Zeichen hoffnungsvoller Zuversicht, dass unter der Führung Adolf Hitlers im neuen Deutschland wiedergewonnener gesunder deutscher Volkskräfte für die Gemeinden eine Zeit des Wiederaufstiegs angebrochen ist." Dann tragen sich die Verordneten ins „Goldene Buch der Stadt Herne" ein, in dem die denkwürdige Stadtverordnetensitzung nun für nachfolgende Geschlechter verewigt ist. Der HA resümiert: „Es war ein freundlicher Akt, dass der OB seinen Dank an die Stadtverordneten besonders an die richtete, die seit vielen Jahren die nicht geringen Mühen dieses Ehrenamtes getragen haben. Es dürfen sich gewiss auch diejenigen darin eingeschlossen fühlen, die nicht mehr dem letzten Stadtparlament angehört, aber in vielen Jahren aus voller idealer Hingabe ihr ganzes Streben für das Wohl der Stadt und ihrer Bürgerschaft eingesetzt haben. So ist denn der Schlussstrich gezogen unter das Herner Stadtparlament. Das Stadtparlament ist tot, es lebe der Gemeinderat!"

[Anmerk.: In das „Goldene Buch" der Stadt Herne haben sich während der NS-Zeit unter anderem die lokale Parteiprominenz, die Gauleiter Josef Wagner und Paul Giesler, der Reichsbischof Ludwig Müller, „Hitler-Urlauber" und Teilnehmer des Gau-Parteitages 1936 eingetragen. Zwei Seiten aus der „braunen" Zeit wurden nachweislich entfernt. Es wurde 2012 zum 100-jährigen Jubiläum des Rathauses geschlossen.]

Samstag 30. Dezember

[HER] Der Neujahrsglückwunsch des **OB Albert Meister**: „Zur Jahreswende 1933/34 spreche ich allen Beamten, Angestellten und Arbeitern der Stadtverwaltung meinen aufrichtigen Glückwunsch aus. In angestrengter gemeinsamer Arbeit haben wir in den vergangenen Monaten für unsere Stadt Herne getan, was in unseren Kräften stand getreu dem Ruf unseres Führers Adolf Hitler, am Aufbau des neuen Deutschland mitzuwirken. Unsere Arbeit hat Erfolg gehabt. Mit voller Freude dürfen wir am Jahresschlusse feststellen, dass in unserer Gemeinde der nationalsozialistische Staat fest verankert steht. Der Weg, den wir gemeinsam zum Wohle für Volk und Vaterland gegangen sind, war der richtige. Auch im Jahr 1934 wollen wir unserem Wahlspruch treu bleiben: Alles für unsere Vaterstadt Herne."

Berta Schulz bereitet ihren Wegzug aus Herne vor. Als ehemalige Reichstagsabgeordnete der SPD hatte sie diverse Hausdurchsuchungen von SA und Politischer Polizei ertragen müssen. Im Mai war sie vorübergehend im Polizeigefängnis inhaftiert worden, wurde dann aber infolge der Überfüllung des Zellentrakts wieder entlassen. Danach wurde sie unter Hausarrest gestellt und musste sich bis zum November 1933 täglich bei der Polizei melden. Um diesem Überwachungsdruck zu entgehen, hat sie mit ihrem Mann Amadeus beschlossen, nach Berlebeck in Westfalen zu ziehen, einem kleinen Luftkurort in der Nähe des Teutoburger Waldes. Obwohl die 55-Jährige Kontakt zu ehemaligen Genossen hält, ist es ein Rückzug in die innere Emigration.

[NY/WAN] Im Madison Square Garden in New York kämpft **Walter Neusel** vor 16.000 Zuschauern gegen den über zwei Meter großen und 112 Kilo schweren Ray Impellitiere. Dem Boxer aus Eickel

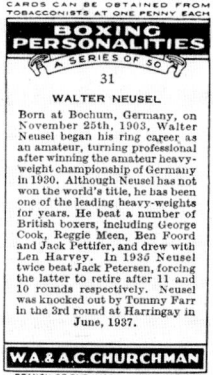

Churchmann's Boxing Personalities,
Picture Card, 1938

gelingt es, den „Skyscraper" nach Punkten zu besiegen. Aber nicht der Kampf wird historisch, sondern die ausgezahlte Börse. Neusel musste als Neuling in Amerika vorher ungünstige finanzielle Bedingungen akzeptieren. Sein Manager Paul Demski hatte dem etablierten Impellitiere eine Summe von 5.000 Dollar garantiert, damit er überhaupt in den Ring steigt. Nach Abzug aller Kosten des Abends und der garantierten Gage für den unterlegenen Gegner bekommt der „blonde Tiger" für einen mühevollen Zehn-Runden-Kampf einen Scheck über 3,19 Dollar. Aber Neusel, so der Sportkorrespondent, steht jetzt dort, wo 1929 Max Schmeling nach seinen ersten Siegen in Amerika stand. Er ist im Kommen. Neusel verzichtete auf den Scheck, der dann jahrzehntelang als Kuriosum im Office des Madison Square Gardens hing.

Sonntag 31. Dezember

[RUHR/HER] Die Wirtschaft im Ruhrgebiet konnte 1933 ihre Produktion gegenüber dem Vorjahr steigern. So werden 29 Prozent mehr Roheisen und 30 Prozent mehr Rohstahl erzeugt als im Vorjahr. Die Gütererzeugung wächst um sieben Prozent. Auch wenn die Kohleerzeugung ebenfalls um fünf Prozent gewachsen ist, bleibt der Bergbau in der Krise. Die Belebung der Wirtschaft hat ihre Ursache vor allem in den Arbeitsbeschaffungsmaßnahmen der Reichsregierung im Jahr 1932, die mit Milliardenaufwand Straßen- und Kanalbau gefördert hat. Die NS-Regierung profitiert nun von diesem Aufschwung. Die Finanzlage der Revierkommunen bleibt ein Desaster. Die Steuereinnahmen der Stadtkassen waren seit 1929 dramatisch gesunken, während sich die Wohlfahrtslasten enorm erhöht hatten. Die Bevölkerung spart, wo sie nur kann. So sinken die Einnahmen durch die Biersteuer von 374.000 RM im Jahr 1931 auf 180.000 RM im Jahre 1933. Noch dramatischer sind die Einbrüche in der Gewerbesteuer. Sie reduzieren sich von 3.141.000 RM (1931) auf 868.000 RM (1933). Das normale Leben der Bevölkerung ist in jeder Hinsicht von heftigen Einschränkungen gekennzeichnet.

[HER] Zum Jahresende das Derby zwischen Germania und Westfalia: Während die Strünkeder um den Aufstieg in die Gauliga spielen, finden sich die Männer vom Bahnhof im Tabellenkeller wieder. In einem umkämpften Spiel setzt sich Westfalia mit 4:2 durch. Kritische Töne schlägt der Berichterstatter des HA an: „Bekanntlich erfreuen sich Lokalspiele eines stärkeren Besuches. Aber einige Spieler schienen mal wieder die günstige Gelegenheit wahrzunehmen, ja nicht für den Fußballsport zu werben. Wir schreiben uns Jahr ein und Jahr aus die Finger krumm, ermahnen und bitten fast förmlich, die sportliche Linie innezuhalten, wollen wieder die mit Recht seit acht bis zehn Jahren sausen gegangenen intellektuellen Kreise für den Fußballsport zurückgewinnen, und da treten dann gewisse Flegel auf und verderben einem die Aufbauarbeit, so

Tabellenstand vom 31. Dezember:						
Westfalia	12	7	4	1	35:19	18:6
Castrop 02	12	6	4	2	36:20	16:8
Union	12	6	4	2	18:12	16:8
Bottrop	12	7	0	5	34:22	14:10
Erle 08	12	6	1	5	35:27	13:11
Rotthausen 12	12	5	3	4	20:23	13:11
Gelsenkirchen 07	12	4	4	4	24:28	12:12
T. B. Eickel	12	5	2	5	20:23	12:12
Horst-Emscher	12	5	1	6	32:30	11:13
Schwarzgelb Gladb.	12	4	1	7	19:27	9:15
Germania	12	1	3	8	8:29	5:19
Falke Gelsenkirchen	12	1	3	8	15:37	5:19

HA, 02.01.1934

dass man mutlos geworden den Federhalter in die Ecke pfeffern möchte. Es sind immer dieselben ‚Größen', die sich in Erinnerung bringen müssen." Das Jahr 1934 wird für beide Vereine wegweisend. Während der SC Westfalia am Ende der Saison in die Gauliga Westfalen aufsteigt, stürzt der Arbeiterverein Germania in die Niederungen der Kreisklasse ab. Die Strünkeder etablieren sich als städtischer Repräsentationsclub und die Vereinsmitgliedschaft wird für Führungskräfte aus Partei und Verwaltung obligatorisch. Vorneweg ist **Oberbürgermeister Albert Meister** Vereinsmitglied und der SCW-Vorsitzende **Hermann Kracht** ist noch im Mai 1933 in die NSDAP eingetreten.

[HER] Über die „Weiße Jahresschwelle" sinniert der Herner Anzeiger: „Während in der Sylvesternacht des letzten Jahres verschiedene Male der Überfallwagen der Polizei in einigen Stadtteilen Ruhe und Frieden schaffen musste, hatte es diesmal die Polizei besser. Abgesehen von kleineren Raufereien, wo aber das Erscheinen eines Uniformierten schon genügte, um Ruhe zu schaffen, blieb alles ruhig. Als wir aufwachten, präsentierte sich am Morgen die Stadt in herrlichem Weiß. Alles war so hell und feierlich, so rein und still, als ob das Vergangene des letzten Jahres begraben und in das Gewand der Schönheit und des Vergessens gekleidet werden sollte."

[ALLGE] Im fernen Dresden schreibt Victor Klemperer in sein Tagebuch: „Das historische Erlebnis dieses Jahres ist unendlich bitterer und verzweiflungsvoller, als es der Krieg war. Man ist tief gesunken."

Epilog

Was aus ihnen wurde:
Opfer, Täter und Profiteure

Willi Bönnebruch-Althoff wurde im Oktober 1940 zum hauptamtlichen Kreisleiter der NSDAP in Dortmund berufen. Seine Amtszeit war sehr stark von den alliierten Luftangriffen geprägt und seine Propagandareden hatten einen rüden antibritischen und antikommunistischen Ton. Inwieweit er als Kreisleiter in die Transporte von etwa 3.000 Juden aus dem Regierungsbezirk Arnsberg in den Osten, die von der Gestapo-Leitstelle Dortmund im Jahr 1942 organisiert und über den Haupt- und Südbahnhof abgewickelt wurden, involviert war, ist unbekannt. Ebenso seine Einbindung in die - vor allem der DAF und der Gestapo obliegenden - Unterdrückung der bis zu 43.000 ausländischen Zwangsarbeiter und Kriegsgefangenen in Dortmund. 1943 setzte aufgrund seiner Alkoholsucht sein sozialer Abstieg ein. Nach Differenzen mit der Gauleitung wurde er abgesetzt. Er musste sechs Monate lang ins Sanatorium und meldete sich danach freiwillig zur Waffen-SS. Nach dem Krieg saß er drei Jahre lang in französischer Kriegsgefangenschaft und wurde danach bis zu seinem Prozess im Mai 1949 interniert. Ein Mann mit seinem Parteihintergrund konnte das Wissen um die Verbrechen der Nationalsozialisten schlecht leugnen. Er selbst behauptete aber, nie daran beteiligt gewesen zu sein. Von der Vernichtung der Juden sei ihm „nur das Geringste bekannt gewesen", er habe die „Judenfrage in menschlicher Form" lösen wollen und hielt die Einführung des Judensterns für „eine Maßnahme der Spionageabwehr". Das Gericht verurteilte ihn wegen „kenntnisreicher Zugehörigkeit zum Führerkorps der NSDAP" zu zwei Jahren und zwei Monaten Haft, die durch die Kriegsgefangenschaft und Internierungshaft als verbüßt galten. Willi Bönnebruch-Althoff verließ den Gerichtssaal damit als freier Mann. Er starb am 12. Juni 1969 in seiner Heimatstadt.

Alfred Bongardt wurde 1937 Bürgermeister der Stadt Coesfeld. Sein Ruf als überzeugter Nationalsozialist galt als beste Empfehlung. Als Gauredner in der NSDAP Westfalen-Süd sei er „nicht müde geworden, sich mit ganzer Tatkraft dem Aufbau der örtlichen Organisation und Propaganda zu widmen. Mit leidenschaftlicher Hingabe hat er sich als Versammlungsredner für die Verbreitung des nationalsozialistischen Ideenguts eingesetzt. Bei rund 1.500 Gelegenheiten hat er in Herne und im Gau das Wort ergriffen, um in seiner bekannten lebhaften und mitreißenden Vortragsart die Herzen der Zuhörer für den Führer und sein Wollen und Wirken zu begeistern", hieß es in einem Zeitungsartikel anlässlich seiner Ernennung. Zu Bongardts Unmut lag diese Huldigung zehn Jahre später der Spruchkammer des Entnazifizierungsverfahrens vor. Außerdem wurde er durch weitere Aussagen belastet. Er sei „ein wütender Antisemit" gewesen und „der Grundton seiner Reden war ständig gegen die Juden gerichtet"; in Herne habe er entschieden an der Entlassung von politischen Gegnern aus städtischen Diensten mitgewirkt. Der Entnazifizierungsausschuss stellte fest, dass dem Angeklagten durch seine Zugehörigkeit zum Führungskreis der NSDAP „die Vernichtungspolitik gegen die Juden und die Durchführung des Sklavenarbeitsprogramms bekannt gewesen" sei. Bongardt wurde in die Kate-

gorie III „Minderbelasteter Aktivist mit der Aussetzung des Ruhegehalts" einge-
stuft. Er legte Berufung ein. Dazu notierte der Ausschuss: „Bei dieser Sachlage
kann die vom Betroffenen eingelegte Berufung nur als frivol bezeichnet werden."

Robert Brauner wurde 1936 als Teil eines sozialdemokratischen Widerstands-
zirkels verhaftet und zu drei Jahren Gefängnis verurteilt. Folter und Gewalt blieben
ihm im Zuchthaus Herford erspart. 1939 wurde er entlassen und drei Jahre später
zum Militärdienst in einer „Bewährungseinheit" abkommandiert. Das Kriegsende
erlebte er in britischer Gefangenschaft. Am 12. Dezember 1945 gehörte der Malermeister Brauner zur ersten, von der britischen Militärregierung einberufenen
Stadtverordnetenversammlung. Vom Oktober 1951 bis Ende 1974 amtierte er als
Oberbürgermeister. „Man traf ihn fast immer im Rathaus", erzählt der langjährige
Weggefährte Heinrich Drenseck und fügt schmunzelnd hinzu: „Manchmal morgens bei Malerarbeiten auf einem Gerüst im Flur des Rathauses. Mittags legte
er dann den Pinsel beiseite, zog seinen Malerkittel aus und war der Oberbürgermeister." Zeit seines Lebens setzte sich Brauner für die Erinnerung an die Ver-
folgungszeit ein. Sein Eintreten für die deutsch-französische Verständigung und
die Städtepartnerschaft mit Hénin-Beaumont (1956) muss ebenfalls als inner-
liche Konsequenz aus den Erfahrungen der NS-Zeit gesehen werden. Gleichzeitig
steht er aber für den großen Kompromiss der Nachkriegszeit, denn Wiederaufbau
und Wirtschaftswunder fanden im Zeichen eines absichtsvollen Schweigens statt.

Im Mai 1940 wurde die aus Deutschland geflohene **Familie Max Elias** vom
Nationalsozialismus wieder eingeholt. In nur fünf Tagen besetzte die deutsche
Wehrmacht die neutralen Niederlande. Max Elias starb beim Bombardement von

Julius Günzburger, Max Elias, Sophie Günzburger, Gerda Günzburger (geb. Elias), Helene Elias und Fritz
Günzburger in Amsterdam, 1939

Rotterdam am 14. Mai 1940. Helene Elias wurde am 28. Mai 1943 im Vernichtungslager Sobibór umgebracht. Sophie und Julius Günzburger, die Schwiegereltern ihrer Tochter Gerda, wurden 1943 über Westerbork nach Bergen-Belsen deportiert. Dort verhungerten sie drei Monate vor Kriegsende. Gerda Elias und ihr Mann Fritz Günzburger überlebten mit gefälschten Papieren im holländischen Untergrund, ohne festes Quartier, mehrmals nur knapp und zufällig der Verhaftung entgehend. 1946 kehrten sie nach Herne zurück.

Im Dezember 1935 wurde **Otto Heinrich Flottmann** „in dankbarer Anerkennung seiner unermüdlichen und verdienstvollen, von echt nationalsozialistischem Geist getragenen Tätigkeit zum Besten von Stadt, Volk und Vaterlande" das Ehrenbürgerrecht der Stadt Herne verliehen. Der Unternehmer wurde damit neben dem Reichskanzler Adolf Hitler der zweite Ehrenbürger der Stadt. Dem Bohrmaschinen-Hersteller und Bergbauzulieferer bescherten die großen staatlichen Bauvorhaben wie die Erweiterung des Dortmund-Ems-Kanals und der Autobahnbau ebenso wie die Aufrüstungspolitik einen erneuten ökonomischen Aufschwung. Allein im Herner Stammwerk waren 1939 über 1.500 Menschen beschäftigt. Im Zweiten Weltkrieg profitierte das Unternehmen massiv von der Ausbeutung von Zwangsarbeiterinnen und Zwangsarbeitern. Otto Heinrich Flottmann verstarb im Februar 1944 im fränkischen Erlangen. Sein Sarg wurde nach der Überführung in der Montagehalle des Werkes aufgebahrt und anschließend im langen Trauerzug zu Grabe getragen. „Musikzüge der SA und der HJ ließen abwechselnd Marschweisen aus der Kampfzeit der Bewegung erklingen und erfüllten damit einen letzten Wunsch des Verblichenen, der sich ja schon in der frühesten Kampfzeit zum Führer und seiner Idee bekannt und ihr mit allen Kräften gedient hat", berichtet die Rote Erde. Nach dem Krieg wurde die Nähe zum Nationalsozialismus genauso wie der Zwangsarbeitereinsatz gründlich aus der offiziellen Werksgeschichte getilgt.

Der Kaufmann **Moritz Gans** erlebte die Ausgrenzung, Erniedrigung und Verfolgung der Juden in Deutschland vom Anfang bis zum Ende mit. 1934 emigrierte sein in Bochum lebender Sohn Otto in die USA, weil er als Mediziner in Deutschland keine Anstellung mehr fand. Moritz Gans wurde unter Druck gesetzt, sein Wohn- und Geschäftshaus in der Bahnhofstraße 57-59 (heute Robert-Brauner-Platz 1) zu verkaufen. Der Kaufmann weigerte sich, da er die in bester Lage gelegene Immobilie als Erbe für seine Kinder erhalten wollte. Nach der Reichspogromnacht am 9. November 1938 wurde das Geschäft geschlossen. 1941 bestimmte die Stadtverwaltung sein Haus zum „Judenhaus", in das jüdische Familien eingewiesen wurden. Ab September 1941 wurde Gans gezwungen, den „Judenstern" zu tragen. Zuletzt lebte er mit 77 Jahren in einem Wohnzimmer in seinem eigenen Haus, das zugleich Durchgangszimmer für andere Mieter war. Moritz Gans verstarb am 23. April 1942, kurz vor seiner Deportation in das KZ Theresienstadt.

Verfolgte des NS-Regimes und führende Kommunalpolitiker der Nachkriegszeit: Heinrich Crämer, Ludwig Erdmann, Karl Hölkeskamp (alle SPD) und Otto Kuhn (KPD), 1953

Nach seinem Rückzug aus der Öffentlichkeit überstand **Karl Hölkeskamp** die NS-Zeit relativ unbeschadet. Nach der Befreiung 1945 wurde er mit 63 Jahre von der britischen Militärregierung zum Stadtdirektor ernannt. Er kämpfte für die Verbesserung der Ernährungslage in der hungernden Stadt und gehörte zu den Initiatoren der Neugründung der lokalen AWO- und ASB-Ortsverbände. Aufgrund seines fortgeschrittenen Alters konnte Hölkeskamp nicht mehr langfristig in die politischen Geschicke eingreifen, Personen wie er und die frühere Reichstagsabgeordnete Berta Schulz gehörten aber mit ihrem Charisma und ihrer Integrität zum moralischen Gerüst der Ruhrgebietssozialdemokratie in der Nachkriegszeit. Es ist auch ihrem Nimbus zu verdanken, dass sich das industrielle Ballungszentrum zwischen Rhein und Ruhr von einer sozialdemokratischen Diasporagemeinde während der Weimarer Zeit zu einer Hochburg der SPD entwickelte. Karl Hölkeskamp starb 1954. Zehn Jahre später wurde ihm zu Ehren der ehemalige „Grünring" in „Hölkeskampring" umbenannt.

Wilhelm Imhof war ein klassischer „Märzgefallener", einer von jenen 1,6 Millionen Volksgenossen, die nach der Berufung Hitlers zum Reichskanzler und insbesondere nach der Wahl vom 5. März 1933 in die NSDAP eintraten – oft verbunden mit der Hoffnung auf berufliche und persönliche Vorteile. 1947 erklärte Imhof: „Im Jahre 1933 bin ich in die Partei eingetreten, weil ich Verständnis für mein Lebenswerk erhoffte. Diese Hoffnung hat sich als trügerisch erwiesen." Diese lapidare Einlassung des Künstlers steht im Gegensatz zu den ihn belastenden Aussagen im Entnazifizierungsverfahren im Frühjahr 1947. „Ich kenne Imhof als einen strammen, aktiven Nazi. Er gab sich als alter Kämpfer der NSDAP aus. Er war mehr als nur dem Namen nach Mitglied der NSDAP", urteilte ein Lehrerkollege vom Gymnasium. Entsprechend fiel das einstimmige Urteil des Grundausschusses aus: „Imhof war ein überzeugter Anhänger des Nationalsozialismus und hat der NSDAP moralische Unterstützung gewährt. Darf nicht beschäftigt werden. Ist ein aktiver Nazi (Kat. III)." Imhof ging in Berufung und brachte eine Reihe von „Persilscheinen" ein, die ihm bescheinigten, im Grunde völlig unpolitisch gewesen zu sein und nur für die Kunst gelebt zu haben. Der Begriff „Persilschein" spielt dabei auf das Waschmittel an, das angeblich „weißer wäscht als weiß". Im September 1948 wurde Imhof in die Kat. IV „Mitläufer" zurückgestuft. Er starb 1950.

Hermann Kracht wurde 1936 von der NSDAP zum Mitglied des Stadtrats und als Oberstudienrat 1940 zum Leiter der Oberschule für Jungen ernannt. Stets forderte das Parteimitglied die „charakterliche und körperliche Auslese" der Jugend und ihren soldatischen Drill zu „Gehorsam und Disziplin" ein. Nach dem Krieg wurde er im Entnazifizierungslager in Hochlarmark interniert. Anfangs als „aktiver Nazi" eingruppiert, wurde Kracht nach seiner Berufung in die „Kat. IV: Mitläufer" zurückgestuft und wieder zum Lehrbetrieb zugelassen. Seine Personalie kann als Beispiel dafür gelten, wie die Entnazifizierung zu einer „Mitläuferfabrik" verkam. 1948 übernahm er erneut den Vorsitz von Westfalia Herne. Wie kaum eine andere Person verkörperte er den Verein und seine langjährige Arbeit trug erneut Früchte, als Westfalia Ende der 1950er Jahre die legendäre Oberliga West aufmischte. Für sein Engagement wurde er mit der Plakette der Stadt Herne und der Goldenen Ehrennadel des Westdeutschen Fußballverbandes ausgezeichnet. Hermann Kracht starb 1964 in Herne.

Gotthold Adolf Friedrich Krahn hatte sein Amt als Superintendent des Kirchenkreises Herne seiner Rolle als Vorkämpfer des Nationalsozialismus zu verdanken. Im „Kirchenkampf" ging er ohne zu zögern gegen Sympathisanten der oppositionellen Bekennenden Kirche vor. Selbst in seiner eigenen Gemeinde denunzierte er den Vorstand des Männervereins mehrmals bei der Gestapo. Ein Mitglied des Presbyteriums urteilte im Januar 1941 in einem Beschwerdebrief an das Evangelische Konsistorium in Münster: „Krahn ist, ganz abgesehen von den sehr geringen Gaben, die er für sein Amt mitgebracht hat, charakterlich nicht geeignet, das Amt eines evangelischen Pfarrers zu führen. Dazu kommt in Geldsachen eine ausgeprägte Selbstsucht. Sein Verhalten den Gemeindemitgliedern gegenüber ist oft so unwürdig, dass sich eine Erklärung hierfür kaum finden lässt." Krahn verlor seine Stellung und jegliche Unterstützung der Partei. Er wurde im September 1941 als Feldprediger an die Ostfront einberufen und fiel im Februar 1942 bei Smolensk.

Nach der Haftentlassung 1936 setzte **Otto Kuhn** den Widerstand gegen das NS-Regime fort. Er arbeitete als Monteur bei den Firmen Polenski & Zöllner in Wanne-Eickel. Im August 1944 wurde er mit einer Anzahl bekannter ehemaliger Funktionäre der KPD erneut verhaftet und ins KZ Papenburg gebracht. Im April 1945 wurde er im KZ Sachsenhausen befreit. Die britische Militärregierung setzt ihn als kommissarischen Stadtrat der KPD ein. Kuhn leitete verschiedene Dezernatsbereiche der Stadtverwaltung, gehörte zu den Gründungsmitgliedern der ÖTV und war von 1952 bis 1956 wieder Mitglied der Stadtverordnetenversammlung. Nach dem KPD-Verbot wurde ihm sein Mandat entzogen. Er engagierte sich für die für den „Verein der Verfolgten des Naziregimes" (VVN) und starb 1974 in Herne.

Am 11. Januar 1934 wurde **Albert Meister** mit einem Festakt in sein Amt als Oberbürgermeister eingeführt. Als erstes ließ er auf die Wand neben der Treppe im Rathaus mit großen Buchstaben die Worte „Lerne schweigen!" malen. Als OB liebte er die großen Propagandaauftritte, bewies aber Augenmaß bei der Aufrechterhaltung einer funktionierenden Stadtverwaltung. Darüber hinaus nahm er eine Vielzahl von Funktionen und Ehrenämter wahr: als Reichsredner der NSDAP, im Vorstand der Sparkasse, im Aufsichtsrat der Flottmann-Werke, als Förderer des SC Westfalia Herne. Überregional bekannt war Meister ab 1934 als Bundesführer des Deutschen Sängerbundes. In dieser Führungsposition war er im Juli 1937 an dem 12. Deutschen Sängerbundfest in Breslau beteiligt. An der Seite Adolf Hitlers nahm er den Vorbeimarsch tausender Sänger ab. Albert Meister starb nach schwerer Krankheit 1942 im Alter von 47 Jahren. Seine Beerdigung auf dem Wiescherfriedhof „war wohl die glanzvollste nationalsozialistische Schaustellung, die Herne gesehen hat", urteilte Hermann Meyerhoff, der als Bürgermeister die Trauerrede hielt.

Als klassischer Vertreter der preußischen Beamtenschaft sorgte **Hermann Meyerhoff** als Bürgermeister und Stadtkämmerer nicht unwesentlich für eine funktionierende Stadtverwaltung. Eine für die NS-Zeit durchaus ambivalente Feststellung, denn es gibt wohl kaum eine antisemitische Verfolgungsmaßnahme, bei der kommunale Stellen nicht einbezogen oder wenigstens darüber unterrichtet waren. Meyerhoff etablierte sich als rechte Hand des Oberbürgermeister Albert Meister, trat aber selbst nie der NSDAP bei. Im kommunalpolitischen Leben mied er die großen Propagandaauftritte – mit zwei Ausnahmen: Am Tag von Potsdam, dem 21. März 1933, propagierte er auf dem Rathausplatz den Aufbruch der Nation und am 23. August 1942 hielt er auf dem Wiescherfriedhof die Trauerrede für den verstorbenen OB Meister. Nach der Befreiung am 10. April 1945 wurde ihm nach einem längeren Verhör durch die amerikanische Militärpolizei die Führung die Stadtgeschäfte übertragen. Die zwei Wochen später eingesetzte britische Militärverwaltung bestätigte diese Entscheidung, so dass er zum ersten Nachkriegsoberbürgermeister wurde. Damit hatte der zur Anpassung neigende Beamte ohne sichtbare Brüche in seiner Verwaltungskarriere drei politische Systeme durchlaufen. Vom März 1946 bis Mai 1953 amtierte er schließlich als Oberstadtdirektor und „wirkte unter

Hermann Meyerhoff bei seiner Verabschiedung als Oberstadtdirektor am 31. Mai 1953

hingebendem Einsatz von Energie und Gesundheit, sowie mit Fähigkeit und Ge-
schick gegenüber der Besatzungsbehörden, unermüdlich für das Wohl der Stadt",
wie es in einem Antrag der Stadt Herne auf Verleihung des Bundesverdienst-
kreuzes für Hermann Meyerhoff heißt. Der gläubige Katholik galt allen als Mann
von hohen Prinzipien und als untadeliger Beamter. Er weigerte sich während der
Phase der Entnazifizierung „Persilscheine" für belastete ehemalige Kollegen aus-
zustellen und auch von den Verfolgten des NS-Regimes wurde keine Kritik an
seiner Person laut. 1963 legte er im Ruhestand eine beeindruckende Verwal-
tungsstudie über Herne in der Zeit des Nationalsozialismus vor. „Die sachliche
Arbeit der Stadtverwaltung wurde durch den politischen Umbruch zunächst emp-
findlich gestört, lief aber, da die meisten Dezernenten und Stadtamtsleiter im Amt
verblieben waren, bald wieder in geordneten Bahnen", lautete das Fazit. Seine
eigene Rolle als hoher Verwaltungsbeamter problematisierte er jedoch nicht, was
der Historiker Michael Zimmermann kritisch anmerkte: „Werden jene (Nazis) als
banausenhaft, lächerlich, phrasenschwingend und unsachlich vorgeführt, so werden der Verwaltung Eigenschaften wie Kompetenz, Ernsthaftigkeit, Tatkraft und
Leistungsfähigkeit sowie vor allem Sachlichkeit zugeordnet." Auf diese Weise, so
Zimmermann, habe die „unpolitische" Verwaltung wohl mehr zur Funktionstüch-
tigkeit des NS-Regimes beigetragen als die Masse der Parteigenossen.

Walter Neusel wurde in den USA aufgrund seines aggressiven Kampfstils bald als „Blonder Tiger" bekannt. Das große Geld floss aber erst nach seiner kurzfristigen Rückkehr nach Deutschland. Am 26. August 1934 verfolgten in Hamburg über 80.000 Zuschauer seinen Kampf gegen Max Schmeling auf der Dirt-Track-Rennbahn in Hamburg-Lockstedt. Bis heute eine europäische Rekordmarke. Aus dem Ruhrgebiet waren „Neuselianer" mit Fahrradgruppen und Bussen in die Hansestadt gekommen und in der Arena wehten Fähnchen mit den gelb-schwarzen Farben der Stadt Wanne-Eickel. Neusel verlor. Schwer gezeichnet blieb er zu Beginn der neunten Runde in seiner Ecke sitzen. Seinen letzten Kampf bestritt er 1950. Schließlich hängte Neusel die Boxhandschuhe an den Nagel und wurde Gastwirt in Berlin. Sein Lokal hieß „Zum blonden Tiger". 1964 starb Neusel an einem Herzinfarkt.

Karl Nieper wurde 1936 hauptamtlicher Kreisleiter der NSDAP und widmete beinah seine gesamte Zeit der Parteiarbeit. Fast jedes wichtige Schreiben zu örtlichen Angelegenheiten ging über seinen Schreibtisch. Im Juli 1945 wurde Nieper von den Alliierten verhaftet. Im anschließenden Prozess pochte er darauf, nur seine „nationale Pflicht" erfüllt zu haben. Dass jüdische Geschäfte zwangsweise geschlossen oder arisiert und jüdische Menschen deportiert worden sind, habe er genauso wenig gewusst wie, dass man fremdländische Arbeiter zwangsweise nach Deutschland verschleppt habe. Das Gericht kam zu der Schlussfolgerung, dass Nieper „keinerlei Einsicht beweist und dass er bisher keinerlei innerlichen Abstand von früheren Auffassungen gewonnen hat".

Karl Nieper (li. mit Mantel) und OB Albert Meister (Mitte) bei der Inspektion der Feuerwehr, um 1936

Er wurde zu vier Jahren Haft (unter voller Anrechnung der Internierungshaft) verurteilt. 1949 kehrte er nach Herne zurück und starb im Januar 1968.

Leo Reiners, der Hauptschriftleiter des Herner Anzeigers, schrieb ab 1934 vorwiegend über historische Themen wie die alte Orgel der Dionysiuskirche und die Bauernhöfe an der Wiescherstraße. Keine innere Emigration, wohl aber eine beredte Flucht in die Stadtgeschichte. Ab und an blitzte in einem Kommentar ein kleiner Seitenhieb auf die Machthaber auf, was nicht unbemerkt blieb. „Fahren Sie nur so fort in Ihrer schmutzigen Biesterei, man kann ja auch eigentlich nichts anderes von einem solchen Schmutzfinken erwarten. Nur noch kurze Zeit, dann wird mit einem solchen Gesindel abgerechnet", so der Text einer anonymen Postkarte vom Mai 1937. Mit Beginn des Krieges wurde Reiners zum Wehrdienst eingezogen, der Herner Anzeiger wurde auf Anordnung der NSDAP im Mai 1941 geschlossen. Reiners wurde nach dem Krieg als Mitglied der CDU zum Leiter des Kultur- und Presseamtes der Stadt Herne. Er verstarb 1958.

Nach der 1935 erfolgten Entlassung aus dem Konzentrationslager wurde **Viktor Reuter** von der Gestapo unter strenge Polizeiaufsicht gestellt. Zunächst blieb er arbeitslos und wurde dann zum Autobahnbau dienstverpflichtet. Im Anschluss fand er eine Beschäftigung auf dem Holzplatz der Zeche Constantin IV/V. Nach dem Attentat auf Hitler am 20. Juli 1944 wurde Reuter erneut verhaftet. Ohne Gerichtsverfahren kam er ins KZ Sachsenhausen und wurde im Februar 1945 ins KZ Bergen-Belsen überstellt. Dort starb er im März 1945 unter ungeklärten Umständen. 1946 wurde die ehemalige Kaiser-Wilhelm-Straße in „Viktor-Reuter-Straße" umbenannt. In Zeiten des Kalten Krieges wurde dies zu einem Politikum. Im Oktober 1951 schrieb die Herner Zeitung: „Es ist höchste Eisenbahn, unsere Stadtväter an die Benennung unserer Straßen zu erinnern. Vor allem der Fall Viktor-Reuter-Straße stinkt zum Himmel. Während man jedem FDJler seine Transparente abnimmt und ihn mit Gummiknüppeln zur Raison bringt, wird in Herne eine fragwürdige politische Persönlichkeit zum dauernden Ehrenbürger unserer Augen ernannt, die weiter keine Verdienste gehabt hat, als gestorben zu sein." Der städtische Hauptausschuss wies die infamen Vorwürfe zurück. Am Ende der Affäre musste die Herner Zeitung, die sich 1933 offensiv in den Dienst des Nationalsozialismus gestellt hatte, einen Widerruf drucken.

Der Herner Anzeiger wurde nicht wie die Zeitungen der Linken zerschlagen, aber der Verlagsinhaber **Josef Röttsches** sah sich einem permanentem Druck der NSDAP ausgesetzt. Die Konsequenz war der wirtschaftliche Zusammenbruch, in dessen Folge das Geschäftshaus 1938 zwangsversteigert werden musste. Zu einem Fünftel des Baupreises ging das Gebäude an die gleichgeschaltete Sparkasse, die es mit Gewinn weiter verkaufte. Im Mai 1941 wurde der Zeitungsverlag im Wege kriegswirtschaftlicher Maßnahmen geschlossen.

Dass dieser Grund nur vorgeschoben war, machte ein Prozess vor dem Amtsgericht aus dem gleichen Jahr deutlich. Im Urteil heißt es dort zur politischen Einstellung des Verlagshauses: „Es ist allgemein bekannt und gerichtsnotorisch, dass gerade der Herner Anzeiger in der Kampfzeit öffentlich in der Tagespresse den schärfsten Kampf gegen den Führer geführt hat. Der Herner Anzeiger war vor dem Umbruch das öffentliche Organ der Zentrumspartei, die stets als Gegnerin der nationalsozialistischen Bewegung einen scharfen Kampf angesagt und versucht hat, diese Bewegung mit allen Mitteln zu unterdrücken. Nach erhaltener Auskunft hat diese Zeitung auch nach der Machtübernahme diesen Kampf sobald noch nicht eingestellt." Josef Röttsches Gesundheitszustand hatte unter dem politischen Druck schwer gelitten. Er starb mit 56 Jahren im November 1944.

Etwa 1.500 Filmschaffende mussten wegen ihrer politischen Einstellung oder ihrer jüdischen Abstammung aus Nazi-Deutschland emigrieren. **Heinz Rühmann** blieb und war in seinen 38 Filmen bis 1945 in erster Linie für die „leichte Unterhaltung" zuständig. Er verkörperte den „kleinen Mann von der Straße", schüchtern, aber zugleich gewitzt und pfiffig. Seine propagandistischen Auftritte waren eher subtil: Im „Wunschkonzert" (1940) belehrt er mit dem flotten Schlager „Das kann doch einen Seemann nicht erschüttern" die Volksgemeinschaft von der rechen Haltung zum Krieg. In „Quax, der Bruchpilot" wandelt er sich vom tollpatschigen Individualisten durch Disziplin und Kameradschaft zu einem deutschen Helden par excellence. Rühmann äußerte sich nicht zur Politik und gehörte zum „kleinen Kreis" um Propagandaminister Joseph Goebbels. Selbst seine zweite Ehe mit der Vierteljüdin Hertha Feiler wurde geduldet. Im August 1944 wurde der Schauspieler in die „Gottbegnadeten-Liste", der nach Auffassung des Regimes unverzichtbaren Künstler, aufgenommen. Nach dem Krieg führte Heinz Rühmann seine Karriere auf der Leinwand und im Fernsehen erfolgreich fort. Er starb am 3. Oktober 1994.

Auch durch den Ortswechsel von Herne nach Berlebeck konnte **Berta Schulz** der Überwachung durch die Gestapo nicht entgehen. Bereits im September 1934 folgte eine erneute Hausdurchsuchung. Schulz soll mit ehemaligen SPD-Mitgliedern aus Herne, insbesondere dem früheren Polizei-Oberwachtmeister Martin Börner, in konspirativem Kontakt gestanden haben. Ziel sei es gewesen, das verbotene „Reichsbanner Schwarz-Rot-Gold" illegal aufrechterhalten zu haben. Die Ermittlungen wegen des Verdachts auf Hochverrat wurden schließlich ergebnislos eingestellt. 1944 wurde Schulz erneut verhaftet und mehrere Tage inhaftiert. Ihr Gesundheitszustand hatte zu diesem Zeitpunkt unter dem Druck der Verfolgung erheblich gelitten. Nach dem Krieg setzte sich die Grand Dame der westfälischen SPD für den Wiederaufbau der AWO ein. Am 21. Dezember 1950 starb Berta Schulz in Berlebeck. Auf eigenen Wunsch wurde sie eingeäschert und auf dem Wiescherfriedhof in Herne beigesetzt.

Ludwig Steil, um 1935

Als am 16. März 1934 in Dortmund die westfälische „Bekenntnissynode" zusammentrat, hielt Pfarrer **Ludwig Steil** aus Holsterhausen den Einführungsvortrag und wurde in den westfälischen Bruderrat aufgenommen. Unter den gegebenen politischen Umständen ließen seine Worte keine Zweifel aufkommen: „Wir sagen den Heiden in unserem Volk, dass wir Christen bleiben. Wir sagen den Schwärmern in unserer Kirche, dass wir evangelisch bleiben. Wir sagen den Verzagten unter uns, dass wir auf die Hilfe Gottes hoffen." Nur wenige Wochen später gründete sich in Wuppertal die „Bekennende Kirche" und distanzierte sich mit dem „Barmer Bekenntnis" deutlich vom Nationalsozialismus. Auch hier war Ludwig Steil federführend beteiligt. Durch sein Engagement rückte er ins Visier der Gestapo. Er wurde denunziert, seine Predigten überwacht. Der Riss zog sich durch den Kirchenkreis, die Kirchengemeinde und das Presbyterium. Allein im Jahr 1938 liefen fünf Verfahren gegen ihn und stets lautete die Anklage: „heimtückische Angriffe auf Staat und Partei". Im September 1944 wurde Steil erneut verhaftet. Zuerst wurde er von der Gestapo in die berüchtigte Steinwache nach Dortmund gebracht und dann im Polizeigefängnis in Herne inhaftiert. Am 5. Dezember begann der Transport ins KZ Dachau. Aus Ludwig Steil wurde die Nummer 136.938. Steil wurde mit Typhusverdacht in eine Krankenbaracke verlegt, wo er am 17. Januar 1945 verstarb.

Literatur, Zeitungen und Abbildungsverzeichnis

a) Allgemeine Literatur

Benz, Wolfgang: Geschichte des Dritten Reiches, München 2000

Bovermann, Rainer: Das „rote" Rathaus: Die Sozialdemokratisierung des Ruhrgebiets am Beispiel Dortmund 1945-1964, Essen 1995

Bracher, Karl Dietrich u. a.: Die nationalsozialistische Machtergreifung. Der 30. Januar 1933 in Rheinland, Westfalen, Lippe, Düsseldorf 1983

Broszat, Martin: Der Staat Hitlers, Grundlegung und Entwicklung seiner inneren Verfassung, München 1992

Chronik 1932. Tag für Tag in Wort und Bild von Axel Steinhage und Thomas Flemming, Dortmund 1989

Chronik 1933. Tag für Tag in Wort und Bild von Ernst Christian Schütt, Dortmund 1993 Chronik-Bibliothek des 20. Jahrhunderts herausgegeben von Bodo Harenberg)

Chronik des Ruhrgebiets. Herausgegeber: Bodo Harenberg, Dortmund 1987

Deutsche Hochschule der Polizei (Hg.): Ordnung und Vernichtung. Die Polizei im NS-Staat, Münster, 2011

Farrenkopf, Michael/Goch, Stefan u.a. (Hg.): Die Stadt der Städte. Das Ruhrgebiet und seine Umbrüche., Essen 2019

Frei, Norbert: Der Führerstaat. Nationalsozialistische Herrschaft 1933-1945, München 2013

Fleiter, Rüdiger: Kommunen und NS-Verfolgungspolitik, in: Aus Politik und Zeitgeschichte, 14-15/2007, Frankfurt 2007

Friedländer, Saul: Das Dritte Reich und die Juden. Die Jahre der Verfolgung 1933-1939, München 2005

Göschl, Regina/Paulus, Julia (Hg.): Weimar im Westen. Republik der Gegensätze, Münster 2019

Gruner, Wolf: Die NS-Judenverfolgung und die Kommunen. Zur wechselseitigen Dynamisierung von zentraler und lokaler Politik 1933-1941, in: Vierteljahreshefte für Zeitgeschichte, Jahrgang 48, Heft 1, Oldenburg 2000

Haffner, Sebastian: Anmerkungen zu Hitler, München 1978

Högl, Günther: Widerstand und Verfolgung in Dortmund 1933 – 1945, Dortmund 2002

Klemperer, Victor: Ich will Zeugnis ablegen bis zum letzten. Tagebücher 1933-1945, Berlin 1999

Lotfi, Gabriele: KZ der Gestapo. Arbeitserziehungslager im Dritten Reich, München 2000

Mecking, Sabine/Wirsching, Andreas (Hg.): Stadtverwaltung im Nationalsozialismus. Systemstabilisierende Dimensionen kommunaler Herrschaft, Paderborn 2005

Roseman, Mark: „Du bist nicht ganz verlassen". Eine Geschichte von Rettung und Widerstand im Nationalsozialismus, München 2020

Schanetzky, Tim: „Kanonen statt Butter" Wirtschaft und Konsum im Dritten Reich, München 2015

Schmidt, Daniel: Schützen und Dienen. Polizisten im Ruhrgebiet in Demokratie und Diktatur 1919-1939, Essen 2008

Ders.: Gelsenkirchen im Nationalsozialismus. Katalog zur Dauerausstellung, Essen 2017

Scholder, Klaus: Die Kirchen und das Dritte Reich, Berlin 1986

Schumann, Dirk: Politische Gewalt in der Weimarer Republik 1918-1933. Kampf um die Straße und Furcht vor dem Bürgerkrieg, Essen 2001

Wagner, Johannes Volker: Hakenkreuz über Bochum. Machtergreifung und Nationalsozialistischer Alltag in einer Revierstadt, Bochum 1983

b) Lokale Schriften

Braßel, Frank / Clarke, Michael: Herne und Wanne-Eickel im Jahr 1933. Machtergreifung, Verfolgung und Widerstand, Broschüre, Herne 1983

Braßel, Frank / Clarke, Michael / Objartel-Balliet, Cornelia (Hg.): „Nichts ist so schön wie...". Geschichte und Geschichten aus Herne und Wanne-Eickel, Essen 1991

Die Falken (Hg.): Die Kinderfreunde-Bewegung in Herne, Herne 1983

Dorn, Barbara / Zimmermann, Michael: Bewährungsprobe. Herne und Wanne-Eickel 1933-1945. Alltag, Widerstand, Verfolgung unter dem Nationalsozialismus, Bochum 1987

Herne i. W. Bearbeitet von Regierungsbaumeister Heinrich Knöll, 2. Auflage, Berlin 1928

Herner Sparkasse (Hg.): 150 Jahre Herner Sparkasse, Herne 2016

IG Metall (Hg.): Ohne Erinnerung hat die Zeit kein Gesicht. IG Metall Herne 1903-2003, Herne 2003

Jusos (Hg.): Herne 1933-1945. Geschichten aus der Geschichte. Sozialdemokraten berichten aus eigenen Erfahrungen, Herne 1988

Krüger, Werner: Wanne-Eickel zum Beispiel. Berichte aus dem Arbeiterwiderstand in einer Stadt des Ruhrgebiets (unveröffentlichtes Manuskript)

Kunz, Christian: Die Geschichte des Nationalsozialismus in Herne und Wanne-Eickel, Dissertation, Stadtarchiv Herne, Oxford 1987

Meyerhoff, Hermann: Herne 1933-1945. Die Zeit des Nationalsozialismus. Ein kommunalhistorischer Rückblick, Herne 1963

Peters-Schildgen, Susanne: „Schmelztiegel" Ruhrgebiet: Die Geschichte der Zuwanderung am Beispiel Herne bis 1945, Essen 1997

Piorr, Ralf (Hg.): „Nahtstellen, fühlbar, hier...". Zur Geschichte der Juden in Herne und Wanne-Eickel, Essen 2002

Ders.: Herne und Wanne-Eickel 1933-1945. Ein historischer Stadtführer, Herne 2013

Ders.: Flottmann. Eine Geschichte des Reviers, Herne 2015

Reiners, Helga: Herne 1928-1933. Auf dem Wege zur Großstadt. Ein kommunalhistorischer Rückblick, Herne 1953

Reiners, Leo: Herne 1945-1950. Fünf Jahre Wiederaufbau, Herne 1950

Sieburg, Heinz-Otto: Die Geschichte der Stadtwerke 1903-1953, Herne 1953

SPD Unterbezirk (Hg.): Sozialdemokratie in Herne von den Anfängen bis zum Verbot 1933, Herne 1983

Stadt Wanne-Eickel (Hg.): 25 Jahre Stadt Wanne-Eickel, Wanne-Eickel 1951

Wand-Seyer, Gabriele / Hildebrandt, Manfred: Auf zwei Wegen zur Stadtgeschichte. 100 Jahre Karl Brandt und Leonhard Reiners, Herne 1998

Wolmeyer, Karl: Zeitgeschichtliche Studie über NS-Gewaltmaßnahmen und des Widerstandes im Kreisgebiet der Stadt Herne, unveröffentlichtes Manuskript, Herne 1973

c) Lokalzeitungen

[HA] Herner Anzeiger. Herausgegeben von Koethers & Röttsches, Bebelstraße 8, Herne. Verlagsleitung: Josef Röttsches, Schriftleitung: Dr. Leo Reiners. Der HA war die Zeitung des Katholizismus und stand der Zentrumspartei nahe.

[HVZ] Herner Volkszeitung (Mitteilungsblatt der freien Gewerkschaften und der Arbeiter-Sportvereine. Organ der werktätigen Bevölkerung). Parteihaus der SPD, Bahnhofstraße 8b, Herne. Die Volkszeitung wurde ab dem 28. Februar 1933 verboten.

[HZ] Herner Zeitung. Buchdruckerei Kartenberg, Inhaber Carl Holtmann, von der Heydt-Straße 8, Herne. Die HZ war mittelständisch und nationalliberal orientiert und bezog 1933 die Positionen der „nationalen Revolution".

[RE] Westfälische Landeszeitung - Rote Erde, Bochum/Dortmund. Hrsg. Josef Wagner. Amtliches Organ der NSDAP für den Gau Westfalen-Süd.

[WESA] Wanne-Eickeler Stadtanzeiger. Verlags- und Druckerei-GmbH, Hindenburgstraße 39/41, Wanne-Eickel. Schriftleitung: Albert Böhle (1930), Friedrich Wilhelm Schmidt (1933). Die Zeitung warb mit dem Zusatz „Neutrale Tageszeitung für alle Stände."

[WEVZ] Wanne-Eickeler Volkszeitung (Westdeutscher Herold). Redaktion, Druck und Verlag: H. Bouvet, Josef-Wagner-Straße 10, Wanne-Eickel. Das katholische Zentrumsblatt der Stadt.

[WEZ] Wanne-Eickeler Zeitung. Buch- und Kunstdruckerei Herchenbach & Co., Hindenburgstr. 257, Wanne-Eickel. Geschäftsleitung Heinrich und Arthur Herchenbach, Hauptschriftleiter: Wilhelm Kortenbach, Vertreter: Otto W. Pohle.

d) Fotografien und Abbildungen

Bildarchiv der Stadt Herne:
2, 20o., 23, 28, 30, 50, 67, 71, 73o., 78, 106, 107, 110/111, 116, 118, 121, 145, 172/173, 198, 204, 233, 292, 295, 299

Bundesarchiv:
17, 26, 46, 253li., 279

Emschertal-Museum Herne:
6, 8, 13, 15, 20u., 24, 32, 38/39, 57, 62, 73u., 80/81, 83, 92, 97, 99, 158, 190, 197, 210, 213, 226, 253re., 260, 266, 267, 274, 277, 280/281, 285,

Stadtarchiv Herne:
34, 85, 119, 130, 133, 134, 149, 151, 156, 160, 161, 190, 196, 221, 226, 248, 251, 254, 257, 261, 288, 296

Einzelnachweise:
10 (Heinrich Hauser/ Geller+Geller), 166, 241 (wikipedia), 168, 224 (Sammlung Piorr), 176 (Elisabeth Röttsches), 199 (Norbert Arndt), 290 (Hanneke Schmitz)

Alle nicht aufgeführten Reproduktionen wie Anzeigen und Zeitungsausschnitte wurden den Tageszeitungen entnommen.

Das Rechercheteam

Für die Chronik 1933 wurde eine Fülle von Aktenbeständen, Büchern, Vereins- und Festschriften, biographischen Aufzeichnungen, Interwies, Fotografien und Plakaten gesichtet. Allein der gesichtete Zeitungsbestand umfasste über 1.500 Tagesausgaben – überwiegend auf Papier, aber auch auf Mikrofiche und als Digitalisate. Vom Beginn der Recherche im Frühjahr 2017 bis zur Veröffentlichung des Buches sind fast vier Jahre vergangen. Ein Mammutprojekt wie dieses hatte ohne Zweifel seine Höhen und Tiefen. Aber die Arbeit hat sich gelohnt. Nicht nur in der historischen Dokumentation, sondern auch als Statement für eine demokratische und solidarische Haltung. Ein Anliegen, das alle im Rechercheteam teilen.

Norbert Arndt
Norbert Bartsch
Rolf Dymel
Alina Gränitz
Jörg Höhfeld
Udo Jakat
Dirk Jessen
Guntram Lange
Flemming Menges
Ulrich Objartel
Ralf Piorr
Birte Wolmeyer

Dank

Ferner geht der Dank an Elena Franz für ihre Hilfe, Heinz Drenseck und Jürgen Hagen für diverse Hinweise, Thomas Schmidt für die Bearbeitung der Fotografien, Hanneke und Peter Schmitz für ihre Recherchen, Udo Schwuntek für die Scans, Kai Wiedermann für den Support und Sabine Zimmermann für das stets offene Ohr für das Projekt.

Außerdem an den DGB Ruhr-Mark und VER.DI (Bezirk Mittleres Ruhrgebiet) für die Unterstützung und das Bündnis Herne für das zivilgesellschaftliche Engagement.

Die Drucklegung der Chronik wurde ermöglicht durch

Gefördert vom

im Rahmen des Bundesprogramms